高等院校经济管理类规划教材

商 务 谈 判

叶伟巍　朱新颜　主　编

张晓辉　刘　伟　赖　勤　副主编

ZHEJIANG UNIVERSITY PRESS
浙江大学出版社

图书在版编目（CIP）数据

商务谈判 / 叶伟巍，朱新颜主编. —杭州：浙江
大学出版社，2014.7(2022.1 重印)
ISBN 978-7-308-13053-0

Ⅰ.①商⋯ Ⅱ.①叶⋯②朱⋯ Ⅲ.①商务谈判
Ⅳ.①F715.4

中国版本图书馆 CIP 数据核字（2014）第 063105 号

商务谈判

叶伟巍　朱新颜　主编

责任编辑	周卫群	
封面设计	俞亚彤	
出版发行	浙江大学出版社	
	（杭州市天目山路 148 号　邮政编码 310007）	
	（网址：http://www.zjupress.com）	
排　　版	杭州青翊图文设计有限公司	
印　　刷	杭州良诸印刷有限公司	
开　　本	787mm×1092mm　1/16	
印　　张	18.5	
字　　数	450 千	
版印次	2014 年 7 月第 1 版　2022 年 1 月第 5 次印刷	
书　　号	ISBN 978-7-308-13053-0	
定　　价	48.00 元	

前　言

　　谈判是在不确定的情景下追求确定性的艺术,也是各方合作探索解决方案的科学。商务谈判是一门实践性较强的课程,本书注重基础理论,强调实务性、突出实践性,在编写过程中根据学科特点和培养目标,以阐明基础理论为编写宗旨,注重理论和实用相结合,以培养学生的应用性技能为主要指导思想,在对基础理论进行阐述的基础上,增加了很多实际案例,使学生在读案例的轻松气氛中去理解基本理论。

　　本教材有如下特点:

　　1.理论与实践相结合。作者通过篇章结构的安排,理论与实践相结合,由浅入深地向学生介绍了商务谈判的基础知识及运作规律,为造就经济与商务活动的成功的谈判人才开辟了道路。

　　2.贴近实际,更真切地反映商务活动的内在规律,有机地将国际商务与国内商务谈判的操作技巧结合起来,使“商务谈判”涵盖内容更广。围绕商务谈判提出的新的概念、程序规则、谈判理念,为商务谈判的操作与理论提供了基础知识。本书亦为实务操作和理论研究指明了方向。

　　3.结构新颖,选材实用生动,可读性强。在结构安排上,按本章摘要、正文、案例分析讨论、思考题为顺序,循序渐进,由浅入深,以清晰的线条帮助读者掌握商务谈判的基本理论和实务,加强其对商务谈判知识的巩固和对其谈判实践能力的培养,以达到引人入胜、首尾呼应、引发思考和乐于实践的目的,培养学生学习与训练的积极性和自觉性,提高分析问题和解决问题的能力。穿插的案例使内容显得活泼生动。

　　本书共分十章,主要内容包括谈判概述、商务谈判概述、商务谈判的行动者、商务谈判的战略设计、商务谈判的组织、商务谈判的实施策略、商务谈判的实施技巧、商务谈判的礼仪、各大洲商人的谈判风格及商务谈判经典案例赏析。本书可作为高等院校本、专科市场营销、国际贸易、工商管理及其他经济管理类专业学生使用,同时也可以作为企业、事业单位相关人员的参考用书。

本教材由叶伟巍总纂和定稿。由叶伟巍、朱新颜任主编,张晓辉、刘伟、赖勤任副主编,本教材编写人员具体编写分工如下:

第一、四章由叶伟巍编写,第六、七章由朱新颜编写,第二、九章由张晓辉编写,第三、十章由刘伟编写,第五、八章由赖勤编写。

受篇幅所限,本教材编入案例较少,有待教学时,由教师在课堂上补充。

本书在编写过程中,参阅了大量的资料和书籍,也得到了浙江大学出版社以及参编老师所在学校的大力支持,在此一并表示衷心的感谢。

由于编者水平有限,书中难免出现疏漏和差错。恳请各相关教学单位和读者批评指正。

编　者

目　　录

第一章

谈判概述

▷ ▷ ▷ ▷

本章摘要 ··

　　谈判是在不确定的情景下追求平衡的艺术,也是谈判各方博弈最可接受解决问题方案的科学。谈判的本质是解决问题和创造价值。谈判失败主要有两个原因:一是该谈判的时候没有谈判,不了解谈判场合;二是想谈判时不知道如何谈判,不了解谈判程序。什么是谈判的概念? 什么是谈判场合? 什么又是谈判程序? 以上这些关键性问题的解答有利于更好地了解谈判的本质,这也是本章的学习重点。

　　完成本章的学习之后你将能够:

　　1.了解谈判的概念及特点;

　　2.准确把握谈判场合及特点;

　　3.掌握谈判的复杂过程;

　　4.深刻理解谈判的本质。

··

第一节　谈判的概念及内涵

一、谈判的概念

　　谈判的历史同人类的文明史同样长久。在古代社会,当国际间、民族间发生各种冲突时,首先是寄希望于和平解决相互争端;即使无奈以武力来解决,在这之前也往往有外交接触和谈判。如古代印度的《摩奴法典》就主张:"国际生活中最复杂的问题,应首先经外交途径求得解决,武力则应退居第二位。"我国《战国策》也认为处理国际争端,应该"式与政,而不式于武"。在很多情况下武力只是增加谈判实力的砝码。三国时期诸葛亮说服东吴联合抗魏的历史故事,非常生动地记载了优秀谈判家舌战群儒的过程。高超的谈判技巧,往往可以折服千军万马,左右几国局势。谈判成为解决外交争端创造和平局面的主要手段。

　　人类社会进入近代之后,由于资本主义制度的确立,生产力迅速发展,国际交往日益密切,各种领域里的磋商谈判越来越多地发挥了十分重要的作用。如在美国独立战争时期,杰出的外交家富兰克林出使法国,利用英法之间的矛盾,与法国进行了将近十个月的谈判,签订了同盟条约和通商条约,法国开始向英国宣战,在国际上孤立了英国。没有富兰克林的出使谈判,就不会有美军的迅速胜利,这场谈判对美国独立战争的最后胜利所起的作用是难以估量的。

现代一些著名政治家、外交家往往同时也是谈判大师,由于他们的谈判艺术高超,使谈判在处理复杂政治事务中发挥了重要作用,如丘吉尔、罗斯福、基辛格都留下了脍炙人口的谈判佳话。尤其是周恩来总理,一生中主持了无数次谈判,像著名的西安事变、重庆谈判、和平共处五项原则谈判、中日中美恢复外交关系的谈判等等,都表现了极其高超的谈判艺术,为世人所传颂。

谈判不仅是处理国家大事的有效手段之一,而且也是解决家庭和个人问题的和平途径。每一个人活着都在解决问题,谈判是利用和谐方式解决问题的主要途径,所以人们无时无刻不在谈判(Lewiki,Barry,Sanders,Minton,2006)。朋友通过谈判决定在哪里吃饭;孩子们通过谈判决定看哪个电视节目;商人通过谈判决定采购哪种原料、销售哪种产品;律师通过谈判争取使法律诉讼还是庭外调解;警察和挟持人质的恐怖分子谈判,等等。

不论是国家之间的外交谈判,还是公司谈判或个人谈判,谈判的本质和谈判的过程都基本相同。谈判是在不确定的情景下追求确定性和均衡性的过程;谈判的本质是解决问题和创造价值。美国谈判学会会长、著名律师尼尔伦伯格在《谈判的艺术》一书中明确阐明:"每一个要求满足的愿望和每一项寻求满足的需要,至少都是诱发人们展开谈判过程的潜因。只要人们为了改变相互关系而交换观点,只要人们是为了取得一致而磋商协议,他们就是在进行谈判。"所以简单地说,谈判(Negotiation)就是人们为了解决需求上的差异而进行的磋商。如果人们之间没有需求的差异,就不会有谈判的发生。可见,谈判是在不确定的情景下追求平衡的艺术,也是谈判各方协同探索最可接受解决问题方案的科学,是达成协议的过程和手段。

二、谈判和辩论的区别

谈判并不是辩论的同义词。尽管谈判包括语言沟通,常常离不开激烈的辩论,但是并不意味着谈判各方是相互对立的唇枪舌剑(尼伦伯格,卡莱罗,2012)。两者的区别在于:

(一)辩论和谈判的限制条件不同

辩论一般受到某些规则的限制和发言时间的限制,辩手必须在严格限制的时间内表明自己的看法和观点,而谈判在没有达成一致协议前,谈判的时间并不是如此严格,谈判往往会经历"暂停—改期—继续"的过程,直至协议达成或协议取消。另外,谈判的规则也是双方协商的结果,并在谈判过程中被共同遵守。

(二)辩论和谈判的目标不同

辩论是以一方的获胜为结果的,因为一场辩论只有一个胜利者;但是在谈判中谈判的目标是最大限度满足谈判利益相关者的需求,参与各方很有可能实现共赢。

(三)辩论与谈判的最主要差别在于,参与方是否作出妥协和让步。

经验丰富的辩论者是不会作出任何妥协和让步的;而一般谈判者都认同,妥协和让步是谈判得以顺利进行的前提。

（四）辩论者和谈判者最主要的区别在于倾听方式

辩论者倾听的目的是找出对方漏洞为反驳对手的论述；而经验丰富的谈判者除此之外，还为其他目的而倾听，比如在倾听中发现对方的真实需求、可能达成协议的突破点、期望价格或价格底线，以及对方的疑问、态度和情绪等。谈判者还会采取辩论者不会采取的行动，比如主动向对方提问，这有助于掌控谈判节奏、收集信息找到解决方案等。

三、谈判的内涵

（一）谈判是一个过程

谈判是提出要求，做出让步，最终达成协议的一系列过程。谈判不是单纯追求自身利益需要的过程，而是双方通过不断地调整各自的需要而相互接近，最终达成一致意见的过程。比如，举办合资企业，发达国家提供什么技术换取多少市场，发展中国家让出多少市场，换取何种技术，经过谈判在技术先进程度、产品销售比例及占总投资的份额达成一致的意见，最后签约成交。

（二）谈判是追求平衡

谈判不是"合作"与"冲突"的单一选择，而是"合作"与"冲突"的矛盾统一。通过谈判达成的协议应该对双方都有利，各方的基本利益从中得到了保障，这是谈判合作性的一面；双方积极地维护自己的利益，希望在谈判中获得尽可能多的利益，这是谈判冲突性的一面。可以说合作中有冲突，解决冲突是为了合作，两者共存。

谈判者在制定谈判方针，选择和运用谈判策略时，要特别注意防止两种倾向：一是只注意谈判的合作性，害怕与对方发生冲突，当谈判陷入僵局时，茫然不知所措，对对方提出的要求只是一味地退让和承诺，不敢据理力争，遇到一些善于制造矛盾的强硬对手，更是显得软弱无力，结果是吃亏受损；二是只注意冲突性的一面，将谈判看做是一场你死我活的争斗，一味进攻，寸步不让，不知妥协，结果导致鱼死网破，谈判破裂。这两种倾向都是不可取的，在谈判中更要尽量避免。

（三）利益存在临界点

谈判不是无限制地满足自己的利益，而是有一定的利益界限。谈判者要保障自己的利益，就要在可能的范围内追求更多的利益。但是，任何谈判者都必须满足对方的最低需要，如果无视对手的最低需要，无限制地逼迫对方，最终会因对方的退出，使自己已经到手的利益丧失殆尽。谈判者的眼光不能只盯着自己的利益上，尤其当对方利益接近"临界点"的时候，必须保持清醒和警觉，毅然决断，当止即止，以免过犹不及。如果把对方逼出谈判场，最终会使自己一无所获。正如尼伦伯格所述："谈判不是一场棋赛，不要求决出胜负，谈判也不是一场战争，要把对方消灭或置于死地，谈判恰恰是一项互惠互利的合作事业。"

（四）评判标准多元性

判定一场谈判是否成功不是以实现某一方的预定目标为唯一标准，而是有一系列具体综合的价值评判标准的。虽然不少人参加过谈判，有的甚至是久经沙场的谈判老手，但对什么是成功谈判的认识却不一定正确。有的人常常习惯于把自己在谈判中获得利益的多少作为谈判是否成功的评判标准。如果在谈判中自己得到的很多，而对方所获甚少，则认为自己的谈判是成功的。这种看法其实是片面的，甚至可能是有害的，是"谈判近视症"的一种表现。事实上,他引以为自豪的那一部分利益,可能远远小于他本来可获得的利益。或者说他只获得了谈判桌上看得见的眼前利益,而失去了双方真诚合作可能产生的潜在利益和长远利益。一场成功的谈判有三个价值评判标准:

1. 目标实现标准

即谈判的最终结果有没有达到预期目标?在多大程度上实现了预期目标?这是人们评价一场谈判是否成功的首要标准。人们是以行为有没有达到预期的目标,来看待行为的有效性的,如果原先所设定的预期目标一点也没有达到,就宣布自己获得了这场谈判的胜利,这是任何人都不能够同意的。

2. 成本优化标准

谈判是要花费一定成本的,成本越低收益越大。然而人们往往对于谈判成本的构成并不很清楚。一场谈判一般包含三种成本:

一是基本成本,为达成协议所做出的让步,预期目标与实际结果的差距,这是谈判的基本成本;

二是桌上成本,为谈判所耗费的各种资源,如投入的人力、物力、财力和时间,这是谈判的直接成本;

三是机会成本,因参加该项谈判而占用了资源,失去了其他获利机会,损失了可望获得的其他价值,即谈判的机会成本。

在三种成本中,由于人们常常特别注重谈判桌上的得失,所以往往较多地注重第一种成本,而忽视第二种成本,对第三种成本考虑得更少,这是需要予以注意的。例如,我们进行了一场旷日持久的谈判,投入了大量的人力、物力、财力,最终圆满地实现了预定的目标,当人们在庆贺谈判胜利的时候,有没有想到原本可以花较少的人力、物力、财力来获得同样的结果?有没有想到获得这项成功同时失去了其他获利机会?如果注意到了,那么就会在谈判中表现出更大的主动性和能动性。

3. 人际关系标准

谈判是人们之间的一种交流活动,所以,对于商务谈判而言,谈判的结果不只是体现在最终成交的价格高低、利润分配的多少以及风险与收益的关系上,它还应体现在人际关系上,即还要看谈判是促进和加强了双方的友好合作关系,还是因此而削弱了双方的友好关系。商务谈判可能的人际关系变化的结果有以下几种情况:

达成交易,并改善了关系;

达成交易,但关系没有变化;

达成交易,但关系恶化;

没有成交,但改善了关系;

没有成交,关系也没有变化;

没有成交,但关系恶化。

谈判者必须清楚地认识到人际关系是实现利益的基础和保障。谈判是不同利益主体之间就双方感兴趣的问题进行协商的一种社会活动。既然谈判是社会活动,就有人与人之间的一系列关系存在,这种人际关系不仅影响本次交易的成败,也关系到今后的交易,因此建立良好的人际关系应该看作一切谈判者不可忽视的重要问题。良好的人际关系会使谈判双方绕开冲突性的利益而寻找共同性的利益;对立的人际关系则会使人斤斤计较,寸步不让,拘泥于立场拒不退让,大大地削弱了谈判成功的可能性。除了利益关系以外,树立重视谈判者之间人际关系的谈判意识,有助于人们调和相互间的利益关系,建立长远合作的人际关系,这不仅增加了达成协议的可能性,而且为以后的往来交易铺平道路,打下基础。

从上述三个评价标准看,一场成功的谈判应该是:在实现预期目标的过程中,花费的各项成本最低,同时使双方的友好合作关系得到进一步发展和加强。正确地认识谈判的价值评价标准,不仅使我们知道什么是成功的谈判,而且还使我们知道,应该怎样去取得谈判的成功。

（五）既是科学也是艺术

谈判不能单纯地强调"科学性",要体现科学性与艺术性的有机结合。既然谈判是作为人们彼此之间协调利益关系,满足各自需要并达成共同意见的一种行为和过程,那么就必须以理性的思维对涉及的双方利益进行系统的具体的分析研究,根据一定规律、规则来制定谈判的方案和对策,这就是谈判具有科学性的一面,这一点必须引起重视和尽力体现的。同时,谈判又是人们之间的一种直接交流活动,那么在这种活动中,谈判人员的素质、能力、经验、心理状态等各种变化的因素及其临场发挥对谈判过程和结果又有着极大的影响,具有某种难以预测、难以把握的特征。同样的谈判内容,同样的环境和条件,不同的人去谈判,最终的结果往往是不同的,这就反映出谈判具有艺术性的一面。对于一个谈判者来讲,在谈判中既要讲究科学性,又要讲究艺术性。"科学"能使谈判者正确地去做,而"艺术"则能使谈判者把事情做得更好。

第二节　谈判的动因

谈判的动因是需求,它不仅影响谈判各方立场,也影响谈判各方的谈判关系,谈判关系又确定了谈判各方的谈判战略和策略。很多谈判者往往只盯住谈判结果,而缺乏对谈判各方关系和立场方面分析的洞察力,以至于无法落实可控的谈判策略去实现自己的目标。正如1972年,在中美建交前的一次谈判中,基辛格对邓小平说:"我们的谈判是建立在健全的基础上的,因为我们都无求于对方。"第二天,毛泽东会见基辛格时反驳道:"如果双方都无求于对方,你到北京来干什么? 如果双方都无所求的话,那么,我们为什么要接待你和你的总统?"可见,谈判中,若谈判者以一种"高姿态"的口气表达自己"无求于对方",可以肯定地说,这只不过是谈判的一种策略而已。

无论哪个人在职场中都会遇到"孤注一掷"的谈判,也就是面临不惜一切代价也要挽救的特殊情况。在那种极端情况下谈判变得非常艰难,因为你几乎没有讨价还价的优势。为了处理好这种情况,深入分析对方的谈判动机是关键突破点。理论上,如果没有人对你的问题感兴趣,那么你已经失去了讨价还价的谈判资本;但是事实上,是人就会有需求,至少会存在本能的"自我需求",如果在谈判前做好大量的准备工作,从对方的"自我需求"着手,可能会找到最后一根稻草。Lewiki,Barry,Sanders,Minton(2006)基于双边谈判的视角认为,谈判产生的原因主要有两个:第一,是创造双方都无法独立完成的价值或新事物;第二,是解决双方的问题和争端。尼伦伯格和卡莱罗(2012)总结了谈判的主要动因,具体如下:

一、需要帮助

需要别人(其他组织或国家)帮助,已解决无法独立完成的事情;或需要别人(其他组织或国家)帮助,应付对己不利的影响,而对方能够帮助实现这个目标,在这时候主动谈判成为解决问题和摆脱困境的主要理由。除非对方也存在相同的困惑,具有同样的谈判动机;但是在多数情况下,一方会更需要与对方谈判来改变诸多不利的因素,而且将承担说服对方的艰苦工作。在这种情景下,主动方找到并提出能让对方心甘情愿地坐在谈判桌前的条件,并时时心存感激感谢对方提供的帮助。

二、共同威胁

当双方或者多方共同面对一个威胁时,需要共同协作以找到解决问题的方法。在这种情况下,构建在共同利益上的通力合作框架,比单纯地激励对方参与谈判更为重要。首先,双方或各方必须统一认识,清醒地了解共同威胁对大家的影响作用;其次,因为威胁是共同面临的,所以共同努力协商探索解决方案,应该成为共同的目标;第三,为了达到公共目标,大家都需要作出应该有的努力,避免搭便车等不利现象的出现。

三、拯救关系

当关系遭到破坏必须采取修复性措施时,谈判就成为一种需要。在脆弱不堪的关系中挣扎,错误的言辞或不当的行为都会使谈判的努力功亏一篑,这种境地是谈判者面临的最微妙的情形之一。在这种极其敏感的情况下,只采取守势已经收效甚微,只有找到冲突的原因,并毫不拖延地处理那些容易导致关系进一步恶化的事件,才是谈判成功的关键。所以,充分的事前冲突原因分析和积极承担自己应负责任的心理准备,将成为基本前提。

四、取得优势

旨在取得优势的谈判,往往是谈判者想通过谈判看看是否有机会获得好处。在这种情况下,谈判各方的动因可能会相当一致,都想通过谈判寻求对自己有利的好处。因为谈判者并不会失去什么,相反可能获得一些好处,所以谈判过程中没有特别紧急的情况,也没有关键性议题,谈判者往往具有很高的灵活性;谈判者之间处于同一战壕,通常还会产生一种同仇敌忾的微妙感受。唯一需要警惕的是,不要被可能的好处冲昏了头脑。

五、业务关系

很多商业谈判的动机是建立业务联系,想推销或购买一种产品和服务。首先,是旨在建立营销关系的谈判。营销是一个刺激别人购买的过程。在建立营销关系过程中,事前分析购买者的潜在需求、经济状况、消费习惯等客户购买的动因是谈判成功的前提条件;另外有意识地培养潜在客户对某种产品或服务的需求,而这种产品或服务又是能够提供的,有利于为客户创造价值。其次,是旨在建立采购关系的谈判。在采购谈判中,清楚地陈述自己的需求和愿望,并判断对方能够满足自己的需求和愿望,是谈判的关键。货比三家成为采购谈判的首要法则,不要过早陷入"谈价还价的余地是有限的"这一思维误区。第三,是旨在重新对业务合同进行谈判。在原始合同或协议到期时需要重新进行谈判,因为比较谈判方都了解对方,所以有可能存在相互揭短的行为而影响合作的氛围,谈判者一定要注意避免这种双输结局的出现。第四,是旨在解除业务关系的谈判。大多数人认为解除业务关系不需要谈判,只要通知对方就可以终止业务;但是在某些特殊的情况下,例如终止正式建立的商业伙伴关系,因为必须对资产进行分割或就可能遗留的债务达成相关协议,谈判就是很有必要的。在这种谈判场合中,谈判的焦点是争论自己对过去的业务贡献很大、收益也应该越大,谈判过程往往会异常尖锐和充满报复性,这是其他谈判很少涉及的一种谈判。

第三节　谈判的场合

一、谈判场合的概念

谈判场合导致谈判失败的原因主要有两个:一是在可以谈判的场合没有谈判;二是在不应该谈判的场合却很积极地谈判。首先,在本来可以谈判的场合没有谈判,往往是因为没有意识到自己面临着可以讨价还价的境地,而是简单地按照别人建议做出被动选择,往往错失了谈判良机。其次,很多场合其实是不需要或不适合谈判的,却谈判得过于积极。例如当处于将失去一切的境地时,不要进行谈判,而应该寻求其他的解决方法;当需要用人格和信誉做交换时、不要谈判;当不谈判也可以解决问题时,不谈判是最好的策略;当没有任何回报时,也不要谈判;当没有时间可以谈判时,更不应该谈判(Lewiki,Barry,Sanders,Minton,2006)。由此可见,谈判是存在谈判环境约束的。谈判场合(Negotiation situation)就是能够用谈判方式来解决问题的场合。

二、谈判场合的特征

谈判场合一般具有一些共同的特征(Lewiki,Barry,Sanders,Minton,2006;Lewicki,1992;Rubin & Brown,1975):

(一)事件涉及者多元

事件涉及的对象越多,说明局面越复杂,谈判也就越具有可能性。首先,因为事件涉及者众多,相互之间一定存在分歧,为争取谈判支持者提供了可能性。其次,事件涉及者众多,往往存在信息不对称情况,沟通效果会比较显著。第三,事件涉及者众多,谈判者有很大的周旋余地,有利于发挥谈判技巧。

(二)双方或者多方存在利益的矛盾

如果存在的只是利益问题,而不是信仰、价值观等原则性问题,往往存在谈判的可能性。信仰和价值观是无法谈判的,但是利益却可以协商。谈判的过程就是让步和妥协的过程,解决利益分歧谈判往往大有可为。最难的是问题即涉及利益分歧又有价值观冲突,那么如果利益巨大时,一般情况下价值观的分歧会求同存异;但是如果利益有限时,谈判会异常艰苦,甚至无法继续。

(三)没有什么可以失去的情况下

当最差的结果已经出现,谈判只会有好处不会有坏处的情况,就是必须谈判的场合。

在这种谈判情景下,谈判者即可以采用怀柔的谈判策略,也可以采用激进的谈判策略,极端时甚至可以采取非常规的谈判方法,比如"一哭二闹三上吊"等。因为在结果已经不能再坏时,谈判者再也没什么可以失去,放手发挥谈判技巧可能是最好的选择,而且如果谈判前能够充分分析谈判的突破点,可能会更见效。

在大多数情况下,谈判都被认为是有效的。谈判是解决争端的最便利方式。谈判可以是探索性的,它有助于系统阐述观点和理清意见分歧;谈判也可以是为了达成切实可行的协议而进行商谈。谈判场合的判别主要取决于三个方面:第一主体是否可以谈判,例如买卖毒品、贩卖儿童等谈判主体,是法律明令禁止的。第二是谈判者不仅存在需求而且愿意付出成本,愿意进行价值交换和作出妥协。第三谈判各方在一定程度上存在相互信赖。

第四节　谈判程序

谈判活动要么以规则的方式连续进行,要么以不连续甚至混乱的方式相互叠加在一起。深入探索谈判活动动态过程的决定性力量,把握谈判程序的本质和实际过程,对于了解谈判活动具有深远意义。很多谈判的失败,往往是因为谈判者不知道谈判过程是什么样的程序,所以无法有效实施一次成功的谈判。绝大多数的谈判活动均可以分成许多具有明确功能的阶段,尽管有时候阶段间界限会比较模糊,每一个阶段持续的时间长度也可能存在差异,阶段间关系还可能相互重叠、甚至往返重复,然而从整个过程来看,谈判过程的阶段性还是明显的。

一、谈判过程

谈判过程是一切影响谈判的因素对谈判结果产生应有影响的程序。谈判结果是一些影响因素的函数,影响因素则即包括宏观环境、谈判环境、谈判者个人、信息情况、文化因素、谈判结构、沟通情况等等诸多因素,可见谈判过程是一个非常复杂的、高度不确定性的程序。但是,按照时间顺序的最简单划分,谈判可以看成是谈判准备阶段和正式谈判阶段的组合。

（一）谈判准备阶段

绝大多数的谈判在谈判开始前均有一个初次接触的阶段,这种接触可以是正式的,也可能是非正式的,在国外人们常常通过社会活动或休假等新式展开接触,在国内则往往以喝茶、吃饭等活动方式展开前期的接触。谈判前的准备阶段主要目的是为谈判铺平道路,并捕捉最佳的谈判时机。

（二）正式谈判阶段

正式谈判一般在正式的场合以开场白作为起点,然后双方相互介绍,举行仪式,沟通信息,深入交流和争论,调整和让步,然后进行总结。时间跨度上可以使一次谈判活动结束,也可以由几个回合组成。正式谈判又可分为两个阶段:一是程式化阶段,二是细节化阶段。在程式化阶段,谈判者的目标是缩小谈判问题理解上的分歧,选择确定谈判的议题和议程,并形成一些指导原则,作为达成解决方案的基础。在细节化阶段,谈判者将设计出各方面都能接受的具体原则,并按照原则进行深入协商。

二、谈判过程的影响因素

在谈判过程中起作用的诸多因素中,有很多因素是谈判者无法完全掌控,但是对谈判产生影响的,例如个人情况、信息情况和谈判结构等等;也有许多因素是谈判者可以直接或完全掌控的,例如谈判策略、沟通方式以及谈判者的思维习惯和价值观。

(一)可控因素

可控因素是谈判者直接或完全可控的因素,具体包括谈判战略、文化因素、沟通方式和谈判者价值观和思维模式。

1.谈判战略

在谈判过程中,主要有两种谈判战略:适应性战略和强制性战略。适应性战略是一种合作的战略,强调双方在平等的基础上达成协议,可见适应性战略的主要目标是达成协议;而强制性战略是一种竞争性的谈判战略,强调收益在谈判者之间的分配,这一战略源于零和游戏,所以强制性战略的主要目标是使自己利益最大化。谈判者在谈判过程中可以根据形势危急程度和紧张状态,选择某一种战略或选择两种战略的组合。谈判战略的选择,会影响谈判者的让步节奏,从而会极大地影响谈判的进程。

2.文化因素

在异质性文化间谈判的情景中,文化是影响谈判进程的重要因素之一。文化决定了谈判者的价值观、行为规范和意识形态,对谈判过程具有三个层面的影响作用:一是认知层面,二是行为层面,三是一致性层面。

3.沟通方式

沟通是一种媒介,谈判者以语言或非语言的方式传递和接受一些与谈判程序有关的信息。谈判中的沟通包括信息交流,影响和争论策略,以及利用信号、信息和态度来塑造谈判者之间的关系。信息交流包括对问题的解释、揭露、歪曲以及对谈判意图的陈述等;影响和争论策略包括尽力改变谈判对手信念的方式,通过改变谈判对手的认知,发挥影响和说服作用。与谈判沟通相关的是语言模式问题,包括谈判风格、回答问题的次序、通报信息的时间和方式、象征和礼仪的形式、语言和非语言暗示的协同程度,以及在表达上的限定等。最后,威胁、警告等方式也是另外的一种沟通方式,但是这些沟通方式如果使用不当,会使矛盾升级,影响谈判进程。

4.谈判者的因素

谈判者的因素是指那些有意无意间影响谈判者在谈判过程中行为的因素,其中面子问题是所有文化下的普遍现象。其他的因素还包括价值观和利益的冲突。关于价值观和意识形态的谈判很难产生积极的效果,如果让谈判者放弃他一致坚持的某些原则,这无疑是在向对手表明自己的软弱无能,这往往是无法让人接受的,所以在谈判过程中必须避免就价值观进行谈判。利益冲突是谈判者就某一种稀缺资源的分配方式产生的分歧,分歧越大越将影响谈判进程。

(二)不可控因素

除了可控因素之外,还有许多因素是谈判者所无法控制的,这些因素虽然没有直接介入谈判程序,但是仍然对谈判程序产生影响。这些因素包括个人因素、信息因素和结构因素三类。

1. 个人情况

个人情况包括谈判者的文化背景、性格特征和社会地位等因素，是谈判过程中只能感悟不能控制的因素。首先，文化背景对谈判者的影响是无时不在无处不在的。文化不是实实在在的物质，而是一种存在却不易察觉的思维或行为方式，体现了国家、种族或其他集团的价值观和信仰等特点。因为文化直接影响着谈判者的价值取向和行为方向，所以对谈判过程具有潜移默化的影响。第二，谈判者性格特征主要涉及风险偏好、寻根究底偏好、自负、追求成就感、团队精神以及独裁主义倾向等。其中，风险承受能力强的谈判者，更倾向于实现自身利益的最大化，而不是追求共同利益最大化；能够容忍模棱两可的人比寻根究底的谈判者，更能采取合作态度；自卑的人比自负的人在谈判中表现出更强的竞争性；采用合作态度的谈判者往往对谈判对手更加信任；具有独裁主义倾向的谈判者疑心都很重，愤世嫉俗，非常在乎权力的大小，会更顺从有权有势者的意愿。第三，社会地位是指谈判者在所属的社会结构中所处的位置。社会地位与威望具有密切关系，有地位和威望的谈判者会向谈判对手表现出侵略性，并对谈判程序产生显著影响。在谈判中谈判者往往对社会地位高的谈判对手也会表现出明显的顺从态度。

2. 信息情况

对于谈判双方而言，获得可靠信息对于控制谈判都具有极其重要的意义。信息包括公共信息、私有信息和保密信息三种，是有关形势、背景、危机以及谈判对手的需要、目标、行为方式、性格特征和价值观等方面的情报。高效准确的信息，有助于帮助谈判者推测其他谈判者的行为和谈判计划，减少谈判过程中的不确定性。

在以解决问题为导向的谈判工程中，共享信息是合作创造价值的主要方式，信息交流是谈判双方最终达成协议的唯一渠道。如果所有谈判者都知道其他谈判方考虑问题的轻重缓急，就更容易到达有效的结果。在公开的谈判程序中，谈判者面临着一系列限制性条件，同时根据自己对谈判程序的理解作出反馈，信息的可获得性成为一个关键问题。

案例 1-1

1983年4月，光大实业公司董事长王光英收到下属报来的一条信息：南美智利的一家矿产公司破产，现将公司所有的1500辆大型矿山用卡车拍卖。这1500辆卡车全部是尚未使用过的新车，由于该矿产公司急于偿还债务，估计公司方面会以较低的价格将这批卡车卖出。

当时，我国矿山建设需要大批矿山用卡车。王光英对于这个情况是熟悉的。他当机立断，马上组织采购人员赶赴南美，与智利的矿山公司进行谈判。由于1500辆矿山卡车是个大批量，有购买势力的竞争对手并不多。在拍卖现场，经过一番激烈的争夺之后，仅以新车原价的38％将这批卡车买了下来。为国家节约了8500万美元的外汇。

在这次成功的交易中，充分掌握信息起了重要的作用。王光英对南美智利矿山公司对资金的需求情况和我国对矿山卡车的需求情况，以及国际市场上矿山用卡车的价格都十分清楚，因此及时做出了正确的决策。

3. 谈判结构

谈判结构包括谈判者关系结构、谈判问题结构、时间约束和对下一次谈判的预期等，也直接影响谈判过程。首先,谈判者关系结构的不同,会大大影响谈判程序的复杂性。特别是在多边谈判过程中,谈判各方的观点各不相同,使谈判过程的复杂性大大提高。在复杂的谈判过程中谈判者逐步形成了一些简化的认知结构,认为让步的价值越来越难以评价,谈判者的权力反而越来越强化。第二,谈判问题的结构也是影响谈判过程的主要因素。不同谈判问题之间的相互依赖关系可能很难评定,而要预测这些问题将如何增加、减少或解决则尤其困难,所以谈判复杂性会使不确定性增加,并对谈判者行为造成影响。第三,时间结构。在谈判过程中,时间会以各种方式对谈判进行干预。时间的流逝将导致人们需求的下降;时间的压力不仅会影响谈判的让步节奏、谈判的目标和谈判方的需求,而且会促成达成协议时机的尽快成熟。在时间压力下,虽然谈判者会更频繁地让步并降低谈判目标,但是也会使谈判各方的合作收益大大降低。谈判者为了避免花费大量的时间成本,往往会采取最后期限的方式,促成达成协议时机的成熟。最后是对于下一次谈判的预期。因为循环性的谈判会经常发生,把一次合作转化成为长期合作关系是大家的期望,所以对下一次谈判的预期会对谈判者行为产生重要影响。谈判者都非常重视长期收益,所以在关系长期合作的谈判中往往会选择让步短期结果,而将注意力放在长期的谈判原则上,以在以后的谈判中处于优势地位。

案例分析

一次,我国12名不同专业的专家组成一个代表团,去美国采购约3000万美元的化工设备和技术。美方为令我方专家满意,精心安排准备,其中一项是送给我方专家每人一个小纪念品。纪念品的包装很讲究,是一个漂亮的红色盒子,红色代表发达。可当我方专家高兴地按照美国人的习惯当面打开盒子时,每个人的脸色却显得很不自然——里面是一顶高尔夫帽,但颜色却是绿色的。美国商人的原意是:签完合同后,大伙去打高尔夫球。但他们哪里知道,"戴绿帽子"是中国男人最大的忌讳。

合同我方专家没和他们签,不是因为他们"骂"我方专家,而是因为他们对工作太粗心。连中国男人忌讳"戴绿帽子"都搞不清,怎么能把几千万美元的项目交给他们?

请分析本案例并回答下列问题:

(1)是什么因素造成了上述中、美两方谈判的中断?请列举7个原因。

(2)如果你是中方谈判人员,您认为中方在谈判中存在哪些不足?

(3)如果你是中方谈判人员,您认为美方在谈判中存在哪些不足?

☞【复习思考题】

1.谈判的概念和内涵是什么?

2.谈判动机有哪些?

3.什么是谈判的场合?谈判场合有哪些共性的特征?

4.影响谈判过程的主要可控因素有哪些?不可控因素又有哪些?

第二章

商务谈判概述

>>>   >

本章摘要 ···

　　商务谈判是经济贸易活动的一个极为重要的环节,凡是涉及有关交易的价格和其他交易条件,都需要通过谈判予以确定。什么是商务谈判,商务谈判具有哪些特点,商务谈判包含哪些主要的类型,在商务谈判过程中我们应该坚持哪些原则,一个完整的商务谈判过程包括哪几步,我们经常提到的商务谈判的APRAM模式的具体内容是什么? 这是本章我们将要解决的问题。
　　完成本章的学习之后你将能够:
　　1.明确商务谈判的概念及特点;
　　2.准确判断商务谈判的类型及其优缺点;
　　3.了解商务谈判中必须坚持的原则;
　　4.掌握商务谈判的完整程序。

···

第一节　商务谈判的概念及特点

一、商务谈判的概念

　　谈判的种类很多,外交谈判、政治谈判、军事谈判、经济谈判等等,而商务谈判则是经济谈判的一种。
　　商务谈判(Business Negotiation)是指不同利益群体之间,以经济利益为目的,就双方的商务往来关系而进行的谈判。一般包括:货物买卖谈判、工程承包谈判、技术转让谈判、融资谈判等涉及群体或个人利益的经济事务的谈判。

二、商务谈判的特点

　　商务谈判,除了具有一般谈判的五个特点以外,还有其自己的三个特点,表现在:
　　(一)以获得经济利益为基本目的
　　不同的谈判目的是不同的,外交谈判涉及的是国家利益;政治谈判关心的是政党、团体的根本利益;军事谈判主要是关系敌对双方的安全利益。而商务谈判则以获取经济利益为基本目的,虽然各种非经济利益的因素也会影响谈判的结果,但其最终目标仍是经济利益。所以人们通常以获取经济利益的多少来评价一项商务谈判的成功与否,不讲求经济效益的商务谈判就失去了价值和意义。

(二)以价格谈判为核心

商务谈判涉及的因素很多,但价格则几乎是所有商务谈判的核心内容。这是因为在商务谈判中的价格最直接地反映了谈判双方的利益。谈判双方在其他利益上的得与失,在很多情况下或多或少都可以折算为一定的价格,并通过价格升降而得到体现。需要指出的是,在商务谈判中,我们一方面要以价格为中心,坚持自己的利益,另一方面又不能仅仅局限于价格,应该拓宽思路,设法从其他利益因素上争取应得的利益。因为,与其在价格上与对手争执不休,还不如在其他利益因素上使对方在不知不觉中让步。这是从事商务谈判的人需要注意的。

(三)合同条款的严密性与准确性特别重要

商务谈判的结果是由各方协商一致的协议或合同来体现的,合同条款实质上反映了各方的权利和义务,合同条款的严密性与准确性是保障谈判获得各种利益的重要前提。有些谈判者在商务谈判中花了很大的努力,好不容易为自己获得了较有利的结果,但在拟订合同条款时掉以轻心,不注意合同条款的完整、严密、准确、合理、合法,结果被谈判对手在条款措词上略施小计就掉进陷阱,不仅把到手的利益丧失殆尽,而且还要为此付出惨重代价,这种例子在商务谈判中屡见不鲜。因此,在商务谈判中,谈判者不仅要重视口头上的承诺,更要重视合同条款的准确和严密。

第二节　商务谈判的类型

一、按参加谈判的人数规模划分

(一)个体谈判

是指谈判双方各由一位代表出面,一对一的谈判方式,好比乒乓球比赛中的单打比赛。这种谈判方式的优点很多。

首先这种谈判方式非常灵活。一对一谈判在授权范围内,谈判者可以随时根据谈判桌上的风云变化做出自己的判断,不失时机地做出决策以捕获稍纵即逝的机遇,随时有效地把自己的谈判设想和意图贯彻到谈判中去。

其次可以避免内部意见不一给对方造成可乘之机;避免对方将火力集中在力量最薄弱的人身上。一个人参加谈判,不必担心对方向自己一方谈判成员中的较弱的人员发动攻势,以求重点个别突破,或在本方各谈判成员之间运用计谋制造意见分歧甚至分裂,而从中渔利。

同时这种谈判方式效率高,由于独担责任,无所推诿,则迫使谈判人员必须一丝不苟、兢兢业业、全力以赴。

当然这种谈判方式也有一些缺点,例如对谈判者个人的素质要求比较高,当谈判人员突发意外时,没有替手。在现代社会里,谈判往往是比较复杂的,涉及的面很广,包括贸易、金融、商品、运输、保险、通关、法律等各方面的知识,所以在人员的选择上,一对一的个体谈判所选择的谈判人员必须是全能型的,他必须具备本次谈判所涉及的各方面的知识和能力,因此对谈判者个人的素质要求比较高,而且,在谈判过程中,他必须根据自己的经验和知识做出分析、判断和决策,但是以一个人的精力、知识和能力很难对谈判桌上的真真假假、虚虚实实做出正确的分析、判断和决策,同时当谈判人员生病等突发情况发生时,没有替手。

个体谈判在大型的商务谈判中是比较少见的,只适用于谈判内容比较简单的情况。

(二)集体谈判

指每一方都是由两个以上的人员参加协商的谈判形式。双方一般都会派3~8个人,甚至更多的人去。在通常情况下,重要的商务谈判一般采取集体谈判的形式。

集体谈判的最大的优点就是可以发挥集体作用,以灵活形式消除谈判僵局或障碍。首先,双方都有多人参加,集体谈判人多力量大,大家可以相互配合,相互合作,其次,群策群力,集思广益,人多势众,形成集体的进取与抵抗力量,同时可以满足谈判中多学科、多专业的知识需要,通过谈判群体的知识互补,可以克服个人知识的局限性;当谈判陷入僵局时可采用黑脸白脸的策略消除障碍。

而要发挥集体的作用其难点在于如何合理组织班子,使整体力量充分发挥。因为人多也有协调的问题,所以集体谈判需要谈判人员之间有较强的合作意识;集体谈判对某一问题的处理要首先在内部取得一致意见,然后再做出反应而延误战机,内部意见协商困难,以及某种程度上的内耗问题;由于各方面人员从自己的专业出发可能会有些偏见;如有不同意见,会丧失谈判一致对外这一重要前提。

集体谈判是现代商务谈判的主要形式,关键在于努力去趋利避害,发挥谈判小组的群体优势。

二、按参加谈判的利益主体的数量划分

根据参加谈判的利益主体数量的不同,可以将谈判分为双方谈判以及多方谈判。双方谈判只涉及两个利益主体,而多方谈判则涉及两个以上多个利益主体,例如在中美之间关于贸易赤字问题的谈判过程,就是双方谈判,只有两个利益主体,中国和美国,而关于建立中国—东盟自由贸易区的谈判则是由中国与东南亚的10个国家之间的多方谈判。

三、按谈判双方接触的方式划分

(一)口头谈判

是双方的谈判人员在一起,直接地进行口头交谈协商。在口头谈判中,双方面对面地洽谈交易,有利于谈判各方当面提出条件和意见,也便于谈判者察言观色,掌握心理,施展谈判技巧。

(二)书面谈判

是谈判双方不直接见面,而是通过传真、电报、网络、信函等方式进行商谈。由于具体的谈判人员互不见面,他们互相代表的是本企业,双方都可不考虑谈判人员的身份,把主要的精力集中在交易条件的洽谈上,从而避免因谈判者的级别、身份不对等而影响谈判的开展和交易的达成。此外,由于书面谈判只花费通讯费用,不花费差旅费和招待费,因而谈判费用开支较少。

(三)电话谈判

随着现代通信事业的发展,通过电话进行谈判的形式也逐渐发展起来。电话已成为当代谈判家越来越重要的谈判工具。

电话谈判的优点在于快捷,即使你身在中国的北京,不到 1 分钟时间,你就可以与你在美国纽约的客户通话。而你如果想跟你纽约的客户面谈,即使是通过民航这一最迅速的交通方式,也是第二天的事了。

同时打电话者往往占据主动权,因为打电话者可以先作一番谋划和权衡,待一切考虑妥帖之后,他才拨通对方的电话号码。显然,对方对这个电话一般是毫无准备的。双方一个是有备而来,一个是仓促应战,毫无疑问,打电话者比接电话者有优势。

而电话谈判的缺点也不少,首先是很容易被对方所否定,当对方看不见你的时候,"不"字便没有那么难出口了。当炎热的夏天你作为一名推销员,大汗淋漓,声音嘶哑,但仍面带微笑地推销你的产品时,对方可能很难拒绝,有可能被你的这种精神所感动,当可要可不要的时候可能就买了。这种效果很大程度上是你给对方视觉造成的冲击所带来的。但是如果通过打电话,对方感受不到你的这种真诚、期望,拒绝往往比较容易。

其次由于没有视觉反馈,所以电话商谈比面对面谈判更易造成误解。对方的面部表情和行为暗示自己根本不可能看见,对对方声调的变化也不敏感,不可能揣摩出许多言外之意。有些误解可能是无意间造成的,当然还有一种情况是对方有意造成的,当你打电话时,对方故意造成产品紧张,价格即将上涨的样子,例如装作接听另一个电话,告知对方现在货源紧张,要货需等下一批等等,那这样的话有可能对你的计划会造成一定的影响。

再者没有充裕的商谈时间。很少有人能在电话中讲到半个小时,在这么短的时间内,很多问题根本难以讲清楚或根本没想起来。因而一旦仓促做成交易,可能引发以后许多问题和麻烦。

四、按进行谈判的地点划分

(一)主场谈判

主场谈判是指对谈判的某一方来讲谈判是在其所在地进行。主场谈判,谈判人员在自己熟悉的地方与对方谈判,各方面都会感到比较习惯,在生活起居、饮食睡眠上都不受影响。而且处于东道主的身份,处理各种谈判事务都比较主动,谈判底气足。如果谈判发生意外,可直接向上级汇报并取得指示;可多方面使用有利条件,以逸待劳,心理上占优势;临时找专业技术人员或者查找技术资料都比较方便;节约时间和费用。当然,有利也有弊,主座谈判也存在一定的缺陷,例如谈判期间可能会受到干扰;而且要花费精力进行一系列繁琐的接待工作。

(二)客场谈判

客场谈判则是谈判一方到另一方所在地去谈判。其实在谈判中一方为主场谈判,那么其他各方就都是客场谈判了。客场谈判往往对客方不是很有利,通常说在家千日好出门一日难,客场谈判不仅要受旅途劳顿之苦,而且也会因为不适应环境而在谈判中产生心理紧张、情绪不稳定。如当谈判发生意外情况时,不能及时请示上级;临时需要查找技术资料或文件不方便;行动上受着很多限制。在客座谈判中,过硬不行,硬的时间太长不行,这些都容易导致谈判破裂;态度太软也不可取,顺其谈判自然发展虽好,但听之任之却易陷入对方设下的"圈套"而让步成交。当然客场谈判也并非没有优点,客场谈判可以省却那些东道主必须承担的迎来送往,如果结合对谈判对方的实地考察,将有助于对对方的深入了解与准确认识,便于观察和弄清谈判对手的情况;谈判过程中,可以不受干扰,全心全力地进行谈判;同时在谈判遇到僵持时可借必须回国请示、资料不在手头或者以未经上级领导同意为托辞,拒绝做出结论而方便地暂时退出谈判。必要时,还可以与对方领导直接洽谈等等。

我们往往会发现,谈判也好,比赛也好,其胜负还是由实力决定的,可是在双方实力相当的情况下,主场往往较容易取得胜利,而在客场取得胜利往往很难。体育比赛如此,谈判也是一样。不同的谈判环境,对谈判者的才智的发挥会起到或大或小的激发或者抑制的作用。美国公关专家曾经做过一个有趣的实验。结果表明,许多人在自己家的客厅里与人谈话,比在别人家的客厅里更自如,更容易说服对方。因为无需分心于熟悉环境和适应气氛,而很容易进入状态,自然而然地处于一种主动的、控制的地位,所以谈判成功的概率就高;反之,在自己不熟悉的环境中进行谈判,除非是准备得非常充分,心理素质很好,一般情况往往变得无所适从,受人牵制,最终容易导致谈判失利甚至破裂。大凡商界老手在选择谈判地点上都要煞费一番苦心精心安排,这就是其中的奥妙所在!

商务谈判除了上面所提到的主座谈判和客座谈判外,还存在一种情况:客主场轮流谈判。所谓客主场轮流谈判,是指在一项商业交易中谈判地点互易的谈判。可能是开始在买方,继续谈判在卖方,结束在卖方也可能在买方的谈判。客主座轮流谈判的出现,说明交易的不寻常,至少不会是单一的、小额的商品买卖,它可能是大宗的商品买卖,也可能是成套项目的买卖。针对这种复杂情况,采取客主座轮流谈判的形式,能够兼顾到双方的利益。

（三）第三地谈判

第三地谈判是指在谈判双方所在地以外的其他地点进行谈判。这种情况多见于立场对立互不相让的两方的军事谈判、外交谈判等,商务谈判中较为少见。在第三地进行谈判,对谈判双方来讲就无宾主之分了。

五、按谈判中双方所采取的态度与方针来划分

（一）让步型谈判

也称为软式谈判,是一种丢车保帅型的谈判方式,谈判者采取尽量避免冲突,随时准备为达成协议而让步,希望通过谈判签订一个皆大欢喜的协议,或者至少签订一个能满足基本利益的协议,不至于空手而归。这种谈判不是把对方当成敌人,而是当成朋友看待。他们强调的不是占有优势,而是达成协议。软式谈判强调的是建立及维护双方的关系,是一种类似家人或朋友之间的谈判,如果谈判的双方都能以宽容及谅解的心态进行谈判,那么达成协议的可能性较大,谈判的速度较快,成本较低,效率较高,是比较令人满意的,并且双方的关系也会得到进一步的加强。然而,由于受利益的驱使,加上价值观及个性的不同,并非人人都会持这种态度,这种理想化的状态是不多见的。那么,采用软式谈判的人一旦遇到强硬的对手,就十分不利。对强硬者采取步步退让的策略,尽管最终也会达成协议,但这种协议通常是不平等的,甚至是屈辱的,因此这种方法并不一定是明智的、合适的。在实际

的商务谈判中,人们极少采取这种方式,一般只限于双方的合作非常友好,并有长期业务往来的范围。

（二）立场型谈判

也称为硬式谈判,谈判者将谈判看成是一场意志力的竞赛,认为在这种竞赛中,立场越强硬的人,最后获得的也越多。采取这种谈判方法的人往往处心积虑地要压倒对方。这种方法有时确实也很有效,往往能达成十分有利于自己的协议。但如果谈判双方都采用立场型的硬式谈判,那就会陷入骑虎难下的境地。你越想坚持或保住自己的立场,那么你就会越发被动;你越想使对方相信你不可能改变立场,那么你就越难达到目的。为了促使谈判能继续下去,你可能会做极小的不涉及实质内容的机动和让步,而对方也可能像你一样做出一些象征性的让步。这样看起来谈判并没有破裂,仍然在继续中,而实际上谈判却陷入了旷日持久的对峙,结果必然导致双方关系紧张,互相施加压力,互相不肯让步或只作极小的让步,增加谈判的时间和成本,降低谈判的效率,而且还有可能导致谈判破裂。在这种较量中,即使某一方经受不住意志力对抗的折磨,屈服于对方的压力而被迫让步签订了协议,但其内心的不满是显然的。这就会导致在以后履行协议的过程中采取消极的行为,甚至是想方设法阻碍和破坏协议的执行。例如延迟交货,拖延付款时间等等,当另一方提出索赔要求时,实际上却将陷入新一轮的耐力较量,最后使双方的关系完全破裂。从这个角度来讲,硬式谈判常常是只有表面上的赢家,而没有真正的胜利者。

（三）原则型谈判

也称为价值型谈判,事实上是将前两种谈判的优点结合起来的谈判方式。原则式谈判最早是由哈佛大学谈判研究计划中心提出的,所以又称哈佛谈判术。

原则式谈判与软式谈判相比,虽然同样注意与对方保持良好的关系,但是并不像软式谈判那样只强调双方的关系而忽视利益的取得。它要求谈判的双方都要尊重对方的基本需要,寻求双方利益上的共同点,千方百计使双方各有所获。当双方的利益发生冲突时,则坚持根据公平的原则寻找共同性利益,各自都作必要的让步,达成双方可接受的协议,而不是一味退让,由委曲求全来达成协议。原则型谈判与硬式谈判相比,主要区别是它主张注意调和双方的利益,而不是在立场上纠缠不清。这样做的好处是,谈判者常常可以找到既符合自己利益,又符合对方利益的替代性方案,使双方由对抗走向调和。采用原则式谈判的基础是在对立立场的背后通常会存在着共同利益。有时,人们因为对方的立场与自己的立场相左,就认为对方的利益与自己的利益全部都是冲突的。事实上,在许多谈判中,深入地分析双方所持的对立立场,会发现其背后常常隐含着各种利益,而且会发现实际上双方共同利益要多于冲突性利益。因此,人们只要寻找到共同性利益,调解冲突性利益也就比较容易了。在这种情况下,谈判双方达成协议的可能性就会增加,经过双方的进一步努力就会达成对双方都有利的协议。由于原则式谈判强调通过谈判取得各自所需的利益,这种利益既包含经济上的利益,物质上的利益,也包含人际关系的利益,用这种价值观去看待谈判,就会造成一种既重理性又重感情的谈判,所以为大多数商务谈判者所推崇,在实际谈判中应用得十分广泛。用这种方法达成的协议,在以后履行的过程中也比较顺利,毁约、索赔的情况也较少。

案例 2-1

自 1967 年以埃战争以来,以色列就占领着原本属于埃及的西奈半岛。从此以后,埃及人天天想着复仇雪耻,收复失地。而以色列处于阿拉伯国家四面包围的处境之中,则视西奈半岛为他们生命换来的国防屏障。当埃以双方 1978 年就这一问题谈判时,双方的立场是完全对立的。以色列同意归还西奈半岛,但必须保留其中的某些部分,否则就不签订和约;埃及则坚持西奈半岛是埃及的领土,每一寸土地都要回归主权国,在领土问题上不可能妥协。双方的立场处于严重的对立当中。但是通过分析发现,以色列坚持必须占领西奈半岛的部分地区,是出于国家安全防卫上的需要,他们的利益是在安全上。而埃及坚持要全部归还西奈半岛,是因为西奈半岛自法老王朝时代起就一直是埃及的一部分,以后被其他国家占领了几个世纪,直至近代才夺回完整的主权,他们的利益是在主权上。经过谈判双方认清了彼此的利益所在,于是双方达成了一项协议,协议规定把西奈半岛的主权完全归还给埃及,但大部分地区必须实行非军事化,不得在埃以边界地区布置重型武器。这样既实现了埃及收复失地、维护主权的需要,也实现了以色列保证国家安全的需要。双方从坚持立场僵持不下到重视利益、各获所需,使一场困难的谈判突破了僵局,达到了各自的目的。

第三节　商务谈判的原则

一、双赢原则

美国谈判学会会长尼尔伦伯格认为"谈判不是一场棋赛,不要求决出胜负;也不是一场战争,要将对方消灭或置于死地。相反,谈判是一项互惠的合作事业。"

商务谈判的目标应该是双方达成协议,而不是一方独得胜利。谈判的双方都必须感到自己有所得,协议才可能达成。把谈判看做是一盘棋赛,就意味着以一种纯粹的比赛精神去谈一笔交易。抱着这种态度,谈判者就要竭力压倒对方,以达到自己单方面所期望的目标。把做生意同打仗相提并论,仅仅是一个比喻而已,一项成功的商业交易的目标,并不是要置谈判对手于死地。应该承认,在商务活动中无时无刻不充满矛盾和冲突,而关键是我们如何运用有效的手段来化解这些矛盾和冲突。具体可以通过以下方法达到:

（一）尽量扩大总体利益

在谈判中双方应一起努力,首先扩大双方的共同利益,而后再来讨论与确定各自分享的比例,也就是我们常说的"把蛋糕做大"。有的人一说开始谈判,就急于拿起刀要去切蛋糕,以为这蛋糕就这么大,先下手为强,如果对方切得多一点,就意味着自己分到的就少一点,于是在蛋糕的如何切法上大伤脑筋。其实,这种做法并不明智。谈判的本事在很大程度上取决于能不能把蛋糕做大,项目越大,越复杂,把蛋糕做得更大的可能性也越大。商务谈判双方的利益不是一个既定的蛋糕,你分得多,就意味着我分得少,而是一个可伸缩的蛋糕,如果双方努力谋求一致,可能制造出一个更大的蛋糕,双方都可以多分得好处。在谈判中,为了扩大双方的总体利益,有时会遇到对传统做法的挑战。当然,对涉及双方的基本原则和立场一般不容做出让步,但对一些传统的规定则是可以通过谈判予以调整的。

案例 2-2

某国曾向我国某一项目提供了一笔数额较大的政府贷款。根据当时有关规定,贷款合同一经生效,该贷款额就已经全部筹集好并存放在指定银行里,不得挪作他用,借款者根据需要来提用。为了催促借方按期完成项目的进度,对未提用的部分则需支付承诺费。由于这笔贷款数额很大,而且计划用款时间相当长,前后经历6年,经计算,所需支付的承诺费数额将十分可观。我方提出把这笔贷款按年度分成六部分使用,根据工程用款计划,对方按年度将资金先后调拨到位。每一年的额度若没有用完,应按当年未用部分计算承诺费,而以后若干年的贷款额则不计在内。经过谈判,双方认为这样做对彼此都有利,因为对中方来说,不仅可避免支付一笔可贵的承诺费,而且可以使贷款的实际使用额增加;而对外方来说,资金逐年到位更容易些,它也可以将其余资金投入其他方面取得效益,从而帮助贷款国降低了成本。于是外方接受了我们的要求。

(二)明确目标,善于妥协

很多人就是因为忽略了自己的目标,在过程中失去了自己的机会,失去了自己可以创造更大利润的关键。所以要记住谈判目标,在谈判已开始就写下来,这场谈判最终要达成的目标是什么。

双赢就是我赢你也赢,所以谈判一方要达到这种程度的话就应该做出一点的调整。而谈判的艺术就在于协调好己方期望值跟对方期望值。

案例 2-3

杰克·琼斯想为女朋友买一枚戒指。他已攒了大约400英镑,并且每星期还继续攒20英镑。一天,他来到史密斯珠宝店,一下子被一枚标价750英镑的戒指吸引了。但他买不起。琼斯很沮丧,后来他偶尔走进布郎珠宝店,那里有与史密斯店里那枚相似的戒指,每枚标价500英镑,他想买,但还惦记着史密斯店里的那枚750英镑的戒指,希望数星期后这枚戒指还没有卖出去。

很幸运,史密斯店里的戒指不但没有卖出去,价格还降了20%,减为600英镑。琼斯很高兴,但钱还是不够。他把情况向老板说了,老板非常乐意帮助他,再向他提供10%的特别优惠的现金折扣,现为540英镑。琼斯承诺月底付清全款。然后怀着喜悦的心情离开了。这样琼斯少花了210英镑,他的女朋友得到了价值750英镑的戒指,两人都满心欢喜。当然,史密斯珠宝店也很满意。他们和布郎珠宝店一样,都是以每枚300英镑的价格从批发商那里购进同样的戒指,但史密斯珠宝店获得了240英镑的纯利;而布郎珠宝店的标价虽然一直比史密斯的低,但未吸引住杰克·琼斯。

在上例中,琼斯对这笔交易的评价是,他得到了一枚价值750英镑的戒指,而且那是个仅有的,随时有可能被别人买走的戒指。他为自己聪明的等待了数星期后获得减价的好处而感到愉快,还为经讨价还价后又得到10%的优惠现金折扣而高兴。而史密斯珠宝店在这次谈判中所采取的每一个步骤,都是为了使琼斯得到满足。包括:使戒指具有高价感;使他在讨价还价中有优胜感;使他有成交后的获益感等。这些感觉综合起来,使他在心理上得到了满足,同时也为卖方带来了利益。

二、公开、公平、公正的原则

实践证明,营造公开、公平、公正的竞争局面,可以为我们赢得谈判中的主动,避免可能的机会成本损失,争取最有利的合作条件。公开、公平、公正三者往往结合在一起。例如某企业打算引进一组大型化工装置,事先技术部门也作了一些技术规划方案,消息公布之后,引来了 6 个国家 10 余家公司纷纷表示愿意承办这一项目,并各自提供了他们的方案。我方技术人员从这些方案中发现了更先进、更经济的工艺技术,了解了许多最先进的技术,原先的技术方案经过修改后变得更为完善,为高水平地完成项目引进走出了关键的一步。公开、公平、公正竞争的局面能为其带来了最公平合理的价格与最合适的合作伙伴。

而有的企业常采取"轮番压价式"的做法。有的谈判者认为,货比三家总是不会错的,于是同时向若干家公司询价,当对方报价后,又以 A 公司的价压 B 公司,以 B 公司压 C 公司,以 C 公司压 A 公司,试图从中得到最有利于自己的价格,其实这样做看起来很聪明,其实很不明智的。其实,应该是多少价格最合理,谈判者心中要有数,有时看起来某家企业的报价明显地低于其他人,谈判者从节省费用出发做出选择,表面上占了不少便宜,但事实上可能潜伏着利益损失的危机。谈判者必须懂得造成明显的低价往往包含着两种可能:一是对方计算失误,以后在工程实施过程中对方就会陷入进退两难的境地,就会不得不偷工减料,结果到头来还是你吃亏。二是对方为了应付竞争故意报低价,来取得该项目,但是在取得项目后,就可能把这部分损失从别的地方捞回来,结果你并没有得便宜,反而陷入一系列烦恼的争执之中;或者由于价格差异太大,最后实在没能力完成,只能赔偿或被罚款,看起来你并没有吃亏,但事实上你想做的事没做成,再重新请别的公司做,延误了时机,这实在是得不偿失的。所以,在实际的商务谈判中不宜采用轮番压价的做法,这种做法,看起来很精明,其实很不高明。其次,如果你惯于使用轮番压价的手段并且在业界很有名气的话是不会有企业愿意与你进行合作的,或者对方也可以联合起来去蒙骗你,最后吃亏上当的还是你。

三、时间原则

时间很重要,因为我们期望在更少的时间内完成更多的交易,巴尔扎克曾经说过"除了聪明没有别的财产的人,时间是唯一的资本"。

坚持商务谈判过程中的时间原则是要求谈判者在谈判中做到快慢结合。在谈判开始前及谈判各项程序的衔接上,要快,要抓住时机,尽量在最短的时间里收集最多的信息,完成最多的准备工作。而在谈判过程中要慢,谈判中切忌焦躁。要懂得慢工出细活。在谈判中装聋作哑,最后使对方问我们"你觉得应该怎样办?"从而达到自己的目的的例子很多。同时要注意时间的结构,凡是我想要的,对方能给的,就先谈,多谈;凡是对方想要的,我不能放的,就后谈少谈。在会谈前先摸清对方的行程时间安排,在看似不经意间安排与会谈无关的内容,最后使对方不得不草草签订有利于自己的协定,这样的例子在商务谈判案例中数不胜数。

案例 2-4

荷伯·科恩这位著名的美国谈判家的一次经历。荷伯年轻时曾被派往日本参加一次谈判。日方在接待的时候得知荷伯需于两个星期之后返回。日本人没有急着开始谈判,而是花了一个多星期的时间陪他在国内旅游,每天晚上还安排宴会。谈判终于在第12天开始,但每天都早早结束,为的是客人能够去打高尔夫球。终于在第14天谈到重点,但这时候荷伯已经该回去了,已经没有时间和对方周旋,只好答应对方的条件,签订了协议。

四、信息原则

当我们在谈判场上所掌握的资讯越多,我们在谈判中越容易成交,我们对对方的了解越多,成功的机会就越大,所以资讯绝对是非常重要的一部分。永远不要嫌了解对手太多,对对方了解越多,就越能抓住对方的弱点,从而进行有力的回击。举例如果今天你要谈判,在上场之前,你就知道对方的财务状况有一定的问题,对方急着出售这栋大楼,如果这栋大楼没有出售的话他的财务缺口就弥补不起来,假设你有这样很明确的信息,当你在跟对方谈的时候,你就能把价格部分想方设法地再压得更低一点。所以收集资讯是最重要的。获取信息的途径有很多,无论是公开的,还是隐秘的。但是事实证明,90%的信息可以通过合法渠道获得,另外10%的信息可以通过对90%的信息分析获得。这也就是说,一个具有很强观察力的人,可以对公开的信息进行分析,从而看到隐藏在事实下的内容,从而找到自己想要的答案。当我们在收集信息的时候,还要注意有哪些信息可能是正确的,哪些信息可能是错误的。没有经过判断的信息往往是无用的,甚至可能是误导的信息。要扩大消息来源,因为有些信息可能今天用不到,说不定未来用得到。所以日常工作中得到的各种信息应该注意整理保管,为今后的谈判提前做好准备。要注重无声的信息。如眼,手等肢体语言,这些无声的信息都向我们传递着谈判对手的内心世界。对谈判过程中谈判对手姿势和动作的观察、分析,是谈判家获得谈判信息,了解对手的一个极为重要的方法和手段。在谈判中,要善于察言观色。广东有这样一句谚语:"当一个人笑的时候腹部不动就要提防他了。"伯明翰大学的艾文博士也说:"要留心椭圆形的笑容。"这是因为这种笑不是发自内心的,即皮笑肉不笑。手势、动作等无声语言传递信息的这种方式,其信息的发出者有时是难以控制的。因为语言本身是人们有目的、有意识地发出的,而姿态和动作虽然人们也可以有意识地去控制它,但它们更多的是处在人们无意识之中,或是下意识之中进行的。这种无声语言所传递出的信息比用有声的语言传递出的信息更为敏感。

五、对事不对人原则

在谈判的争执中,争论的焦点应是具体问题,就事论事,而不要对对方进行人身攻击。每位谈判者为了达成协议,不可避免地在利益问题上要与对方发生冲突,但千万注意,争论和冲突的焦点应是具体的"事"而不是"人",应把"人"与"问题"分开,所攻击的应是"问题",而不是"人"本身。如果谈判者把自己和对方看成是人与人之间面对面的敌对者,就很难把他们之间的关系与实质问题划分开。在这种状态下,谈判者针对具体问题所说的任何事情,似乎都会指向对方本人,而对方也会觉得这是针对自己而来的,每一方都会采取防御心理,并忽视对方的合法利益,谈判也只能相持不下,毫无结果。

下面这段话就颇具"人事两分"的技巧。买方向卖方表述:"你们提供服务的这部转轮发电机又出故障了。这是本月内的第三次故障。本厂需要一部能发挥正常功能的发电机。

我想请你们提供建议,该如何减少故障的发生? 我们是不是该换一家服务公司呢?"这样的表达,既能给卖方造成一定的压力,指责的又只是发电机本身,而不直接针对卖方谈判者,使卖方谈判者有台阶可下,容易接受买方的意见和要求。

第四节　商务谈判的程序

有些谈判者习惯把与对方的初次见面作为开始,而把达成协议后的握手作为结束。在他们看来一次次谈判都是不相关的,而每一次谈判只要精心组织与此相关的一切细节,而不必顾忌其他。实际上,一个完整的谈判过程要包括准备阶段、接触阶段、实质阶段、协议阶段、执行阶段等五个阶段,其相互之间彼此衔接、不可分割,而且一件工作往往需要通过若干个谈判过程周而复始、循环往复地进行才能得以最终完成。

一、准备阶段

一个田径运动员在世界大赛中夺取金牌时所作的拼搏或许只有几十秒钟,甚至更短的一瞬间,然而为了使这短暂时光变得耀眼与永恒,这位运动员不知要付出多少辛勤的汗水,要进行一系列精心的准备。正所谓"台上一分钟,台下十年功",同样,一个商务谈判者如果希望通过谈判达到预期目标,那么首先就得做好周密的准备工作,对自身状况与对手状况都有较为详尽地了解,并对这些情况作充分的分析,由此确定合理的谈判方法,判定适当的谈判策略,从而在谈判中处于主动地位,使各种矛盾与冲突大多化解在有准备之中,进而获得较为圆满的结局。

按理说,谈判准备得越周全越充分,谈判场上掌握主动的机会就越多。然而,由于时间、精力、费用的限制,所谓充分得无一纰漏的准备是不可能,也是没必要的。商务谈判的复杂多变性决定了经常会发生不可预料的情况。因此,任何准备工作都有一个适度的问题。谈判准备的适度就是指在各种客观的约束条件下的"相对充分",当谈判出现一些始料不及的情况时,也能使谈判者依然镇定自如,从容应付。当然不同类型的谈判对谈判准备也有不同的要求。

由于准备阶段的工作较为繁琐复杂且其在整个商务谈判中有重要的影响作用,所以我们专门在第四章详细介绍准备阶段的具体工作,在这里不再详述。

二、接触阶段

这一阶段开始,双方正式进入了面对面的谈判时期。接触阶段的开端十分重要,因为这时已开始进入最初的谈判议题了。无论选择什么样的最初议题和讨论方式,都会对以后洽谈阶段问题的解决及解决方式产生直接的影响,也因为如此,从这一阶段开始,谈判人员要能够像优秀演员那样善于进入角色。谈判人员不能找到在谈判中应有的角色感觉,就不可能充分发挥他的经验和才智,也不可能使他所准备的种种谈判策略卓有成效地得以实施。

万事开头难,谈判亦然。接触阶段虽然只占整个谈判过程的一个很小的部分,而且似乎与整个谈判的主题无关或关系不大,但它却非常重要,因为谈判初始,各项工作千头万绪,无论准备工作做得如何充分,都免不了遇到新情况,此时,双方态度又都比较审慎,在接触阶段差之毫厘,在以后阶段可能就谬以千里。在接触阶段需要做哪些工作呢? 主要包括以下几方面:

（一）营造谈判气氛

营造谈判气氛是接触阶段的第一项工作。谈判气氛往往在双方开始会谈的一瞬间就形成了。形成谈判气氛的关键时间是短促的,甚至是极为短暂的,可能只有几分钟。但谈判气氛,比如说是温和、友好还是紧张、强硬;是沉闷、冗长还是活跃、顺畅,这一切基本都确定下来了。不仅如此,整个谈判的进展,如由谁主谈,谈多少,速度多快,也受到了很大影响。

诚然,完全认为导入阶段这一瞬间全面决定了谈判气氛,这是不符合实际情况的。谈判双方会谈前的接触以及以后会谈过程中的交流都会对谈判气氛产生直接的影响。不过比较而言,谈判开始瞬间的影响是最重要的,在此之后谈判气氛的波动比较有限。中国那句老话"先入为主"说的就是这个道理。第一印象一经形成,就很难改变。最初印象好,以后的谈判相对来说也会较顺利;最初印象不好,在对方心理上造成的不良影响是很难扭转过来的。

为了营造良好的谈判气氛,一般说来,双方初次接触,不要急于进入实质性洽谈,相反,倒是可以花一定的时间,选择一些与谈判无关的,令双方感兴趣的话题随便聊聊,诸如彼此以前各自的经历、共同交往过的人、一场精彩的比赛.甚至天气、当天新闻等都可以是谈判双方之间形成轻松、和谐气氛的媒体,这将使双方感到彼此有共同语言。

有时,这样一种融洽对等的气氛不太容易形成,特别是遇到实力较强,优势明显的谈判对手更是如此。对方的举手投足可能会处处显示其力量所在,然而即使对于这样的谈判对手,只要有合作前景,我们也要争取营造良好的谈判气氛,主张采取一种有助于谈判本身的积极性态度,反对持消极性态度。

（二）摸底

在接触阶段,谈判双方较多地把注意放在摸底上,双方都想摸对方的底牌。

首先,考察对方是否诚实、正直,是否值得信赖,能否遵守诺言;如约会是否会迟到,许下的诺言是否兑现;

其次,了解对方对这笔交易到底抱着多大程度的诚意与合作意向,这笔交易对方的真实需要到底是什么;

第三,要努力了解对方的谈判经验、作风,对方的优势、劣势,了解对方参与谈判的每位成员的态度、作风和对此次谈判的期望,甚至要知道对方认为有把握的和所担心的事是什么,是否可以加以利用等。一个有经验的谈判者,能透过相互寒暄时的那些应酬话去掌握谈判对象的背景材料:他的性格爱好、处事方式,谈判经验及作风等,进而找到双方的共同语言,为相互间的心理沟通做好准备,这些都是对谈判成功有着积极的意义。

案例 2-5

　　日本松下电器公司创始人松下幸之助先生刚"出道"时,曾被对手以寒暄的形式探测了自己的底细,因而使自己产品的销售大受损失。

当他第一次到东京,找批发商谈判时,刚一见面,批发商就友善地对他寒暄说:"我们第一次打交道吧?以前我好像没见过你。"批发商想用寒暄托词,来探测对手究竟是生意场上的老手还是新手。松下先生缺乏经验,恭敬地回答:"我是第一次来东京,什么都不懂,请多关照。"正是这番极为平常的寒暄答复却使批发商获得了重要的信息:对方原来只是个新手。批发商问:"你打算以什么价格卖出你的产品?"松下又如实地告知对方:"我的产品每件成本是 20 元,我准备卖 25 元。"批发商了解到松下在东京,人地两生、又暴露出急于要为产品打开销路的愿望,因此趁机杀价,"你首次来东京做生意,刚开张应该卖得更便宜些。每件 20 元,如何?"结果没有经验的松下先生在这次交易中吃了亏。

最后,设法探求对方在此次谈判中所必须坚持的原则,以及在哪些问题上可以做出让步。

这种摸底,双方必然都会以十分巧妙的方式进行。当双方坐下来转入实质性谈判之前,应该充分利用开场阶段从对方的言行举止中去获得这些信息。同时也要注意听话听音,领会对方谈话的潜在信息,这些信息可能反映了对方的真实意图。

(三)修正谈判计划

通过与对方初步接触,我们已经获得了许多有关对方有价值的信息,大致了解对方的期望、立场,初步分析了谈判人员的背景、工作作风,双方就一些基本问题已达成了一致意见。与此同时,我们也发现了双方在一些问题看法上的明显差距,这正是我们需要通过进一步谈判予以调整的。这不仅是为了争取谈判中的主动,维护自身利益,也是为了推动整个谈判的合作进程。

三、实质阶段

谈判双方经过全面准备、初步接触,彼此已经有了基本的了解,并形成了各自的谈判方案。随着良好的谈判气氛的建立,谈判自然而然地转入实质阶段。这个转变过程一般是短暂的,但对于一些重大复杂的工程项目,谈判的双方可能要花费较多时间来接触、了解。如果双方彼此不熟悉,属于首次合作,那么实质性谈判之前的试探时间就可能会拉得更长。

谈判实质阶段是整个谈判过程中的重点和高潮。由于出自对各自利益的考虑,双方可能会在一些敏感问题上形成立场上的对峙和态度上的反复,从而使谈判显出波澜起伏、艰难曲折的特点。双方要不断修正各自的谈判目标和调整谈判策略,使双方的期望逐步趋向吻合,以求最终达成交易。

(一)报价

对于谈判双方而言,报出一个恰当的价格是非常重要的,特别是双方的开盘价实际上为以后的谈判限定了一个框框,最终的协议必然是在这个基础上经过协商达成。那么到底是应该先报价,还是等待对方开价后再还价,这无论对于买方还是卖方都是一个没有定论的问题。先报价的好处在于争取主动,会对整个谈判起持续的影响作用。但它也有不利之处,即对方得知我方的报价后可以不露声色地对自己的想法进行调整,而使先报价者丧失条件更为优越的交易机会。

因此,通常作为卖方,开盘价在适当的范围内要报得尽可能高些,相反买方则要报得低一些。但是,不管怎么样,开盘价都要合乎情理,否则会让对方觉得你缺乏诚意,或给对方以心狠手辣的感觉,这就直接破坏了谈判气氛,并容易在对方的质询与攻击下,在原先的价格防线上溃退,或者把一件原可以谈成的交易谈崩。开盘价的正确决策不仅要依赖于谈判前的充分准备,对对方需要的充分了解,而且还要依赖于有经验的商务谈判人员的准确判断。对于一场合作良好的谈判来说,一方开价,另一方还价后,双方便能很快识别出最终协议的大致方向,并能顺利朝着正确的方向推进。否则,谈判就要进入一个来回拉锯、反复磋商的时期。

(二)反复磋商,有效妥协

1.反复磋商

由于谈判双方对谈判的结果期望不同,在初期报价上的差异多少总带有技术上、策略上的考虑,双方往往不会很快就有关问题达成一致。参与谈判的任何一方都既想竭力降低对方的期望值,挑剔对方的报价,不厌其烦地指出报价的不合理,同时又想尽力维护自己的立场,反复阐述自己的理由,说服对方接受自己的"合理"方案。

其实,谈判者要有效地维护自己的利益,首先必须充分了解对方报价的依据,让对方说明其报价的结构及其各组成部分的合理性,然后对照自己的报价依据,分析双方到底在哪些环节上存在差距以及为什么会存在这种差距。如果双方的报价都是合理的,因此现存的差距也是合理的,则我方可向对方指出这一实际状况,争取双方各做出相应的让步,以求一致;如果对方的报价合理,而我方的计算却有较多水分,我方应考虑是否有必要仍坚持自己的立场,特别是在对方已发现我方的不合理之处,提出质询的时候,我方应主动做出让步姿态,以求进一步协调;如果对方的报价相对我方有更多的不合理之处,则应向对方明确指出不合理之所在,并拿出足够的证据。只有可公开的可靠的证据才能让对方做出让步,当然这一过程也要依赖我方的说服技巧;如果双方的报价都存在明显的"水分",那么,调整自己的报价,并邀请对方回到相互信任,诚意合作的轨道上来,不啻是一项明智的选择。讨论谈判双方的报价合理与否,通常只具有相对的意义。如果是一个充满合作诚意的谈判,则双方有可能就有关评判合理与否的标准做出一致的解释,否则对此难以划定绝对的界限。当双方都固执地坚持自己的要求,或者都希望对方能做出更多让步时,则谈判就会陷入僵持状态。

谈判到这一阶段,常常会不断出现双方意见分歧和立场对峙的局面。凡是抱有诚意的谈判者,都希望能消除不必要的误解,让自己的观点为对方所理解和接受,并说服对方放弃其"不合理"要求。这样做虽然是困难的,但却一直是专业谈判人员所追求的目标。

2.有效妥协

在商务谈判中,有一种情况是经常发生的,即由于谈判人员背景不同、价值评判标准不同、观察与思考问题的角度和方式不同,如果是涉外谈判的话还有可能因为翻译不够准确,有时会使谈判处于僵持状态。其实,不少分歧都是缘于沟通中的障碍。解决这些问题,就要求更好地掌握相互沟通的艺术,消除偏见或翻译中的歧义,使双方重新以合作态度来磋商。

另一种情况则很有可能是双方对谈判期望的真正分歧。在这种情况下,准确分析双方要求的差距和各自实力,其中一方做出让步姿态是十分必要的。能首先做出这种姿态的,并不是无能与软弱的表现;相反,善于妥协恰恰是谈判人员成熟的表现。当然,妥协让步也要讲究艺术。有效妥协的基本策略有这样几条:

(1)让对方感到我方做出的是一次重大让步

不能让对方理解为我方是迫于对方压力而做出退让,也不能让对方认为我方的让步是轻率的、仓促的。否则对方非但不会感到满足,相反会得寸进尺,这将无助于打破谈判僵局。我们要让对方认识到,我方的退让是争取实现双方携手合作的主动表示。若能成功地做到这一点,就有可能赢得对方做出相应的妥协,或当我方要求对方做出相应让步时,对方难以拒绝。

(2)以等同价值的替代方案换取对方立场松动

中国古时有一则"朝三暮四"的寓言,战国时代,宋国有一个养猴子的老人,他在家中的院子里养了许多猴子。每天给猴子七颗栗子,怎么给呢? 于是他就和猴子们商量说:"我每天早上给你们三颗栗子,晚上还是给你们四颗栗子,不知道你们同不同意?"猴子们听了,都认为早上怎么少了一个? 于是一个个就开始吱吱大叫,而且还到处跳来跳去,好像非常不愿意似的。老人一看到这个情形,连忙改口说:"那么我早上给你们四颗,晚上再给你们三颗,这样该可以了吧?"猴子们听了,以为早上的栗子已经由三个变成四个,就高兴地在地上翻滚起来。人非猴子,但在许多由立场性争执引起的谈判僵局中,如果采用这一策略,常常可以让对方体面地改变某些谈判要求,使谈判得以顺利地进行下去。这一策略还不仅仅预示着一种象征性的让步,很多情况下,替代方案包含着这样一种实质内容:我方愿意以放弃某一方面的利益为代价,换取等同价值的另一方面的利益。

在谈判的时候,价格并不是唯一的焦点,有些情况下,价格反而是最有调整空间的。双方谈判时在不能降价的情况下,就要求对方提供免费的技术培训,或免费更换零件等条件,一样可以达到降价的目的。

(3)以让步换取让步

我方做出一些让步后,在对方没有相应回报之前,一般就不能再作让步了。不要做单方面无谓的让步。

四、协议阶段

成功的谈判经过双方交锋和妥协,双方认为已经基本达到自己的理想,便走向了谈判的另一个阶段—协议阶段,双方代表相互致意,在协议书上签下自己的大名。当谈判人员意识到由于自己的艰辛努力,交易即将成为现实时,双方的情绪都会重新亢奋起来。但是,在双方没有正式签约前,过分的乐观则为时过早。在协议阶段有以下几件工作要做:

(一)促成交易

谈判双方在起草合同前,有必要就整个谈判过程,谈判内容作一次回顾,以便最后确认双方在哪些方面达成了一致。对于哪些没有达成共识的问题是否有必要作最后的磋商与妥协。这种回顾要以双方会谈的书面记录为依据。当一切不再有疑义时,就可向对方发出结束谈判的信号。有时,在商务谈判中也会出现这样一些情况:到了谈判后期,我方认为可以收场了,也向对方发出了信号,可对方却认为时机未到,坚持不打出最后一张牌,使我们处于被动的局面。因此,在必要的时候,我们也可以放一些"气球",直接试探对方,促使对方早日结束谈判。

案例 2-6

美国政府曾允诺给我国某重大工程一笔赠款。然而,美国商务参赞来沪四次,专谈工程项目问题,却始终避而不谈赠款事宜。于是在一次与对方会面时,上海市的主管官员直截了当地问:"贵国政府说有笔赠款给上海这项工程,它到底是多少? 它是一美元,还是一百万美元? 现在我只能算它是一美元。如果你们再不明确告诉我们,那我们今天就是最后一次谈这个工程项目了。当然我们以后可以作为朋友,在工作之余一起喝喝咖啡、聊聊天,但我们再也不可能涉及有关这个项目的任何话题了。"此举果然有效,不久,我们就收到有关赠款事宜的正式通知。

(二)签订合同

关于合同问题,还要坚持这样一个辩证的观点:一方面,合同要尽可能完善与全面;另一方面,也确实没有一个合同能够包容项目所涉及的所有事项。事实上任何合同都难以写得十分完整无缺。此外,在涉外商务合同执行过程中,总还会有一些预先无法预测的事情发生。这样,在协议的执行过程中,仍不断要就某些双方需要协调的事宜进行谈判,谈判将贯穿于协议的磋商至履行的整个过程,所以谈判双方要真正有合作诚意,才可使彼此利益与矛盾得以迅速协调。

依经验来看,商务谈判人员应力争获得由己方起草合同的机会,这有许多有利之处:

1.可以避免由对方起草所引起的误解;也可以使今后一旦发生纠纷,在引用法规条文时,比较主动。

2.可以避免对方利用起草的机会在合同中留下"伏笔"而导致我方上当受骗。

3.合同若由对方起草,当我方对其一条款提出异议要求修改而被对方接受时,似乎是对方对我们作了一次让步,而我们自己起草合同就可以避免这种可能出现的不利情况。

当合同草案经过双方反复的讨论修改,双方对责任、权利、义务都已确认无疑时,双方首席代表或更高层次的领导就可在一片鲜花、掌声中庄严地落笔签约。以往的谈判越是艰难,交易达成后的庆典就会越热烈。此时,所有的谈判人员都应更加珍惜经受曲折考验的合作基础。

(三)签字仪式

首先应做好文本的准备工作。有关单位应及早做好合同文本的定稿、校对、印刷、装订、盖大漆印等项工作。同时,准备好签字用的文具等物品。参加谈判签字仪式的,基本上是双方参加会谈的全体人员,双方人数应大致相等。不少企业为了表示对协议的重视,往往由更高或更多的领导人出席签字仪式。双方签字人员进入签字厅。签字人员入座时,其他人员分主客各一方,按身份顺序排列于各自的签字人员座位之后。双方参加签字仪式的助签人员分别站在各自签字人员的外侧,协助翻揭协议文本,指明签字处。在双方保存文本上签字后,由双方助签人员互相传递文本,再在对方保存的文本上签字,然后由双方签字人员交换文本,相互握手。重大的签字仪式后,备有香槟酒,双方共同举杯庆贺。

协议之后,意味着谈判的大功告成,但并不意味着交易的结束。双方谈判人员在谈判结束,回到自己的公司或企业之后,应致力于着手执行谈判合同。合同是双方长期谈判、共同努力的结晶,不认真履行,辛辛苦苦的谈判也就失去了效力。

五、执行阶段

合约签字仪式上的鲜花和掌声远不是谈判结束的标志,在合同生效后的实际履约过程中,仍会有许多因素触发合作双方投入新的一轮谈判,如一方违约;又如对合约条款在执行中产生了不同的解释;再如,出现先前难以预知的情况需要双方重新协调;以及因不可抗力事件的发生,必须对原有合同作重要修改,否则合同无法执行等等。由此可见,只要交易或合作项目没有最终完成,谈判就不会结束。在这个协议执行阶段,我们应考虑采取这样一些措施:

1. 建立项目管理小组来监督合同的执行。

2. 在合同执行过程中,要把对方委派的专家.工程技术人员与老板区别开来,分别对待,我们要与外方工作人员友好合作。

3. 严格保证合同执行,才是从最大的利益角度来保护我们自己利益。有些对外项目涉及国家形象,有些涉及我国政府与外国政府之间的关系,企业之间的违约行为,也会给两国关系蒙上阴影。

案例 2-7

> 某公司曾有一个向外方提供水泥的合同,签约后不久,市场就发生了变化,水泥价格直线上涨,我方出口商十分后悔,于是采取了宁愿按合同的赔偿条款接受罚款,也不愿如期交货的下策。这是明显的违反商业道德的行为。对此,我国有关部门进行了干预,督促这家企业按合同按期交货,以维护长期合作的伙伴关系。

项目的最终完成是我们谈判的出发点和归宿,然而在项目实际合作过程中,谈判仍会不时地以各种形式出现。我们不可能小心翼翼地逃避谈判,相反,只有随时做好谈判的充分准备,才能实现谈判的最终目的,项目实施的圆满结束。也只有到了这个时候,双方谈判人员才有可能如释重负,欢庆谈判的善始善终。

综上所述,实际谈判中,一个完整的谈判过程从时间上划分为准备阶段、接触阶段、实质阶段、协议阶段和执行阶段。有人把谈判看做仅仅是谈判桌上的针锋相对讨价还价,认为谈判过程仅仅包括接触、实质、协议三个阶段,认为这种三步式谈判是经典式的,是一成不变的。这显然是有失偏颇的。事实上,在商务谈判中,准备阶段与执行阶段的工作对于谈判的顺利、圆满有着举足轻重的作用,这五个方面是相辅相成的,是缺一不可的。

第五节　商务谈判的基本模式

作为一名谈判者,应该把谈判看作是一个连续不断的过程,因为每次谈判都要经过评价、计划、关系、协议和维持五个环节,谈判不仅涉及本次所要解决的问题,而且致力于使本次交易的成功成为今后交易的基础。这就是当前国际上流行的 APRAM 模式。APRAM 模式由五个环节组成:

一、进行科学的项目评估(Appraisal)

一项商务谈判要想取得成功,首先要在正式谈判之前对这项商务活动作科学评价。如果没有进行科学评估,或者草率评估,盲目上阵,虽然在谈判时花了很大力气,达成一个看来令双方都满意的协议,这个"满意"恐怕是要打引号的。因为没有科学评估,或者评估不当,自以为其结果是满意的,其实是自欺欺人。任何谈判都离不开科学的评估,可能有的完整一些,复杂一些,有的简单一些,但都是必需的。"没有进行科学评估就不要上谈判桌",这应该成为国际谈判者的一条戒律。

二、制订正确的谈判计划(Plan)

任何谈判都应有一个完整的谈判计划。一个正确的谈判计划首先要明确自己的谈判目标是什么,对方的谈判目标是什么,并把双方的目标进行比较,找出双方利益的共同点与不同点。对于双方利益一致的地方,应该仔细地列出来,并准备在以后正式谈判中摆在桌面上,根据"成功的谈判应该使双方的利益和需要都得到满足"的原则,积极寻找使双方都满意的方法来加以解决。

三、建立谈判双方的信任关系(Relationship)

在一切正式的商务谈判中,建立谈判双方的信任关系是至关重要的。在一般情况下,人们是不愿意向自己不了解、不信任的人敞开心扉、订立合同的。如果谈判双方建立了相互信任的关系,在谈判中就会顺利许多,谈判的难度就会降低,而成功的机会就会增加。所以说,谈判双方的相互信赖是谈判成功的基础。建立谈判双方的信任关系应注意三点:

(一)要努力使对方信任自己

如对对方事业及个人的关心,合乎规格和周到的礼仪,工作中的勤勉认真等都能促使对方信任自己,有时一句不得体的话,一个不合礼仪的动作,一次考虑不周的安排,都会影响对方对你的信任程度,这对于初次谈判的对手更要引起特别的重视。

(二)要尽量设法表现出自己的诚意

在与不熟悉自己的人进行谈判时,向对方表示自己的诚意是非常重要的。为了表明自己的诚意,可以利用某些非正式的场合向对方列举一些在过去的同类交易中诚以待人的例子;也可以在谈判开始之前特意安排一些有利于建立双方信任感的活动,使对方感到自己的诚意。

(三)要记住最终使对方信任自己的是行动,而不仅是语言

要做到有约必行,不轻易许诺;准时赴约,不随便迟到等。要时刻牢记,不论自己与对方的信赖感有多强,只要有一次失约,彼此间的信任就会降低,要重新修复是十分困难的。对于对方的询问要及时予以答复,无论做出肯定或否定的答复,但必须及时告诉对方。对我们目前做不到的要诚心诚意地加以解释,以此来取得对方的谅解和认可。

由此,我们可以得出这样的结论:如果我们还没与对方建立起足够好的信任关系,就不应匆忙进入实质性的谈判。否则,勉强行事,谈判效果会受到影响,甚至会将可以办好的事办糟。

四、达成使双方都能接受的协议(Agreement)

一旦谈判双方建立了充分的信任关系,就可以进入实质性的事务谈判。在谈判中,要弄清对方的谈判目标,然后对彼此意见一致的问题加以确认,而对意见不一致的方面通过充分交换意见,共同寻找使双方都能接受的方案来解决。需要强调的是:达成令双方满意的协议并不是协商谈判的最终目标。谈判的最终目标应该是协议的内容得到圆满地贯彻

执行,完成合作的事业,使双方的利益得到实现。

五、协议的履行与关系的维持(Maintenance)

在谈判中,不少人常犯这样的错误:一旦达成了协议便认为万事大吉了,就认为谈判已经获得成功,对方就会不折不扣地履行义务和责任了。其实,谈判到这时还没结束,要知道,履行职责的是人而不是协议书本身。协议书签订得再严密,仍然要靠人来履行的。为促使对方履行协议并保持良好的关系,要认真做好三件事:

(一)要求别人信守协议,首先自己要信守协议

这一点看起来很自然,而实际上常常会忽视这一点。有时人们埋怨对方不履行协议,当冷静地细细分析,问题却出在自己身上,是自己工作的失误造成了协议不能完整地执行。

(二)对于对方遵守协议的行为给予适时的情感反应

行为科学的理论告诉我们,当某人努力工作并取得成功的时候,给予适时的鼓励能起到激励干劲的作用。同样,在当对方努力信守协议时,给予适时的肯定和感谢,其信守协议的做法就会保持下去。当然,情感反应的形式是很多的,可以是通过写信、打电话来表达,也可以是亲自拜访表示感谢。

(三)在谈判后继续保持与对方的接触和联系

在实际生活中,人们都会有这样的切身经验:与某人的关系原本是不错的,但如果不对其加以维持的话,日子久了就会渐渐淡化、疏远,有时稍有不慎还会恶化。而一旦疏远或恶化了,要想使之恢复到原先的状态和水平,就要花费很多的时间和精力,有的甚至不可能再恢复原有的状态了。因此。谈判者为今后进行交易和往来考虑,对于在眼前的谈判过程中建立起来的相互关系,应该努力保持和维护,要避免以后与对方进行交易时,再花力气从头开始建立与对方的关系。维持关系的主要做法是逢年过节加以祝贺,听到对方取得的成绩时表示关切和祝贺等,这种维持关系的做法,主要是个人间的接触。

案例分析

中方某公司向韩国某公司出口丁苯橡胶已一年,第二年中方又向韩方报价,以继续供货。中方公司根据国际市场行情,将价从前一年的成交价每吨下调了 120 美元(前一年 1200 美元/吨)韩方感到可以接受,建议中方到韩国签约。

中方人员到了首尔该公司总部,双方谈了不到 20 分钟,韩方说:"贵方价格仍太高,请贵方看看韩国市场的价,三天以后再谈。"

中方人员回到饭店感到被戏弄,很生气,但人已来韩国,谈判必须进行。中方人员通过有关协会收集到韩国海关丁苯橡胶进口统计,发现从哥伦比亚、比利时、南非等国进口量较大,中国进口也不少,中方公司是占份额较大的一家。价格水平南非最低但仍高于中国产品价。哥伦比亚、比利时价格均高于南非。在韩国市场的调查中,批发和零售价均高出中方公司的现报价 30%～40%,市场价虽呈降势,但中方公司的给价是目前世界市场最低的价。

为什么韩国人员还这么说?中方人员分析,对手以为中方人员既然来了韩国,肯定急于拿合同回国,可以借此机会再压中方一手。

那么韩方会不会不急于订货而找理由呢?中方人员分析,若不急于订货,为什么邀请

中方人员来首尔？再说韩方人员过去与中方人员打过交道，有过合同，且执行顺利，对中方工作很满意，这些人会突然变得不信任中方人员了吗？从态度看不像，他们来机场接中方人员，且晚上一起喝酒，保持了良好气氛。

请分析本案例并回答下列问题：

(1)中、韩两方在此次谈判中分别属于何种谈判类型？

(2)如果你是中方谈判人员，根据分析，面对这种情况下一步将采取什么对策？其结果会如何？

(3)韩方的谈判中反映了什么决策？

【复习思考题】

1.商务谈判的具体形式可以分为哪些种类？

2.商务谈判中必须遵循哪些基本的原则？

3.商务谈判的程序是怎样的？每一步需要完成哪些工作？

4.商务谈判的 APRAM 模式的内容包括哪几部分？

第三章

商务谈判的行动者　≫　≫　≫　　≫

本章摘要 ···

商务谈判者,既是谈判过程中获得授权的行动者,又是受到谈判团队内部复杂工作关系制约的谈判成员,同时个人的职业素养和能力直接影响谈判的过程和结果。本章主要介绍了商务谈判中谈判者的身份,提出了个体方面的知识素质、心理素质、谈判技能、身体素质等几个方面的要求,并阐述了提高各方面素质的具体办法。

完成本章的学习之后你将能够:

1. 深刻体会谈判者在商务谈判中的身份特征;

2. 了解商务谈判人员需要具备哪些素质;

3. 学习到如何提高商务谈判人员的自身素质。

商务谈判是谈判行动者与谈判团队、谈判环境追求完美结合的过程。商务谈判的行动者,既是一个需要具备职业素养和谈判能力的个体,也是受到谈判团队内部复杂工作关系制约的谈判成员。谈判者个人的特征和职业素养对谈判结果会产生深远影响,因此,准确定位谈判者的身份和授权关系,明确谈判行动者的素质要求,对于提高谈判绩效意义深远。

首先谈判者的身份是谈判者与组织环境的协同的角色定位,商务谈判者既可以是谈判的领导者,也可以是谈判的参与者,但是不管角色如何定位一定是授权的委托代理人,还必须是充满活力、富有个性、具有职业素养的谈判行动者。谈判行动者可以大致分为强硬派和温和派两类,其中强硬派更多地坚持自己的理想,能够紧密地团结在一起,习惯以强硬的态度应对温和的态度,而以温和的态度应对强硬的态度;温和派则会不断调整自己的理想,遇到问题能够找到妥善的解决方法,他们会以强硬的态度对待强硬的态度,而以温和的态度对待温和的态度。

18世纪西方国家对谈判者究竟是天生的还是后天培养出来的问题,展开过激烈争论。一般认为,谈判者只能在不断强化自身素质的过程中成长,只能在一次又一次的谈判实践中产生。谈判家的成长历程是不断学习的历程,是不断总结经验、吸取教训的历程。谈判家所必须具备的种种能力也都只能在后天的不懈努力中获得。并非人人都可以是纵横商场的谈判家,一个优秀的谈判人员应具备怎样的素质?弗雷斯·查尔斯·艾克尔在《国家如何进行谈判》一书中曾提出："根据十七、十八世纪的外交规范,一个完美无缺的谈判家,应该心智机敏,而且有无限的耐心。能巧言掩饰,但不欺诈行骗;能取信于人,而不轻信于人;能谦恭节制,但又刚毅果敢;能施展魅力,而不为他人所惑;能拥有巨富,藏娇妻,而不为钱财和女色所动。"

第一节　谈判者的身份

个人之间的日常谈判一般都是直接展开的,谈判者都是站在自己立场上的行动者。但是,在商务谈判中,当事人(公司董事长)之间直接谈判的情况很是少见,往往通过谈判代表或谈判团队进行谈判。因为谈判者是在委托人授权下代表自己的委托人与谈判对手达成适当的协议,所以谈判者的身份本质上是代理人。所以为了了解直接谈判和通过代理人谈判的权力义务的差异,本节将对两者进行简要比较。

一、作为代理人的谈判者

在商务谈判中当事人希望通过代理人进行谈判,动机是多元化的。首先,最主要的原因是因为代理人可以通过更为专业的服务,达到比较合理的谈判结果。谈判代理人的专业知识,可以减少谈判过程的技术风险,从而降低谈判的不确定性;谈判代理人的谈判技巧,不仅有助于更有效地进行沟通,而且有助于创造性的解决问题;谈判代理人具有的特殊影响力,以确保通过谈判达成协议。其次,另一个原因是谈判代理人在谈判过程中可以灵活地采取策略。当谈判对手要求做出让步的时候,代理人往往可以以没有得到委托人的授权为借口,为当事人争取到一定的回旋余地,以拖延时间,或做一些必要的准备。

通过代理人进行谈判具有上述优势,同时也存在两个问题。首先,代理人增加了谈判的复杂性,团队成员之间沟通不畅还会使谈判过程更加复杂。第二,代理人可能有自己希望维护的利益,即代理人可能将与自己利益相冲突的利益关系掺杂到谈判过程中,所以在选择代理人时委托人其实也存在一定风险。

二、作为领导的谈判者

(一)多重角色
谈判中的领导者就是在谈判中具有某种特殊优势的行动者,承担着多重角色。

1. 领导者是矛盾的仲裁者

当团队中两个或两个以上的人发生争执或争辩时,将对团队开展工作产生消极影响,领导者必须出面予以调解,但是何时听取相关方的争论并作出调解的决定和评判,则取决于领导者的经验和智慧。因为当领导者插手调停争端时,总有一方会不满意;所以在多数情况下需要允许矛盾各方在建议和劝告后,自行解决争端去实现双赢的结果。

2. 领导者又是激励者。一个合格的领导者必须完成的工作就是激励整个团队,但是成为一个高效激励者的前提,是卓越的沟通技巧。因为有效地交流更多依靠发送者对待接受者的态度,以及随之伴随发出的非语言信息,所以领导者必须保持诚意,并注意语言和非肢体语言信息的一致性。

3. 领导者还必须是一个说服者。为了激励和指导其他人完成目标,领导者必须具有说服别人的能力。在多数情况下,人们是为了满足自己的需求而去做某件事情,而不是为了别人,所以为了成功说服别人,领导者必须先要让对方不满足于自己目前的状况,然后帮助对方共同改变。

(二)多重任务

1. 领导者的个人特质和能力

领导者的个人特质和能力与促使领导者发挥重要影响力的环境因素,都具有重要意义。无论领导者本人的如何能力出众、才华横溢,只有当其能够施加影响的时候,才能发挥重要作用;领导者也只能在条件许可的范围内才能有效地发挥重要作用。仅仅有良好的动机和能力是远远不够的,让动机和能力发挥作用还需要环境的配合,还必须有更多支持性要素(包括环境布置、灯光安排、人员配合等)的得体安排。

2. 把握时机也是必要条件

作为谈判领导者,必须善于捕捉达成协议的机会窗口。因为领导者更能够在时机成熟时发挥自己的能力,通过决定性的谈判最终达成协议,因此,领导者把握成熟的时机是谈判成功的必要条件,但不是充分条件。

3. 争取团队的支持

只有在下属乐意接受领导的情况下,领导者才能有效发挥作用。能够最大限度地获得团队成员的支持,是成为谈判领导者的另一个必要条件。在很多情况下,优秀的谈判领导者不仅是自己团队的主导者,而且也能发挥影响其他各方谈判者的影响力,从而控制谈判过程实现谈判目标。

总而言之,谈判领导者发挥领导作用,不仅取决于当时具体环境的制约,又受解决问题时机成熟与否的影响,还受到不同利益团体对领导者个人动机的容忍度制约,在很多情况下还受到委托人的压力影响。

三、作为个人的行动者

(一)个人特质

成功的谈判者有着不同的身材和气质,但是具有共同的技能和个性的特质。共性技能既包括沟通技能,比如提问技巧、有效倾听、明智地收集信息等,也包括有效讲话的技巧和明察秋毫的领导艺术等。个性特征决定了是否被别人理解和接受,主要包括亲和力和可信度、幽默感、谦恭有礼、自信、自我节制、耐力和创造力等。

首先是亲和力,谈判者总是期望和自己真正喜欢与之交谈的人进行沟通,所以在商务谈判过程中表现得和蔼可亲是非常必要的。在第一次谈判时,展现出受欢迎的行为是非常重要的,成功的谈判者是用聊天的方式成功赢得他人好感的大师,拥有一种打破谈判冷场的神奇力量。

其次是可信度,在商务谈判过程中,信任包含着很多内容,基本上是一种信念和感觉,谈判者往往凭直觉就能够知道信任何时存在和何时消失。建立信任很难,但是失去信任很容易,失去后还很难再重建,所以成功的谈判者往往具有诚实可靠的品质,以支撑谈判工作更加容易和顺利。

第三是幽默感,尽管谈判是一件非常严肃的事情,但是偶尔也需要创造笑的机会,尤其是在谈判刚开始时气氛通常很紧张,迫切需要幽默来化解僵局。

第四是礼貌,在商务谈判中与对方建立一种谦恭有礼的个人关系,是极其重要的。当相互尊重的关系被牢固建立起来以后,不论分歧是否存在,拘谨压抑感会得到缓解,讨论敏感议题时就会容易很多。

第五是自信,成功谈判者都是具有很受欢迎的性格,核心是自信心。自信的谈判者,具有自我安全感,在独处时表现得自由自在,有别人在身边时也会表现得很轻松。即使别人的不安全感影响了他们,他们也会努力试图去隐藏和减轻它。放松和随意的态度更容易处理麻烦的人际关系。

第六是自我节制。在商务谈判过程中自我机制就是给对方机会表达他们的感情、思想和观点。在对方讲话时一定要紧紧闭住自己的嘴,即使不同意对方所说的话,也不要打断,而是记住不同意的地方,多给自己一点时间把自己的想法归纳出逻辑性强而又非感情用事的话,等待合适的时机给予回应。

第七是坚持不懈的耐心。在成功谈判者的性格特征中,坚持不懈的耐心非常重要。在极度困难且相互敌视的情况下,谈判者需要咬定青山不放松的坚持;在极度失望的情况下,谈判者依然需要控制自己沮丧情绪的耐心。

最后是创造力。专业的谈判者通常心智成熟、口齿伶俐、见多识广,但是他们还常常拥有孩子般的创造力,他们会满怀激情地迅速收集加工信息,并提出解决方法,完全没有普通成年人固有的包袱和束缚。

(二)主要类型

在不考虑谈判具体环境的情况下,作为优秀的谈判者需要具备什么样的特征类型?一般认为谈判者个性主要分为战略选择倾向型和人际关系敏感型两类。战略选择倾向型谈判者,在选择合作或竞争战略时往往表现得高度一致。合作者倾向于对他人表现出高度的信任,他们很希望与别人合作,除非有明显证据表明合作关系很难建立,很少会表现得独断专行或教条主义。人际关系敏感型谈判者,对其他谈判者个人信息的兴趣或反应方面也表现出相当的稳定性。敏感度更高的谈判者往往从他们的对手那里得到更多的让步,从而签订对自己更加有利的协议。

涉及谈判者素质、能力和知识的范围非常广,所以以下各节将对优秀谈判者的知识、能力、心理素质、礼仪要求、身体素质等要求做系统的分析。

第二节　谈判者的知识要求

知识就是力量,谈判家的魅力来源于他的种种能力,而这种种能力又不是与生俱来的。能力只能来自知识、来自经验。知识和经验是能力的两大源泉。

一、知识的结构

商务谈判涉及的问题方方面面,丰富的知识,文雅的谈吐是谈判者控制谈判局面,掌握主动权的坚实基础。合格的商务谈判者既要具有广博的基础知识,又要精通专业知识。知识的广度是人的才能和智慧的基石,往往决定一个人的修养、风度和适应能力,而专业知识的深度则往往决定一个人的本职工作的能力。商务谈判人员既要知识面宽,又要在某些领域有较深的造诣。也就是说,不仅在横向方面有广博的知识,而且在纵向方面也要有较深的专门学问,两者构成一个"T"字型的知识结构。

(一)横向知识

从横向方面来说,商务谈判人员应当具备的知识包括:我国有关经济贸易的方针政策及我国政府颁布的有关法律和法规;某种商品在国际、国内的生产状况和市场供求关系;价格水平及其变化趋势的信息;产品的技术要求和质量标准;如果是涉外商务谈判则还需要掌握有关国际贸易和国际惯例知识;国外有关法律知识,包括贸易法、技术转让法、外汇管理法及有关国家税法方面的知识;可能涉及的各种业务知识、金融知识;市场营销知识等。谈判者还要掌握如政治经济形势、科技发展水平和发展趋势,尤其要熟悉与谈判有关的商务和技术知识,因为交易谈判是围绕与双方有关的商务及技术条件而展开的。双方能够获得怎样的经济利益,主要体现在双方所商定的商务和技术条款中。同时还要对所涉及的产品的市场情况、竞争对手、发展前景必须相当了解。另外随着我们与世界其他国家商务往来的日渐频繁,商务谈判者有时还必须要了解有关国家的社会历史、风俗习惯以及宗教等状况,否则就会闹笑话,更多地了解对方国家的情况,可以避免在与外商交往过程中的失礼,更重要的是可以避免在谈判中判断失误,沟通中断,以至于不能有效地作出必要反应的情况。如果我们对国外的情况比较了解,对外国的文化背景比较熟悉,注意我们的表达方式符合国外习惯,那么我们的想法和观点也就比较容易被人接受。总之,知识面越宽,洞察力就越深,分析力就越强,回旋余地就越大。

案例 3-1

　　法国是盛产葡萄酒的国家,外国的葡萄酒想打入法国市场是很困难的。四川农业大学留法研究生李华博士经过努力,终于使中国葡萄酒奇迹般地打入了法国市场。可是,中国葡萄酒从香港转口时,港方说,按照土酒征 80% 的关税,洋酒征 300% 的关税规定,中国的葡萄酒要按洋酒征税。面对这一困境,李华吟出了一句唐诗:"葡萄美酒夜光杯,欲饮琵琶马上催。"并解释说,这说明中国唐朝就能生产葡萄酒了。唐朝距今已有 1300 多年了,英国和法国生产葡萄酒的历史,要比中国晚几个世纪,怎能说葡萄酒是洋酒呢?李华用一句唐诗驳得港方哑口无言,只好承认葡萄酒按土酒征税。试想,如果李华不熟悉这首唐诗,岂不要多花许多冤枉钱吗?

(二)纵向知识

从纵向方面来说,作为商务谈判的参与者,应当掌握的知识包括:丰富的专业知识,即熟悉产品的生产过程、性能及技术特点;熟知某种(类)商品的市场潜力或发展前景;丰富的谈判经验及处理突发事件的能力,懂得谈判的心理学和行为科学;了解谈判对手的性格特点;掌握一门外语及工程技术相关知识等。

关于掌握外语需要指出的是,随着我们与世界各国的联系更加紧密,在进行商务谈判时很大比例的会是与外国客商进行的国际商务谈判,不言而喻,熟练掌握外语在商务谈判中具有十分积极的意义。也许会有人说在国际商务谈判中有翻译,其他谈判人员是否掌握外语不重要。其实谈判小组中其他谈判人员懂得外语与充分发挥翻译的作用不仅不是矛盾的，而且在商谈过程中，翻译人员的翻译过程可以为谈判者赢得一个更长的思考时间。即使在谈判的代表都具有运用对方的语言进行交流能力的情况下，利用翻译提供必要的重复机会，争取更多思考时间的做法也常常被谈判者所运用。曾任前苏联外长的葛罗米柯能讲一口流利的英语，但他同英语国家的代表谈判时却坚持使用翻译，在译员进行口译的过程中从容不迫地获得思考的时间，准备做出深思熟虑的回答。国际商务谈判是一种严肃认真而又颇费时间的谈判，一方稍有不慎就会造成一言既出、驷马难追的局面，而谈判高手却能将国际商务谈判中存在的语言障碍和文化差异等不利因素转化为有利因素，充分利用翻译过程来达到深思熟虑，反复推敲的目的。另外在国际商务谈判中，商务合同可能会用外语写成，作为国际商务谈判者懂得外语，不仅便于沟通，而且更能准确地在合同中表述出双方所达成的一致意见。

　　另外学习与掌握工程技术知识对于一个商务谈判者来说也是必不可少的，否则合同中有关的技术标准、验收标准等条款的确定就会变得相当困难，包括在合同的实施过程中也会不断出现类似的争议与纠纷，所以，许多发达国家在培养工商管理硕士（MBA）时，比较倾向于招收那些具有理工背景的学生，而后使他们进一步接受系统的商务知识教育。

　　在一些涉及面较广的商务谈判中，我们经常可以发现，来自发达国家的谈判人员常常只有几个人出场，而发展中国家方面却会以数倍于对方的人员坐到谈判桌上去。这反映了发展中国家相对于发达国家而言，既懂技术、又懂商务的复合型人才比较缺乏，也说明了掌握上述各种知识的必要性和迫切性。

　　以上讲的是一个优秀谈判家应该具备的知识结构。谈判者在知识结构上，要求既有广博的基础知识，又有精深的专业知识。基础知识越广博、雄厚，适应能力就越强。据美国统计，一个大学毕业生在学校所学的知识，5年后就有一半过时。因此，只有牢固地掌握雄厚的基础理论和基础知识，才能比较好地适应科学技术和现代社会日新月异发展的新情况。对于一个谈判者来说，只有具备了广博的基础知识，同时又具备精深的专业知识，处理问题时才能做到当机立断，洒脱自如。它们可以使谈判者在谈判中显得风度翩翩，气度不凡，更加自由地施展才华。

二、知识的学习

（一）善于学习

　　知识的增长主要靠积累，多听、多看、多学、多分析。天长日久，日积月累，知识就会丰富起来，就能得心应手地驾驭谈判的过程。

　　一个谈判人员必须善于向别人学习，要敢于启齿说自己不懂，而后诚恳地向别人请教，这才是聪明的谈判者。纵然，一个优秀的谈判人员有了较为广博的知识面，可是终究不可能涵盖各项谈判中所需要的全部知识，如若采取得过且过甚至不懂装懂的态度，那是一定会破坏和谐的谈判气氛，最终损害自身利益的。其实，这也是一种对工作的不负责任的态度。对于一个谈判者而言，十分重要的是要善于了解谈判可能涉及的各个方面问题，而后及时去研究乃至向别人讨教。

　　谈判人员应该谦虚好学，谦虚好学不仅是指谈判一方内部的相互学习，取长补短，它还体现在向有经验的谈判对手虚心求教上。特别是在国际商务谈判中，来自发达国家或者发达地区的谈判者在处理技术、项目管理、国际惯例、支付方式等问题方面积累了丰富的经验,认真听取、分析对方提出的意见、建议,或者由我方提出一些具体设想,请对方加以充实完善,或许不仅给对方带来方便,而且也会为我方节约大笔资金。一个人不可能事事精通,但只要充分认识到"三人之行,必有吾师"的道理,就能克服盲目自信的障碍,从而避免给工作造成不必要的损失,可以说,谦虚好学是任何一个商务谈判者成长的必要途径。

(二)实践出真知

欧文有一句名言:"经验是真知与灼见之母。"在谈判家的成长历程上,经验有很高的价值。谈判并非纸上谈兵,要想成为谈判场上的高手,就必须投入谈判的实践。各种知识的积累为谈判打好了基础,创造了条件,然而"纸上得来终觉浅,绝知此事要躬行",谈判者要真正发挥自己的潜能,就必须把知识运用于谈判的实践中,在实践中不断丰富自己,实现自身的价值。每一次谈判实战对于谈判者而言都是一个锻炼的机会。谈判家的成长不可能一帆风顺,只有经历困难、挫折和坎坷,"吃一堑,长一智",才能成为谈判桌上应付自如的老手。在谈判场上,花大价钱买个经验教训的例子很多。

案例 3-2

一次,某医疗机械厂厂长与美国客商关于引进"大输液管"生产线的谈判已经结束,第二天就要正式签订协议了。在车间参观时,这位厂长向墙角吐了一口痰,然后用皮鞋底去擦。这一幕让美商彻夜难眠,他让翻译给那位厂长送去了一封信,信中说:"恕我直言,一个厂长的卫生习惯可以反映一个工厂的管理素质。况且,我们今后要生产的是用来治病的输液管。贵国有句谚语:人命关天! 请原谅我的不辞而别……"就这样,一项已基本谈成的生意,被一口痰"吐掉"了。教训可谓惨重,厂长难道不能从中顿悟出许多东西吗? 下次谈判他还会再犯吗?

当然,这个经验教训的代价太大了。经验是最好的老师,如果我们能汲取别人的经验教训,防患于未然,就能更好地在谈判场上一显身手。

第三节　谈判者的心理素质要求

在谈判过程中会遇到各种阻力和对抗,也会发生许多突变,谈判人员只有具备良好的心理素质,才能承受住各种压力和挑战,取得最后的胜利。他们所需要的心理素质主要包括:

一、良好的自制力

(一)商务谈判中自制力的作用

谈判人员经常会因为遇到环境的变化和严重的挑战而感到窘迫和难堪,在这种情况下一定要有克服自身心理障碍的自制能力,能在各种特殊环境下始终心平如镜、从容不迫、内紧外松,排除一切不符合既定目标的忧思和杂念。

商务谈判是语言的交锋。按说,谈判是对事不对人,然而,在这种语言的交锋中,对手由于急躁或有意为难等原因,常常把谈判由对事不对人引申为对事又对人,这时,谈判人员良好的心理承受能力就发挥了作用。谈判中如果出现了困境或令人焦虑的事情,比方说,当谈判对手面红耳赤时,如果己方亦满腹牢骚、激动异常,以牙还牙,其最终结果将必然导致谈判破裂。此时不妨忍耐一下,来个冷处理,让对方先发泄一番,效果一定会好得多。正如接听 110 或 119 电话的警察局和消防队的值班人员,都要接受说话语气的训练。因为,通知犯罪或火灾的人,往往过于激动,说话不得要领。但是,在值班人员冷静的口气下,通报者也会冷静地说明事情的状况。谈判者同样需要这种镇静。情感泛滥会使我们的思绪杂乱如麻,我们的情感越强烈,它们就越可能喧宾夺主,淹没理智。另外,有时对方会故意采用某些行动,激起我们的怒火,使我们口不择言,说错话,签下令人后悔的合同。所以在谈判场上,良好的自制力可以帮助我们谨防掉入对方的陷阱。

(二)提高自制力的方法

谈判者可能遇到的来自对方的压力有两种,一种是谈判对手无心的抱怨,另一种是有意的攻击。前者是谈判对手心理认识的外在表露,而后者则是他玩弄的手段,目的在于引诱谈判者产生冲动,失去理智,他好从中渔利。那么,谈判者如何更好地面对、承受和缓解这些压力呢?有效缓解谈判中的压力,提高自制力的方法有如下几种:

1. 避免争论

"谈判时不应该争论!"这是谈判老手向谈判新手提出的最好忠告。美国著名推销员鲁布·沃特尔经常说:"不错,你可以随时向买主和其他人证明他的话显得很无知,但这样做你能得到什么?揭穿买主的愚昧没有任何好处,他绝不会因此而感谢你,在更多的情况下他会怀恨在心,你的生意早晚会受到伤害。"在谈判中,作为卖主应这样做,作为买主也应该这样做。谈判是一项合作的事业,而争论会激发对手的对立情绪,这对双方达成交易有什么好处呢?所以谈判者应务必记住:不管谈判对于怎样与你针锋相对,不管他怎么一个劲地想与你吵架,你也不要争论。争论并不等于说服,争论很少能使人真心诚服。说服的关键在于引导,谈判者通过一系列的努力,让对手经过自身的思想斗争做出决定,接受己方提出的交易条件。

2. 学会换位思考

每个人生活在社会中,每时每刻都与不同的人发生不同的关系,你无法逃避。每个人都必须处理好自己与他人的关系,才能使自己有一个愉快的生活与工作环境,谈判家更需要这样的素质。沟通是建立良好人际关系的前提,但是,人往往会以自我为中心,说话做事不考虑别人的感受。人所处的位置不一样,考虑问题的角度也不一样,商务谈判桌上我们有我们的想法,对方有对方的考虑,只有大家能换位思考才可能有效沟通,处理好谈判关系。

3. 将对手的无关紧要的抱怨当耳边风

谈判人员往往会因为一个与交易毫无关系的问题而陷入争吵,这样的情况并不少见。谈判者只需注意对方对交易的意见,其他方面的事情则不用管。但是,你若不小心被拉进有关这些问题的讨论中,其结果不是收获甚少,就是毁掉一切。一个办公用具女推销员因为与可能的买主讨论起自己公司所建大楼好看不好看的问题而丢掉一笔生意。可能的买主说,他不喜欢那座新楼的样子。女推销员勃然大怒,奋而捍卫公司的荣誉,结果买卖告吹,快到嘴的肥肉掉到了泥地里,何苦呢?聪明的谈判者一般都避开枝节问题,即使对方说地球是扁平的,他也是左耳进右耳出,权当是耳边风。

4.甘作对手的出气筒,再因势利导

当对手攻击自己时,自己有正当理由反击对方之口实,但此法易把对方激怒,态度更加强硬。若先让对方发泄完对自己的不满,自己甘作出气筒,使对方无力再攻击,此时再展开说服,论证自己正确之处,效果一定很理想。

案例 3-3

曾有位怒气冲冲的顾客跑到乳制品公司告状,说奶粉内有活苍蝇。但是奶粉经过严格的卫生处理,为了防止氧化作用特将罐内空气抽空,再充入氮气密封,苍蝇百分之百不能生存。这无疑是消费者的过失。那么,公司的老板是怎么处理这一问题的呢?顾客猛烈地批评公司的不是,老板只是静静地听着,一声不吭。等顾客发泄完,才开口道:"是吗?那还了得!如果是我们的失误,此问题就太严重了,我一定要求工厂机械全面停工,然后对生产过程进行总检查。"老板满面愁容,他向顾客解释说:"我公司的奶粉,是将罐内空气抽出,再装氮气密封起来,活苍蝇绝不可能存在,我有信心要仔细调查。请您告诉我开罐情况及保管情况。"被老板这一问的顾客,自知保管有错误,脸上露出惊讶的表情说:"我希望以后不再发生此事!"

二、顽强的意志

顽强的意志品质也是一个谈判人员必须具备的。在商务谈判中,有些对手也会以拖延时间来试图消磨我方的意志,以求获取更好的谈判条件,对付这种伎俩没有坚忍的毅力是不可能的。这种意志力、忍耐力还表现在一个谈判人无论在谈判的高潮阶段还是低潮阶段,都能心平如镜,特别是当胜利在望或陷入僵局时,更要善于控制自己的情感,喜形于色或愤愤不平不仅有失风度,而且也会给对手抓住弱点与疏漏,造成可乘之机。顽强的意志品质也是与一个谈判人员对工作一丝不苟、认真负责的态度和坚持原则的精神联系在一起的。

谈判人员经常会面临四面受压的局面,压力既有来自谈判对手一方的,也有来自自己一方的。当谈判陷入争执不下、久拖未果的境地时,这种压力还会呈现几何级数地增长。来自内部的压力往往是由于某些领导者不了解实际情况,急于求成,以主观意志代替客观分析,以行政命令干预谈判具体工作所造成的。然而领导者的决策正确与否,跟具体工作人员工作水平、工作作风关系极大。在具体的项目谈判中,谈判人员一定要坚持实事求是的原则,不管谁说了什么,不管周围的压力有多大,都应该据实测算分析,如实反映报告,这样才能帮助领导做到心中有数,保证决策的正确性,为项目合作争取有利的条件。能否在谈判中顶住来自内部和外部的压力,不但是对谈判人员耐心与毅力的考验,也是对谈判人员能否坚持原则的考验。谈判者应该从工作实际出发,严格按商务谈判的客观规律办事,善于顶住来自各方面的压力,有效维护国家、企业的利益,争取项目的最大效益。

三、临危不乱

(一)临危不乱的重要性

商务谈判中,经常会发生各种令人意想不到的异常情况。当这些异常事件、情况出现时,一旦谈判人员缺乏处理异常情况的临场应变能力,就有可能使谈判招致失败或不利的后果。临危不乱应是一个优秀的谈判人员必须具备的素质。面对复杂多变的情况,谈判者要善于根据谈判情势的变化修订自己的目标和策略,冷静而沉着地处理各种可能出现的问题。

临危不乱也是随机应变的前提。如果谈判者面对谈判对手的质问一下子乱了分寸,他不可能进行敏锐的思维,必然陷入谈判的劣势地位。临危不乱需要冷静的头脑。当对方向你施加压力时,请花一点时间好好思考一下,要冷静、要反复分析对方提出的问题,从而找出回答或解决的办法。《孙子兵法·虚实篇》云:"水因地而制流,兵因敌而制胜。故兵无常势,水无常形;能因敌变化而取胜者,谓之神。"商业谈判也一样,临危不乱、随机应变的谈判者才是谈判场中的佼佼者。

(二)如何做到临危不乱

1.以毒攻毒

如果谈判对手在谈判过程中对你百般刁难,肆意制造各种难题来向你施加压力,你最好的应变办法就是"以其人之道,还治其人之身"。以毒攻毒的应变对策也适用于事后补救。如果谈判对手提出的要求极不合理,你也可以以极苛刻或不切实际的提法要求对方,如此一来,对方不得不收敛起他那盛气凌人的态度。以下这则日本的民间故事,能更好地让谈判者掌握以毒攻毒的精髓。

案例 3-4

　　许多年前,京都市有两个邻居,一富一贫。富裕的渔行老板很善于经营,他从早到晚忙着他的活计,做出香喷喷的鳗鱼。但他太吝啬,对谁也不肯赊账。而邻居穷木匠,非常喜欢吃鳗鱼,却无钱购买。有一天中午,木匠装着和渔行老板闲聊,坐到熏鱼的炉子边,一边贪婪地吸着熏鱼的香味,一边从怀中掏出米饼大嚼起来。这味道多好啊!木匠心里想着,仿佛他嘴里嚼着一大块又肥又柔软的鳗鱼。一连几天,木匠天天跑到渔行来吸熏鱼的香味。吝啬的渔行老板发现了他的图谋,决定无论如何都要收他钱。一天早晨,渔行老板走进木匠家,默默地交给他一张纸条,上面写着木匠去渔行吸香味的次数。"老板,你这是什么意思?"木匠心中已猜中了八九,表面却故作不解地问。"什么意思?"渔行老板毫不客气地叫道:"难道你认为每个人都可以随便到我店里来闻熏鱼香味么?你必须为这种享受付钱!"木匠听了,一句话未说,默默从口袋里掏出两枚铜币置入茶杯中,摇动起来。铜币发出很响的声音。过了一会儿,他停止了摇动,把茶杯放在桌子上,笑着对渔行老板说:"听见铜币的响声了吧!我们的债务一笔勾销!""你说什么?怎么勾销?"渔行老板嚷道。"刚才,我以铜币的声音付了你熏鱼的香味。你要是觉得还不够,我还可以让你的再听一会儿。"吝啬的渔行老板哑口无言,一溜烟跑回了自己的店里。

　　谈判者碰到无理的要求时,最好是学一学木匠以声音抵香味的妙法,无理要求会不攻自破。

2.转换话题

当谈判对手向你提出令你感到窘迫的问题时,一个有效的应变方法就是转换话题。有的时候,你可以利用一句小笑话来引导谈判对手去谈论其他问题。但在讨论十分严肃的话题时,这样做就不大可取了。此时,你可以讲一些相关的内容,把话题引开去。比如,你的谈判对手催促你说:"我们现在就签约,定于明天中午 12 时交货,好么?"而你公司的货要后天才运到,你就可以这么说:"您初来此地,名胜古迹不少,不妨我们先陪您出去逛上两天,也不枉来一趟。"盛情难却,对方一答应,也就解了你燃眉之急。

3. 将错就错

在商务谈判中,有时由于一时疏忽或口误,可能会说错话,此时,谈判对手可能紧紧咬住这一点不放,对你施加压力。面对如此情形,你不妨来个将错就错,承认你说的话,但却在其他交易条款上提出苛刻要求,使谈判对手的攻势得以解除。比如,谈判对手抓住你的一时疏忽,误将 26.5 元 1 件的成衣价说成 25 元 1 件,向你进攻:"价格一开,不能出尔反尔。"你可以反驳道:"没错!但请允许我把我刚才未说完的话说完,在 25 元 1 件的价格水平下,我们仅提供运输包装,无销售包装。"谈判对手一算,自己负责外包装 1 件还不止 1.5 元,他的压价企图只好作罢。

四、小心谨慎

许多谈判者善于忍受对手施加的种种压力,他们不为对手的勃然大怒、面红耳赤所吓倒和退让,他们满怀信心能让一个拍案大叫的谈判对手变得心平气和。然而,在对手迷人的微笑和温文尔雅的态度前,他们中的不少人却很容易被对手俘获。

中国古代兵书《三十六计》中就有"笑里藏刀"一计,在商务谈判过程中,人们常常误解甚至讨厌那些直爽的人,嫌其说话太"冲",而对那些"未曾开口面带笑"者充满好感,这是正常的心理状态。但同时不要忘记,一个人诱人的魅力,可能会和他的险恶成正比,谈判者应小心提防那种自己似乎是毫无戒备的诚实的人,他可能正在迫使你吐露你的机密;要小心提防那种明显的心不在焉的人,他可能正在迷惑你,盘算你的回答是否前后一致;要小心提防那种邀请你去赴宴并殷勤招待你的人,他可能正在增强其交易实力并且落实你提出的保证。谈判者所要做的是:需时时有着一双警惕的眼睛和一个敏锐的头脑。

案例 3-5

日本的某报曾刊登了一则消费者来信,批评西服黑市买卖。上当者是一位 45 岁的教师。他走在路上,有辆客货两用车停了过来,问他:"是否要买便宜西服,二三折。"教师心里想,哪有这样便宜的事,本不想理会。可是对方却笑盈盈地走出来,小声对他说:"我们是送货去百货公司的,不小心有几套西服染上了丁点儿污点,百货公司不收,又不敢送回公司,您能不能行行好,帮我们个忙。"教师信以为真,以极低的价格成交。带回家仔细一看,才发现是粗制滥造的低劣货。

商务谈判不但应该具备对压力和困境的忍耐力,也应该具备对笑脸的抗侵蚀力,大风大浪都经历过了,难道要在小河道中翻船?

五、足够的耐心

商务谈判的状况各种各样,有时是非常艰难曲折的,商务谈判人员必须有抗御挫折和打持久战的心理准备。这样,耐心是必不可少的心理素质。耐心是谈判抗御压力的必备品质和谈判争取机遇的前提。耐心是在心理上战胜谈判对手的一种战术与谋略,也是成功谈判的心理基础。商务谈判不仅是一种智力、意志、技能和实力的比拼，更是一场耐心的较量。有一些重大艰难的商务谈判，往往不是一轮、两轮就能完成的。在一场旷日持久的谈判较量中，对谈判者而言，如果缺乏应有的耐心，就会失去在商务谈判中取胜的主动权。有了耐心可以调控自身的情绪，不被对手的情绪牵制和影响，使自己能始终理智地把握正确的谈判方向。有了耐心可以使自己能有效地注意倾听对方的诉说，观察了解对方的举止行为和各种表现，获取更多的信息。有了耐心可以有利于提高自身参加艰辛谈判的韧性和毅力。耐心也是对付意气用事的谈判对手的策略武器，它能取得以柔克刚的良好效果。此外，在僵局面前，也一定要有充分的耐心，以等待转机。谁有耐心，沉得住气，谁就可能在打破僵局后获取更多的利益。

在商务谈判中，耐心表现在不急于取得谈判的结果，能够很好地掌控自己的情绪，不被对手的情绪牵制和影响，使自己能始终理智地把握正确的谈判方向。此外，有了耐心可以使谈判者避免意气用事，融洽谈判气氛，缓和谈判僵局；有了耐心可以使谈判者更多地倾听对方的诉说，获得更多的信息；有了耐心可以使谈判者更好地克服自身的弱点，增强自控能力，更有效地控制谈判局面。

谈判者在商务谈判中，只有自始至终保持耐心，才能实现目标。需要指出的是，耐心不同于拖延。

六、必胜的自信心

信心是谈判者从事谈判活动的必备心理要素。信心是人的精神支柱，它是人们信仰的具体体现，决定了人的行为活动方式。所谓自信心，就是相信自己的实力和能力。在商务谈判中，自信心就是谈判者相信自己企业的实力和优势，相信集体的智慧和力量，相信谈判双方的合作意愿，具有说服对方的信心。有了充足的信心，谈判者才能使自己的才能得到充分展示，自己的潜能得到充分发挥。缺乏自信往往是商务谈判遭受失败的原因。没有自信心，就难以勇敢地面对压力和挫折、面对艰辛曲折的谈判。只有具备必胜的信心才能促使谈判者在艰难的条件下通过坚持不懈的努力走向胜利的彼岸。

在谈判前要经常对自己说："我能行！"而不是"我能行吗？"，才能促使谈判者在艰难的条件下通过坚持不懈的努力走向胜利的彼岸，最终如愿以偿，目标得以实现。所以，无论如何，在商务谈判中，谈判者一定不能表现出信心不足，即使谈判出现十分困难的时候。

当然，自信不是盲目的唯我独尊。自信是在充分准备、充分占有信息和对谈判双方实力科学分析基础上对自己有信心，而不是靠什么灵丹妙药的赐予，不是盲目的自信，更不是固执自己错误的所谓自信。相信自己要求的合理性、所持立场的正确性及说服对手的可能性。有了自信才有惊人的胆魄，才能做到大方、潇洒、不畏艰难、百折不挠。

第四节　谈判者的能力要求

谈判者的能力是指谈判人员驾驭商务谈判这个复杂多变的"竞技场"的能力，是谈判者在谈判桌上充分发挥作用所应具备的主观条件。它主要包括以下内容：

一、运筹、计划能力

谈判的进程如何把握？谈判在什么时候、什么情况下可以由准备阶段进入到接触阶段、实质阶段、进而达到协议阶段？在谈判的不同阶段要注意重点的转移，采取何种技巧、策略？对此，谈判者都要进行精心的计划与统筹安排。当然，这种计划离不开对谈判对手背景、需要、可能采用的策略的调查了解与充分估计，才能做到知己知彼，成竹在胸。

二、语言表达能力

语言表达能力是指以语言、文字、动作等方式，将自己的知识、观点、意见明确有效地传播给他人的能力。语言是传达信息、交流思想的交际工具。

谈判中的语言包括口头语言和书面语言两类。书面语言表达准确严谨，口头语言表达清楚流利，语言精练，逻辑性强，讲究分寸，说服力强。无论是口头语言还是书面语言，都要求准确无误地表达自己的思想和情感，使对手能够正确领悟你的意思。这点是最基本的要求。其次，还要突出谈判语言的艺术性。谈判中的语言不仅应当准确、严密，而且应生动形象，富有感染力。巧妙地用语言表达自己的意图，本身就是一门艺术。一个优秀的谈判者，要像语言大师那样精通语言，讲究说话的艺术，通过语言的感染力强化谈判的艺术效果。如果说话含糊不清，吐字不准，措辞不当，或者语无伦次，词不达意，没有逻辑性，就会影响谈判者之间的沟通和交流，这也是谈判者的大忌。

得体的谈判语言能一言九鼎。这就要求谈判者能善于表达自己的见解，叙述条理清晰，用词准确明白，即使对于某些专业术语，也能以简明易懂的语言加以解释；同时谈判者还要善于说服对方接受自己的观点与条件，善于通过辩论来批驳对方立场，维护自己的利益。谈判者驾驭语言方面的不足不仅容易引起交流中的误解，造成沟通障碍，而且会使自己的合理要求在谈判结果中得不到有效表达和保障。当然我们强调提高语言驾驭能力并不是提倡在谈判中泛泛而谈、虚张声势，这种做法会伤害谈判氛围，使对手产生不满。如有的谈判者在解释自己的观点时常常词不达意，漫无边际。我们强调语言驾驭能力是因为谈判的过程是双方表达、辩论与说服的过程，谈判也只有在这种多层次、全方位的沟通过程中才能达成逐渐趋向一致的结果。

语言表达能力的提高，一要注意语言表达的规范，要增强语言的逻辑性；二要注意语言表达的准确性，必须语音纯正，措辞准确，言简意赅；三要讲究语言的艺术性，表现在语言表达的灵活性、创造性和情境适用性上。

语言表达能力是综合性的技巧，它既需要简洁、清楚、清晰，更需要注入感情。不仅如此，谈判者还要注意语言的艺术化，注意谈判语言的运用技巧，使谈判语言生动、鲜明、形象、具体。同样一句话，从不同的角度讲，就会产生不同的效果。如将"屡战屡败"说成"屡败屡战"，意境迥然不同。可见，语言艺术的确有点石成金的功效。谈判者一旦掌握了语言艺术，就会对谈判产生意想不到的好处。

三、观察能力

观察是人有目的、有计划、系统的、比较持久的知觉。观察力是能够随时而又敏锐地注意到有关事物的各种极不显著但却重要的细节或特征的能力。观察力是其他能力诸如分析力、判断力、想象力和预见力的基础。具有观察力，才能敏感地观察谈判形势的细微变化，捕捉到大量有价值的谈判信息；敏锐的观察力可以有助于很好地洞察事物的本来面貌，使得通过捕捉到与事物本质相联系的某些"蛛丝马迹"，才能迅速掌握谈判对手的真实意图，根据掌握的信息和对方的现场的言谈举止加以分析综合，做出合理判断；才能依据交易双方的经济实力在双方交锋的谈判桌上灵活多变；才能根据谈判的内外环境和主客观条件正确判断谈判的发展趋势。

面对面的谈判为了解与认识谈判对手提供了直接的机会和丰富的信息，而这就需要依赖于谈判者的观察能力、对对手在口头语言、动作语言、书面语言等各方面表述中所体现的心理状态及其细微变化的体察能力，而且还反映为谈判者捕捉到这些信息后能作出迅速的判断与有效的反应。尼尔伦伯格在谈判的艺术中讲到：老练的谈判家能把坐在谈判桌对面的人一眼看穿，断定她将采取什么行动和为什么行动。

作为一个谈判人员，在云谲波诡的商务谈判中，必须具备良好的观察力，才能在商务谈判的独立作战或群体作战中明察秋毫，审时度势，避开险难，探索行动的方向，寻求突破。

四、应变能力

所谓应变能力，是指人对异常情况的适应和应付的能力。商务谈判的一个重要的特点就是带有较大的不确定性。这种不确定性就要求从事商务谈判的人员要有应付不确定性的准备和办法，要有临场应变能力。任何细致的谈判准备都不可能预料到谈判中可能发生的所有情况，许多事情都无法按事先拟定的程序去完成，千变万化的谈判形势要求谈判者必须具备沉着、机智、灵活的应变能力，能够在主客观情况变化的瞬间，趋利避害，以控制谈判的局势。这正如一个高明的船长航行于急流险滩之中时，他不仅时刻铭记自己要达到的目标，而且能灵活地处理面临的各种航行难题。

应变能力内涵颇为丰富，如思维方法上的灵活性、决策选择上的灵活性、满足对方需要的灵活性等。中国古代有一则叫"瞎子摸象"的寓言，充分说明了不同的观察角度对思维结果的决定性影响。谈判中一个根本性问题是"吃亏"或"占便宜"。一个高明的谈判者，总能看到吃亏中的便宜，也能够承担占便宜后的代价。尽管有时这种代价是昂贵的，因为他们深知"便宜没好货"。例如，某英国外商，自费派专家来华指导合营企业的生产，看来很大方，但要求合营企业的产品以本地价的 1/3 的低价由外商包销，来获取大部分利润，这显然是吃小亏占大便宜。

谈判桌上，谈判双方为了各自利益展开唇枪舌剑，随着双方力量的变化和谈判的进展，谈判过程可能出现较大的变化，这时，如果谈判人员因循守旧、墨守成规，那么谈判要么陷入僵局，耽误谈判时机，要么导致破裂，致使谈判失败。这就要求谈判者充分运用自己全部的经验、学识和智慧，在认真分析和预测对方策略变化以及可能影响谈判事态发展的各项潜在因素的基础上，随机应变，及时做出正确决策。有时谈判对手运用各种谋略，也可能使我方陷入难以处置的困境，如在谈判中面对对方提出棘手的难题时，可以委婉地转移话题，把讨论先引到容易谈的问题上，然后经过一段思考，有了清晰思路时再逐渐接近要解决的难题。有时当对方逼迫你就问题立即作出抉择时，你若回答"让我考虑一下"，便会显得缺乏主见，无判断能力，从而在心理上处于劣势。此时，可以从容不迫地看看表，礼貌地告诉对方，"对不起，10 点钟了，我得出去与一约定的朋友通个电话，请稍等 5 分钟"。于是，在对方并未觉察你真正意图的情况下赢得五分钟的思考时间，可能的话还能咨询他人的意见。又或是通过外在力量或调节自身状况以作应急之用，如点烟、倒水、开个小玩笑，与自己同伴谈一件无关紧要的事，从而缓和气氛，争得冷静思考的时间，使"山穷水尽"转变为"柳暗花明"。如果谈判者不具备这种应变能力，就不能适应现代商务谈判的要求。

应变能力还需要创造力的配合。如购货方担心采用信用证方式交易会让售货方取得货款而货不对使自己遭受损失，售货方为使生意可以谈成，可以创造性地提出一些可以预防以上问题发生的办法促成交易，提出由购货方指定一个中立的第三者作为检查员，在货物即将发运之前于售货人的工厂对货物进行检查，货物合格后，才能按照信用证规定付款的做法而使购货方得到保护。

总之，作为一名出色的谈判者，应该做到：当陷入被动或困扰时，善于做自我调节，能够临危不乱，受挫不惊，从容应对，在整个谈判过程中始终保持清醒、冷静的头脑，保持灵敏的反应能力，使自己的作用得以充分发挥。

五、社交能力

社交能力是指人们在社会上与各类不熟悉的人进行交往、沟通的能力，是衡量一个现代人能否适应开放社会的标准之一。社交能力往往是一个人多方面能力的综合表现，诸如表达能力、组织能力、应变能力、逻辑能力及知识修养等。谈判实质上是人与人之间思想观念、意愿情感的交流过程，是重要的社交活动。缺乏社交能力的人，往往会在自己与周围的人群之间形成一道无形的心理屏障，是不可能完成自己所担负的工作任务的。

谈判者应善于与不同的人打交道，也要善于应对各种社交场合，通晓和遵守各种社交场合的礼仪规范，这既是一种对自己和他人的尊重，也是一种知识和教养的体现，这就要求谈判者塑造良好的个人形象，掌握各种社交技巧，熟悉各种社交礼仪知识。同时谈判人员还应有较强的人际交往能力，特别是要注意积累各方面的关系，同各国的政府官员、金融机构、工商企业等各界朋友建立广泛的联系。这样，在谈判时就可能获得一个方便的信息通道或若干义务咨询顾问，这无论是对谈判对手的了解、对谈判方案的确定、对谈判僵局的突破都大有益处。

六、决策能力

谈判是一项相当独立的现场工作。很多事务的决断需要在谈判现场做出，这就需要谈判人员具备良好的对事务的判断和决策能力。

决策能力表现在谈判人员可以通过对事物现象的观察分析，能够由此及彼，由表及里，去粗取精，去伪存真，排除各种假象的干扰，了解事物的本质，做出正确的判断；表现在能及早地洞察存在的问题或关键所在，准确地预见事物发展的方向和结果；表现在综合运用各种方法、手段，对不同条件、不同形势下的问题能及时做出正确的行为反应和行动选择。

决策能力不单单是人的某一方面能力的表现，从某种程度上说，它是人的各项能力的综合体现。它是建立在人们观察、注意、分析的基础上，运用判断思考、逻辑推理而做出决断的能力。因此，培养和锻炼谈判者的决策能力，就必须注意各种能力的平衡发展。注意力、观察力强的人，不一定思维能力、判断能力也好，记忆力好的人可能创造力、适应力比较差。但是，要想提高决策能力，做出正确、果断的决定，就需要运用各方面的能力。谈判人员的决断能力与了解掌握科学的判断和决策的相关知识方法有关,与一定的专业实践经验的积累有关,谈判人员应注意在学习和实践这两个方面下工夫,提高自身的决断能力。

决策能力是谈判活动中比较重要的一种能力。谈判者必须十分熟悉谈判项目的有关情况,能依据谈判形势的变化,抓住时机,果断地做出正确决策。

第五节　谈判者的礼仪素质要求

礼仪礼节作为一种道德规范,是人类文明的重要表现形式。任何行业都有一定的礼仪规范。在商务谈判中,礼仪礼节作为交际规范,是对客人表示尊重,也是谈判人员必备的基本素养。

礼仪是一种知识、修养与文明程度的综合表现,它在人际交往的许多细小环节中都体现出来,如赴约要遵守时间,既不要早到,也不要晚到;宴会要注意主人对餐桌次序的安排,在正式的场合,要注意穿戴合适。礼仪是一个人修养的反映,在商务谈判中,也是影响谈判的气氛与进程的一个重要因素。在谈判桌上,一个谈判者的彬彬有礼,举止坦诚,格调高雅,往往给人带来赏心悦目的感觉,能为谈判营造一种和平友好气氛。反之,谈判者的无知和疏忽,不仅会使谈判破裂,而且还会产生恶劣的影响。因此,谈判的不同阶段要遵循一定的礼仪规范。

一位优秀的国际商务谈判者首先必须是一位绅士或淑女。绅士和淑女的意思人人皆知,用普通商务语言的话说则是:看着像绅士/淑女,听着像绅士/淑女,做事像绅士/淑女。也就是说,作为一位商务谈判者,你必须在穿着、说话和做事方面显得有教养,尊重别人。这样,你的谈判对手才能尊重你。也只有在尊重的基础上,谈判才能进行下去。可以说,这是成功谈判的第一关。有人说,穿衣戴帽,个人所好。在日常生活中,这是对的。可在商务谈判中,这却是错的。

商务谈判人员还要十分注意社交规范,尊重对方的文化背景和风俗习惯,这对于赢得对方尊重和信任,推动谈判顺利进行,特别是在关键场合、同关键人物谈判中,往往能起到积极的作用。比如有一次一位重要人物来上海谈判一个合作项目,上海是他漫长旅途的最后一站,了解这位客人的东道主在送客人去下榻宾馆的途中,特意在车上播放了一段来宾家乡的音乐,客人感到很亲切,他高兴地对谈判对手说:"我就要回家了,相信上海之行是我此次旅行最顺利的一站。"可见,知晓礼仪、尊重对手是一个谈判人员对谈判所做的最小投资,而由此获得的回报却常常是难以估量的。但是如果在谈判中不注意细节,对方会觉得不受尊重,或者认为差距甚大,不值得交往,往往对谈判本身也会造成不良的影响。有些人因此还付出了很大的代价。有一次和德国人谈一笔割草机的出口合同,德国人男士个个都西装革履,女士个个都穿职业装,而我方除部分人员穿西服外,大多数都穿休闲服,有的甚至穿工作服。此合同没有签,其中一个重要原因是德国人认为我们不尊重他们。

案例 3-6

一中国谈判小组赴中东某国进行一项工程承包谈判。在闲聊中,中方负责商务条款的成员无意中评论了中东盛行的伊斯兰教,引起对方成员的不悦。当谈及实质性问题时,对方较为激进的商务谈判人员丝毫不让步,并一再流露撤出谈判的意图。

注重礼仪的内容还包括谈判人员在谈判破裂时能给对方留住面子,不伤人感情并为以后的合作与交往留下余地,做到"生意不成友情在",这样就会有越来越多的客商愿意与你发展合作关系。

第六节　谈判者的身体素质要求

谈判是一桩很费体力的事。如果谈判日程安排得过于紧张,而谈判人员又没有得到很好的休息,特别是如果谈判人员本身的身体素质不高,很容易在谈判的中后期,由于连日征战,消耗大,谈判人员的精力和注意力处于低谷,很容易导致失误的发生。因此对谈判人员的身体素质要求也比较高。之所以对谈判人员的身体素质提出要求主要原因包括以下几点:

一、商务谈判人员为何要有良好的身体素质

(一)谈判本身的特点决定的

商务谈判往往是一项牵涉面广、经历时间长、节奏紧张、压力大、耗费谈判人员体力和精力的工作。如果需要赴国外谈判,还要遭受旅途颠簸、生活不适之苦;若接待客商来访,则要尽地主之谊,承受迎送接待、安排活动之累。所有这些都要求谈判人员必须具备良好的身体素质。撒切尔夫人的"铁娘子"风范不仅表现在她的政治手腕与处事态度上,也反映在她可以在十几小时年完成对几个国家的旋风式的访问中。

另外在涉外谈判中,谈判小组中的翻译人员的工作时间一般要比其他谈判人员长得多。别人谈判时,他需要聚精会神地翻译;别人参观游览,则需要如影随形地陪同、翻译;别人赴宴聚会,又需要忍饥挨饿地翻译。总之,翻译人员的工作从早到晚,往往一刻不得停歇。虽然他们在心理压力上不及谈判人员大,但在体力、精力的消耗上却毫不逊色,甚至还有过之而无不及。此外,谈判人员在不同的谈判阶段可能会有不同的人选,而一个翻译人员却常常从初步接触、技术谈判、商务谈判、到协议签订甚至到合同履行各阶段都自始至终地参与其中,因为翻译工作的连续性有利于提高谈判的效率,这就更加要求翻译人员具有充沛的体力和顽强的忍耐力。

(二)应对对方施展的疲劳攻势的需要

研究结果显示,疲倦的人都比较容易被打动,犯下许多愚笨的错误。这就是为什么许多谈判者喜欢向对手发动疲劳攻势的原因。他们为了达到良好的谈判效果,千方百计去消耗对方精力,使之在谈判中失利。

这种疲劳攻势在涉外商务谈判时用得相当普遍。谈判者经过长时间紧张的飞行后,一下飞机就被对手接去赴宴;而后,对方大小负责人轮流亮相与之会面,表现得十分热情、好客;到了晚上,又专门安排了舞会或观看演出等娱乐活动,直到深夜才罢休。第二天,也许远道而来的谈判者还在为主人的热情招待而激动不已时,谈判已经开始了。可想而知,未

能得到很好休息、感情尚处于兴奋状态的人,在艰巨而持久的谈判中表现会如何。

为了更好地展开疲劳攻势,谈判者还常常采取车轮战术,不断更换谈判人员来使谈判对手陷于不断重复谈判的境地,车轮战术一方以多个谈判班子对付对手一个谈判班子,显然在精力上是占了上风。

(三)减轻生物钟的影响

人在一天之内的不同时刻,精力也有变化。清晨,人们经过一夜的休息之后,眼明耳灵,精力充沛,工作、学习劲头十足;临近中午,人们的精力衰退,开始考虑午餐和休息。这时,不仅精力难以集中,且意志减弱。午休后,身体补充了热量,体力得以恢复;至傍晚4~6时,是所谓的"body time"(体内时间),意思是最没有效率的时间。这段时间是一天中人的疲劳在心理上、肉体上都已达顶峰之时,人们往往焦躁不安,思考力减弱。日本古语把这段时间称为"逢魔之时",认为这是最容易发生灾祸、最容易被魔鬼迷住的时间。

谈判者的精力和注意力的变化也是有一定的规律的:谈判开始时,大家精力都十分充沛,但这过程的时间很短。如1个小时的谈判,开始的精力旺盛阶段只有5~8分钟;如一个超过6周的谈判,只有前3天为精力旺盛期,以后的5周多时间精力趋于下降。在双方将要达成协议的最后几天里,还会有一个精力充沛期出现。但旺盛的精力不久会明显下降,直到洽谈的最后阶段,人的精力的下降趋势才停止。当人们意识到双方达成协议的时刻就要到来时,精力会突然复苏、高涨,但时间也非常短促。此后,任何的拖延都会使精力处于零度以下水平,而且无论如何再也高涨不起来了。

二、如何在谈判中保持体力、精力

1. 当你远道而来,对方进行热情的款待之后,你应作充分的休息,最好在第二天下午开始谈判,使自己从疲劳中恢复过来。

2. 倾听是保持精力的好办法,又有利于获取信息,多听少说比喋喋不休更管用,也更有利于保持良好的精力。

3. 在谈判过程中,当你感到精疲力竭时,可提出暂时休息的建议。在休息时,理清思路,归纳一下刚才讨论的问题,检查一下自己一方的谈判情况和成效,研究谈判对方的情况,对下一步谈判提出新的设想。要充分利用暂停休息时间,带着考虑好的问题,胸有成竹、精神饱满地回到谈判桌旁。

4. 对付车轮战术,可以提出异议,暂停谈判;也可以借口对方换人,己方也换人;或者可以给新一轮的谈判对手出难题,迫使其自动退出谈判;如果新对手一口否认过去的协定,你也可以借此理由否认你所许过的诺言。

案例分析

一对年轻的夫妻花了2000美元买一套高级音响,货送到家后插上插头就发现出了大问题:扩音器冒出一股烟便烧掉了。他们立即拿着烧毁的部件来到商店,抱怨个不停。可是这愣小伙子售货员态度却颇为冷漠,眼都不抬地说:"放在这里吧。三四个星期后,等我们修好了,就给你们打电话。"这对夫妻万万没有料到会这样,很是窝火,抱怨道:"吓,我们花2000美元买了一套音响,你现在却让我们等三个星期后再用。我们出那么多钱,现在就要听音乐!"对方只是用冷冰冰的口气回答:"对不起,我只能这样。"说完便不屑一顾地走开了。夫妻俩很是愤愤不平,他们立刻给银行打了个电话,通知他们停止支付该店的账单。现在,球被踢了回去。那个售货员接到银行拒付通知后给这对夫妇打电话,说他无论如何也不能理解他们的态度。

请分析本案例并回答下列问题:

(1)为什么会出现年轻夫妇停止支付账单的结果?

(2)售货员在此次谈判中采取的态度有何不妥?

(3)如果你是售货员将如何避免这种情况的出现?

(4)通过该案例你能否总结出谈判中应注意的问题?

【复习思考题】

1.商务谈判人员的素质要求包括哪几方面?

2.商务谈判人员的知识结构是怎样的?各包括哪些具体内容?

3.商务谈判人员的心理素质要求有哪些?

4.商务谈判人员需要具备哪些谈判技能?

5.为什么对商务谈判人员有较高的身体素质方面的要求?

第四章

商务谈判的战略设计 ≫ ≫ ≫   ≫

本章摘要 ···

　　谈判项目战略设计、谈判组织、谈判实施和谈判收尾是任何一项成功的谈判所需要经历的四阶段闭环过程。商务谈判战略设计是谈判成功的重要保障，是明确谈判目标的关键性阶段，也是整个商务谈判的核心。商务谈判战略目标的设计，源于对市场环境和谈判环境的分析，源于对自身需求的清晰把握以及自身和其他谈判对手实力的比较研究。谈判计划要确定科学的目标、灵活的策略战术，还要对谈判的时间、地点、场所以及谈判议程精心安排。

　　完成本章的学习之后你将能够：

　　1. 了解商务谈判目标的分类；

　　2. 对谈判所需信息进行全面搜集及正确处理；

　　3. 了解谈判中存在的风险并学会合理规避；

　　4. 正确的评价谈判双方的实力；

　　5. 设计正确的谈判策略。

···

　　商务谈判的战略设计，攸关谈判目标的决策，并对谈判过程的组织安排、谈判的实施策略和技巧的权衡选择、谈判收尾阶段的收官策略，产生方向性深远影响。商务谈判的战略设计，是谈判方自身需求、谈判环境情况、双方实力对比、谈判风险评估以后的综合性选择。

第一节　商务谈判的战略设计

一、商务谈判的战略分类

　　商务谈判按照结果导向和关系导向两个维度因素，可以划分成四种战略类型：竞争性战略、合作性战略、让步型战略和回避型战略。首先，竞争型战略选择的条件是：当谈判结果很重要但是关系不重要时，竞争性战略成为首要选择。其次，合作型战略选择的条件是：

当谈判结果很重要关系也同样重要时,合作性战略就成为必然选择。第三,让步型战略的选择条件是:当结果不重要,但是关系很重要时,往往选择让步型战略。第四,回避型谈判战略选择的条件是:当谈判结果很不重要,关系也很不重要时,应该选择回避型战略,也就是第一章提到的不应该谈判的场合。四种谈判战略的分类情况,详细见图 4.1。

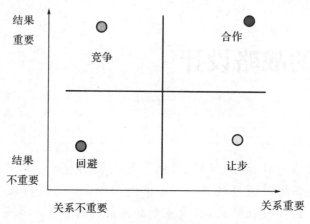

图 4.1　商务谈判的类型

二、商务谈判战略的内涵

在竞争型谈判战略中,谈判者通过说服谈判对手做出让步来达到自己的目标。竞争型谈判必须通过公开的策略加以贯彻实施,具体包括说服性的辩论,坚持自己的立场,如果对方不让步就威胁要退出谈判甚至采取报复行动,以及当对方进行威胁时自己也针对性进行威胁。

合作性谈判战略又叫解决问题的谈判策略,谈判各方通过共同努力展开合作。在谈判过程中,各方就自身立场下的需要和优化考虑问题进行交流,使问题更加尖锐并对问题重新进行组织,就一些解决方案进行头脑风暴式的讨论,以及共同评价每一种意见的有效性,旨在减少合作的不确定性。但是,由于谈判各方往往无法完全信任,利益方面也多少存在对立关系,合作解决问题的战略实施难度很大,所以谈判方还必须能够独立的解决问题或者在第三方调解人帮助下解决问题。

让步型战略往往是时间压力下维护合作关系的第三种战略选择。如果拖延时间所造成的损失将更大,越来越临近最后期限所带来的紧迫感也将更强烈,在无法使其他谈判方作出让步的情况下,时间压力对促使谈判者采取让步战略的影响尤其明显,因为如果谈判者想保持合作关系并达成协议,唯一的选择就是采取让步战略。但是让步不是没有限度的,在一些事关重大的问题和涉及商业道德等问题上,要谈判者让步是不可能的,多以谈判过程中出现这些问题会使谈判的难度大幅度增加。

第二节 谈判目标的确定

商务谈判目标是组织总体目标在谈判项目中的体现,也是组织与市场环境综合评价以后的战略选择。商务谈判目标是指谈判要达到的具体目标,它指明谈判的方向和要达到的目的,以及对本次谈判的期望水平。确定正确的谈判目标是保证谈判成功的基础。谈判目标是一种在主观分析基础上的预期与决策,是谈判所要争取和追求的根本因素。同时,谈判目标也是整个商务谈判战略的核心。整个谈判过程中,从谈判策略的选择到谈判策略的实施都是围绕谈判目标进行的。因此,在谈判准备工作中,首先要确定谈判目标。

谈判目标的确立要参照市场的竞争形势、双方的力量对比、交易的性质等来综合确定。为了使谈判目标对谈判发挥更好的引导作用,谈判的目标还必须量化、精确化。只有量化、精确化的目标才能使我们在谈判中清晰地知道哪些是必须坚持的、哪些是可以让步的或放弃的,从而快速地做出选择和决策。

商务谈判的目标一般包括谈判性质、谈判对象、商品价格、质量、品种、规格、交货期和付款方式等。商品的质量、数量、价格、支付方式、包装、运输方式、服务标准和内容等都是谈判的量化目标。其中价格、商品或服务的质量、支付方式通常是谈判的重点。价格是绝大多数买卖谈判的核心。不论是商品交易、劳务交易或工程项目的承包,价格都是谈判的核心问题。在小额买卖谈判中,支付方式一般不会成为谈判的重点。但是在大额的买卖谈判中,支付方式往往也成为谈判的重点问题。

商务谈判目标是一种目标体系,一般按照谈判目标的可实现程度分成四个层次:最高目标、实际需求目标、可接受目标、最低目标。

一、最高目标

最高目标也叫最优期望目标,是指谈判者希望达到的最理想的目标。最高目标的实现,可以实现自己的最大利益,同时也往往是对方所能承受的最高程度。商务谈判是个利益分配的过程,在这个过程中,任何一方都不愿意把更多的利益让给对方。因此,任何一方都不要指望在每次谈判中大获全胜。所以最高目标在实际谈判中往往是个理想目标,很难实现,并伴随着谈判随时破裂的风险。尽管如此,设立最高目标还是很有必要,因为可以激励谈判人员尽量争取更可能多的利益,清楚谈判结果和最终目标的差距。

二、实际需求目标

实际需求目标是谈判各方根据主客观因素,综合考虑各方面情况,经过科学论证、预测和核算后,纳入谈判计划的谈判目标,对谈判双方都有较强的驱动力。在谈判实战中,该目标经过努力可以实现。这是谈判者调动各种积极性,使用各种谈判手段努力达到的谈判目标。但要注意的是不要过早暴露,被对方否定。实际需求目标往往关系着一方的主要甚至全部的经济利益,是谈判者坚守的防线,因此如果达不到这个目标,谈判就有可能会陷入僵局。实际需求目标的实现意味着谈判成功。

三、可接受目标

可接受目标是指在谈判中争取或做出让步的范围。它能满足谈判方的部分需求,实现其部分利益。对于可接受目标,谈判者在设定谈判目标应充分考虑可接受目标,并制定相应的谈判措施。设定可接受目标往往是为了双方的长期合作打下基础。

四、最低目标

最低目标是指谈判者可以勉强接受的最不理想的目标,也是商务谈判必须实现的目标,是谈判的最低要求。通常表现为卖方愿意出卖的最低价或买方愿意买的最高价,也就是防御点。防御点是谈判者的心理底线。如果买方最终的报价低于己方防御点,理性的卖方应该考虑退出谈判;如果卖方最终的报价高于己方防御点,理性的买方也应该考虑退出谈判。在商务谈判中,最低目标和最高目标有着紧密的联系。在谈判过程中,一开始往往提出最优期望目标,其目的就是保护最低目标、接受目标以及实际需求目标。

最高目标、实际需求目标、可接受目标和最低目标这四个目标层次是一个整体,各有各的作用,在确定谈判目标前要根据谈判资料认真规划。

谈判目标的确定是一个非常关键的工作。在确定商务谈判目标的时候,必须遵循实用性、合理性和合法性的原则。实用性是指根据制定的目标,谈判双方可以根据自己的经济能力和实力进行谈判。合理性包含谈判的目标时间和空间的合理性。作为谈判的主体,应对自己的利益目标在时间上和空间上做全方位的分析。所谓合法性是指商务谈判的目标必须符合一定的法律准则和道德规范。

确定目标的过程是一个风险决策的过程,目标制定得越高,其所冒风险也越大。谈判者应当把所冒风险和可能获得的利益进行比较,以便做出正确的选择。最高目标和最低目标一旦确定,在谈判的过程中就不能随意更改,而介于两者之间的中间目标本身是有弹性的,它受谈判双方实力和谈判形势变化的影响。

首先,不能盲目乐观地将全部精力放在争取最高期望目标上,而很少考虑谈判过程中会出现的种种困难,造成束手无策的被动局面。谈判目标要有一点弹性,定出上、中、下限目标,根据谈判实际情况随机应变、调整目标。

其次,所谓最高期望目标不仅有一个,可能同时有几个目标,在这种情况下就要将各个目标进行排序,抓住最重要的目标努力实现,而其他次要目标降低要求。与此同时,还要考虑长期目标和短期目标的问题。

最后,己方最低限度目标要严格保密,除参加谈判的己方人员之外,绝对不可透露给谈判对手,这是商业机密。如果一旦疏忽大意透露出己方最低限度目标,就会使对方主动出击,使己方陷于被动。

案例 4-1

　　美国一家生产家用厨房用品的工厂和他的采购商之间,合同即将签订,一切都仿佛可以顺利进行了。然而,有一天工厂接到了采购负责人打来的电话,"真是很遗憾,事情发生了变化,我的老板改了主意,他要和另一家工厂签订合同,如果你们不能把价钱降低10%的话,我认为就为了5%而毁掉我们双方所付出的努力,真是有些不尽情理。"工厂慌了手脚,经营状况不佳,已使他们面临破产的危险,再失去这个客户就像濒于死亡的人又失去了他的救命稻草。他们不知道在电话线的那一方采购负责人正在等着他们来劝说自己不要放弃这笔生意,工厂的主管无可避免地陷入了圈套,他问对方能否暂缓与另一家工厂的谈判,给他们时间进行讨论。采购负责人很"仗义"地应允下来,工厂讨论的结果使采购负责人达到了目的,价格被压低10%,要知道这10%的压价并不像采购负责人在电话里说的那样仅仅是10%,它对工厂着实是不小的数目。如果我们能看清这场交易背后的内幕,就会发现工厂付出的代价原本是不应该的,那么采购方是如何把这笔金额从工厂那里卷走而只留给他们这项损失的呢?事情还要追溯到合同签订的前一个月,工厂的推销员在一次与采购负责人的交谈中无意地给工厂泄了底。他对精明的采购人说,他们的工厂正承受着巨大的压力,销售状况不佳,已使他们面临破产。对于他的诚实,作为回报,采购负责人并没有对他们寄予同情,而是趁机压榨了一把。

（资料来源:杨秀莲.国际商务谈判.天津:南开大学出版社,2003.）

第三节　相关信息的搜集

商务谈判的相关信息又称为商业情报,在谈判战略的选择中发挥着基础性的作用。准确、及时和全面的信息保障,有利于了解市场发展趋势,有利于对比分析谈判各方的真实需求和谈判实力,能够为谈判战略的设计明确方向。

一、商务谈判信息收集的途径和方法

商务谈判背景的调查可以为商务谈判提供依据,针对谈判项目情况的调研可以为谈判战略和实施策略的制定提供方向性指引。商务谈判调查可以通过多种信息途径,使调查的结果更加全面精确。

（一）商务谈判信息收集的途径

商务谈判的信息,可以通过公开信息收集、向专业咨询机构购买、亲自调研三种途径实现。公开信息收集成本最低,但是可靠性较差。购买咨询机构研究报告,不仅成本高而且往往缺乏项目针对性。亲自调研成本最高,但是所获取信息的可靠性和针对性最强。

1. 公开信息的收集

印刷媒体。印刷媒体主要通过报纸、杂志、内部刊物和专业书籍中刊登的新闻、图表、数字、照片来获取信息。通过这个渠道收集到比较丰富的环境信息、竞争对手信息和市场行情信息。这是资料收集的主要渠道,谈判者可以通过这些渠道获得比较详细而准确的综合信息。作为外向型企业,应尽可能多的订购有关报纸杂志,并由专人保管和收集、整理资料。

电脑网络。电脑网络是21世纪无比重要的获取资料的渠道。在电脑网络上可以十分便利快捷地查阅海内外许多公司信息、产品信息、市场信息以及其余多种信息。

电波媒介。电波媒介即通过广播、电视播放的有关政治新闻、经济新闻、市场行情、广告等。电波媒介的优点是生动、快速和准确,缺点是信息转瞬即逝,不易保留。

统计资料。统计资料主要包括各国政府或国际组织的各类统计年鉴,也包括各银行组织、国际信息征询公司、各大企业的统计数据和各类报表,特点是资料详尽,可提供大批原始数据。

各种会议。通过参加各种商品交易会、博览会、订货会、企业界联谊会、各种经济组织专题研究会来获取资料。在这些会议上可以有针对性收集到商品生产、流通、消费、竞争形势以及市场趋势等。特点是信息异常新颖,要擅长从中捕获有价值的货色。

案例 4-2

1964 年 4 月 20 日的《人民日报》上发表通讯"大庆精神大庆铸",日本人从这篇通讯中,确切地肯定了大庆油田"确有其事"。1966 年 7 月,《中国画报》的封面上刊登了这样一张照片:大庆油田的"铁人"王进喜头戴大狗皮帽,身穿厚棉袄,顶着鹅毛大雪,手握钻机刹把,眺望远方,在他背景远处错落地矗立着星星点点的高大井架。日本人见到这张照片,就像猫看到老鼠一样高兴,他们根据照片上的王进喜戴的大狗皮帽和穿的厚棉袄,断定出大庆油田的位置肯定不在南方,而是在零下 30℃ 左右的地区,那就应该是在中国的东北地区,因为只有东北冬季的气温才能到零下 30℃。另外的一张"大庆油田的原油装车待运"图片中日本人看到一列列并排的原油罐车正整装待发,而且车子的轮胎上沾满了泥土。后来,到中国来的日本人在北京坐火车时又发现,在北京停留的油罐车上附着尘土的颜色和厚度居然与《中国画报》上刊登的照片是一模一样的,于是他们断定这些油罐车是从东北过来的,而且肯定就是从大庆油田开过来的。

1966 年 10 月,日本人又从《人民中国》杂志上看到了石油工人王进喜的报道,报道中有"铁人"王进喜说的这样一句话,即"王进喜一到马家窑看到大片荒野说:'好大的油海,把石油工业落后的帽子丢到太平洋去。'"日本人从这篇报道中,知道了两个非常重要的情报,那就是大庆油田在马家窑;另外这个油田的产量非常大,大到可以改变中国石油工业落后的面貌,可以打破外国对中国的经济封锁。

于是,日本人从伪满的军用地图上查到"马家窑"是位于黑龙江省海伦县东南的一个小村,并在马家窑附近查到一个火车站,叫安达车站,而马家窑就在北安铁路上这个小车站边十多里处。日本人由此判断大庆油田的地理位置:马家窑位于大庆油田的北端,即北起海伦县的庆安,西南穿过哈尔滨与齐齐哈尔铁路的附近,包括公主峰西南的大来,南北四百公里的范围,估计从东北地区到松辽油田统称为大庆油田。

同时,日本人从《中国画报》上刊登的炼油厂照片,通过照片上 1 米左右的扶手栏杆,推断出了炼油塔的外径,并换算出内径为 5 米,由此日本人判定大庆油田的日炼油加工能力为每天 3000 千升。如果一年以 330 天计,每口井年产原油为 100 万千升,那么大庆有 800 多口井,年产油就是 360 万吨了。

日本人根据大庆油田出油能力与炼油厂有限的炼油能力,再考虑中国当时的技术水准和能力及中国对石油的需求,他们推论:中国最近几年必然会因为炼油设备不足,需要大量引进采油设备。

随后,日本迅速集中有关专家和人员,在对所获信息进行剖析和处理之后,全面设计出适合中国大庆油田的采油设备,并大量生产。果然,中国政府不久就向世界市场寻求石油开采设备,早有准备的日本以最快的速度和最符合中国要求的设备,理所当然地获得了中国的巨额订单,获得了巨额利润。

日本人能够生产出这样符合大庆油田需要的生产设备,这当然让人怀疑大庆油田的情报外露。那情报到底是怎么泄露出去的,通过上述分析,我们知道了责任不在于油田的工作人员,而在于中国媒体对大庆油田的报道,这也就是说是日本通过媒体的报道,才掌握了大庆油田的情报,然后给自己创造了一个赚大钱的机会。

2.商业信息的购买

专门咨询机构有的是官方的,有的是私营的,他们有定期的咨询报告,也可以委托专项咨询。要从这些机构获得信息,需要了解这些机构的研究实力,同时熟悉它们提供资料的种类和发行途径。

3.亲自调研获取商业信息

实地调研。实地调研是谈判人员深入市场收集和整理相关信息,通过与不同层面的相关者沟通,掌握市场或谈判相关者的细节性一手资料,并在一手资料的基础上发现重要的情报,为谈判提供信息支撑。

知情人士。知情人士包括亲朋好友、记者、客户、外籍华人、业务往来公司、驻外使馆职员、留学生等。要从知情人士那里得到可靠的资料,首先要确保委托的人员可靠负责。

函电、名片以及广告。函电不仅是商务谈判的主要形式之一,也是日常信息调研的工具。通过函电可以获得销售信息、价格信息、生产信息等。名片也是收集资料的重要途径,通过名片可以扩大商务往来获取资料。广告中通常包含厂家、产地、联系方式以及产品介绍等。

(二)亲自调研的常用方法

除了收集公开信息的收集和专业机构的购买,亲自调研掌握一手原始数据,并分析发现其中蕴含的商业情报,是商务谈判人员的基本功,具体方法如下:

1.访谈法

调查者直接面对拜访对象进行问答,包含个别对象采访,也包括召集多人举办座谈。在访谈之前,应准备好调查提纲,有针对性地设计一些问题。对访谈对象答复问题需要做记录,以便事后整理分析。这种方法的特点是可以有针对性地抽样选择访谈对象,可以直接感受到访谈对象的态度、想法和表述。

2.问卷法

考察者印刷好问卷,发放给相关人士,填写好收集上来进行剖析。问卷的设计要讲求针对性,既有关闭式问题又要有开放式问题。这种方式的特色是能够普遍收集相关信息,利于实现调查者的主导动向,易于收集分析,难点在于如何调动被调查者填写问卷的踊跃性以及保障填写内容的真实性。

3.观察法

观察法就是指调查者亲临调查现场收集事物情景动态信息。这种方法可以弥补以上几种方法的不足。通过亲自观察得到最为真实可靠的信息。然而这种方法也有局限性,例如受交通条件制约有些现场不能亲身去察看,受视察者本身条件限度,观察有可能不全面,也容易受到主观意识的影响而带有个人成见。

4.实验法

试验法即对调研内容进行现场实验的方法。如商务活动的方式运行,商品试销、试购,谈判模仿等方法来收集事物动态信息。这种方法比观察法又进一步,可以发现一些在静态时不易察觉的新信息。

(三)信息调查的准则

1.可靠性

收集的信息要力求真实可靠,要选用经过验证的结论、经由审准的数据和经过确认的事实。不要满足一种方法收集信息,可以采取多种方法,从不同角度来反映客观事实,不要凭主观判断片面做出结论。

2.全面性

背景调查的资料力求全面体系,应该从整体上反映事物的本质,不能以仅仅零散的信息来评估某些事物。尤其对一些重要信息,如经济环境、市场状况、商品销售情况、谈判对手的实力和商誉情况,在时间上和空间上都会存在差别,只有进行全面的调查工作,才能保证所获得信息的完全准确性。

3.可比性

调查资料要具备可比性。一方面可以横向比较,针对统一问题收集多个资料,就可以在比较中得出正确的结论;另一方面可以纵向比较,例如市场行情、产品销售状况、企业商誉情况等,有了不同时代的资料,就可以通过事物的过去分析其将来的发展趋势。

4.针对性

背景调查工作是一项内容复杂的工作,需要消耗大量的精神和时间,短时间内不可能把所有背景都调查清楚。要将与谈判有最亲密接洽的资料作为重点调查内容,要将最急需了解的问题作为优先调查内容。

5.长期性

背景调查既是谈判前的一项预备工作,又是企业一件长期的任务。在企业经营治理工作中器重信息的重要作用,树立完善的信息收集网络,不间断地将各种重要信息随时进行收集存档,就可认为企业经营、商务谈判不失机机地提供各种决策根据。资料调查和收集工作不仅仅是谈判人员的应该做的准备工作,也是企业各方面都要承担的长期任务。

(四)信息的筛查整理

通过以上的信息收集方法和途径,可以获得大量的信息。要使这些信息在谈判中发挥最大作用,还必须对这些信息进行筛查和整理。

第一,要将收集的信息进行辨别和分析,去伪存真。剔除某些不真实的信息、某些没有足够证据证明的信息、某些带有较多主观臆断的信息,保存那些可靠的、有可比性的信息,防止造成错误的判断和决策。

第二,要在已经证明资料可靠性的基础上将资料进行演绎和分类。将原始资料按时间次序、问题性质、反映问题角度等要求分门别类地排列成序,以便于更明白地反映问题。

第三,将整理好的资料做认真的研讨分析,力求从表面现象探究其内在实质,由此问题推理到彼问题,由感性认识上升到理性,而后提出有重要意义的问题。

第四,将提出的问题作出准确的断定和论断,并对会谈决议提出有领导意思的看法,供企业引导和谈判者参考。

第五,写出背景调查报告。调查呈文是调查工作的终极结果,对谈判有直接的指导作用。调查报告要有充分的事实、准确的数据,还要有对谈判工作起指点作用的初步结论。

二、市场背景信息的收集

市场信息和商务谈判的成功有着密切的联系。市场信息是指反映市场经济活动特征及其发展变化的各种信息。市场信息的内容十分广泛,主要包括以下几个方面:

（一）市场分布信息

市场分布信息主要指谈判相关产品的市场分布情况,包括地理位置、运输条件、政治经济情况等。掌握市场分布信息有助于确立商务谈判的目标,有利于对潜在谈判合作对象的细分和定位。

（二）市场需求信息

市场需求信息包括产品的市场容量和潜力、消费者的构成、家庭收入和消费者购买力、产品的市场占有率和竞争形势、消费者的需求趋势等。当谈判方是营销为主的市场主体时,了解市场需求信息对于选择谈判战略尤其重要。

（三）产品销售信息

产品销售信息包括产品的生产状况、市场的销售量、产品的库存量、产品的生命周期、消费者对该产品的需求状况等。通过对产品销售信息的收集和整理可以帮助谈判者掌握市场容量和消费潜力,有助于确定谈判对象、产品销售或采购数量以及价格等。当谈判方是采购为主的市场主体时,了解供应商产品特性和销售信息对于选择谈判战略尤其重要。

（四）市场竞争情况

产品的竞争情况包括竞争对手的实力、竞争对手的数量、竞争对手的产品质量和数量、竞争对手产品的价格水平、竞争对手的产品市场占有率、竞争对手采取的营销策略等。通过对市场竞争情况的了解,谈判者可以知己知彼,掌握谈判的主动权。

三、谈判对手信息的收集

在商务谈判前需要充分地了解自己的谈判对手。如果在对谈判对手毫不知情的情况下进行谈判,其困难和风险是显而易见的。对谈判对手资料的收集通常包括谈判对手的类型、谈判对手的需求、谈判对手的资信情况、谈判对手的时限以及谈判对手的人员情况等。

（一）谈判对手情况的收集

了解谈判对手是谈判前重要的一个环节,为了更好地了解谈判对手,首先应了解谈判对手的基本情况,以便正确评估对方的实力。

1.谈判对手企业背景

谈判对手的基本情况大致上可以分为:享有一定知名度的客商、没有任何知名度的客商、专门从事交易中介的客商、知名母公司下的子公司或分公司、骗子型的客商等五类。

第一类,享有一定知名度的客商。这类谈判对手的资本比较雄厚,机构健全,这类谈判对手一般比较讲信誉,而且占领市场的愿望迫切,一般比较容易接受合作方面的条件,是较好的合作伙伴,谈判时应注重发展长远合作关系。对待这类谈判对手,事先应做好充分的准备,提供完整的资料和令人信服的信誉证明,谈判时应具备较高水准的谈判技巧,同时对自己的谈判应有信心,不应为了迎合对方而损害自身利益。

第二类，没有任何知名度的客商。这类谈判对手没有任何知名度，但是可以提供完备的法人证明，具有一定的竞争力。对于这类谈判对手我们首先应确认其身份，深入了解其资产、产品、技术、服务等方面的情况。如果其信誉良好，将会是比较好的合作伙伴。由于缺乏知名度，该类谈判对手的谈判条件一般不会过于苛刻。

第三类，专门从事交易中介的客商。这类谈判对手又被称作中间商，一般通过为交易双方牵线搭桥而收取佣金。对待此类谈判对手，首先要认真了解他们介绍的客商的资信情况，防止被骗。

第四类，知名母公司下的子公司或分公司。这类谈判对手一般容易借助母公司的光环进行谈判，对其应持谨慎态度。如果是子公司，应要求其初始其母公司的授权书，证明其是被母公司授权进行业务洽谈，而母公司将承担子公司一切的风险。同时，母公司的资产和声誉和子公司的资产和声誉是区分开来的，因此要警惕子公司打着母公司的招牌进行业务洽谈。对于分公司，不具备独立的法人资格，公司资产属于母公司，也无权独自签约。

第五类，骗子型的客商。骗子型的客商一般指通过欺骗从事交易的客商。对于骗子型的客商一定要事先调查清楚其底细，提高警惕，谨防上当，千万不要在谈判时被一些优惠的交易条件所迷惑。

2.谈判对手的人员情况

要从多方面征集对方信息，以便全面把握谈判对手。首先要了解谈判对手的谈判权限，谈判权限是指谈判主体和谈判者在谈判中所拥有决策权的大小，这对谈判的能否取得实质性成果起着重要作用。和没有决策权的谈判对手谈判，不仅浪费时间，还可能错失谈判良机。

谈判权限分为谈判主体的谈判权限和谈判代表的谈判权限。谈判主体的资格是指能够进行谈判，享有谈判权利和履行谈判义务的能力。为了解谈判主体的谈判权限，谈判前应通过直接或间接的途径，审查对方的主体资格，要求对方提供证明和相应的材料，包括法人资格证件、资信证明、代理权证明等。

一般而言，对方谈判代表的职位越高，谈判权限就越大。如果对方谈判代表的职位较低，我们就得提前了解对方的谈判权限，比如，能在多大程度上独立做决策，有没有让步的权限等等。另外，不是任何人可以代表公司对外进行谈判和签约的，只有董事长和总经理才能代表其公司对外签约。公司对工作人员越权签订的合同是可以不负任何责任的。因此，在谈判前，我们还需审查谈判代表的谈判权限。

此外，我们还需了解对方人员的其他情况，比如，谈判对手谈判班子的组成情况，即主谈人背景、谈判班子内部的相互关系、谈判班子成员的个人情况，包括谈判成员的资格、能力、信心、性情、心理类型、个人作风、喜好与禁忌等等；谈判对手的谈判目标，所寻求的核心利益和特别利益；谈判对手对己方的信任程度：包括对己方经营与财务状况、付款能力、谈判能力等多种因素的评估和信任程度等。

(二)谈判对手的需求信息收集

谈判的最终目的是为了满足谈判双方的需求，因此，掌握谈判对手的需求成为对谈判对手资料收集的重要内容。商务谈判中谈判对手的实际需求往往由谈判主体的需求和谈判对手个体的需求组合而成。

谈判主体的需求指谈判个体所代表机构的需求。在分析谈判主体的需求的时候，主要分析该企业的经营目标、经营理念、生产状况、销售状况、营销状况、财务状况以及竞争对手的情况等。谈判对手个体的需求指在商务谈判过程中谈判者自身的需求。这通常和谈判者的性格、年龄和文化背景等有关。一般而言,谈判主体在谈判目标的设定上都会给予谈判人员一定的灵活性。因此,如何利用谈判者的个体需求,影响对方谈判人员,使其降低谈判目标,就十分重要。例如,美国总统肯尼迪为了赴维也纳与赫鲁晓夫首次会谈,不仅研究了赫鲁晓夫的全部演讲,还研究了能获得的赫鲁晓夫出席其他会议全部资料,甚至研究了他的餐饮习惯和音乐欣赏爱好。但大多数时候,商务谈判者无需对谈判者需求的研究做到如此细致的地步。但充分了解谈判对手是谈判前期准备的必要环节。

案例 4-3

纽约有家著名的面包公司——迪巴诺公司,可是纽约的一家大饭店却一直未向它订购面包。4年来,迪巴诺每星期必去拜访大饭店经理一次,也参加他所举行的会议,甚至以客人的身份住进大饭店。不论他采取正面攻势,还是旁敲侧击,这家大饭店仍是丝毫不为所动。这家饭店的行为,反倒激起了迪巴诺的斗志。他下定决心,一定要让这家饭店买自己的面包。他改变策略,开始调查这家饭店经理所感兴趣的事情。不久,他发现这位经理是美国饭店协会的会员,而且由于热心协会的事,还担任了国家饭店协会的会长。以后,凡协会召开的会议,不管在何地举行,迪巴诺都乘飞机赶去。

当迪巴诺再去拜访这位饭店经理时,就以协会为话题,果然引起了他的兴趣,他眼里发着光,和迪巴诺谈了半个多小时关于协会的事情,还口口声声说这个协会给他带来无穷的乐趣。他又极力邀请迪巴诺参加。整个谈话过程,迪巴诺丝毫没有提到面包的事情。几天后,饭店的采购部门来了一个电话,让迪巴诺立刻把面包样品和价格表送去。这样,迪巴诺做成了一笔大买卖。迪巴诺面包虽然是远近驰名的,但迪巴诺的长期攻势并未见成效,最后单凭与饭店经理闲聊对方有兴致的事,形势却大为改观。这就是投其所好的绝妙之处,在使自己被对方认同并喜爱后更容易达到目的。

（资料来源:宫捷.现代商务谈判.青岛:青岛出版社,2004.）

（三）谈判对手的资信情况

对谈判对手的资信情况的调查是谈判准备工作中的重要环节。如果不对谈判对手的资信情况进行调查,将无法了解谈判对手的履约能力。而一旦和谈判对手签订的合同由于谈判对手的资信问题导致合同无效,所有的谈判努力都将前功尽弃,从而给己方带来巨大损失。对谈判对手资信情况的调查主要分成两个方面:一是对方主体的合法资格;二是对方的商业信誉和履约能力。

1.对方主体合法资格的调查

商务谈判的结果是有一定的经济法律关系的,因而作为参加商务谈判的企业组织必须具有法人资格。

法人应具备三个条件:一是法人必须有本人场合,组织机构是决议和履行法人各项事务的主体。二是法人必须有自己的财产,这是法人加入经济运动的物资基本与保证。三是法人必须存在权利能力和行为能力。所谓权利能力是指法人可以享授权利和承担责任,而行为能力则是法人可以通过自己的行为享有权利和承担任务。

对法人资历的审查,可以通过要求对方提供有关证明资料,如法人成立地注册登记证实、法人所属资格证明、营业执照等。谈判人员还需了解对方企业名称、法定地址、注册资本、经营范畴等。此外,还要弄清对方法人的组织性质,是有限责任公司还是股份有限公司,是母公司还是子公司或分公司。由于公司组织性质不同,其承当的义务是不一样的。同时还要断定其法人的国籍,这关系到其应受哪一国度法律管辖。对对方提供的证明文件首先要通过必定的手腕和道路进行验证。

对对方合法资格的审查还应包括对谈判对方人员的谈判资格或签约资格进行审查;在对方当事人找到保证人时,还应对保证人进行调查,了解其是否具有担保资格和能力;在对方委托第三方谈判或签约时,应对第三方的情况加以了解,了解其是否有足够权力和资格代表委托人参加谈判。

2. 对方的商业信誉和履约能力的调查

在了解谈判对手对方的商业信誉和履约能力前,首先需对谈判对手进行资本审查,主要审查对方的注册资本、资产负债表、收支状态、销售状况、资金状况等有关事件。对方具备了法律意义上的主体资格,未必具备很强的行动才能。因而,应当通过公共会计组织审计的年度讲演、银行、资信咨询机构出具的证明来核实。

通过对谈判对手商业信誉及履约能力的审查,主要调查该公司的经营历史、经营风格、产品的市场名誉与金融机构的财务状况,以及在以往的商务活动中是否具备良好的商业信誉。对老客户的资信状况也要按期调查,特殊是当其忽然下大订单或有异样举动时,千万不能掉以轻心。无论是何方的谈判对手,打交道前先摸摸内情。

案例 4-4

苏州某公司听说南非是一个诱人的市场,便希望自己的产品打及南非市场。为了摸清合作伙伴的情况,公司决定组团到南非进行实地考察。到达南非后对方立即安排他们与南非公司的总经理会面,会面地点被安排在一个富丽堂皇的大饭店里。考察团在电梯门口遇到一位满面笑容的执行员,她将考察团引入到一间装修豪华、配备有现代化装置的房间。坐在皮椅上的总经理身材肥胖,手中夹着雪茄,脸上一副自信的表情,谈话时充满了激情。他侃侃而谈公司的情况、经营方略以及公司未来的打算。总经理的介绍和他周围所有的一切都深深打动了考察团,他们深信这是一个可靠和财力雄厚的合作伙伴。考察团回国后,马上发去了第一批价值 100 多万美元的货物,然而,该批货物如同肉包子打狗再也没有了音信。公司只好再派人去调查,此时才发现他们掉进了一个精心设计的圈套里。那位肥胖的"总经理"原来是当地的一个演员,在电梯门口招呼他们的女招待才是真正的总经理,而陈设精良的接待室不过是临时租来的房间。待真相大白之后再寻找这家公司才知道它已宣告破产。

(资料来源:白远. 国际商务谈判理论案例分析与实践. 北京:中国人民大学出版社,2002.)

(四)谈判对手的时限

谈判对手的时限是指谈判对手所拥有的谈判时间及其谈判的最后期限。谈判时限与谈判任务量、谈判策略、谈判结果都有重要关系。谈判者需要在一定的时间内实现特定的谈判任务,可供谈判的时间长短与谈判者的谈判发挥有密切关系。时间越短,对谈判者而言,用以完成谈判任务的选择机会就越少,哪一方可供谈判的时间越长,他就占有较大的主动权。了解对方谈判时限,就可以方便了解对方在谈判中会采用的态度和策略,以便制定相应的策略。因此,要留神搜集对手的谈判时限信息,分辨表面现象和真实用意,针对对方谈判时限制定谈判策略。

第四节　谈判风险的评估

风险主要可以分为两类:纯风险和投机风险。纯风险是指只有损失没有受益机会的风险,如长途海运中,可能遭受恶劣天气导致船毁货损的风险。投机风险是指既有损失可能又会有受益机会的风险,例如,某企业拓展海外市场,既有可能性获得大量订单,促进销售额大幅增长,找到新的利润增长点,也有可能由于各种原因导致投资惨败。可见,纯风险是令人厌恶的,要想办法规避,但投机风险却具有诱人的特点。一般情况下,纯风险和投机风险是同时存在的。比如房产所有者同时面临诸如火灾或房屋倒塌之类的纯风险和诸如经济形势变化引起房屋价格大涨的投机风险。在商务谈判中,善于区别这两种风险并采取不同的应对策略具有重要意义。

商务活动中的风险是指在商务谈判中由于某些谈判环境因素、谈判对手或者谈判内部因素,使谈判出现失误而无法达到预期谈判目标。商务活动的风险可以分为非人员风险和人员风险两大类。具体来说,非人员风险主要包括政治风险、市场风险等。人员风险包括技术风险、素质风险等。

一、政治风险

政治和经济密不可分,经济影响政治格局,而政治反过来也会推动或抑制经济的发展。商务活动中的政治风险是指由于宏观政策、政治局势变动或地区冲突等给有关商务谈判活动的过程和结果产生影响,造成可能的危害和损失。其次,政治风险也包括由于商务合作上的不当或者误会给国家间的政治关系蒙上阴影。政治风险主要发生在商务谈判中。在商务谈判中,要减小或避免政治风险,需在谈判前对该国的国际制度、政局稳定性、国家宏观政策等进行调研分析,从而选择是否开展商务活动,并制定应急措施。政治因素与商务活动有着千丝万缕的联系,它给商务谈判造成的消极影响和损失往往无法弥补,因此商务谈判者需提高预见和防范政治性风险的能力,以便更加顺利地开展商务活动。

二、市场风险

金融市场上的行情变化,商品价格的频繁波动,不可避免地给商务活动带来各种损益的可能性。市场风险是指商务谈判的经济环境和市场环境的变化对谈判影响的可能性。市场风险主要包括汇率风险、利率风险和价格风险。汇率风险是指在较长的付款期中,由于汇率变动而造成结汇损失的风险。利率风险是指由于各种商业贷款利率的变动而可能给当事人带来损失的风险。这里的价格风险是狭义的价格风险,它撇开了作为外汇价格的汇率和作为资金价格的利率的风险问题。它主要是对于投资规模较大,延续时间较长的项目而言的。

（一）价格风险

本书所指的价格风险是狭义的价格风险。价格风险是指撇开了作为外汇价格的汇率和作为资金价格的利率的风险问题。它主要是对于投资规模较大，延续时间较长的项目而言的。例如，一些大型工程所需要的某些设备往往要在项目建设的后期提供。由此，在项目建设的初期，甚至在合同谈判阶段就把这些设备的价格确定下来是具有风险的。因为很有可能到了工程后期，工程设备的价格会由于各种原因而波动。

影响工程设备价格的因素很多，主要有以下几点：(1)原材料价格。一般而言，钢材、有色金属、木材等价格一般在较长的时间区间都会产生一定幅度的波动。(2)工资。长期来看，工资是不断增长的。(3)汇率、利率等方面的风险。(4)国内外政治、经济环境的变化。如地区冲突，石油禁运等。因此，如果商务活动所涉及的合同标的金额较大、建设周期较长，若要求对方以固定价格形式报价，就容易使对方片面夸大远期不确定的因素，并把它全部转移到固定价格中，导致固定价格偏高而构成风险。

一般而言，价格形式可分为三大类，除了固定价格之外，还有浮动价格和期货价格。其中，期货价格既有避险的动因，也有投机的动因。但无论是避险还是投机都表明了其隐含的风险。当我们对期货市场买卖缺乏经验时，采用浮动价格形式则更为稳妥。采用浮动价格形式，虽然不能完全规避汇率风险、利率风险，但可以在考虑原材料、工资、环境等因素时更加合理、客观。因此，在一些大型项目合作中，对于那些需要在项目建设开始几年后才提供的有关设备，就可采用浮动价格的形式。采用浮动价格可以避免卖方夸大原材料价格、工资等上涨因素，相对节约了项目投资。

商务活动中的价格风险不仅存在于硬件价格中，同时也存在于软件价格中。长期以来，我们对软件方面的投资不够重视，但事实上投资软件十分必要。计算合理的软件价格是一件十分困难的事情。虽然理论上，我们可将对机会成本、市场占有率等因素的分析作为计算软件价格的依据，但由于受市场供求关系的影响，确定软件价格的弹性很大。因此我们可以通过管理咨询公司、律师事务所、会计事务所等专业机构的帮助来确定软件价格。

综上所述，市场供求的变化决定着外汇、资金、生产资料和劳动力的价格变动，风险时时存在。值得注意的是，汇率、利率、价格的变动往往不是单一的。它们既可能受某一种共同因素的影响，又可能在它们之间构成互为因果的作用。所以汇率风险、利率风险、价格风险常常是交织在一起，错综复杂。

（二）汇率风险

汇率风险是指在较长的付款期中，由于汇率波动而造成结汇损失、资产或负债变动的风险。商务活动中的汇率风险主要包括交易结算风险、外汇买卖风险和会计风险。

1. 交易结算的风险

交易结算风险是企业最主要的一种汇率风险。尤其在商务活动中，如果谈判双方使用不同的货币，签订合同时一般会采用某种货币作为结算标准，而两种货币之间的汇率一般会参考当时的国际市场汇率，但在国际货币市场上各种货币之间汇率的涨跌变化无常，签订合同和结算又往往具有一定时间差。在这段时间中，如果汇率涨跌幅度微小而货币交易量又不大时，对于交易双方来说其损益状况可能都是微不足道的。但如果这种涨跌在这段时期内变得十分明显，而且货币交易量也较大时，就会严重影响实际货款支付数额，其结果会给一方带来额外收益,而使另一方蒙受外汇结算损失。

2.外汇买卖风险

外汇买卖风险是指银行在买卖外汇时所面临的本国货币和外币兑换而产生的外汇风险。除此之外,银行和企业若以外币进行借款和贷款,也会伴随同样的外汇交易风险。

案例4-5

　　我国某企业向银行贷款100万美元进行投资,期限为一年,年利率为10%。假如贷款时美元与人民币的汇率是1美元＝6.00元人民币,那么企业贷进100万美元的等值人民币是600万,这是企业的债务额。一年到期后,企业以人民币偿还。如果这时美元对人民币的汇率变为1美元＝6.50元人民币,那么企业以人民币表示的债务额就是650万元,其中,利息债务额是65万元人民币。如果不计利息,就可以看到,企业偿还本金100万美元所需的人民币期末比期初要多支出50万元。这就是由于汇率变动所带来的外汇买卖风险。

　　(资料来源:刘园.国际商务谈判.北京:中国商务出版社,2006.)

3.会计风险

会计风险是指企业进行会计处理和进行外币债权债务决算的时候,如何以本国货币进行评价的问题。比如在进行决算时,评价债权、债务,因所用汇率不同,就会产生账面上的损益差异,因此会计风险也被称为外汇折算风险或者外汇评价风险。在国际商务活动中,如果以外币表示或计价的是债权,本国货币对外币的汇率下跌,那么汇率风险的结果表现为收益;反之,如果汇率是上升,那么外汇风险的结果就表现为损失。如果以外币表示或计价的是债务,则情况与债权正好相反。

(三)利率风险

利率是金融市场的杠杆,利率的变动制约着资金供给与需求的方向和数量。利率风险主要是指国际金融市场上由于各种商业贷款利率的波动可能给当事人带来损失或减少期望收益的风险。

如果贷款以固定利率计息,则同种贷款利率升高或降低就会使借方损失或得益,贷方得益或损失。这种利率风险对于借贷双方都是同时存在并反向作用的。自20世纪70年代以来,由于各国受日趋严重的通货膨胀的影响,国际金融市场普遍采用浮动汇率支付,加上近年来国际金融市场动荡,利率波动频繁,利率风险和上文所提到的汇率风险成了目前主要金融风险。金融机构很少贷出利率固定的长期贷款,因为放出长期贷款需要有相应的资金支持。由于资金来源主要是短期贷款,而短期贷款利率接近市场利率。因此在通货膨胀的情况下,借入短期贷款而放出长期贷款的机构显然就要承受风险损失。为了避免损失,在国际信贷业务中逐渐形成在长期贷款中按不同的利率计息。主要有变动利率、浮动利率和期货利率,这些利率都有按金融市场行情变化而变化的特点。

对于开展商务活动的资金筹集者,就应该根据具体情况采取相应的办法。如果筹集资金时市场利率估计已达顶峰,有下降的趋势,则以先借短期贷款或以浮动利率借入长期贷款为宜。这样,在利率下降时就可再重新借款。如果筹集资金时市场利率较低,并有回升的趋势,则应争取设法借入固定利率的长期借款。

由于对国际金融市场行情观察角度不同,认识深度也不一致,对利率的趋势预测和分析也会有所不同。因此利用商业贷款从事商务活动,必然要承担相应的利率风险。

案例 4-6

　　我国某企业从美国进口一套设备,以美元计价,总金额为 200 万美元。签订合同时汇率是 1 美元＝6.10 元人民币,对中方企业来讲,进口设备的人民币价格是 200×6.12＝1224 万元人民币。三个月后,设备装船交货。中方支付货款时的汇率已变为 1 美元＝6.60 元人民币。在此汇率下中方进口该套设备的人民币价格就变为 200×6.68＝1336 万元。较签订合同时上升了 1336－1224＝112 万元。因此,中方企业必须较订立合同时多支付 112 万元的人民币才能获得这套设备。在这场交易中,汇率风险的损失都是由中方承担的。对美国商人来讲,由于没有发生本币与外币的兑换,合同价格与其实际收到的货款都是 200 万美元,因而没有任何风险。

　　(资料来源:刘园,贾玉良.国际商务谈判——理论、实务、案例.北京:中国商务出版社,2006.)

三、技术风险

　　商务谈判往往会涉及引进技术、设备以及管理经验等技术问题,谈判中的技术问题,不仅包括项目的技术工艺问题,也包括项目管理的技术要求。商务谈判中的技术风险包括:一是技术上过分要求引起的风险。在项目合作中我方在向对方提出任何技术要求时,都要有承受相应费用的准备。但这些费用的提升幅度未必会和功能的提升相一致,有时甚至会大大超过功能的提升幅度。二是合作伙伴选择不当引起的风险。合作伙伴选择不当,会使项目在合作进程中出现一些难以逆转的困难,也会带来机会成本的损失。三是强迫性要求造成的风险。大企业凭借自己的实力强迫弱小企业与其签订不平等的合作协议。

　　(一)技术上过分要求引起的风险

　　引进方在涉及引进设备、引进技术等项目谈判中,容易出现不适当地提出过高技术要求的情况。对技术谈判中对技术提出高要求的现象非常普遍,尤其在落后国家和地区,引进方参与谈判的工程技术人员总是希望对方提供的技术越先进越好,功能越全面越好。但谈判对方往往会因为过高的技术要求而大幅提高项目报价。俗话说,一分价钱一分货。在项目合作中我们在向外方提出较高的技术要求时,都要有承受较高费用的准备,而且需要清楚费用的上升幅度有时甚至会大大超过技术和功能提高的幅度。事实上对于一些过高的技术要求,相当一部分我们在实际运用中是用不到的。比如在一项远程控制系统设备的引进及项目管理中,我方技术人员向谈判对方提出了很多的高要求,但这给我方商务人员在合同价格谈判时带来了很大的困难。需要指出的是,在项目管理中,我方要求对方承担部分责任,而这部分工作涉及我方负责的项目部分。谈判对方感到要承担这种责任存在过多的不确定因素,因此认为做这些事情风险很大。依据"较大的风险,较多的收益"的准则,他们提出了很高的报价。他们希望在更大的风险条件下依旧能获得稳定的甚至更高的收益,所以通过抬高合同价格的办法把风险重新转移给我方。

　　由此可见,对技术的高要求也会带来相应的风险。所以我们的谈判人员和工程技术人员在提出有关技术要求时,应充分考虑实际需求情况,提出的技术要求既要能符合我方的真实需要,又要能符合对方的技术规范。这样不仅在技术上更可行,在经济上也可以更易达到平衡,并且有助于商务谈判的顺利发展。

（二）合作伙伴选择不当引起的风险

在经济合作中,落后国家或地区的谈判方常常以引进资金、设备、技术及管理为主要内容,但能否如愿以偿地从发达国家或地区的合作伙伴中得到相应的资金、设备、技术和管理,却往往是不确定的。不能仅仅认为对方是发达国家或地区的企业,拥有先进资金和技术,就一定能合作成功。谈判的合作伙伴的选择十分重要,合作伙伴选择不当,不仅难以达到预期目标,还会引起一些风险。

案例 4-7

在我国某市的一个大型项目中,谈判者选择了美国的一家中型企业 A 作为技术设备供应商。但是实践证明,这个选择是不慎重的。这家公司技术比较先进,但它的资金实力、商务协调能力较差,对中国的情况也不是很了解,缺乏在中国开展活动的经验。特别是这家公司在美国收购了另一家公司 B,B 公司曾向银行借贷了一笔款项,到期无力偿还。这笔债务就转而由 A 公司承担。然而 A 公司此时又无足够资金抵债,于是银行冻结了它的银行账务往来。A 公司各项业务被迫停止,进而累及与我某市大型项目合同的履行。鉴于此项目的重要性,本已紧张的工期不能够再拖延,最后我方只得采取非常措施帮助 A 公司继续履行合同,使其摆脱困境,也使该工程得以按期完成。

（资料来源:庞岳红.商务谈判.北京:清华大学出版社,2011.）

所以,在商务合作项目中,除了考虑合作伙伴的技术状况之外,其资信条件、管理经验等方面的情况也需要引起谈判方的足够重视。只有选择了合适的合作伙伴,才有可能保证项目合作达到预定的目的。对于那些重要的工程,我们更要寻找信誉良好、有实力的合作伙伴,不能贪图便宜的合同报价而选择不恰当的合作伙伴。

合作伙伴选择不当,不但会使项目在合作进程中出现一些难以逆转的困难,造成不可挽回的损失,而且在项目尚未确定之时,就有可能带来机会成本的损失。

案例 4-8

亚洲开发银行曾有一个大型贷款项目进行国际招标,我国两家公司同 A 国一家公司、B 国一家公司、C 国一家公司联合参加了投标。然而 C 国公司在联合投标过程中采取了不太合作的态度,不仅对其将要承担的部分报了过高的价格,而且还对合作者提出了一些令人难以接受的要求,给我方牵头的联合投标报价造成了极大的困难。后来经过反复权衡,我方与 A、B 两国公司毅然决定抛弃了 C 国公司,由另一家较为合作的 E 国公司替代。终于使联合投标行动以 7900 万美元的标的额夺得了第一标,而第二标又恰好是以 8000 万美元紧随其后的。如果当初不放弃 C 国那家公司改用 E 国公司的话,我们就会因合作伙伴不配合而丧失成功的机会。

（资料来源:齐玉兴,何静.商务谈判.北京:经济科学出版社,2010.）

所以,在商务活动中,要慎重地选择合作伙伴的选择,不当的合作伙伴往往伴随着相当大的风险。

（三）强迫性要求引起的风险

在国际政治事务上,一些大国往往凭借自己的实力强大,迫使弱小国家接受它们提出的条件或方案,否则就以各种制裁相威胁。在这种情况下,要么弱小国家屈服妥协,无奈接受不公平条件;要么双方爆发冲突,甚至可能带来战争的危险。与此类似,在商务活动中,一些强大的企业在与一些弱小企业交往过程中,利用弱小企业有求于大企业的特点,比如希望给予资金资助,要求转让某些技术等。在项目合作条件中,强大企业对弱小企业提出苛刻要求的事也是时有发生的。于是,弱小企业就面临着强迫性要求引起的风险:要么被迫接受不公平的条件和利益分配上的不平等;要么拒绝无理要求,承受机会成本的损失。对于弱小企业来讲,既要维护与强大企业的合作,又要维护自己的合理利益,这是相当有难度的选择。

但有些弱小企业在开展商务合作时,却自视甚高,对合作方的合作条件横加挑剔,强迫对方做一些他们根本做不到或者做不好的事情,甚至以为这是理所当然的,认为唯有如此才能保证自己的利益不受侵犯。但是,这样做的结果就是使谈判陷入僵局。如果对方知难而退,则双方无利而返,而且很难有其他的合作伙伴愿意接棒。即使对方最终被迫让步,接受了我们的苛刻要求。但是商人不做亏本的买卖,他们在日后的合作中往往会伺机夺回他们早先由于妥协而失去的利益。这种弥补利益的做法,最明显的莫过于工程中的偷工减料,由此会对整个项目造成极大的危害。对于这些商务谈判者来说,其结果便是因小失大。

案例 4-9

　　有一个重大工程项目由 A 公司与 B 公司联合承包,由 A 公司提供部分技术和设备。在合同谈判中,A 公司为了降低自己的风险,坚持要求 B 公司负责整个项目的管理工作。但是 B 公司认为整个项目主要是由 A 公司承担的,这部分项目管理工作不应由 B 公司负责,B 公司不愿因此承担连带责任。由于 B 公司曾在十多年前因连带责任陷入危机,险些破产,心有余悸,因此谈判陷入僵局。后来,A 公司有关部门作了适当的让步,矛盾才得以解决。

　　(资料来源:杜宇.商务谈判.哈尔滨:哈尔滨工业大学出版社,2011.)

在商务合作中,当一方自恃有利地位,奢求的愿望变得强烈,并且在态度上变得强硬,那么强迫性要求就会发生,但同时风险也随之而至。在商务合作中,我们既要反对合作伙伴的强迫性要求,也要警惕我们自身的某种强人所难的态度和做法可能给商务合作带来的危害。

四、素质风险

素质风险是指在商务活动中的谈判人员在性格、知识、能力和经验等方面存在漏洞,由于这些漏洞在谈判中失去有利地位,从而导致谈判目标无法完全实现的风险。在开展商务活动中,参与者的素质欠佳会给谈判造成不必要的损失。商务谈判过程中可能出现的各种风险可以划分为非人员风险和人员风险。非人员风险主要是由环境因素决定,人员风险主要是受人员素质影响。从根本上讲,各种状况的技术风险是因为人员素质欠佳造成的。这些现象反映了商务活动参与者包括谈判人员经验不足、管理水平、谈判水平亟待提高的事实。除此之外,项目实施与管理过程中表现出来的人员内在素质缺陷,在很多情况下也构成了对商务合作潜在利益的威胁。

有的谈判人员在谈判过程中表现出急躁情绪。如急于求成,喜欢表现自己;或者拖泥带水,迟缓犹豫,怕承担责任,导致错失良机争取最佳获益。事实上,造成这种风险固然有谈判人员先天的性格因素,但更重要的往往是谈判风格方面的问题。

有些谈判人员不敢承担责任,一遇到来自对方的压力或来自自己上司的压力,就感到难以适应,不能自主。具体表现为,有时在未与对方充分交涉洽商的情况下匆忙做出承诺,失去本来经过努力争取可以获得更大利益的局面。有时则久拖不决,不从工作出发,而是沉湎于谈判结果对于个人进退得失影响的考虑,不能争取更有吸引力的合作前景。

有的谈判人员刚愎自用,自我表现欲望过强,在谈判中坚持一切都要以他的建议为合作条件,寸步不让,从而使有些合作伙伴不得不知难而退。

案例 4-10

我国 B 企业打算引进一批先进设备。经有关部门牵线搭桥和多方比较,最终选定 A 公司的产品。A 公司以前从未与 B 公司有过直接的业务来往,因而合作态度十分积极,希望借此机会开拓市场。为此,A 公司在商务谈判中报出了非常优惠的价格。然而,B 公司的主谈者是一位新上任的副厂长,他为了表现自己,把谈判看成是一场胜负赛。不顾实际情况一而再再而三地向对方压价,并在合同条款上向 A 公司提出了许多难以让人接受的条件。如对于一台定制设备,要求 A 公司交货后必须 10 天内安装调试完毕等等。这位副厂长还公然声称:"合同签订七八个都可以,大不了再改。"这种表面看来有些毛糙的性格,实际上却是作风不踏实,责任心不强的反映。显然这种做法也只会把客商吓跑丧失一个好的合作机会。

(资料来源:樊建廷,干勤等.商务谈判.大连:东北财经大学出版社,2011.)

在商务活动中,由于有的谈判人员缺乏必需的知识,事先又没有进行充分的调查与研究以及细心地向专家请教,也会带来隐患。其实,在商务合作中,对客观环境不够了解,对专业问题不够熟悉是很正常的事情。关键是谈判人员要正视自己的这种不足。那些应该掌握的情况、可以预知的知识缺陷是可以通过一定的途径、方式加以了解和弥补的。否则,就可能蒙受不必要的经济损失。如果我们所面临的未知因素是事先无法预测和控制的,即主要是由外界环境的意外变化引起与决定的,那么自然我们也只能被动应付。尽管有些情况反映了我们在专业知识方面存在不足,但是只要我们事先能充分地进行调查分析、认真全面地做好可行性研究,特别是聘请一些专家顾问,如工程技术人员、律师、会计师等参与可行性研究。那么就可能对这些客观因素的影响做出预先的估计,并可相应地采取一些防范措施。

因此,在商务活动中,我们要不断保持风险意识,积累实践经验,仔细观察,虚心求教,从而降低风险的发生几率。在商务活动中,保险是一种最典型的风险转移方式。投保的企业如果遇到相应的风险,保险公司将给予相应的赔偿。这样,企业就可以不承担或部分承担这类损失,风险得以转移。与保险类似的还有期权。比如对于将来准备以外币支付进口产品的企业来说,汇率上涨极为不利。为避免汇率上涨带来的损失,企业可以通过支付一定的费用买入一个买权,即买入看涨期权。又比如出口信用保险主要通过承保出口过程中可能发生的政治风险和买家风险,为出口企业提供风险保障。此外,信用保险还有其他一些重要的衍生功能:一是通过对买方信用风险的承保,推进银行介入贸易融资,增强企业的融资能力;二是促进企业间交易由现金交易模式或者甚易货交易模式,变为更高效经济的信用交易模式,简化企业的交易过程,提高交易效率,降低交易成本;三是保险后的应收账款资产质量得以提高,从而改善财务报表和企业总体财务状况;四是帮助企业采用更加灵活的贸易条件,提高企业竞争力,巩固贸易关系。总之,保险是防范贸易风险的重要工具,企业应加强认识,积极利用。

除了保险之外,风险转移还有许多非保险方式,让合作方的担保人来承担有关责任风险就是一种非保险的风险转移方式。非保险方式一般需要通过签订契约或合同来转移风险。例如,在国际贸易中,出口商要求进口商以出口国货币支付货款,并将这一要求在合同中确定下来,这样出口国货币对进口国货币的汇率风险就被转移给进口商。又如,在某种商品的销售过程中,买方为防止卖方不能及时交货或提供不符合合同要求的商品,在合同中订立相应的违约金和赔偿条款。这类契约或合同还有很多,如租赁合同、转包合同、贷款担保等。总之,风险转移中风险并未消失,而是从一方转移到另一方。

第五节　谈判实力的比较分析

在谈判战略设计阶段,谈判者首先需要正确了解和评估自身的谈判实力。如果没有对自身的谈判实力做客观评估,就不会客观地评价对方的实力,从而影响谈判战略的统筹设计。而且在很多情况下,对自身实力的分析,很容易出现高估量或者低估的现象。

一、自我谈判实力的评估

自我评估首先要看到自身所具备的优势,同时要客观地分析自己的需要和实现需要缺欠的优势条件。要客观地进行自我评估,源于对谈判环境、谈判对手和自身情况的准确了解。谈判者还应该了解自己是否准备好应对谈判中的一切状况,是否对可能碰到的难题有充分的准备,是否在谈判决裂时能找到新的门路实现自己的目标。如果对谈判胜利缺少足够的信心,就得需要修改原有的谈判目标和计划。

满足需要是谈判的目的,清楚自我需要的各方面情况,才能制定出切实可行的谈判目标和谈判策略。谈判者对自我需要进行认定时应关注以下几个问题:

(一)盼望借助谈判满足己方哪些需要

比方,作为谈判中的买方,应该仔细分析自己到底需要什么样的产品和服务,需要多少?要求到达怎么的品质尺度?可接受的价格范围是多少?必须在什么时间内购置?供方必须满足买方哪些条件等;作为谈判中的卖方,应该细心分析自己计划向对方出卖哪些产品?是配套产品还是拆零产品?卖出价钱底线是多少?买方的支付方法和时间如何等等。

(二)各种需要的知足程度

己方的需要是多种多样的,各种需要重要水平并不一样。要搞明白哪些需要必须得到全体满意,哪些需要可以下降要求,哪些需要在必要情形下可以不斟酌。这样才能捉住谈判中的主要抵触,维护己方的基本好处。

（三）需要满足的可替代性

需要满足的可替换性大，谈判中己方讨价还价的余地就大；如果需要满足的可替代性很小，那么谈判中己方讨价还价的余地就很小，以至于很难得到预期结果。需要满足的可替代性包括两方面内容：一是谈判对手的可替代性有多大。有些谈判者对谈判对手的依附性很强，就会使己方陷入被动局势，经常被迫屈服于对方的条件。分析谈判对手可挑选性要思考这样一些问题：如果不和他谈，是否还有其他的可选择的对象？是否可以在未来再与该对手谈判？如果与其他对手谈判可得到的收益和损失是什么？弄清这些问题，才有助于加强自己的谈判力。二是谈判内容可替代性的大小。例如，如果价格需要不能得到满足，可不可以用供货方式、提供服务等需要的满足来替代呢？面前需要满足不了，是否可以用长期合作的需要满足来替代？这种替代的可能性大小，要通过认真衡量利弊的评价来肯定。

（四）满足对方需要的能力鉴定

谈判者不仅要了解自己要从对方得到哪些需要的满足，还必须了解自己能满足对方哪些需要，满足对方需要的能力有多大，在众多的提供同时需要满足的竞争对手中，自己拥有哪些上风，占领什么样的竞争地位。

满足自身的需要是参加谈判的目的，满足别人需要的能力是谈判者参加谈判，与对方合作交易的资本。谈判者应该分析自己的实力，认清自己到底能满足对方哪些需要，如发售商品的数目、期限、技术服务等等。如果谈判者具有其他企业所没有的满足需要的能力，或是谈判者可能比其他企业更好地满足某种需要，那么谈判者就拥有更多的与对方讨价还价的优势。

二、谈判实力的比较分析

谈判战略的选择永远取决于谈判各方实力对比，以及主动权的掌控情况。在商务谈判过程中，当实力的天平倾斜的一方，谈判主动权比较大，谈判策略和技巧取得更好效果的可能性也会更高。从需求角度分析，当对方需要你的程度超过你需要他的程度时，谈判的主动权决定了你已经稳操胜券了。在这种情况下唯一要注意的是，不要滥用这种优势，以免对方会把你优势时的表现牢记于心，成为下一次伺机报复的动机。

当然客观评价谈判各方的实力必须客观，很多时候谈判各方有可能都会认为自己具备了明显优势。另外，谈判双方的实力此消彼长处于动态变化过程中，谈判实力本质上是谈判各方所有谈判优势的综合（见图 4.2）。

谈判实力主要包括三个部分八个因素：第一部分涉及谈判关系主体的组织声誉、行业权威。组织声誉是组织长期经营积累的无形资源，是提高谈判信任度的保证，也是行业权威的基础；行业权威是指有些组织在行业内具备一定权威性，比如技术标准制定单位、核心技术掌控组织、市场领导组织、国有垄断组织、政府官员、国有企业等，在商务谈判中通常占据优势地位。第二部分涉及组织的知识储备、资源控制情况和有效信息的掌握情况。组织掌控的资源越丰富，特别是资金实力越雄厚，谈判的优势越强；组织知识储备越丰富越系统、知识学习能力越强，谈判的优势越大；信息掌握得越全面，分析问题的洞察力越强，谈判优势越明显。第三部分涉及谈判团队的组织、谈判时机的把握和谈判选择权。谈判团队包括参与者的头衔、专家的力量、团队的创造力和团队成员个人的影响力等，在商务谈判过程

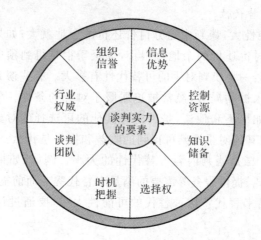

图 4.2   谈判实力的八大要素

中将发挥关键性作用。谈判成熟达成协议的时机稍纵即逝,把握时机能力,也是谈判的优势之一。谈判选择权表示谈判中自己需要对方的程度,依赖性越强选择权越少。

第六节   商务谈判的战略设计

竞争型谈判和合作型谈判是商务谈判中两种非常极端的战略。竞争型谈判会使谈判各方在精神上互相对立,而精神上的对立又会使他们倾向于一意孤行地坚持自己的要求,甚至相互破坏;而合作型谈判战略则会使谈判各方公开自己的偏好,并在自己要求方面表现出一定的灵活性。谈判者由于利益的分歧,必然存在竞争;同时又必须合作或让步才能够最后达成协议,所以商务谈判战略的设计,绝对的竞争型和完全的合作型谈判战略并不多见,往往是竞争型战略或合作型战略的混合设计,关键是何时采用竞争战略,何时采用合作或让步战略。

一、时间上混合战略

这种谈判战略采用时间序列法,谈判者可以首先采取解决问题的合作战略,然后采用竞争战略,最后再采用合作战略;也可以先采用竞争战略,然后采用合作战略。这种线竞争后合作的时间序列安排,往往更能够争取到对方的合作。

二、空间上混合战略

这种战略是表面的竞争,私下合作。很多谈判战略中,尽管公开表示出一种竞争的态度,但是私下里却采用解决问题的合作战略。这种私下解决问题的战略可以通过一些暗道、调解人或中介人来传达,向某个谈判方或所有谈判方采取解决问题的战略。

三、保持灵活度的战略

保持灵活度的战略,是谈判者在争取自己基本权利方面采用竞争战略,坚持自己的立场;但是在实现自己的利益方面,则采用灵活的合作战略。用这一战略往往可以达成一些综合协议,而且这种方法有利于鼓励其他谈判方采取解决问题的合作战略。

四、重视关系的妥协战略

谈判关系对于谈判战略的选择具有重大的影响,建立良好的谈判关系即使谈判战略的选择依据,一味地选择竞争型谈判战略也会使谈判结果大打折扣。当商务谈判过程中,当某个问题对对方至关重要时,采取让步的妥协战略,对于在其他问题上的合作解决问题非常有益。因为在多数情况下采用竞争战略的风险比较大,而重视关系的妥协战略有利于建立长期合作关系,所以在谈判实力相差悬殊的情况下,让步战略也是一个明智选择。

案例分析

阿尼是谈判大师夏派罗在外地的一位朋友。那时,夏派罗在巴尔地摩开律师事务所。

一天,夏派罗接到客户电话说,想卖出他三年前花 100 万美元买下的一处位于巴尔地摩和华盛顿之间的地产。他刚买下,房地产也就开始下滑。税费、保险还有其他费用又花了 60 万美元,简直是雪上加霜。这块地皮很久都无人问津。最近有人对那块地感兴趣。客户要求夏派罗帮他谈成这笔生意。

夏派罗开始了解情况,包括:那块地皮周边类似地产的价格,附近地区地价涨落的趋势等等。客户给他地产的定价是 310 万美元,底线是 160 万美元。

买家是 GG 建筑材料公司,是一家上市公司。夏派罗立即找到它的相关信息——季报、半年报、年报、损益表、新闻报道、相关文章。得知他们刚刚上市几个月,手中有大量的通过出售股票募集的现金。还调查了 GG 公司的营业范围。他们在芝加哥、得克萨斯、密西西比以及佛罗里达都有销售中心。其业务已拓展到全国。据他们的宣传材料上讲,还要继续扩展到中部大西洋地区。这对夏派罗来说是个好消息,因为客户的地产正位于这一带的中部。

渐渐地,夏派罗获得的信息越来越多。就在那时,想到了他的朋友阿尼,他在那个地方经营一家电视台。估计电视台的老板应该认识当地不少人。于是,打电话给阿尼,问他是否了解 GG 建筑材料公司。阿尼说 GG 公司没有在电视台做广告,不是他的客户。"不过,在一次商会的招待会上,GG 建筑材料公司的副总经理对我说:'你是巴尔地摩人,能不能给我介绍几个当地的房地产经纪人?'"夏派罗由此推断 GG 建筑材料公司要在巴尔地摩建立分公司,他们对房地产有迫切的需求。

谈判开始对方反复说夏派罗定价离谱,说他们公司可能会集中精力拓展南部业务。而关注这个地区只是他们的谈判策略。这种说法显然不太诚实。他们说的与夏派罗了解的情况不一致。

最后,夏派罗说尊重他们的意见。还说:"我们还有其他的选择需要考虑,比如说把这块地分割开出售(事实上也确实如此)。万一以后你们决定在我们这个地区开展业务而我们还没有把这块地卖出去,请再和我们联系。"

这时,夏派罗的客户狠狠地捏了一下他的腿。很显然他有点沉不住气了,认为夏派罗太冒险。这位客户度日如年。这么多年来他这块地都无人问津,现在终于有人感兴趣了,希望谈判千万不能破灭。等到第十天 GG 公司打来电话,说想再谈谈。不同意 310 万美元的价格,经过讨价还价,最终以 170 万美元成交。

请分析本案例并回答下列问题:

(1)夏派罗的客户确定的最高谈判目标、可接受目标及最低目标各是多少? 最终实现了哪个目标?

(2)夏派罗为何能在谈判时冒险暂时中止谈判?

(3)请对夏派罗的谈判战略的设计进行评价。

【复习思考题】

1.信息搜集的方法有哪几种? 是如何具体实施的?

2.谈判的目标确定分为几个层次?

3.如何对谈判双方实力进行比较分析?

4.制定谈判战略需要考虑哪些因素?

第五章

商务谈判的组织　　　≫　≫　≫　　≫

本章摘要 ··

在谈判战略和谈判目标明确的前提下,如何组织商务谈判是商务谈判项目面临的又一个主要问题。商务谈判的组织包括谈判团队的组织、谈判地点的选择、谈判方案的制定和模拟谈判的演练等。其中谈判团队的组织和谈判方案的制定是本章的学习要点。

完成本章的学习之后你将能够:

1. 掌握如何合理组织商务谈判团队的要点;

2. 了解谈判地址选择对谈判结果的影响;

3. 掌握制定商务谈判方案需要注意的问题。

··

第一节　谈判队伍的组织与管理

商务谈判是由谈判人员完成的,要使商务谈判达到预期目的,谈判人员的遴选起了决定性的作用。谈判人员的素质、谈判队伍的组成情况对谈判的结果有直接的影响,决定着商务谈判的成败。因此,选好谈判人员和组织好谈判队伍是谈判准备工作的首要内容。

一、谈判队伍的组织

(一)谈判人员数量的确定

一个谈判队伍的最佳规模应该是一个人。因为如果参与谈判的人员增多,信息沟通、协调合作等各种问题就会出现。然而商务谈判通常需要涉及各方面的专业知识,一个人不可能在各个方面都是专家,这就要求选择若干人员组成一个谈判班子,使谈判人员之间的能力、知识和经验互补。英国谈判专家比尔认为由 4 人左右组成一个班子比较合适,谈判人员的数量最好不要超过 12 人。

在具体确定谈判人员的数量时,主要考虑以下因素:

1. 谈判的工作效率

谈判要求内部的分工和协作必须适当而严密，意见交流必须畅通，能对问题做出及时而灵活的反应。谈判人员多、意见就多，要把这些不同的意见全部集中起来，不是一件容易的事。而谈判人员过少，可能无法处理谈判过程中的各种问题。在谈判这种高度紧张、内容复杂多变的活动中，要达到上述要求，谈判人员的规模过大和过小都是不可取的。从大多数的谈判实践来看，工作效率比较高时的人数规模在4人左右。

2. 有效的管理幅度

管理幅度是指一个领导者可以直接有效地指挥和监督下属人员的数量限度。任何一个领导者能有效地管理其下属的人数总是有限的，即管理幅度是有限的。商务谈判活动紧张、复杂、多变，既需充分发挥个人的独创性和独立的应变能力，又需要内部协调统一。经验证明，商务谈判活动中，领导者的最佳管理幅度为4人左右。超过这个限度，内部的协调和控制就会发生困难。

3. 谈判所需专业知识的范围

商务谈判会涉及许多专业知识，但这并不意味着谈判就需要各种具备相应专业知识的人同时参加。因此，在组建谈判人员的时候需要考虑最优搭配，做到谈判成员之间的知识、经验等互补。此外，某些特殊谈判问题的解决，可以请某些方面的专家作为谈判班子的顾问，给谈判人员提供咨询服务，不必扩大谈判班子的规模。

总之，确定商务谈判人员的数量时需遵循高效实用的原则，其谈判人员的数量必须符合既能胜任谈判，又能获得高效率与便于控制的要求。

(二)谈判队伍的构成

谈判人员的合理构成可以提高谈判小组的效率。商务谈判要求具有多种专业的谈判人员进行合作。一般的商务谈判中，所需的知识大体上可以概括为以下几个方面：有关技术方面的知识；有关商务方面的知识；有关合同法律方面的知识；语言翻译方面的知识。因此，根据商务谈判对知识方面的要求，谈判团队应配备相应的人员。

1. 首席谈判代表

首席谈判代表是指那些对谈判全权负责的高层次谈判人员。首席谈判代表队谈判小组成员具有较强的影响力，同时也是关系谈判成败的关键人物。首席谈判代表首先必须是富有经验的谈判高手，他们的首要任务是领导谈判组织的工作，这就决定了他们除具备一般谈判人员必须具备的素养外，还应阅历丰富，具有审时度势、随机应变、当机立断的能力，有善于控制与协调谈判小组成员的能力。其主要职责是：监督谈判程序；掌握谈判进程；听取专业人员的建议和说明；协调谈判班子成员的意见；决定谈判过程中的重要事项；代表单位签约；汇报谈判工作。

2. 专业技术人员

专业技术人员由熟悉生产技术、产品性能和技术发展动态的技术员、工程师担任。他们在谈判中负责有关产品技术方面的问题，也可以为价格决策作技术顾问。专业技术人员是谈判组织的主要成员之一，其基本职责是：同对方进行专业细节方面的磋商；向首席代表提出解决专业问题的建议；为最后决策提供专业方面的论证。

3. 商务人员

商务人员是谈判组织中的重要成员，商务人员由熟悉贸易、价格形势、交易行情的有经验的业务人员或公司主管领导担任。其具体职责是:阐明己方参加谈判的愿望和条件;弄清对方的意图和条件;找出双方的分歧或差距;掌握该项谈判总的财务情况;了解谈判对手在项目利益方面的期望指标;分析、计算修改中的谈判方案所带来的收益变动;为首席代表提供财务方面的意见和建议;在正式签约前提供合同或协议的财务分析表。

4.法律人员

法律人员是一项重要谈判项目的必需成员,如果谈判小组中有一位精通法律的专家,将会非常有利于谈判所涉及的法律问题的顺利解决。法律人员一般是由律师,或由既掌握经济又精通法律专业知识的人员担任,通常由特聘律师或企业法律顾问担任。其主要职责是:确认谈判对方经济组织的法人地位;保证谈判在法律许可范围内进行;检查法律文件的准确性和完整性;在商务谈判活动产生法律纠纷时,能依法为己方利益进行辩护,维护己方权益。

5.翻译人员

商务谈判中的翻译人员一般由熟悉外语和业务的人员担任,负责口头和文字的翻译。翻译的职责在于准确地传递谈判双方的意见、立场和态度。翻译人员不仅能起到语言沟通的作用,而且必须能够运用语言策略配合谈判,增进谈判双方的了解、合作和友谊。因此,商务谈判对翻译人员有很高的素质要求,翻译人员的水平将直接影响谈判双方的沟通。

6.其他人员

其他人员是指商务谈判中其他的辅助支持工作者。如记录人员、资料保管人员、心理专家、情报人员等。

这样,由不同类型和专业的人员就组成了一个分工协作的谈判团队。各类人员相互配合,根据各种的经验和知识,在谈判桌上形成目标一致的谈判团队。

(三)谈判队伍的分工

当挑选出合适的人组成谈判小组后,就必须在成员之间,根据谈判内容和目的以及每个人的具体情况做出明确适当的分工,明确各自的职责。此外,各谈判成员必须按照谈判目的与其他人员彼此相互呼应、相互协调和配合,从而真正赢得谈判。谈判小组成员的合理分工就是要确定不同情况下的主谈人与辅谈人的配合以及台上台下人员的配合。

1.技术方面谈判的分工

在洽谈合同技术条款时,专业技术人员处于主谈的地位,相应的经济人员和法律人员则处于辅谈人的地位。技术主谈人要对合同技术条款的完整性、准确性负责。在谈判时,对技术主谈人来讲,除了要把主要的注意力和精力放在有关技术方面的问题上外,还必须放眼谈判的全局,从全局的角度来考虑技术问题,要尽可能地为后面的商务条款和法律条款的谈判创造条件。对其他辅谈人员来讲,他们的主要任务是从商务和法律等角度向技术主谈人提供意见,并支持技术主谈人的意见和观点。

2.商务方面谈判的分工

在洽谈合同商务条款时,商务人员和经济人员应处于主谈人的地位,而技术人员与法律人员则处于辅谈人的地位。合同的商务条款在许多方面是以技术条款为基础的,或者是与之紧密联系的。因此在谈判时,需要技术人员给予密切的配合,从技术角度给予商务人员以有力的支持。比如,在设备买卖谈判中,商务人员提出了报价,这个报价能否被接受,首先取决于该设备的技术水平。对卖方来讲,如果卖方的技术人员要以充分的证据证明该设备在技术上是先进的、一流水平的,价格是符合其价值的。而对买方来讲,如果买方的技术人员能提出该设备与其他厂商的设备相比存在的不足,就可以为本方谈判人员的还价提供了依据。

3.法律方面谈判的分工

合同中的任何一项条款都是具有法律意义的,不过在某些条款上,法律的规定性更强一些。在涉及合同中某些专业性法律条款的谈判时,法律人员则以主谈人的身份出现,法律人员对合同条款的合法性和完整性负主要责任。由于合同条款法律意义的普遍性,因而法律人员应参加谈判的全部过程。只有这样,才能对各项问题的发展过程了解得比较清楚,从而为谈判法律问题提供充分的依据。

(四)谈判队伍的合作

分工是为了谈判团队的合作,只有谈判团队所有成员的通力合作,积极解决谈判中的各种问题,才能发挥团队的最大潜力。

1.主谈人和辅谈人的配合

所谓主谈人,是指在谈判的某一阶段或针对某一个或几个方面的议题,由谁为主进行发言,阐述己方的立场和观点的谈判者。这时其他人处于辅助的位置,称为辅谈人。一般来讲,谈判班子中应有一名技术主谈,一名商务主谈。

主谈人作为谈判小组的灵魂人物,应具有上下沟通的能力;有较强的判断和决断能力;必须能够把握谈判方向和进程;规避风险;必须能领导下属齐心合作,达到既定的谈判目标。

主谈人和辅谈人之间的配合是很重要的。主谈人一旦确定,那么,本方的意见、观点都由他来表达。在主谈人发言时,自始至终都应得到辅谈人的支持。辅谈人还应随时为主谈人的观点提供有力的证明。当主谈人陷入谈判困境时,辅谈人还应设法使主谈人摆脱困境。辅谈人的支持对主谈人是一个有力的支持,会大大加强主谈人说话的力量和可信程度。反之,如果己方主谈人在讲话时,其他成员心不在焉,或者交头接耳,就会削弱己方主谈人在对方心目中的分量,影响对方的理解。

2.台上台下人员的配合

在商务谈判中,为了提高谈判效果,需要台上台下人员的共同配合。台下人员不直接参加商务谈判,而是为参加谈判的人员提供各种必需的资料和证据,并为谈判出谋划策。台下人员可以是负责该谈判业务的主管领导,可是指导和监督台上人员按既定的谈判目标行事。台下人员也可以是具有各种专业技术知识的参谋,可以针对各种问题提供专业上的指导和建议。但台上台下人员的配合必须遵循台下人员不得干扰台上人员的原则,而应协助台上人员实现既定的商务谈判目标。

二、谈判队伍的管理

除了组织优秀的谈判队伍,还需要通过对谈判队伍的有效管理来提高谈判的成功率。对谈判队伍的管理包括谈判负责人对谈判队伍的直接管理和高层领导对谈判过程的间接管理。

（一）谈判负责人对谈判队伍的直接管理

1.谈判负责人的条件

谈判组织负责人应根据谈判的具体内容、参与谈判人员的数量和级别，可从企业内部有关部门中挑选。谈判组织负责人并不一定是谈判工作的主谈人员，但他是直接领导和管理谈判队伍的人。谈判负责人要符合以下条件：

（1）品德良好。品德良好可以理解为：正直、诚实、能担当、不虚伪、公平公正。气量狭小、唯利是图、推诿扯皮的人担任谈判负责人是很难服众的，也容易挫伤谈判队伍的积极性。

（2）具备较全面的知识。谈判负责人本身除应具有良好的品德外，还必须掌握谈判相关的多方面知识。能够凭借自身的经验、能力和知识水平针对谈判中出现的问题提出正确的见解，制定正确的策略，使谈判朝着正确的方向发展。

（3）具备较强的决策能力。谈判过程中，不可能诸事向上级汇报，当谈判遇到机遇或者障碍时，要求谈判负责人能够抓住机会，解决问题，做出正确的判断和决策。

（4）具备较强的组织管理能力。谈判负责人必须具备较强的组织协调能力、管理能力、激励能力，使谈判队伍达到目标和行为准则上的相对一致，成为具有高度凝聚力的集体。

（5）具备一定的权威性。谈判负责人最好具备一定的权威性，所以通常由拥有丰富的管理经验和领导威信的高层管理人员或某方面的专家担任，他们拥有较大的权力，如决策权、用人权、否决权、签字权等。另外，谈判负责人的地位最好与对方谈判负责人具有相匹配的地位。

2.谈判负责人的管理职责

（1）负责选择谈判人员，组建谈判队伍，负责谈判过程中的人员调配。

（2）管理谈判队伍，协调谈判队伍成员的状态，处理好成员间的关系，增强队伍凝聚力，实现谈判目标。

（3）领导制定谈判执行计划，确定谈判各阶段目标和战略策略，并根据谈判过程中的实际情况灵活地进行调整。

（4）负责己方谈判策略的实施，对谈判过程中的让步时机、幅度，谈判节奏、决策方案等做出安排。

（5）负责和上级或者有关的利益各方汇报谈判进展情况，取得相应沟通，贯彻执行上级的决策，完成谈判任务。

（二）高层领导对谈判过程的间接管理

1.确定谈判的方针和要求

在谈判开始前，高层领导人应向谈判负责人和其他谈判人员指出明确的谈判方针和要求，必须使谈判人员有明确的谈判方向和工作目标、明确谈判的使命、谈判的成功或失败给企业带来的影响、谈判的必达目标和最高目标、谈判的期限、谈判中自行裁决权限等。

2.在谈判过程中进行指导和调控

高层领导应与谈判队伍保持密切联系，在谈判过程中进行指导和调控。商务谈判的形势千变万化，谈判形势随时可能发生重大逆转，谈判桌上有重要决策需要高层领导批准、或者谈判决策要做重大调整时，都需要高层领导给予谈判队伍及时的指导或建议，发挥出应有的指挥和调控作用。一般来说，以下几种情况需要高层领导在谈判过程中就有关问题进行指导和调控。

（1）谈判形势发生重大变化，交易条件变化超出谈判小组自行裁决权限时，有重要决策需要高层领导批准，确定新的谈判目标和谈判策略。

（2）谈判队伍获得某些重要的新信息，需要对谈判目标、策略做重大调整时，高层领导应及时根据新信息做出决定，指示新的谈判目标和谈判策略。

（3）谈判队伍人员因故发生变动时，尤其是谈判负责人发生问题时，高层领导要及时任命新的谈判负责人，并明确调整后的分工职责。

3. 关键时刻适当干预谈判

当谈判陷入僵局时，高层领导可以出面进行适当的干预。比如通过会见谈判对方高层领导或谈判队伍，调解矛盾，创造条件使谈判走出僵局，协助谈判队伍达成谈判目标。

第二节   谈判地点的选择

商务谈判地点的选择往往涉及一个谈判环境心理因素的问题，它对于谈判效果具有一定的影响，谈判者应当很好地加以利用。有利的地点、场所能够增强己方谈判地位和谈判力量。

案例 5-1

一家日本公司想与另一家公司共同承担风险进行经营，但困难的是，那家公司对这家日本公司的信誉度不十分了解。于是，为了解决这个问题，有关人员请这两家公司的决策人在一个特别的地点会面商谈：这是个火车小站，车站门口有一座狗的雕塑，在这座雕塑周围站满了人，但几乎没有人在欣赏这件雕塑，而只是在等人。为什么他们都在这个地方等人呢？原来这里流传着一个故事。故事中的一只犬，名字叫做"巴东"，对主人非常忠诚。有一次，主人出门未归，这只狗就不吃不喝，一直等到死。后来人们把它称为"忠犬巴东"，把它看成了"忠诚和信用"的象征，并在传说中的这个地方为它塑了像。因此，许多人为了表示自己的忠诚和信用，都不约而同地把这儿当成了约会地点。当两家公司的决策人来到这里时，彼此都心领神会，不需要大多的表白、言语交流，就顺利地签订了合同。"忠犬巴东"这一形象使得两家公司的决策人的心彼此接近了，置身于这一特定的环境，双方都会自然而然地产生信任之情。

商务谈判的地点一般有三种选择：一是在主场谈判；二是客场谈判，三是第三方场地谈判。不同地点对于谈判者来说，均各有其优劣势，谈判者要根据不同的谈判内容具体问题具体分析，正确地加以选择。

一、主场谈判

谈判的地点最好选择在己方所在地。在己方地点谈判的优势表现在：谈判者在自己领地谈判，地点熟悉，具有安全感，心理态势较好，信心十足；谈判者不需要耗费精力去适应新的地理环境、社会环境和人文环境，可以把精力集中地用于谈判；可以利用种种便利条件，控制谈判气氛,促使谈判向有利于自己的方向发展;可以利用现场展示的方法向对方说明己方产品水平和服务质量;在谈判中台上人员与台下人员的沟通联系比较方便,可以随时向高层领导和有关专家请示、请教,获取所需资料和指示;利用东道主的身份,可以通过安排谈判之余的各种活动来掌握谈判进程,从文化习惯上、心理上对对方产生潜移默化的影响,处理各类谈判事物比较主动;谈判人员免除旅途疲劳,可以以饱满的精神和充沛的体力去参加谈判,并可以节省去外地谈判的差旅费用和旅途时间,降低谈判支出,提高经济效益。

对己方的劣势表现在:在己方公司所在地谈判,不易与公司工作彻底脱钩,经常会有公司事务分散谈判人员的注意力;离高层领导近,联系方便会产生依赖心理,一些问题不能自主决断,而频繁的请示领导也会造成失误和被动;己方作为东道主主要负责安排谈判会场以及谈判中的各项事宜,要负责对客方人员的接待工作,安排宴请、游览等活动,所以己方负担比较重。

二、客场谈判

在对方地点谈判,对己方的优势表现在:己方谈判人员远离家乡,可以全身心投入谈判,避免主场谈判时来自工作单位和家庭事务等方面的干扰;在高层领导规定的范围,更有利于发挥谈判人员的主观能动性,减少谈判人员的依赖性;可以实地考察一下对方公司及其产品的工具情况,能获取直接的、第一手的信息资料;当谈判处于困境或准备不足时,可以方便地找到借口(如资料欠缺、身体不适、授权有限需要请示等),从而拖延时间,以便做出更充分的准备;己方省去了作为东道主所必须承担的招待宾客、布置场所、安排活动等事务的繁杂工作。

与客场谈判的优势相比,劣势更加明显:首先,客场谈判给对手明显的心理优势,影响我方对谈判氛围的掌控权,谈判日程的安排等方面也会处于被动的地位;其次,客场谈判让谈判方与公司本部的距离遥远,影响关键信息的传递和重要资料的获取效率,某些重要问题也不易及时与本公司磋商,而对方则在信息获取、专家参与、谈判策略上享受时间上、空间上和人员上的巨大便利,车轮大战式的谈判格局成为大概率事件;第三,谈判人员对当地环境、气候、风俗、饮食等方面会出现不适应,再加上旅途劳累、时差不适应等因素,会使谈判人员身体状况受到影响,另外对方可能还会安排旅游景点等活动而消磨谈判人员的精力和时间。因此,到对方地点去谈判不是一个好的选择,往往出现在多轮大型谈判双方所在地交叉谈判的过程中。交叉谈判地点的好处是对双方来说至少在形式上是公平的,同时也可以各自考察对方的实际情况。各自都担当东道主和客人的角色,对增进双方相互了解、融洽感情是有好处的。它的缺点是这种谈判时间长、费用大、精力耗费大,如果不是大型的谈判或是必须采用这种方法谈判,一般应少用。

三、第三场地谈判

在第三地谈判对双方的优势表现在:在双方所在地之外的地点谈判,对双方来讲是平等的,不存在偏向,双方均无东道主优势,也无做客他乡的劣势,策略运用的条件相当,可以缓和双方的紧张关系,促成双方寻找共同的利益均衡点。

对双方的劣势表现在:双方首先要为谈判地点的确定而谈判,而且地点的确定要使双

方都满意也不是件容易的事,在这方面要花费不少时间和精力。第三地点谈判通常被相互
关系不融洽、信任程度不高、尤其是过去是敌对、仇视,关系紧张的双方的谈判所选用,可以
有效地维护双方的尊严、脸面,防止下不了台。

第三节   谈判方案的制订

商务谈判方案是在商务谈判开始前对谈判目标、谈判议程、谈判策略预先所做的安排。
由于商务谈判的复杂性和不确定性,谈判人员必须对收集到的信息进行研究分析,结合谈
判的目标,对如何开展谈判展开全面、综合的统筹规划。商务谈判方案是指导谈判人员行
动的纲领,在整个谈判过程中起着非常重要的作用。

一、商务谈判方案的原则

商务谈判方案是为谈判的具体内容做事先的安排,是谈判的操作指导手册。一个好的
谈判方案要求做到以下几点原则:

1.简明扼要

所谓简明扼要就是在拟定谈判方案时要尽量准确简练,使谈判人员很容易记住其主要
内容与基本原则,使他们在谈判时能根据谈判方案的要求与对方周旋。

2.具体明确

谈判方案要具体明确,以谈判具体内容为基础,具有可操作性。谈判的总目标应细化
为若干个子目标,形成环环相扣的谈判策略体系。

3.灵活机动

谈判过程中各种情况都有可能发生,要使谈判人员在复杂多变的谈判形势中取得比较
理想的结果,谈判方案就必须具有一定的灵活性。谈判人员在不违背谈判总体目标和原则
的情况下,可以根据谈判形势的变化,在权限允许的范围内灵活处理有关问题,以取得较为
有利的谈判结果。谈判方案的灵活性表现在:谈判目标有几个可供选择的目标;策略方案
有备选方案,谈判人员可根据实际情况可供选择某一种方案;指标有上下浮动的余地等。

二、商务谈判议程的安排

商务谈判的议程是指有关谈判事项的程序安排。它是对有关谈判的议题、时间和工作
计划的预先确定。谈判议程可由一方确定,也可由谈判双方协商确定。谈判议程的安排与
谈判策略、谈判技巧的运用有着密切的联系,从某种意义上来讲,安排谈判议程本身就是一
种谈判技巧。

在谈判实践中,谈判议程的拟定一般以东道主为先,经协商后确定,或双方共同商议。
谈判者应尽量争取谈判议程的拟定。谈判议程的拟定安排,首先,要根据己方的具体情况,
在程序上能扬长避短,保证己方的优势能得到充分的发挥;其次,谈判议程的安排和布局,
要为己方的谈判做好铺垫,利用拟定谈判议程的机会来运筹谋略的;最后,谈判议程的内容
要能够体现己方谈判的总体目标和方案,统筹兼顾。

典型的谈判议程至少包括以下三项内容:(1)谈判应在何时举行,为期多久,若是一系列的谈判,则分几次谈判为好,每次所花时间大约多少等;(2)谈判在何处举行;(3)哪些议题列入讨论,哪些不列入讨论,讨论的议题如何安排先后顺序,每一议题的讨论应占多少时间等。

(一)谈判时间的安排

谈判时间的安排是商务谈判议程中的重要环节。谈判时间是指一场谈判从正式开始到签订合同时所花费的时间。谈判时间的安排即确定在什么时间举行谈判、多长时间、各个阶段时间如何分配等。如果谈判时间安排得过短,容易准备不充分,就很难在谈判中实施各种策略;如果谈判时间安排得过长,不仅会耗费大量的时间和精力,而且随着时间的推延,各种环境因素都会发生变化,还可能会错过一些重要的机遇。

在一场谈判中,谈判时间主要有三个关键变数:开局时间、间隔时间和截止时间。

1.开局时间

开局时间是指选择什么时候来进行这场谈判。开局时间的得当与否,会对谈判结果产生很大影响,因此我们应对重视开局时间的选择。一般说来,我们在选择开局时间时,要考虑以下几个方面的因素:

(1)准备的充分程度。在安排谈判开局时间时也要注意给双方谈判人员留有充分的准备时间。

(2)谈判人员的身体和情绪状况。谈判是一项需要精神高度集中、体力和脑力消耗都比较大的工作,身体和情绪状况对谈判的影响很大,应避免在身体或情绪不适时谈判。

(3)谈判的紧迫程度。尽量不要在自己急于买进或卖出某种商品时进行谈判,如果避免不了,应采取适当的方法隐蔽这种紧迫性。

(4)考虑谈判对手的情况。不要把谈判安排在让对方明显不利的时间进行,因为这样会招致对方的反对,引起对方的反感。

(5)尽量不要安排在节假日进行谈判,因为双方可能不容易进入工作状态。

2.间隔时间

一般情况下,商务谈判很少是一次磋商就能完成的。大多数的商务谈判都要经历过数次,甚至数十次的磋商洽谈才能达成协议。谈判的间隔时间就是指在经过多次磋商没有结果,但双方又都不想中止谈判的时候,一般都会安排一段暂停时间,让双方谈判人员暂作休息。

谈判间隔时间的安排,往往会对打破谈判僵局具有很明显的作用。例如,在谈判双方出现了谈判僵局的情况下,双方宣布暂停谈判两天,由东道主安排旅游和娱乐节目,在轻松的气氛中,双方的态度和主张都会有所改变,在重新开始谈判以后,就容易互相让步,达成协议。时间间隔的安排也有可能是谈判的某一方利用对方要达成协议的迫切愿望,有意拖延间隔时间,迫使对方主动做出让步。

谈判的间隔时间是时间因素在谈判中一个关键变数,在安排时应视谈判进程,灵活把握。

3.截止时间

截止时间是指谈判的最后限期。谈判的结果往往是在结束谈判的前一点时间里才能出现。所以,截止时间是谈判的一个重要因素,如何把握截止时间去获取谈判的成果,是谈判中一种艺术。谈判中任何情形都可能会发生,而谈判又是有时间限制的,这就要求我们在谈判之前应对整个谈判过程中双方可能做出的一切行动作正确的估计,并选择相应的对策。

谈判截止时间和谈判者决定选择克制性策略还是速决胜策略有密切关系。同时,截止时间还构成对谈判者本身的压力。由于必须在一个规定的期限内做出决定,这将给谈判者本身带来一定的压力。谈判中处于劣势的一方,在临近谈判截止时间时,承担着较大的压力。谈判劣势方往往必须在谈判限期到来之前,在做出让步、达成协议、中止谈判或交易不成之间做出选择。

(二)议题的确定

1.谈判议题的确定

谈判议题就是谈判双方提出和讨论的各种问题。凡是与本次谈判有关的,需要双方展开讨论的问题,都可以成为谈判的议题。确定谈判议题首先须明确将与本次谈判有关的问题罗列出来,把所有问题全盘进行比较和分析,确定应重点解决哪些问题,哪些问题是主要议题,哪些问题是非重点问题,哪些问题可以忽略。还要预测对方会提出什么问题,哪些问题是己方必须认真对待、全力以赴去解决的,哪些问题可以根据情况做出让步,哪些问题可以不予讨论。

2.谈判议题的顺序

安排谈判问题先后顺序的方法是多种多样的,应根据具体情况来选择采用哪一种程序:可以首先安排讨论一般原则问题,达成协议后,再具体讨论细节问题;也可以不分主要问题和次要问题,先把双方可能达成协议的问题或条件提出来讨论,然后再讨论可能会有分歧的问题。

3.谈判议题的时间

每个谈判议题应安排多少时间来讨论,应根据议题的重要性、复杂程度以及双方分歧的程度来确定。一般来说,对重要的问题、较复杂的问题、双方意见分歧较大的问题占用的时间应该多一些,以便让双方能有充分的时间展开讨论。

(三)拟定通则议程和细则议程

通则议程是谈判双方共同遵守使用的日程安排,一般要经过双方协商同意后方能正式生效。在通则议程中,通常应确定以下内容:谈判总体时间及分段时间安排;双方谈判讨论的中心议题,问题讨论的顺序;谈判中各种人员的安排;谈判地点及招待事宜。

细则议程是己方参加谈判的策略的具体安排,只供己方人员使用,具有保密性。其内容一般包括以下几个方面:谈判中统一口径,如发言的观点、文件资料的说明等;对谈判过程中可能出现的各种情况的对策安排;己方发言的策略、何时提出问题、提什么问题、向何人提问、谁来提出问题、谁来补充、谁来回答对方问题、谁来反驳对方提问、什么情况下要求暂时停止谈判等;谈判人员更换的预先安排;己方谈判时间的策略安排、谈判时间期限。

三、商务谈判的方向设计

商务谈判方案设计的最重要环节是设计谈判方向,主要按照五个阶段对商务谈判过程进行分解设计,通过影响谈判的实施方向和实施过程,争取掌控谈判的结果(见图5.1)。

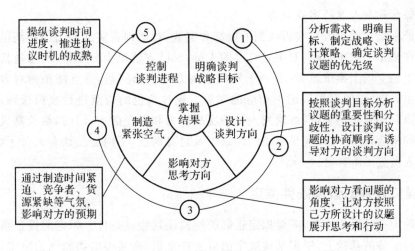

图 5.1 谈判方向的设计

第四节 模拟谈判

一、模拟谈判及其必要性

模拟谈判是指从己方人员中选出一部分人扮演谈判对手,从谈判对手的立场、观点、风格等出发,提出各种假设和臆测,和己方谈判队伍进行谈判的想象联系和实际演习。模拟谈判可以进一步完善谈判的前期准备工作。在谈判准备工作的最后阶段,谈判小组通过模拟谈判,可以检验自己的谈判方案,而且也能使谈判队伍提早进入实战状态。模拟谈判的必要性表现在以下几个方面:

(一)提高应对困难的能力

模拟谈判可以使谈判者提高应对谈判各种困难的能力。很多成功谈判的实例和心理学研究成果都表明,正确的想象练习不仅能够提高谈判者的独立分析能力,而且能提高谈判者的心理准备、心理承受、临场发挥等。在模拟谈判中,谈判者可以通过一次又一次的演习,熟悉实际谈判中的各个环节。尤其对初次参加谈判的谈判者来说,更能提高他们的谈判适应能力。

(二)及时发现和弥补谈判方案中存在的问题

谈判方案是在谈判小组负责人的主持下,由谈判小组成员具体制定的。它是对未来将要发生的正式谈判的预计,不可能完全考虑到正式谈判中可能出现的各种情况。同时,谈判人员受到知识、经验、思维方式、考虑问题的立场、角度等因素的局限,谈判方案的制定就难免会有不足之处。事实上,谈判方案是否完善,只有在正式谈判中方能得到真正检验,但往往发现问题为时已晚。模拟谈判是在正式谈判前对实际谈判的模拟,与正式谈判比较接近。因此,通过模拟谈判能够检验谈判方案是否切实可行,及时发现谈判方案存在的问题和不足,对谈判方案进行相应的调整和完善。

（三）锻炼谈判人员的实战能力

模拟谈判能使谈判人员获得谈判的操练和实践，对谈判者实战能力的提高能起到重要的作用。在模拟谈判中，谈判对手是自己的人员，对己方情况十分了解，而通过扮演谈判对手站在对手的立场上换位思考，有利于发现谈判方案中的问题，并且能预测对方可能从哪些方面提出问题，以便事先拟定出相应的对策。通过角色的扮演进行模拟谈判，谈判人员可以找到谈判的真实感觉，锻炼谈判人员的实战能力和应变能力，同时，给谈判人员提供了客观分析的机会，提前发现容易忽略的问题以及自身弱点，不但能使谈判人员了解对方，也能使谈判人员更了解自己。

二、模拟谈判的假设条件拟定

要有效地进行模拟谈判，需要拟定正确的模拟谈判假设条件。拟定假设是指在前期谈判信息资料准备的基础上，根据某些既定的事实或常识，将某些事物臆测为事实，不管这些事物现在及将来是否发生，视其为事实进行推理和判断，从而预测真实谈判可能出现的问题和产生的结果。

根据假设的内容，可以把假设条件分为三类：对客观环境的假设、对谈判对手的假设和对己方的假设。

对客观环境的假设包括对环境、空间、时间的假设，目的是通过对外界环境的假设进一步了解事实，估计主客观环境与谈判的关联，知己知彼，找出相应对策。

对谈判对手的假设是指对对方的谈判准备、谈判能力、谈判策略、心理状态、愿意冒险的程度以及面对己方谈判策略的应对措施等方面的估计。

对己方的假设是指对谈判者自身的谈判准备、谈判能力、心理素质、经济实力、谈判策略等方面的评估。

在拟定假设条件时要注意以下几个方面：首先，拟定假设条件的关键在于提高假设条件的准确性，使之更接近事实，因此最好让具有丰富谈判经验的人做假设，提高假设的可靠度。其次，为了提高假设条件的精确度，必须以事实为基准，而且所依据的事实越多、越全面，假设的精确度就越高。最后，谈判者必须清楚地意识到自己所做的假设不等于事实，要正确区分事实与经验、事实与主观臆断。不能将假设条件视为必然去谈判，要对假设产生的各种结果有充分的思想准备。

案例 5-2

某家工厂的收益连续三年下降（事实 A），这三年内该工厂一直维持着原来的管理体制（事实 B），同时，该工厂一直都没有研发新产品，开拓新市场（事实 C）。立足这三个事实，我们可假设如下：（1）假如事实 B 和事实 C 不变，该工厂明年的收益仍可能下降；（2）为了扭转这种局面，该工厂迫切需要技术、人才、资金来开发新产品或开拓新市场；（3）如果己方正和这家工厂进行上述方面的谈判，己方提高要价，采取强硬立场，可能会取得谈判成功。

（资料来源：刘园. 国际商务谈判. 北京：首都经济贸易大学出版社，2011.）

三、模拟谈判的人员选择

模拟谈判要发挥真正的作用,除了要合理假设之外,还要选择合适的模拟谈判人人员。参加模拟谈判的人员应是具备专门知识或经验的人,而不是具备一定职务、只会附和赞同的老好人。一般情况下,模拟谈判需要以下三种类型的人员。

(一)知识型人员

知识型人员要具备理论知识和实践知识,并能将所掌握的知识灵活运用,触类旁通。他们能把握模拟谈判的各方面问题,并从科学的角度去研究谈判中的问题。

(二)预见型人员

预见型人员要能根据事物的发展规律,凭借自身的经验,对谈判的发展方向进行推断和预测。他们在模拟谈判中起到很重要的作用,对于谈判的进程往往有独到的见解。

(三)求实型人员

求实型人员的特点是具有脚踏实地的工作作风,善于客观周全地考虑问题,一切以事实为出发点,对模拟谈判中的各种假设条件都能仔细求证,力求精确。

另外,参加模拟谈判的人员必须具备较强的角色扮演能力,能根据谈判的不同情况扮演不同的任务,并能从所扮演人物的心理出发,尽可能地模仿出对方谈判人员的谈判风格、谈判观点和谈判策略。

四、模拟谈判的方法

模拟谈判的方式主要有全景模拟法、讨论会模拟法和列表模拟法三种。

(一)全景模拟法

全景模拟法是指在全过程的前提下,谈判有关人员扮演不同的角色进行实战性排练的模拟谈判方法。全景模拟法可以全面检查谈判计划,并使谈判人员对每个环节和问题都有一个事先的了解。这种谈判方法最为有效,但比较复杂,耗资也较大。因此,一般适用于大型的、关乎企业重要利益的谈判。

在采用全景模拟法时,应注意以下两点:首先,合理地想象谈判的全过程。这要求谈判人员根据假设的谈判顺序展开充分的想象,想象谈判中可能发生的一切情形,并根据想象的情况和条件进行谈判的实战演练,演练谈判时可能出现的一切情境,比如谈判的氛围、对方可能提出的问题、对方可能提出的反对意见、己方的应对、对方的谈判策略、己方谈判策略的选择以及各种谈判技巧的运用等。合理的想象可以使谈判的准备更为充分和准确。其次,尽可能扮演谈判中可能会出现的所有人物。一方面,是指对谈判中可能出现的人物都要有所考虑,并谈判队伍或者企业内部选择合适的人员对这些人物的行为和作用进行模仿。另一方面,主谈人员或者其他在谈判中准备起重要作用的人员应扮演谈判中的每一个角色,包括自己、己方的顾问、对手以及对手的顾问等。这种扮演能使己方对谈判中可能出现的问题和人物有充分的准备,另外,全景模拟中的换位思考有利于我方完善谈判策略。

(二)讨论会模拟法

讨论会模拟法分为两步。第一步,组织谈判人员和其他相关人员参加讨论会,请他们根据自己的经验,对本次谈判己方和对方的目标、己方策略、对方可能采取的策略、己方应对策略等进行充分讨论,自由发表自己的观点,畅所欲言。有关人员忠实地对相关观点进行记录,把讨论会情况上报领导层作为决策参考。第二步,请相关人员针对谈判中种种可能发生的情况和对方可能提出的问题及反对意见提出疑问,由谈判成员进行解答。这些疑问尤其是反对意见从多角度重新审核谈判方案的可行性和科学性,有助于谈判团队根据讨论会意见完善谈判方案,提高谈判的成功率。但是,讨论会模拟法要避免形式化,比如为了保留领导或者不得罪人而不提出反对意见,一味地赞同原先的方案,对于模拟谈判的效果而言是没有好处的。

(三)列表模拟法

列表模拟法是最简单的模拟谈判方法,适用于小型的常规谈判。具体操作方式是通过对应的列表,在表格一方列出己方经济、科技、人员配备、谈判策略等方面的优劣势和对方的谈判目标及谈判策略。表格另一方则列出己方针对这些存在的问题在谈判将采取的措施。列表模拟法的缺陷在于该模拟法只是由谈判人员尽可能地提出问题并找出对策,很大程度上是主观的产物,至于所提出的问题是否会在谈判中发生,相应的对策是否有效,还是未知数。

五、模拟谈判的总结

模拟谈判的目的在于总结经验,发现问题,提出对策,完善谈判方案,因此模拟谈判的总结必不可少。模拟谈判的总结应注意以下几点:

对方的立场、谈判目标、观点、风格、精神等。

对方可能的反对意见和相应的解决对策。

己方的优势及运用状况。

己方的劣势及改进措施。

谈判所需的信息资料是否充分完善。

双方各自的妥协条件和可共同接受的条件,及妥协的可能性。

谈判可接受的底线及谈判破裂的界限。

商务谈判涉及各方面的内容,只有通过总结,积累经验,吸取教训,才能完善谈判的准备工作。模拟谈判的效果直接关系到谈判的结果。模拟谈判后,必须及时进行总结,回顾谈判中自身的表现,对对方意见的反应,以及谈判团队的配合等问题,为日后的真正谈判做好准备。

案例分析

1.中国 F 公司和法国 G 公司商谈一条计算机生产线的技术转让交易。G 公司将其报价如期交给了 F 公司,包括:装配线设备、检测实验室、软件、工程设计、技术指导、培训等。双方约定接到报价后两周在北京谈判。F 公司接到报价后即着手准备。

F 公司首先将有关技术部分交专家组分析,并提出了相关要求,而商务部分则由主谈负责分析,随后约定时间开会讨论。

专家组对技术资料反映的技术先进性、适用性和完整性进行了分析,对不清楚的部分列出清单,对国际市场的状况做了对比,对 G 公司的产品系列和特点做了说明,形成了书面意见。

主谈则将装配线设备、检测实验室是被等列出清单,标上报价,并列出对照分析价格、交易目标价格、分步实现的阶段价格,形成了一份设备价格方案表。对照此法,将技术内容也列出清单,分出各项价格并形成一份技术价格方案表。将技术指导和人员培训费分别列出人员专业、人数、时间、单价、比较价格、目标价格等并制定出一份技术服务价格方案表。将工程设计列出分工内容、工作量估算、单项价格、比较价格、目标价格等并制定出工程设计价格方案表。在所有价格方案表中,均以对应形式列出:G 公司报价及可能的降价空间,F 公司的还价及可能的还价幅度,以及理由。

开会讨论时,专家组和主谈交换了各自的准备情况,同时分析了双方在企业面临的政治经济状况、市场竞争、各自需求及参加谈判的人员等各方面的有利和不利因素。经过讨论,主谈和专家组意见略有分歧:主谈认为这是我方第一次采购且 G 公司第一次进入中国市场,应有利于还价,谈判目标可以高些。专家组认为 G 公司技术好,我方又急需,少压价能成交也可以接受。这个分歧有可能会直接影响谈判条件以及谈判策略,于是,主谈决定请示领导。

主谈、专家组一起向项目委托单位的领导汇报了相关情况和分歧所在。在领导的指导下,大家进一步分析了利弊后达成了共识,形成了谈判预案。

(资料来源:丁建忠.“商务谈判”教学指引.北京:中国人民大学出版社,2003.)

请分析本案例并回答下列问题:

(1)F 公司接到对方报价后应如何着手制定谈判方案?

(2)请评价 F 公司的谈判准备阶段的组织工作。

【复习思考题】

1.谈判小组人数最好为几人?为什么?

2.谈判方案的指导原则有哪些?

3.为何要进行模拟谈判?模拟谈判的方法有哪几种?

4.如何进行模拟谈判?

第六章

商务谈判的实施策略

> > > >

本章摘要 ···

　　本章首先介绍了商务谈判中谈判策略的概念和特点,从开局阶段、报价阶段、磋商阶段、僵局阶段、终局阶段多方面介绍了谈判策略运用的技巧,并讨论了各阶段采用不同的谈判策略需要注意的问题。

　　完成本章的学习之后你将能够:

　　1.掌握商务谈判各阶段可以采取的谈判策略;

　　2.了解不同的谈判策略的应对办法。

··

　　谈判桌上形形色色的人,有各式各样的策略与技巧,处于市场经济中的企业,无时无刻不面临着国际商务谈判这一重要的国际商务活动。我们只有对古今中外谈判桌上的种种手段予以了解,加以研究,进行分析、归纳和总结,才能识破诡诈,提高我们的谈判技艺,成为谈判高手,从而赢得谈判。

第一节　商务谈判策略概述

一、商务谈判策略的概念

　　商务谈判策略是指在谈判的过程中,谈判者为了达到某个预期的目标所采取各种方式、措施、技巧、战术、手段及其组合运用的总称,是随着经济和科技的发展而产生和发展的。

　　由于谈判策略的实用性、专业化和较强的针对性,谈判策略在商务谈判中得到了广泛的应用。

二、制定商务谈判策略的步骤

　　制定商务谈判策略的步骤是指制定商务谈判策略所应遵循的逻辑顺序,其主要步骤包括以下几个方面：

（一）了解影响谈判的因素

谈判策略制定的前提是对影响谈判的各因素的了解和掌控。影响谈判的各因素包括谈判的背景、谈判中的问题、双方的分歧、态度、趋势、事件或情况等,这些因素共同构成一套谈判组合。首先,谈判人员将这个"组合"分解成不同的部分,并找出每部分的意义。然后,谈判人员进行重新安排,观察分析之后,找出最有利于自己的组合方式。

（二）寻找关键问题

在对相关现象进行科学分析和判断之后,要求对问题特别是关键问题做出明确的陈述与界定,弄清楚问题的性质,以及该问题对整个谈判的成功会造成什么障碍等。

（三）确定具体目标

根据现象分析,找出关键问题,调整和修订原来的目标,或确定一个新目标。

（四）形成假设性方法

根据谈判中不同问题的不同特点,逐步形成解决问题的途径和具体方法,这需要谈判人员对不同的问题进行深刻分析,突破常规限制,尽力探索出既能满足自己期望的目标又能解决问题的方法来。

（五）深度分析假设方法

在提出了假设性的解决方法后,对少数比较可行的策略进行深入分析。依据"有效"、"可行"的要求,对这些方法进行分析、比较,权衡利弊,并从中选择若干个比较满意的方法与途径。

（六）形成具体的谈判策略

在进行深度分析得出结果的基础上,对拟定的谈判策略进行评价,得出最终结论。

（七）拟定行动计划草案

有了具体的谈判策略,紧接着便是要考虑谈判策略的实施。要从一般到具体提出每位谈判人员必须做到的事项,把它们在时间、空间上安排好,并进行反馈控制和追踪决策。

以上只是从商务谈判的一般情况来说明如何制定谈判策略。具体实施的过程中,上述步骤并非机械地排列,各步骤间也不是截然分开的,它们仅仅是制定谈判策略时所应遵循的逻辑思维。

第二节　开局的策略

开局是谈判双方的第一次出场,到底应该以什么样的形象出现在对方面前？在语言和姿态上应该怎样处理才比较合适？换句话说,到底该建立一种怎样的谈判气氛？这些都是需要认真加以考虑的,因为谈判开局对谈判双方能否充分把握各种时机,做到高效率地进行谈判是很有裨益的。

一、开局在整个谈判中地位和作用

1.开局阶段人们的精力最为充沛,注意力也最为集中。

2.洽谈的格局就是在开局后的几分钟内确定。

3.是双方阐明各自立场的阶段。

4.谈判双方阵容中的个人地位及所承担的角色完全暴露出来。

二、开局阶段的基本任务

谈判开局对整个谈判过程起着至关重要的作用,它往往关系到双方谈判的诚意和积极性,关系到谈判的格调和发展趋势,一个良好的开局将为谈判成功奠定良好基础。这一阶段的目标主要是对谈判程序和相关问题达成共识;双方人员互相交流,创造友好合作的谈判气氛;分别表明己方的意愿和交易条件,摸清对方情况和态度,为实质性磋商阶段打下基础。

为达到以上目标,开局阶段主要完成三项基本任务:

(一)具体问题的说明

所谓具体问题的说明主要包括了"4P",即成员(Personalities)、目的(Purpose)、计划(Plan)、进度(Pace)四个方面内容。谈判双方初次见面,要互相介绍参加谈判的人员,包括姓名、职务、谈判角色等情况。然后双方进一步明确谈判谈判的目的,谈判的目的因各方出发点不同而有不同的类型:比如,论证型,旨在说明某些问题;达成具体协定型;回顾与展望型;处理纷争型。同时双方还要磋商确定谈判的大体议程和进度,以及需要共同遵守的纪律和共同履行的义务等问题。具体问题的说明目的就是谈判双方友好接触,统一共识,明确规则,安排议程,掌握进度,把握成功。总之,如果在开局过程中把话题很自然地集中在这四方面,则开局结果一定令人满意。

(二)建立适当的谈判气氛

谈判气氛会影响谈判者的情绪和行为方式,进而影响到谈判的发展。谈判气氛受多种因素的影响,谈判的客观环境对谈判的气氛有重要影响,而谈判人员主观因素对谈判气氛的影响是直接的,在谈判开局阶段一项重要任务就是发挥谈判者的主观能动性,营造良好的谈判气氛。谈判气氛的形成一般是通过双方相互介绍、寒暄,以及双方接触时的表情、姿态、动作、说话的语气等方面。谈判气氛的营造既表达双方谈判者对谈判的期望,也表达出谈判的策略特点,因此也是双方互相摸底的重要信息。

(三)开场陈述

双方各自陈述己方的观点和愿望,并提出倡议。陈述己方对问题的理解,即己方认为谈判应涉及的问题及问题的性质、地位;己方希望取得的利益和谈判的立场。陈述的目的是使对方理解己方的意愿,既要体现一定的原则性,又要体现合作性和灵活性。然后,双方各自提出各种设想和解决问题的方案,并观察双方合作的可靠程度,设想在符合商业准则的基础上寻求实现双方共同利益的最佳途径。

三、开局阶段应考虑的因素

不同内容和类型的谈判,需要有不同的开局策略与技巧与之对应。为了结合不同的谈判项目,采取恰当的策略与技巧进行开局,需要考虑以下几个因素:

（一）谈判双方企业之间的关系

1.双方企业过去有过业务往来，且关系很好

那么这种友好关系应该作为双方谈判的基础。这种情况下，开局阶段的气氛应该是热烈的、友好的、真诚的、轻松愉快的。开局时，本方谈判人员在语言上应该是热情洋溢的；内容上可以畅谈双方过去的友好合作关系，或两企业之间的人员交往，亦可适当地称赞对方企业的进步与发展；在姿态上应该是比较自由、放松、亲切的。可以较快地将话题引入实质性谈判。

2.双方企业过去有过业务往来，但关系一般

那么开局的目标仍然是要争取创造一个比较友好、随和的气氛。但是，本方在语言的热情程度上应该有所控制；在内容上，可以简单地聊一聊双方过去的业务往来及人员交往，亦可说一说双方人员在日常生活中的兴趣和爱好；在姿态上，可以随和自然。在适当的时候，自然地将话题引入实质性谈判。

3.双方企业过去有过业务往来，但本企业对对方企业的印象不佳

那么开局阶段的气氛应该是严肃的、凝重的。语言上，在注意讲礼貌的同时，应该是比较严谨的，甚至可以带一点冷峻；内容上，可以对过去双方业务关系表示出不满意、遗憾，以及希望通过本次交易磋商能够改变这种状况，也可谈论一下途中见闻、体育比赛等中性的话题；在姿态上，应该是充满正气，并注意与对方保持一定的距离。在适当的时候，可以慎重地将话题引入实质性谈判。

4.双方企业在过去没有进行任何业务往来，本次为第一次业务接触

那么在开局阶段，应力争创造一个友好、真诚的气氛，以淡化和消除双方的陌生感，以及由此带来的防备甚至略含敌对的心理，为实质性谈判奠定良好的基础。因此，在语言上，应该表现的礼貌友好，但又不失身份；内容上，多以途中见闻、近期体育消息、天气状况、业余爱好等比较轻松的话题为主，也可以就个人在公司的任职情况、负责的范围、专业经历等进行一般性的询问和交谈；姿态上，应该是不卑不亢，沉稳中不失热情，自信但不骄傲。在适当的时候，可以巧妙地将话题引入实质性谈判。

（二）双方谈判人员个人之间的关系

如果双方谈判人员过去有过交往接触，并且还结下了一定的友谊，那么，在开局阶段即可畅谈友谊地久天长。同时，也可回忆过去交往的情景，或讲述离别后的经历，还可以询问对方家庭的情况，以增进双方之间的个人感情。实践证明，一旦双方谈判人员之间发展了良好的私人感情，那么，提出要求、做出让步、达成协议就不是一件太困难的事，通常还可降低成本，提高谈判效率。

但如果双方谈判人员中存在矛盾，就可能阻碍谈判的顺利进行，可适当地进行人员的调整或替换，以免不愉快的场面出现。

（三）双方的谈判实力

1.双方谈判实力相当

为了防止一开始就强化对方的戒备心理和激起对方的敌对情绪，以致使这种气氛延伸到实质性阶段而使双方为了一争高低，造成两败俱伤的结局，在开局阶段，仍然要力求创造一个友好、轻松、和谐的气氛。本方谈判人员在语言和姿态上要做到轻松而不失严谨、礼貌而不失自信、热情而不失沉稳。

2.本方谈判实力明显强于对方

为了使对方能够清醒地意识到这一点,并且在谈判中不抱过高的期望值,从而产生威慑作用,同时,又不至于将对方吓跑,在开局阶段,在语言和姿态上,既要表现得礼貌友好,又要充分显示出本方的自信和气势。

3.本方谈判实力弱于对方

为了不使对方在气氛上占上风,从而影响后面的实质性谈判,开局阶段,在语言和姿态上,一方面要表示出友好,积极合作;另一方面也要充满自信,举止沉稳、谈吐大方,使对方不至于轻视我们。

四、开局的方式

(一)一致式开局

一致式开局策略的目的在于创造取得谈判成功的条件。

运用一致式开局策略的方式有很多,如在谈判开始时,以一种协商的口吻来征求谈判对手的意见,然后对其意见表示赞同和认可,并按照其意见开展工作。运用这种方式应该注意的是,拿来征求对手意见的问题应该是无关紧要的问题,对手对该问题的意见不会影响我方的利益。比如,"咱们先确定一下今天的议题,如何?","先商量一下今天的大致安排,怎么样?"。这些话从表面上看好像无足轻重,但这些要求往往最容易引起对方肯定的答复,因此比较容易创造一种"一致"的感觉,如果能够在此基础上,悉心培养这种感觉,就可以创造出一种"谈判就是要达成一致意见"的气氛,有了这种"一致"的气氛、双方就能比较容易地达成互利互惠的协议。

一致式开局策略还有一种重要途径,就是在谈判开始时以问询方式或者补充方式诱使对手走入你的既定安排,从而使双方达成一种一致和共识。所谓问询式,是指将答案设计成问题来询问对方,例如,"你看我们把价格和付款方式问题放到后面讨论怎么样?"所谓补充方式,是指借以对对方意见的补充,使自己的意见变成对方的意见。

另外创造一种宾至如归的感觉也是一致式开局的一种方法。

案例 6-1

1972年2月,美国总统尼克松访华,中美双方将要展开一场具有重大历史意义的国际谈判。为了创造一种融洽和谐的谈判环境和气氛,中国方面在周恩来总理的亲自领导下,对谈判过程中的各种环境都做了精心而又周密的准备和安排,甚至对宴会上要演奏的中美两国民间乐曲都进行了精心的挑选。在欢迎尼克松一行的国宴上,当军乐队熟练地演奏起由周总理亲自选定的《美丽的亚美利加》时,尼克松总统简直听呆了,他绝没有想到能在中国的北京听到他如此熟悉的乐曲,因为,这是他平生最喜爱的并且指定在他的就职典礼上演奏的家乡乐曲。敬酒时,他特地到乐队前表示感谢,此时,国宴达到了高潮,而一种融洽而热烈的气氛也同时感染了美国客人。一个小小的精心安排,赢得了和谐融洽的谈判气氛,这不能不说是一种高超的谈判艺术。

实践证明,这种开局方式适合于各种谈判。若对方因缺乏经验,而表现得急于求成,即开局一开始就喋喋不休地大谈实质性问题,这时,我们要善而待之,巧妙地避开他的要求,把他引到谈判的目的、计划、速度和人物等基本内容上来,这样双方就很容易合拍了。如可以这样表述：史密斯先生办事效率高我们是早有耳闻的，不过咱们是不是先把这两天的日程安排一下再讨论价格的问题呢？

总之，不管出于哪种情况，谈判者应有意识地创造出"一致"感，以免造成开局即陷入僵局的局面，为创造良好的开局气氛创造条件。

（二）保留式开局

是指在谈判开始时，对谈判对手提出的关键性问题不做彻底的、确切的回答，而是有所保留，从而给对手造成神秘感，以吸引对手步入谈判。

注意在采取保留式开局策略时不要违反商务谈判的道德原则，即以诚信为本，向对方传递的信息可以是模糊信息，但不能是虚假信息。否则，会将自己陷于非常难堪的局面之中。

（三）坦诚式开局

是指以开诚布公的方式向谈判对手陈述自己的观点或想法，从而为谈判打开局面。

坦诚式开局策略比较适合于有长期的合作关系的双方，以往的合作双方都比较满意，双方彼此比较了解，不用太多的客套，减少了很多外交辞令，节省时间，直接坦率地提出自己的观点、要求、反而更能使对方对己方产生信任感。采用这种策略时，要综合考虑多种因素，例如，自己的身份、与对方的关系、当时的谈判形势等。

坦诚式开局策略有时也可用于谈判力弱的一方。当我方的谈判力明显不如对方，并为双方所共知时，坦率地表明己方的弱点，让对方加以考虑，更表明己方对谈判的真诚，同时也表明对谈判的信心和能力。

案例 6-2

　　一位年轻的外语老师办起了一个英语培训班，经过一段时间的发展后，她希望扩大办学规模，这时，一位投资人走进了这个培训班。看完之后，外语老师察觉到了投资人的少许失望，于是，在接下来的谈判中，外语老师这样开场道："您看了我的培训班，肯定不太满意。正如您所看到的，我们的规模不大，场所简陋，但是，我认为，办教育重要的是看教学质量和教学水平，一年来我们学员已增加了一倍，说明我们的教学已得到了大家的认可。我相信，有了您的投资，我们的规模将越来越大，而您也将得到丰厚的回报。"一段情真意切、开诚布公的话，一下子打消了对方的顾虑，创造了一个良好的开局。

（四）赞美式开局

是指在双方一开场就处于僵局的状态时，通过赞美对方，缓解尴尬的气氛，从而为下一步的谈判营造良好的氛围。

发自肺腑的赞美，总能产生意想不到的效果。因为人有的时候会忽略自己的价值，这时候一旦被别人认可，总是会喜不自胜。尤其作为谈判，要学会真诚的赞美。谈判双方刚见面时的寒暄等客套并不能决定谈判的气氛，这仅仅是表面现象而已，谈判人员的大脑运动所决定的谈吐、姿态等形成了各种不同的谈判气氛。

（五）挑剔式开局

是指开局时，对对手的某项错误或礼仪失误严加指责，使其感到内疚，从而达到营造低调气氛，迫使对方让步的目的。

案例 6-3

　　巴西一家公司到美国去采购成套设备。巴西谈判小组成员因为上街购物耽误了时间。当他们到达谈判地点时,比预定时间晚了 45 分钟。美方代表对此极为不满,花了很长时间来指责巴西代表不遵守时间,没有信用,如果老这样下去的话,以后很多工作很难合作,浪费时间就是浪费资源、浪费金钱。对此巴西代表感到理亏,只好不停地向美方代表道歉。谈判开始以后美方代表似乎还对巴西代表来迟一事耿耿于怀,一时间弄得巴西代表手足无措,说话处处被动,无心与美方代表讨价还价,对美方提出的许多要求也没有静下心来认真考虑,匆匆忙忙就签订了合同。等到合同签订以后,巴西代表平静下来,头脑不再发热时才发现自己吃了大亏,上了美方的当,但已经晚了。

　　本案例中美国谈判代表成功地使用挑剔式开局策略,迫使巴西谈判代表自觉理亏在来不及认真思考的情况而匆忙签下对美方有利的合同。

　　(六)进攻式开局

　　是指通过语言或行为来表达己方强硬的姿态,从而获得对方必要的尊重,并借以制造心理优势,使得谈判顺利地进行下去。

　　采用进攻式开局策略一定要谨慎,因为,在谈判开局阶段就设法显示自己的实力,使谈判开局就处于剑拔弩张的气氛中,对谈判进一步发展极为不利。

　　进攻式开局策略通常只在这种情况下使用:发现谈判对手在刻意制造低调气氛,这种气氛对己方的讨价还价十分不利,如果不把这种气氛扭转过来,将损害己方的切身利益。这种开局策略有一些破釜沉舟、背水一战的感觉。

案例 6-4

　　日本一家著名的汽车公司在美国刚刚"登陆"时,急需找一家美国代理商来为其销售产品,以弥补他们不了解美国市场的缺陷。当日本汽车公司准备与美国的一家公司就此问题进行谈判时,日本公司的谈判代表路上塞车迟到了。美国公司的代表抓住这件事紧紧不放,想要以此为手段获取更多的优惠条件。日本公司的代表发现无路可退,于是站起来说:"我们十分抱歉耽误了你的时间,但是这绝非我们的本意,我们对美国的交通状况了解不足,所以导致了这个不愉快的结果,我希望我们不要再为这个无所谓的问题耽误宝贵的时间了,如果因为这件事怀疑到我们合作的诚意,那么,我们只好结束这次谈判。我认为,我们所提出的优惠代理条件是不会在美国找不到合作伙伴的。"日本代表的一席话说得美国代理商哑口无言,美国人也不想失去这次赚钱的机会,于是谈判顺利地进行下去。

　　上面的案例中,日本谈判代表采取进攻式的开局策略,阻止了美方谋求营造低调气氛的企图。进攻式开局策略可以扭转不利于己方的低调气氛,使之走向自然气氛或高调气氛。但是,进攻式开局策略也可能使谈判一开始就陷入僵局。

第三节　报价的策略

商务谈判中的报价是指有关整个交易的各项条件,并非仅指价格条款。报价是谈判过程中的一个核心问题,一方面报价的策略与技巧的应用很大程度上决定了生意是否能够成交;另一方面,一旦生意成交,还将在很大程度上决定是赢利还是亏损。为此,掌握报价阶段的策略与技巧,是商务谈判人员必须做到的。报价阶段的策略主要体现在以下三个方面:即报价的先后、如何报价和怎样对待对方的报价。

一、先报价的利与弊

谈判中谁先报价、谁后报价是一个非常微妙的问题,报价的先后对其后的谈判结果往往也会有直接的影响,很多人认为应该先报价,这样可以掌握主动权,但也有不少人有相反的看法。其实先报价有利也有弊。

（一）先报价的有利之处

1. 为谈判划定一个框架或基准线。比如卖方报价某货物 1000 元/吨,那么成交价就不会超过这个上限;如果买方先报价为 400 元/吨,那么最后的成交价就不会低于这个下线。

2. 先报价如果出乎对方的预料和设想,往往会打乱对方的原有部署,甚至动摇对方原来的期望值,使其失去信心。比如,卖方首先报价某货物 1000 元/吨,而买方心里却打算 400 元/吨,这与卖方报价相差甚远,即使经过进一步磋商也很难达成协议,因此,只好改变原来部署,要么提价,要么告吹。

总之,先报的价格在整个谈判中都会持续地起作用,因此,先报价比后报的影响要大得多。

（二）先报价的不利之处

1. 对方了解我方报价后,可以对他们原有的想法做出最后的调整。如卖方报价是 1000元/吨,若买方预先准备的报价是 1100 元/吨,则在这时他很自然就会调解自己的报价条件。或者买方预先准备报 400 元/吨,如果得到卖方 1000 元/吨的报价后,如果还打算成交,也可以进行调整。

案例 6-5

　　吉米是某跨国公司的电气工程师,他的某项发明获得了发明专利权。一天,公司总经理派人把吉米找来,表示愿意买他的发明专利,并问吉米希望得到多少钱。吉米对自己的发明到底有多大的价值心里没底,有 20 万美元他就心满意足了。聪明的吉米不愿先开价,他巧妙地回答:"我的发明对于公司怎样的价值,我想你是清楚的,请你先说一说吧!"这样无形把球踢给了对方,让总经理先报价。总经理果然先报价了:"50 万美元,怎么样?"吉米内心笑了……经过一番装模作样的讨价还价,以 60 万美元成交。

2. 一方先报价,使对方会采取一切手段,调动一切积极因素,集中力量,攻击报价。在一方报完之后,对方并不还价,而是不断地挑剔报价并逼另一方一步一步地降价,但却不泄露他们会出多高的价。在商务谈判中经常用的一句话就是"你可以做得更好一点"。就是当一方报价后,对方并不急于还价,而是指出"这个价格有问题,希望你们做得更好一点",另一方如果按照他们的要求作出了调整后,对方可能还会继续重复这个话,其作用就是在自己还价之前先压低对方的报价,但并不透露己方的报价。

二、影响报价先后的两种因素

(一)惯例

一般情况下,在商务谈判中,按照惯例是由卖方先报价,因为卖方报价是一种义务。但是也有例外的情况,就是如果发起谈判的人是买方,那么买方就应该带头报价;正如前面的案例,吉米的经理先发起的谈判,那么吉米请经理先报价也是符合惯例的。

(二)实力

谈判双方的实力对比也是影响报价先后的重要因素。

1.实力相当,且双方都是内行:要争取先报价

如果通过调查研究,估计到双方的谈判实力相当,谈判过程中一定会竞争得十分激烈。那么,最好争取先报价,先下手为强。通过先报价来规定谈判的起点,影响谈判的过程,并从一开始就占据主动。

2.敌强我弱,对方是内行,而我方是外行:可以请对方先报价

如果本方谈判实力明显弱于对手,特别是缺乏谈判经验的情况下,应该让对方先报价。因为这样做可以通过对方的报价来观察对方,同时也可以扩大自己的思路和视野,然后再确定应对对方的报价需要做哪些相应的调整。

3.我强敌弱,我方是内行,对方是外行:争取我方先报价

如果本方的谈判实力强于对方,或者说与对方相比,在谈判中处于相对有利的地位,那么本方先报价就是有利的。尤其是当对方对本次交易的行情不太熟悉,或者是外行,而本方对交易行情十分了解,是个内行的情况下,先报价的优势更大。因为这样可为谈判先划定一个基准线,同时,由于本方了解行情,还会适当掌握成交的条件,对本方无疑是利大于弊。

4.双方是老客户:谁先报价都可以

如果谈判对手是老客户,同己方有长期的业务往来,在这种商务谈判中,谁先报价对双方来说都没有多大的差别。由于双方之间相互信任,合作气氛较浓,报价、议价也就无需反复较量,双方都不会在枝节问题上纠缠,因而整个谈判就可以大大加快,在较短的时间内就能顺利成交。

三、报价时应注意问题

(一)确定正确的报价起点

对卖方而言,开盘价必须是"最高的";对买方而言,开盘价必须是"最低的",这是商务谈判中所必须遵循的原则。在报价中之所以要坚持这一原则,原因在于:

1.为成交设定上下限

如果己方是卖方,开盘价等于为自己设定了一个上限。按常规,在这个限度以上己方

不能再抬价了。若无特殊情况,己方若真要把价格往上抬得高于这一限度,对方根本不会接受,最终成交价格肯定在此价格之下。对买方而言,其开盘价给己方愿付的价格确定了一个最低限度,最终成交价格不可能低于这一价格。

2.开盘价高,能为以后的讨价还价留下充分回旋余地

如果谈判买卖成套设备,对方假设说 100 万,而你方开价 150 万,这时候双方谈判的空间达到 50 万,彼此伸缩的范围比较大。而如果对方开价 100 万,而你方开价 105 万,双方谈判的空间就只有 5 万,那么可回旋的余地就比较小,卖方开盘价高或买方开盘价低,都能为以后的讨价还价留有充分的回旋余地,使己方在谈判中更富于弹性,游刃有余。而且如果你的对手是个输不起的人的话,这可以避免让你的谈判陷入僵局。

3.开盘价对最终成交价具有实质性的影响

实践证明,卖方开盘价高、最终成交价的水平也就比较高;买方开盘价低,最终成交价的水平也就比较低。正如前面刚刚举的例子,如果开始的报价就在 150 万,最后可能会 125 万成交,而如果卖方的起始报价就只有 105 万,那最后的成交价无论如何也不会超过105 万。、

(二)切忌漫天要价

当然,上述报价的原则并不是说要漫天高价或乱要价,而是在确定的合理价格范围内,卖方报价尽量要高,买方报价尽量要低。卖方报价要高的原则,只要能找出理由,可以尽量高,即"留有余地的最高价和最低价",它必须合乎情理,能够讲得通。

如果报价过高,又讲不出原因,对方必然会认为你缺少谈判的诚意,或者终止谈判扬长而去;或者"以其人之道,还治其人之身",对应地来个漫天杀价;或者一一提出质问,使你无言以答,信誉扫地,并且会很快被迫让步。在这种情况下,有时即使你已将交易条件降低到较公平合理的水平上,对方仍会认为尚有"水分"可挤,因而还是穷追不舍。可见,开盘价脱离现实,便会自找麻烦。同样,买方报价要低的原则也是一样的道理。

(三)报价要坚定、明确、完整,且无需主动的进行任何解释和说明

开盘价的报出要坚定、果断,不保留任何语尾,并且毫不犹豫,不要使人觉得你心虚,这样才能显示出报价者的自信,给对方留下己方是认真而严肃的印象。一旦向对方报价后,就应严肃对待,即使对方宣称已从其他公司得到低于己方的报价,己方仍应毫不含糊地坚持已开出的价格,使对方确信你抱着认真的态度。要记住,任何欲言又止,吞吞吐吐的行为,必然会导致对方的不良感受,甚至会产生不信任感。

报价应当是准确而明白的。有现成的报价单自然好,但若是口头报价,除了口头表达要准确以外,还可以辅之以视觉印象,拿出纸来,写上相应的数字,递给对方,使对方确切了解,不至于产生误解。例如卖方做报价时,将价格内容列得非常详细,如设备主机、附件、配件、安装调试、实习、运费、包装费、资料、指导等,一一列出。有的资料长达几十页,各种名称十分费解,而其中的虚头防不胜防,有的纯属虚构,有的虚虚实实,买方欲想进攻都无从下手。

报价时不要对本方所报价格作过多的解释、说明和辩解,因为对方不管我方报价的水分多少都会提出质疑的。如果在对方还没有提出问题之前,我们便主动加以说明,会提醒对方意识到我方最关心的问题,而这种问题有可能是对方尚未考虑过的问题。因此,有时过多地说明和解释,会使对方从中找出破绽或突破口,向我们猛烈地反击,有时甚至会使我

们自己十分难堪，无法收场。

（四）坚持报价解释的原则

通常情况下，一方报价完毕之后，另一方一定会要求报价方进行价格解释。那么在做价格解释时，必须遵循一定的原则，即：不问不答，有问必答，避虚就实，能言不书。

不问不答是指买方不主动问及的问题不要解释。其实，买方未问到一切问题，都不要进行解释或答复，以免造成言多有失的结果。

有问必答是指对对方提出的所有有关问题，都要一一做出回答，并且要很流畅、很痛快地予以回答。经验告诉人们既然要回答问题，就不能吞吞吐吐，欲言又止，这样极易引起对方的怀疑，甚至会提醒对方注意，从而穷追不舍。

避虚就实是指本方报价中比较实质的部分应多讲一些，对较虚的部分，或者说水分含量较大的部分，应该少讲一些，甚至不讲。

能言不书是指能用口头表达和解释的，就不要用文字来书写，因为当自己表达中有误时，口述和笔写的东西对自己的影响是截然不同的。有些国家的商人，只承认笔上的信息，而不重视口头信息，因此要格外慎重。

综上是就一般情况而言的报价需要注意的问题。必须指出的是，报价时，必须考虑当时的谈判环境与和对方的关系状况。如果对方为了自己的利益而向我方施加压力，则我方就必须也向对方施加压力，以保护本方的利益；如果双方关系比较友好，特别是有过较长的合作关系，那么报价就应当稳妥一点，出价过高或过低会有损于双方的关系；如果我方有很多竞争对手，那就必须把要价压低到至少能受邀请而继续谈判的程度，否则会连继续谈判的机会都没有，更谈不上其他的什么了。因此，除了要掌握一般性报价需要注意的问题外，还需要灵活地加以运用，不可教条主义。

四、报价的技巧

（一）善玩数字魔方

数字是个极富变化性的东西，因而又总给人以神秘的感觉。数字就像一只魔方，稍稍旋转就是另一番面貌。在谈判中不可避免地要涉及各种各样的数据，如价格、购销数量、各项技术指标、利息等等，这些数据对谈判双方都有重大的意义。

1. 切片报价

一公斤西洋参 800 多元，但推销人员在报价时，则说每克 0.8 元。又如，在茶叶店你看茶叶的价格，一般都会标 20 块钱一两，而不是标 200 元一斤，800 元或者 200 元"切片"后成了一个小单位价，可使人有一种价廉的感觉，即使不能保证成交，但绝不会让对方立马掉头就走。

2. 比较报价

此种报价方法可从两方面进行：一方面是将企业的产品与另一种价格高的产品进行比较，这样相比之下就显得自己的产品价格便宜了；另一方面可将产品的价格与消费者日常开销进行比较。例如：一个推销员推销钢笔时，他经常对男士说："这支笔是贵了点，但也只相当于两包红塔山，一支笔可用四五年，可两包烟只能抽两天。少抽两包烟就可买一只精致的笔，而且在用的时候又有风度，值得！您说是不是？"经他这样一比较，一恭维，有些人也就很想买一支了。

3.拆细报价

用此法的关键是,将价格与产品使用寿命周期结合起来,拆细计算出单位时间的用度和其对应支出,以表明产品的价格并不算贵。例如,一位男士看中了一块价格为 2400 元的进口手表,但又嫌价高,有点犹豫不定。此时,营业员对她说:"这种表 2400 元,但可使用 20 年,您想,每年只花 120 元,每月只花 10 元,每天仅花 0.33 元。3 毛多钱算什么呢?况且,它可在 7300 天里,天天为您增光添彩。"经营业员这样一算账,那位男士立即掏钱买了这块表。

谈判的展开,也主要是围绕这种种数据进行的。谈判场上气氛十分紧张,人的大脑处于高度兴奋状态,这时候,即使是平常数字处理能力较强的人,也容易出现差错。所以,己方可以使用数字魔方,但也要特别当心对手向你设置各种数字陷阱。比如,某种农产品,你要求对方每斤降价 1 角出售,对方爽快地答应你每吨降价 100 元,如果你不经仔细计算,被这表面的数字对比所迷惑,草率地签了约,事后你会失望地发现,这离你的期望值还很远,每斤实际只降价了 5 分钱。

因此在谈判过程中,当对方连珠炮一样地抛出各种数据的时候,你千万不可鲁莽行事,一定要慢慢来,宁愿承认自己对数字处理能力的不够,请对方一项一项地说,你就一项一项地算,并仔细检查,再交给其他谈判小组成员认真核查。如果当场算不过来,拿回去仔细计算后再表态,切不可盲目利用对方提供的任何数字。认真计算数字、确保数据准确是一回事,明确这些数据的内涵又是一回事。隐藏在数据里的,可能是故意制造出来的事实、解释、假设和个人的价值判断,你必须设法弄清数据的真实含义。对谈判对手提出的各种统计数据要保持着怀疑的态度,以免上当受骗。

(二)两种典型的报价术

这两种典型报价术是指欧式报价法和日式报价法。

以卖方为例,欧式报价战术的模式是,首先提出含有较大虚头的价格,然后,根据买卖双方的实力对比和该笔交易的外部竞争状况,通过给予各种优惠,如数量折扣、价格折扣、佣金和支付条件上的优惠(如延长支付期限、提供优惠信贷等等)来逐步软化和接近买方的市场和条件,最终达成成交的目的。实践证明,这种报价方法只要能够稳住买方,往往会有一个不错的结果。

日式报价战术其一般的做法是,将最低价格列在价格表上,以求首先引起买主的兴趣。由于这种低价格一般是以对卖方最有利的结算条件为前提条件的,并且,在这种低价交易条件下,各个方面都很难全部满足买方的需求,如果买方要求改变有关条件,则卖主就会相应提高价格。因此,买卖双方最后成交的价格,往往高于价格表中的价格。日式报价在面临众多外部对手时,是一种比较艺术和策略的报价方式。因为一方面可以排斥竞争对手而将买方吸引过来,取得与其他卖主竞争中的优势和胜利;另一方面,当其他卖主败下阵来纷纷走掉时,这时买主原有的买方市场的优势不复存在了,原来是一个买主对多个卖主,谈判中显然优势在买主手中,而当其他卖主不存在的情况下,变成了一个买主对一个卖主的情况,双方谁也不占优势,从而可以坐下来细细地谈,而买主这时要想达到一定的需求,只好任卖主一点一点地把价格抬高才能实现。例如你想和谈判对手谈成某桩生意,而此时,你的谈判对手可选择的谈判对象却不只你一个,你拥有好几个竞争者,必须先击败他们。于是,你就可以采用假出价策略,先报出一个虚假的价格,引诱谈判对手以厚利。而当他回绝了其他所有的竞争者之后,你再以种种借口重新和他讨价还价。此时,你已不存在竞争者,谈判对手也不得不向你做出种种让步。我们经常讲的商务谈判中的假出价陷阱实际就是日式报价法。假出价陷阱对买主来讲,实施的是假出高价策略;对卖主而言,实施的是假出低价策略。

对于谈判新手或者经验较少的谈判者,如何预防对方使用日式报价术而使自己陷入圈套呢? 以下的提示对提防对手设置假出价陷阱有较大的帮助:

(1)要求对方预付大笔的定金,使他不敢轻易反悔。

(2)要求对方提供担保人。

(3)在交易正式完成之前,不要拒绝其他谈判方。

(4)查查对方过去的诉讼记录,假如他曾与这类的诉讼牵涉,你就要提高警觉了。

综上两种报价战术,虽说日本式报价较西欧式报价更具有竞争实力,但它不适合买方的心理,因为一般人总是习惯于价格由高到低,逐步降低,而不是不断地提高。因此,对于那些谈判高手,会一眼识破日本报价者的计谋,而不至于陷入其制造成形的圈套。

(三)火上浇油法

在都市商业区的街头,你常常可以见到一个人拿着商品在高声叫卖,一下子就围拢来几个人,仔细地挑选商品,并露出满意之色,不时地点头,甚至高声赞许,接下来是激烈的讨价还价,吸引不少路人驻足。其实,知情的人都知道,他们是一伙的,他们的任务是运用火上浇油这一招,增强买卖的火势,引来路人购买。这种情形在拍卖会上也颇为常见。仔细看看某个拍卖会,你会发现总是有几个人在使价格一再上扬。假如你早一点抵达拍卖会场,你就可以很容易认出他们来,他们为拍卖行的老板工作,充当煽动者的角色,刺激买主出高价。

1.作用

首先能刺激买主的购买兴趣。就像人们看电影、电视不喜欢平平淡淡的情节一样,平平淡淡的买卖也提不起人们的兴趣。人们总有一种猎奇、求新、求异的心理,火上浇油能很好地满足这一心理要求。在不经意中,人们已产生了浓厚的购买兴趣,迫不及待地要去讨价还价了。

其次能提高出售价格。卖主的火上浇油能增加商品的价值,它向买主表明,这种商品有许多潜在的购买者,是一种热销商品,敦促买主赶快做出购买决定,不惜较高的价格,先买为快。

再次能创造竞争。人们有意无意总有竞争心理,应该很好地利用这一心理为你服务。如果你是买方,要切记让卖方感受到竞争的压力,纵使对方卖的是独一无二的产品,你也要表明你仍有选择买替代品或二手货的可能。当然,也可以说你买这项产品可以,但不买也没关系,借此刺激对方产生竞争心理。假如你是卖主,你也可以让对方感到竞争的压力,你可以宣扬你的产品是独一无二的,而想买的人却很多,是"皇帝的女儿不愁嫁",以此刺激买主的竞争心理。卖主可以设置火上浇油的陷阱,买主也可以利用这一策略。

2.卖方煽动的方法

(1)向买主表明其他买主已经参观过工厂,并且准备购买所有的产品。

(2)向买主指明:"存货不多,欲购从速。"

(3)向买主指出,由于不赚钱的缘故,企业正考虑要撤销某条生产线。

(4)告诉买主由于原材料涨价,商品价格也要上涨了。

(5)拿出其他买主的订单给买主看。

(6)让买主亲自去参观所有生产设备已经运用到最大能量,无法再增产了。

3.买主煽动的方法

(1)同时和几个卖主在不同的地方商谈,并让对方了解这一事实。

(2)让竞争的卖主们聚集在会客室里。

(3)即使只有几个卖主产品合乎要求,也要尽量送出标价单给其他卖主,并且要让卖主确实知道其他竞争者的存在。

(4)让买主的秘书或助手"无意"中说出几天后要和买主会面的其他卖主的名字。

(5)假如价钱不合意时,告诉卖主将向别的卖主订货。

4.应对

对付火上浇油这一策略最好的方法是保持冷静的怀疑态度,不轻易相信对手的话,并努力去调查对方所提供信息的可信度,如确实属实,应在其他方面做文章,努力发现对方的弱点,以挽回这一不利局面。

(四)运用小技巧

1.负正报价

经销人员在报价时,要讲究说话技巧,例如对同一产品的价格可以用两种方式讲:一是"价格虽然高一点,但产品质量很过硬"。另一种是"产品质量的确很过硬,只是价钱稍高一点"。这两种方式用词基本相同,但对用户却会产生截然不同的感受。第一种方式是将重点放在产品的质量好上,所以价格才贵,用户产生产品质量好的印象,就坚定了用户的购买欲望;相反,第二方式是将重点放在价高上,用户产生一种望而生畏的感觉,这样就削弱了用户的购买欲望。

2.报零头价格:均要有零头,给人以精确计算过的感觉。

3.由低到高报价:先报低的,然后依次高价,运用比较法对高价商品进行说明,独特之处,物有所值。

第四节　磋商的策略

一、还价前的准备

对方报价过程中,己方应认真听取并准确而完整把握住对方的报价内容。在对方报价结束后,对不清楚的地方要要求解答。同时,将己方对对方报价的理解进行归纳总结并加以复述,以确认己方理解的正确性。在对方报价完毕之后,不要急于还价,而是要求对方进行价格解释。即要求对方对其价格的构成、报价依据、计算的基础及方式等作详细的解释,从而了解对方报价的实质、意图及其诚意,寻找突破口,使日后的还价有根有据,说服力强。在对方报价时一定要多听,听得越多,得到的信息就越多,做出的判断就越有利。

在清楚了解对方报价的全部内容后,进一步要做的工作就是透过其报盘的内容来判断对方的意图,并在此基础上分析出,怎样能使交易既对我方有利又能满足对方的某些要求。将双方的意图和要求逐一进行比较,弄清双方分歧之所在。谈判双方的分歧可分为实质性分歧和假性分歧两种。实质性分歧是原则性的根本利益的真正分歧;假性分歧是为着要达到某种目的而人为设置的障碍。对待假性分歧,要认真识别,看出其虚张声势后,就不要被对方的气势所吓倒;对待实质性分歧要认真,要反复研究做出某种让步的可能性,并下定是否让步的决心。同时,根据预期的目标做出让步的阶段和步骤。

二、让步的策略

(一)互惠互利的让步

一方在让步后,应等待和争取另一方让步,在对方的让步前,绝对不要再让步。有这样一句话来形容互惠互利的让步"如果你得不到一顿晚餐,就得到一个三明治。如果你得不到一个三明治,就得到一个许诺,即使许诺是打了折扣的让步。"

案例 6-6

> 伦敦科斯塔洛旅游有限公司的经理与西班牙一家连锁饭店的销售经理就下一年度整包客房的条件进行会晤。一开头他就根据旅客的投诉就客房的条件、服务项目与原来协议不符之处提出了一张要求改进的长长的清单。
>
> 那位西班牙经理逐项看了清单后,对其中的大部分都同意改进。看完之后他不禁叹道:"天哪! 我本来是来谈判的,谁知却做了这么多的让步!"
>
> 科斯塔洛答道:"谁说不是呀,等你停止了让步,我们再开始谈判。"

在商务谈判桌上,从来不应该有无谓的让步,谈判者的每一次让步都应取得实际的效果,在谈判者向对手做出让步承诺的同时。他应该力争使对方在另一个问题上也向自己做出的让步。理想的让步应是互惠、双向的让步。

为了实现让步,谈判者可以试探着做一次假设的以物易物的交换:"看,你想从我们手中得到这个东西,而我们想从你那里得到那个东西,假如我们从自己方面再考虑一下这个问题,你们方面是否准备同样进行考虑呢?"这样,谈判者就把双方可能相互做出让步的两个问题联系在一起,并且建议说,这里可能有做点交易的余地。当然,这种双向让步的示意方式显得直来直去,比较生硬,有经验的谈判者往往能找到更好的示意方式。比如,他会这样说:"我们向贵方做出这一退让,已与公司政策相矛盾,在经理那儿也交不了差,因此我们要求贵方必须在付款方式上有所松动,采用即期付款方式,这样我们也好对公司有个交待。"

在这种双向的让步中,高明的谈判人员善于在其强有力的部位进行突破,而同时送个顺水人情。比如,谈判者所在公司的惯例为 30 天内付清账单,但他却向对手要求 3 个月的延付期。谈判对手与他争来争去,最后他终于屈服,答应对手 30 天的期限。但同时他要求对手拿出点东西来换,结果,他拿到了 1.5% 的额外折扣。

(二)丝毫无损的让步

谈判中让步的实质是将自己的一部分利益转让给对手,那么能不能做到既让对手满意又不牺牲自己的利益呢? 回答是肯定的。优秀的谈判者有许多丝毫无损的让步妙招:

1. 认真倾听

倾听是谈判者所能做出的最省钱的让步方式。如果你认真倾听对方谈话，对方会认为你很有礼貌，觉得你对他很尊重，因而，谈及交易条件的时候，也就会顺利得多。

案例 6-7

　　美国广告商大卫·奥格威去拜访一位年事较高的美籍俄国人亚历山大·柯诺夫，广告合作的谈判并不顺利，在领着奥格威参观了他的工厂之后，柯诺夫让奥格威搭乘他的卡迪拉克轿车回纽约。奥格威注意到，柯诺夫手里拿着一本《新共和》，这种杂志在当时只有很少的订户，于是他发问道："您是民主党还是共和党？""我是社会主义者。我曾积极参加过俄国革命。"听得出来，柯诺夫对自己过去的经历颇为自豪。"那您认不认识克伦斯基？"奥格威又问。"不是那次革命，"柯诺夫轻蔑地说："是 1904 年的革命。在我还是孩子的时候，我要赤着脚在雪地里走 5 英里去一家卷烟厂干活。我的真名是卡冈诺维奇，联邦调查局以为我是政治局里的那个卡冈诺维奇的兄弟。他们搞错了。"他大笑起来，过了一会儿，又接着说："我刚来美国的时候，在匹兹堡当机械工，每小时挣 50 美分。我的妻子是绣花工人，她每周能绣出 14 美元的活，可是从来没有得到过工钱……"奥格威只是静静地听着，结果他得到了这家客户。

倾听不仅是一种获取信息、了解对方需要的手段，也是向对方做出的一种丝毫无损的让步。在谈判中，你必须时而注意说话者的眼睛，保持警觉，坐得挺直，靠近对方，仔细去听对方讲话，给对方以备受尊重的心理满足感。谁愿意对牛弹琴、对着一群毫无反应的人大谈特谈呢？

2. 不厌其烦地向对方说明

根据你的交易条件达成协议，对他是最有利的谈判者可以反复使用以下字眼来向对方说明交易的好处："您只有充分利用这一机会，才得得获得更多的利润"；"您已经了解了很多情况，现在可以下决心了吧"；"我相信您已经认识到……"讲这些话并不费事，然而却能有效地促成对方下成交的决心。因为这种谈话方式始终抓住了对方利益这一核心，反复向对方重申了交易对其利益所在。另外尽可能向对方提供该提供的详细说明。谈判需要双方的沟通。为了谈判顺利进行下去，谈判者必须向对方说明许多问题。在这种说明的过程中，有经验的谈判者总会在他认为必要的地方展开详细的说明，这样，他就让谈判对手感到己方是多么有诚意，连这么细节的问题也不忘交代，从而一下子缩短了双方的距离感。

3. 模糊的回答也很有效

毫无疑问，谈判对手总是千方百计地想捞取更多的好处，他会向你提出各种各样的要求。其中，自然有不少要求是你不能作让步或不愿作让步的，但你不能直接拒绝，你可以说："我会尽力考虑你的意见"，把问题搁置下来，去谈别的交易条件。在谈判中，你还可以时不时地表明："我会尽力满足你"，以消除对手的对立情绪。而实际上，到底满足不满足对方，关键还在于你自身的抉择。

丝毫无损的让步并不需要谈判者花费金钱，却能为谈判者带来不小的好处，谈判者应谙熟这种技巧，掌握火候，适时适处地使这种让步发挥作用。

(三)予远利谋近惠的让步

通过给予其期待的满足或未来的满足而避免给予其现实的满足，即为了避免现实的让步而给对方以远利。

案例 6-8

　　中国购买法国机场设备三套,分别放置在北京、上海和广州机场。法国要价1亿3千万,我方最多只能给1亿,双方僵持谈不拢。于是我方代表请当时我国驻法大使吴建民出面,吴力陈该交易对法方的长远利益,北京、上海、广州这样有影响的大城市都用,这有助于法国占领中国市场……诸如此类的话,结果就成交了。

三、让步的原则

　　谈判者对于自己所付出的每一点小的让步,都应试图取得最大的回报。但是,在谈判中要使谈话保持轻松和有伸缩性,否则,对方会发觉他在什么地方处了下风,从而更加坚持自己的要求。谈判者应认真记住自己所做出的每一次让步,并经常向对手谈及它们,以便更好地抵御对方以后的要求,并成为向对方进行再一次索取的砝码。需要注意的问题包括:一方在让步后,应等待和争取另一方让步,在对方的让步前,绝对不要再让步;让步要在刀刃上,恰到好处,使较小让步给对方较大满足;重要问题上力求对方先让步,次要问题上我方可先让步;不承诺做同等幅度让步;考虑让步要三思而行,不可掉以轻心;如感考虑欠周,想要收回不要不好意思,因为这不是决定,可推倒重来;让对方感知我方让步艰难性;幅度不宜太大,节奏不宜太快,若让对方感觉软弱,会使其掌握主动。

四、让步模式

　　商务谈判中,双方互相让步是不可避免的。关键在于,应该如何让步才更具有效率。美国谈判大师嘉洛斯以卖方的让步为例,归纳出8种让步模式,并分别分析了各种让步模式的利弊。在任何一种让步模式中,卖主准备减价的额度均为60美元。

方　式	预定让步	第一期让步	第二期让步	第三期让步	第四期让步
1	60	0	0	0	60
2	60	15	15	15	15
3	60	13	8	17	22
4	60	22	17	13	8
5	60	26	20	2	12
6	60	46	10	0	4
7	60	50	10	1	-1
8	60	60	0	0	0

（一）一次到位让步模式

　　这是一种较坚定的让步方式。在谈判的前期阶段,无论对方作何表示,己方始终坚持初始报价,不愿作出丝毫的退让,若是一个三心二意的买主早就放弃和卖主讨价还价了。而一个坚强的买主则会坚持不懈,不达目的誓不罢休。卖方到了谈判后期或迫不得已的时候,作出大步的退让。买方在卖主一次做出重大的让步后,会更加斗志昂扬,坚守阵地,继续逼迫卖主做出让步。当对方还想要求让步时,己方又拒不让步了。这种让步方式往往让对方觉得己方缺乏诚意,容易使谈判形成僵局,甚至可能因此导致谈判的失败。因此,可把这种让步方式概括为"冒险型"。这种让步模式并不可取,它既抛开了本来作小小的让步既可能成交的软弱的买主,又为强硬的买主在卖主让步之后造成继续施加压力的可乘之机。双方均冒风险,有僵局可能。适用于在谈判中占有优势,不怕失败的一方。

(二)"色拉米"香肠式让步模式

这是一种以相等或近似相等的幅度逐轮让步模式,一步一步挤牙膏式,均等稳定。这种方式的缺点在于让对方每次的要求和努力都得到满意的结果,因此很可能会刺激对方要求无休止让步的欲望,并坚持不懈地继续努力以取得进一步让步,当他争取到第二期让步15美元而与第一期让步额相同时,他有理由作这样的推测:如果再作一番努力,说不定可以再争取到15美元的让步。果然,他又争取到第三期15美元的让步。在卖主做出第四次让步之后,他还可能这么想。因此,可把这种让步方式称为"刺激型"。而一旦让步停止就很难说服对方,从而有可能造成谈判的中止或破裂。但是,如果双方价格谈判轮数比较多、时间比较长,这种"刺激型"的让步方式也可以显出优越性,每一轮都作出微小的但又带有刺激性的让步,把谈判时间拖得很长,往往会使谈判对手厌烦不堪、不攻自退。适用于缺乏经验,陌生谈判时。

(三)递增式让步模式

这是一种让步幅度逐轮增大的方式。在实际的价格谈判中应尽力避免采取这种让步方式,因为这样做的结果会使对方的期望值越来越大,每次让步之后,对方不但感到不满足,并且会认为己方软弱可欺.从而助长对方的谈判气势,诱发对方要求更大让步的欲望,这种让步模式往往会造成卖主重大的损失。因为它将买主的胃口越吊越高,买主会认为:只要坚持下去,令人鼓舞的价格就在前面。买主的期望值会随着时间的推延而愈来愈大,对卖主极为不利。这种让步方式可以概括为"诱发型"。适用于竞争强的谈判,一般谈判高手才使用,难度大。

(四)递减式让步模式

这是一种让步幅度逐轮递减的方式。特点是自然,符合让步规律,较普遍,先大后小,终局情绪不太高,惯常作法。这种方式的优点在于:一方面让步幅度越来越小,使对方感觉己方是在竭尽全力满足其要求,也显示出己方的立场越来越强硬,同时暗示对方虽然己方仍愿妥协,但让步已经到了极限,不会再轻易作出让步;另一方面让对方看来仍留有余地,使对方始终抱着把交易继续进行下去的希望。因此,可以把这种让步方式称为"希望型"。适用于一般的谈判,特别是谈判提议方。

(五)有限让步模式

是一种从高到低,然后又微高的让步方式,开始先作出一次巨大的退让,然后让步幅度逐轮减少。显示卖方立场越来越坚定,余地日益减小,让步起点高,诱惑力,第三期微利,告诉对方无利可让,若仍不行再让出最后稍大一点利润。这种让步模式表示出强烈的妥协意愿,不过同时也告诉买主:所能做的让步乃是有限的。在谈判的前期,有提高买主期望的危险,但是随着让步幅度的减小,卖主走向一个坚定的立场后,危险也就渐渐地降低了。聪明的买主便会领悟出,更进一步的让步已经是不可能的了。这种方式可称为"提醒型"。适用于双方是友好伙伴关系，以合作为主，互惠互利为基础的谈判。

（六）快速让步模式

这是一种巧妙而又危险的让步方式。开始作出的让步幅度巨大，第二期让步幅度骤减，在接下来的谈判中则坚持己方的立场，丝毫不作出让步，使己方的态度由骤软转为骤硬，同时也会使对方由喜变忧，又由忧变喜，具有很强的迷惑性。开始的巨大让步将会大幅度地提高买方的期望，不过接下来的毫不退让和最后一轮的小小让步会很快抵消这一效果。这是一种很有技巧的方法，它向对方暗示，即使进一步的讨价还价也是徒劳的。但是，这种方式本身也存在一定的风险性。首先，它把对方的巨大期望在短时间内化为泡影，可能会使对方难以适应，影响谈判顺利进行。其次，开始作出的巨大让步可能会使卖主丧失在高价位成交的机会。这种方式可称为"危险型"。适用于处于不利境地，又急于成功的一方，有三次较好机会达成协议。

（七）退中有进让步模式

这是一种大幅度递减但又有价格反弹的让步模式，它脱胎于第六种让步模式。这种让步方式代表一种更为奇特和巧妙的让步策略，因为它更加有力地、巧妙地操纵了对方的心理。第一轮先作出一个很大的让步，第二轮让步已经到了极限，但在第三轮却安排小小的回升（对方一般情况下当然不会接受），然后在第四轮里再假装被迫作出让步，一升一降，实际让步总幅度未发生变化，却使对方得到一种心理上的满足。这种让步方式非常冒险，只有非常有经验人才用，第三期让出的如在四期不讨回就亏了。这种方式可称为"欺骗型"。

（八）一步到位让步模式

这是一种一次性让步模式，是一种比较低劣的让步方式。在谈判一开始，就把己方所能作出的让步和盘托出，对买主有极强烈的影响，一下子削价 60 美元，使买主顿时充满了信心和希望，这不仅会大大提高对方的期望值，而且也没有给己方留出丝毫的余地。接下来的完全拒绝让步显得既缺乏灵活性，又容易使谈判陷入僵局，有谈判破裂的危险。这种让步方式只能称为"低劣型"。适用于处于劣势一方或双方关系十分友好的谈判。

从实际谈判的情况来看，采用较多的是第四种和第五种让步模式。这两种让步模式对卖方来说是步步为营，使买方的期望值逐步降低，较适应一般人的心理，因而比较容易为对方所接受。第六种和第七种让步模式的采用需要有较高的艺术技巧和冒险精神，如果运用得好，可以少作让步，迅速达成交易；但如若运用得不好，则往往使卖方做出更多的让步或易造成谈判的僵局。第二种、第三种和第八种让步模式实际采用得很少，而第一种让步模式则基本不被采用。

总的来说，对于卖方而言，较理想的让步模式是：开始作大一点的让步，然后在长时间内很缓慢地让步。对买方而言，开始让步幅度应该较小，然后在长时间内缓慢地让步。

五、迫使对方让步

（一）蚕食鲸吞

步步为营的蚕食策略是比较理想一种迫使对方让步的方法。毫无疑问，你想要从对方手中得到的是一大块好处，但你不可能一下子把它从对手那儿攫取过来，你必须做得不露声色，想方设法地把它从对方手里搞过来。这正如切香肠，假如你想得到一根香肠，而你的对手将它抓得很牢，这时，你一定不要去抢夺。你先恳求他给你薄薄的一片，对此，香肠的主人不会在意,至少不会十分计较。第二天,你再求他给你薄薄的一片,第三天也如此。这样,日复一日,一片接着一片,整根香肠就全归你所有了。

蚕食策略有许多好处。它每次要求的让步幅度很小,对方在心理上很容易接受,在不经意中,对方就做出了让步。即使经过多次让步后仍未实现自己预定的计划,但已经从这许多次让步中得到了很大的实惠,这种促使对方让步的方式甚至能突破自己的预想,对方的让步结果常常出人意料的好。下面是买卖双方的一段谈话,从中我们可以更好地体会出蚕食策略的绩效。

案例 6-9

"您这种机器要价 750 元一台,我们刚才看到同样的机器标价为 680 元。您对此有什么话说吗?"

"如果您诚心想买的话,680 元可以成交。"

"如果我是批量购买,总共买 35 台,难道您也一视同仁吗?"

"不会的,我们每台给予 60 元的折扣。"

"我们现在资金较紧张,是不是可以先购 20 台,3 个月以后再购 15 台?"

卖主很是犹豫了一会儿,因为只购买 20 台,折扣是不会这么高的。但他想到最近几个星期不甚理想的销售状况,还是答应了。

"那么,您的意思是以 620 元的价格卖给我们 20 台机器。"买主总结性地说。卖主点了点头。

"干嘛要 620 元呢? 凑个整儿,600 元一台,计算起来都省事。干脆利落,我们马上成交。"

卖主想反驳,但"成交"二字对他颇具吸引力,几个星期完不成销售定额的任务可不好受,他还是答应了。买主步步为营的蚕食策略生效了,他把价格从 750 元一直压到 600 元,压低了 20%。

(二)声东击西

在商务谈判中,这种声东击西的战术常被使用,谈判者在谈判的一段时间内,出于种种需要而有意识地将会谈的议题引导到己方并不重要的问题上去,使对方错误地判断己方主攻方向,而后又突然回到谈判的主攻方向上,达到出其不意的效果。在讨价还价的过程中,谈判者们往往喜欢采用声东击西这种迂回战术。

案例 6-10

一位机械工具制造商正在对一项合同进行投标,买方公司的董事会已经同意接受他的投标了,但采购负责人告诉总裁,他能使这位制造商再压一下价。

他给这位制造商的销售人员打电话说:"乔,我很遗憾地告诉你一个坏消息……"乔立即感觉到他可能拿不到订货单了,他问是不是这么一回事。那位采购负责人说:"事情就是这样的,你知道,如果我能决定这件事的话,你明天就可以拿到订单了,但是现在董事会从我的手中接管了这件事。仅仅是为 2.5% 的折扣,我认为这没多大道理……"乔听说他仅仅因为 2.5% 的折扣就要输了,感到很惊讶。他问对方是否有机会等他一天再作决定。采购负责人告诉他已经签好了给他的竞争者的信件了,但他可以把这项买卖冻结24小时。"但是我不能因为正好2.5%再和董事会交涉这笔买卖了,"他说:"你们应该做得更漂亮一点。"

乔请示他的主管,主管又请示总经理。总经理对失掉这笔本来很有把握的订货很害怕。他的营业状况不佳,销售远远低于预算指标。这位总经理指示说:"好吧,你最多可以压低3.5%,但是如果你还需要压价的话,先给我打个电话。不管怎么样,也要拿到订货单。"于是这位采购负责人得到了3.5%的压价并欣然接受之。

采购负责人采用声东击西的战术,明明目的是要压价,他却在能否拿下订单上做文章,迫使乔接受他提出的所谓董事会的意见。可见,声东击西的策略在谈判中具有重要的作用,声东击西的战术往往能收到出其不意的效果。声东击西的战术把对手的注意力吸引到一个对己方不太重要的问题上,这样就有利于己方利用突然袭击的方法,突然改变态度,使对方在毫无准备的情况下在主要交易条件上不知所措,进而获得以奇制胜的效果。

(三)黑脸白脸

在警匪片中,常常有这样的镜头:当嫌疑犯被带入审讯室后,神色凛然,大有一付绝不泄密之神情。第一个警察走过来,长得粗胳膊粗腿,肌肉极其发达,问话嗓门粗而且大,一脸怒不可遏的样子。一会儿,这位满面怒容的警察走了,来了一位说话和气的警察,面部表情很轻松,示意犯人坐下,并递给他一支香烟。也许不多久,嫌疑犯就供出了他的同伙和他们的老巢。黑脸白脸策略奏效了。

在商务谈判小组中,有意识地安排不同脾性、不同风格的谈判人员扮演此类黑白脸戏,也能收到相似的效果。在谈判过程中,先由"黑脸"出场,此人立场强硬、态度严厉、做狮子大开口的要求,遇事不好商量,寸步不让,担任"黑脸"角色。而他旁边的人则面善语和、态度诚恳,此人比较通情达理,比较好说话,他担任的是"白脸"的角色。"黑脸"在谈判中作了长篇累牍的发言和辩论之后,"白脸"开始接替下去。他提出的条件和前一个人相比,似乎更合理,同这么一个和气的人交易要比同先前那个讨厌的家伙交涉愉快得多,因此,谈判对方愿意接受"白脸"的交易条件,他甚至会为此而庆幸:事情本来是会更糟的。

案例 6-11

美国大富翁霍华·休斯为了采购大批飞机,曾亲自与某飞机制造厂代表谈判。霍华·休斯性情古怪,脾气暴躁,他提出34项要求。谈判双方各不相让,充满火药味。后来,霍华·休斯派他的私人代表出面,没想到他竟满载而归,得到了30项要求,其中包括11项非得不可的要求。霍华·休斯很满意,问他的私人代表是如何取得这巨大收获的。私人代表回答道:"很简单。每当我们谈不拢时,我总是问对方:'你到底希望与我解决这个问题?还是留待霍华·休斯亲自跟你解决?'结果,对方无不接受我的要求。"

这是一场未经策划的黑白脸戏。私人代表即兴把自己扮演成"白脸"的角色,而霍华·休斯被动地扮演了"黑脸"的角色。有趣的是,当"白脸"发挥作用的时候,作为"黑脸"的霍华·休斯却不在谈判桌旁。未经策划,胜过策划,这黑白脸戏实可谓精妙之至!

在采用这种方法时要注意:扮"黑脸"的人要凶,又要言出在理,保持良好的形象。外表上,不要高门大嗓,唾沫横飞,显出"俗相"。也未必要虎着脸,反倒要面带笑容。只是立场要硬,条件要狠。若同一个人扮黑白脸,要机动灵活,声色俱厉的时间不要太长,说话要为自己留有余地。如由于过于冲动而被动时,最好是"暂停"或休会。

显然,"黑脸"与"白脸"都属同一阵营,两者的目的都是想从谈判对手身上捞到他们想要的东西。"黑脸"与"白脸"的角色安排只不过是他们的策略而已。

（四）吹毛求疵

所谓吹毛求疵,是指谈判一方对另一方提出的交易条件再三挑剔,提出一大堆问题,以使对方放松防线,对己方做出让步。在商务谈判桌上,吹毛求疵术运用起来相当灵验。

案例 6-12

苹果熟了,果园里一片繁忙景象。一家果品公司的采购员来到果园。"多少钱一公斤?"

"1.6元。"

"整筐卖多少钱?"

"零买不卖,整筐1.6元一公斤。"

买主却不急于还价,而是不慌不忙地打开筐盖,拿起一个苹果掂量着、端详着,不紧不慢地说:"个头还可以,但颜色不够红,这样上市卖不上价呀!"接着伸手往筐里掏,摸了一会儿摸出一个个头小的苹果:"老板,您这一筐,表面是大的,筐底可藏着不少小的,这怎么算呢?"边说边继续在筐里摸着,一会儿,又摸出一个带伤的苹果:"看,这里还有虫咬,也许是雹伤。您这苹果既不够红,又不够大,算不上一级,勉强算二级就不错了。"

这时,卖主沉不住气了,说话也和气了,"您真想要,还个价吧。"

双方终于以每公斤1.4元的价钱成交了。

在谈判中,买主通常会利用吹毛求疵的战术和卖方讨价还价。买主先是再三挑毛病,提出一大堆意见和问题,这些问题有的是真实的,有的只是策略的需要。他们之所以要这么做,无非是为了达到以下几个目的:使卖主把卖价的标准降低;使己方有讨价还价的余地;让对方知道,己方是很精明的,不会轻易地被人欺蒙。这个战术使卖方的谈判人员在以低价卖出货物时,仍有借口向老板交代。当他向老板报告时,他可以说,买方已不再挑剔他们货物的许多缺点了,大家可以松口气了! 不然事情可能会比现在还要糟,即使以这个价格,货还不见得能卖得出去呢!

当然,卖主也可以提出某些吹毛求疵的问题来加强自己的议价力量。吹毛求疵能使谈判者在交易时充分地争取到优势地位,如果能够善加利用,它必然会给你带来无穷的好处。

（五）期限效果

从统计数字来看,我们发现,有很多谈判,尤其较复杂的谈判,都是在谈判期限即将截止前才达成协议的。不过,未设定期限的谈判也为数不少。谈判若设有期限,那么,除非期限已到,不然的话,谈判者是不会感觉到什么压力存在的,所谓"不见棺材不掉泪"就是这种道理。当谈判的期限愈接近,双方的不安与焦虑感便会日益扩大,而这种不安与焦虑,在谈判终止的那一天,那一时刻,将会达到顶点——这也正是运用谈判技巧的最佳时机。

还记得埃、以之间举行的长达十二天的会议吗? 此一首脑会议的目的,是想解决以、埃之间对立三十年来的一切悬而未决的问题。这些问题十分复杂,因此谈判从一开始便进行得非常缓慢,经常中断,没有人有把握能谈出什么结果来。于是,主事者便不得不为谈判设定一个期限——就在下个礼拜天。果然,随着截止期限一天天的接近,总算有一些问题获得了解决。而就在礼拜天将到前的一两天,谈判的气氛突然变得前所未有地顺利,更多的问题迎刃而解,以、埃双方也达成了最后的协议。

在如此重大谈判的过程中,谈判的"截止期限"依然能产生令人惊异的效果,所以,如果你也能将此心理运用在各种谈判中,自然也可获得预期的效果。

为了能使谈判的"限期完成"发挥其应有的效果,对于谈判截止前可能发生的一切,谈判者都必须负起责任来,这就是"设限"所应具备的前提条件。只有在有新的状况发生或理由充足的情况下,才能"延长期限"。如果对方认为你是个不遵守既定期限的人,或者你会有过随意延长期限的"前科"的话,那么,所谓"设限",对谈判对手就发挥不了什么作用。即使期限已到,也不会有人感觉到不安与焦虑,因为他们早已算准了你"不把期限当做一回事"。

你的谈判对手或许会在有意无意中透露一个"截止谈判"的期限来,譬如"我必须在一个小时内赶到机场"、"再过一个小时,我得去参加一个重要的会议",这样的"自我设限",不正给了你可乘之机吗? 在这种情况下,你只需慢慢地等,等着那"最后一刻"的到来便行了。当距离飞机起飞或开会的时间愈来愈近,对方的紧张不安想必也愈来愈严重,甚至巴不得双方就在一秒钟内达成协议。此时此刻,你就可以慢条斯理地提出种种要求"怎么样呢? 我觉得我的提议相当公平,就等你点个头了,只要你答应,不就可以放心地去办下一件事了!"由于时间迫切,对方很可能便勉为其难地同意你的提议,不敢有任何异议。

以上所举的,是谈判对手为自己设定了一个不利于己的期限的例子。这也要同时提醒自己,千万不要犯了相同的错误。这种错误,是绝对不会发生在一名谈判高手身上的。

(六)透露假信息

在谈判桌前,通过电话,你可以故意(看似无意)透露一些信息给对方。作为卖方,你可以透露出物价有可能上涨的消息,或者由于原材料紧张,涨价以及资金周转困难等原因,某产品可能暂停生产或缩减生产量等等消息。作为买方,你可以透露过些天将与另一家洽谈的消息,或者物价有可能下跌等等有利于己方的消息。由于这些消息是通过你与第三者在电话中对话而传到谈判对方的耳朵中的,就给对方一种假象,似乎是天赐良机让其得知了重要信息,从而增加了可信度。这就有利于你在谈判中处于主动地位,使谈判向有利于自己的方面转化。

案例 6-13

　　美国一家钢铁公司与一家钢材销售商在谈判桌前讨价还价,经过几个回合,仍没有达成协议。钢铁公司一位代表拿出电话拨通总部,同时作了记录。通话结束后,这位代表要求暂停谈判,并马上召集己方人员离开谈判室。几分钟后,钢铁公司人员返回到谈判室,表示绝不低于那个价格。结果,双方就按钢铁公司提出的价格达成了协议。原来,钢铁公司的电话记录写着几种直径的圆钢存货不多,有可能提价。他们在谈判暂停时忘记带走记录而留在谈判室了。自然地,他们一离开,销售商便获得了信息,因而同意了钢铁公司提出的价格。谁知,这是钢铁公司特意策划的。

（七）沉默是金

沉默是话语中短暂的间隙，是超越语言力量的一种高超的传播方式。恰到好处的沉默能收到"此时无声胜有声"之效果。当你试图迫使对方让步时，你最好是请他们出一个合适的价格，刺探买家的底牌，当然他们不会如此直率，对这些谈判高手简直就是班门弄斧，买家对于自己的底牌会守口如瓶，同时他们还会迫使你说出具体的数字。怎么办呢？如果是谈判高手的话就会坚持到底，看看谁更有耐心，你应该再重复一遍之前的话："还是你们出个更合适的价吧？"然后采取沉默策略。百分之百的沉默，一个字也不说！一般情况下，先开口的一方就是让步的一方，甚至连说辞都极为相似："好吧，我再让步5％，这是最后的让步，如果你不同意，那么现在就终止谈判。"就是这么简单，看似没有结果的交易突然峰回路转、柳暗花明。沉默不仅能够迫使对方让步，还能最大限度掩饰自己的底牌。

案例 6-14

有位著名的谈判专家一次替他的邻居与保险公司交涉赔偿事宜。

理赔员先发表了意见："先生，我知道你是交涉专家，一向都是针对巨额款项谈判，恐怕我无法承受你的要价，我们公司若是只出100美元的赔偿金，你觉得如何？"专家表情严肃地沉默着。

理赔员果然沉不住气了："抱歉，请勿介意我刚才的提议，再加一些，200美元如何？"

良久的沉默后，谈判家开腔了："抱歉，无法接受。"

理赔员继续说："好吧，那么300美元如何？"

专家过了好一会儿，才道："300美元？ 嗯……我不知道。"

理赔员显得有点慌了，他说："好吧，400美元。"

又是踌躇了好一阵子，谈判专家才缓缓说道："400美元？ 嗯……我不知道。"

"就赔500美元吧！"

就这样，谈判专家只是重复着他良久的沉默，重复着他的痛苦表情，重复着说不厌的那句缓慢的话。最后，这件理赔案终于在950美元的条件下达成协议，而邻居原本只希望要300美元！

谈判是一项双向的交涉活动，每方都在认真地捕捉对方的反应，以随时调整自己原先的方案。此时，一方若干脆不表明自己的态度，只用良久的沉默和"不知道"，这些可以从多角度去理解的无声和有声的语言，就可以使对方摸不清自己的底细而做出有利于己方的让步。上述谈判专家正是利用了这一点，使得价钱一个劲儿自动往上涨。

六、阻止对方进攻

在谈判中，我们一方面要能有效的迫使对方让步，另一方面也要在对方向我方发动攻势时采取一定的应对策略。

（一）设立限制

1.权力有限

就一般情况而言，参加商务谈判的所有人员，其所拥有的权力都是有限的。这种权力的大小主要取决于三个方面：

一是上司的授权。上司给予其多大权力,他应有多大权力,不能超过权力界限来处理事务。

二是国家的法律和公司的政策。任何谈判人员都不能不顾国家法律和公司的政策来谈判。

三是一些贸易惯例。任何谈判人员都不可违反贸易惯例来决定某件事。

其实,在某种意义上讲,一个在权力上受到限制的谈判人员要比大权独揽、一个人即可拍案签约的谈判者处于更有利的地位。在谈判者权力受到限制的时候,往往可以使他的立场更加坚定,更能够自然地说出一个"不"字。的确,在商务谈判中,受到限制的权力才是真正的权力。因为任何一个谈判者,在他本身受到诸如上司授权、国家法律规定、公司政策、贸易惯例等等限制的时候,任何一个谈判对手都不能强迫对方不顾国家法律、公司政策的规定,超越其权力来答应己方的要求。所以当对方迫使你方让步时,不妨以权力受限为由拒绝对方。

2.资料不足

在商务谈判过程中,当对方要求就某一个问题进行进一步解释,或要求己方让步时,可以用抱歉的口气告诉对方:实在对不起,有关这个问题方面的详细资料我方手头暂时没有,或者没有备齐,或者这属于本公司方面的商业机密,概不透露,因此暂时还不能作出答复。这就是利用资料限制因素阻止对方进攻的常用策略。当对方听了这番话之后,即可暂时将问题放下,这就很简单地阻止了对方咄咄逼人的攻势,因而化解了对方的进攻。同样,利用资料限制因素来阻止对方进攻的策略也不能经常使用,经验表明,使用的频率与效率是成反比的,会使对方怀疑己方无诚心谈判,或者请己方将资料备齐后再来谈,这就很被动了。

3.财政有限

这种策略可以用下面的方式来表达:"我们成本就这么高了,这价格真的是不能再低了,能降我早就给您降了。""我们预算中没有这笔开支。""这次以这个价格定这些货可以,不过您得再订货。""如果您坚持这个价钱,那我们只能半年内把货交齐。""如果您需要下一年的订单,我们一定按照您的要求去做。""这是我们的首次合作,如果您能接受长期合作的话,我们会在价钱上给您优惠。""如果您先付给我们1万美元的定金,这就成交。"

4.没有先例

通常是指握有优势的一方坚持自己提出的交易条件,尤其是价格条件而不愿让步的一种强硬方式。如果买方所提的要求使卖方不能接受时,则卖方谈判者向买方解释说:如果答应了买主这一次的要求,对卖方来说,就等于开了一个交易先例,这样就会使卖方今后在遇到类似的其他客户发生交易行为时,也至少必须提供同样的优惠,而这是卖方客观上承担不起的。买方除非已有确实情报可予揭穿,否则只能凭主观来判断,要么相信,要么不相信,别无其他办法。

当谈判中出现以下情况时,卖方可以选择运用"没有先例"的策略:

①谈判内容属保密性交易活动时。如高级生产技术的转让、特殊商品的出口等。

②交易商品属于垄断经营时。

③市场有利于卖方,而买主急于达成交易时。

④当买主提出交易条件难以接受时。这一策略性回答也是退出谈判最有礼貌的托词。

⑤其他借口。

例如:"你们这个报价,我方实在无法接受,因为我们这种型号产品售价一直是××元。"又如:"在30%的预付款上可否变通一下,我们购买其他公司的产品一律按20%交预付款。"再如:"××公司是我们十几年的老客户,我们一向给他们的回扣是20%,因此对你们超过20%是不行的。"

（二）以攻对攻

在对方就某个问题要求己方让步时,己方可以把这个问题与另外一个问题联系起来,也要求对方在另一个问题上让步,即以让步易让步。假如对方要求己方降低价格,己方就可以要求对方增加订购数量,延长己方交货期,或者改变支付方式,以非现金结算等等。这样做,或是双方都让步,或者是都不让步,从而阻止了对方的进攻。假如对方提出的要求损害了己方的根本利益,或者他们的要求在己方看来根本是无理的,己方也可以提出一个对方根本无法答应或者荒谬的要求回敬他们,让对方明白对于他们的进攻,己方是有所准备的,没有丝毫让步的余地。面对己方同样激烈的反攻,对方很快会偃旗息鼓,进而放弃他们的要求。

案例 6-15

上海 ACE 箱包公司产品质量高,产品远销欧美亚 10 多个国家和地区。一次,谈判人员小刘同日本客商谈判已 3 天了,谈判桌上气氛很紧张,一切都是为了包装箱的价格。

中午,吃饭时间到了。日本客商邀请业务员到上海大厦就餐。要动筷子了,日本客商开口道:"刘先生,这件事我们商量商量。从明天起,我每天请你吃中饭,你每只箱包减 1 美分,好吗?"

业务员没有立即回答,他明白,每只箱减去 1 美分,75 万只箱包,就是 7500 美元,折合人民币近 5 万元。他放下筷子,站了起来,微笑着回答:"好啊!从明天起,我也每天请你吃晚饭,你增加 1 美分,好么?"

落落大方,不卑不亢,这是一个极有力的回答!日本客商无言以对,无可奈何地摇了摇头,接受了我们的价格。

（三）循环逻辑

在商务谈判中,有一条适用于讨价还价的循环逻辑,这条循环逻辑是众多谈判者谈判经验的结晶。它是这样表述的:如果对方在价格上要挟你,和他们谈质量;如果对方在质量上苛求你,和他们谈服务;如果对方在服务上挑剔你,和他们谈条件;如果对方在条件上逼迫你,和他们谈价格。

作为买主,他关心的是不要白白花掉自己的钱。他们的依据是他们的价格估计。买方的估价总是与那种"一分钱一分货"的思想联系在一起的,高的价格总是可以找到愿意出高价买高质的买主。而低的价格同样可以找到不同的买主。买主们主要关注的是,用较低的价格换取较高质量的商品,所以,当买主发动价格攻势让你难以应付时,你就应该自然而然地转到质量问题上,想方设法证明你的质量价格比是高的,以证明你的价格是合理的。当然,也许你的产品质量并不比你的竞争对手高出多少,你的货物并没有多少独特的优越性,你的质量说服也并未有多大效果,你是不是在讨价还价中就意味着黔驴技穷了呢?此时,你可以转而去强调你的服务水平。强硬的买主也许在服务上对你要求极严,又不肯在价格上让步,你可以以某种形式改动交易条件。大多数的交易都可以进行重新组织,使得对方和己方都可以从这一交易中得到更多想要的东西。如果对方希望价钱低,那么或者把交易的规格降低,取消某些花费较多的项目;或者请他们也能以某种方式让己方减少一点花费;或者己方改变计算交易价格的办法。在任何一笔交易中,达到己方所希望的目标的途径有千百条,通过改动条件,总可以在确认己方的目标的同时,确认对方期望之利益所在。当然,如果对方在条件上对你卡住,总不松口,那么你就应该重新回到价格问题上,在价格上也采取强硬态度。这种讨价还价的逻辑循环在谈判中广为采用,较复杂的谈判甚至要经过多次这样的循环。

(四)巧于应答

当双方磋商时,实际就是双方问答的过程,有问必有答,人们的语言交流就是这样进行的。问有艺术,答也有技巧,问得不当,不利于谈判;答得不好,同样也会使己方陷入被动。谈判人员的每一句话都负有责任,都将被对方认为是一种承诺,给回答问题的人带来一定的精神负担和压力。因此,一个谈判人员水平的高低,在很大程度上取决于其答复问题的水平。谈判中的回答,是一个证明、解释、反驳或推销己方观点的过程。当对方不断施压要求我们做出让步,不断提出各种问题,我们要有效地回答好每个问题,在谈判前,我们可以先假设一些难题来思考,事先考虑得越充分,所得到的答案就会越完美。通常,在谈判中应当针对对方提出的问题实事求是地正面作答,但是,由于商务谈判中的提问往往千奇百怪、五花八门,多是对方处心积虑、精心设计之后才提出的,因此如果对所有的问题都正面提供答案,并不一定是最好的答复,所以答复也必须运用一定的技巧。

案例 6-16

一个农夫在集市上卖玉米。因为他的玉米特别大,所以吸引了一大堆买主。其中一个买主在挑选的过程中发现很多玉米上都有虫子,于是他故意大惊小怪地说:"伙计,你的玉米倒是不小,只是虫子太多了,你想卖玉米虫呀?可谁爱吃虫肉呢?你还是把玉米挑回家吧,我们到别的地方去买好了。"买主一边说着,一边做着夸张而滑稽的动作,把众人都逗乐了。

农夫见状,一把从他手中夺过玉米,面带微笑却又一本正经地说:"朋友,我说你是从来没有吃过玉米咋的?我看你连玉米质量的好坏都分不清,玉米上有虫,这说明我在种植中,没有施用农药,是天然植物,连虫子都爱吃我的玉米,可见你这人不识货!"接着,他又转过脸对其他的人说:"各位都是有见识的人,你们评评理,连虫子都不愿意吃的玉米就好么?比这小的就好么?价钱比这高的玉米就好么?你们再仔细瞧瞧,我这些虫子都很懂道理,只是在玉米上打了一个洞而已,玉米可还是好玉米呀!我可从来没有见过像他这么说话的虫子呢!"他说完了这一番话语,又把嘴凑在那位故意刁难的买主耳边,故作神秘状,说道:"这么大,这么好吃的玉米,我还真舍不得这么便宜地就卖了呢!"

农夫的一席话,顺此机会,把他的玉米个大、好吃,虽然有虫但是售价低这些特点表达出来了,众人被他的话语说得心服口服,纷纷掏出钱来,不一会儿工夫,农夫的玉米销售一空。

在本案例中农夫就充分运用了语言的艺术,利用不同的表述方式,反映了问题的不同方面,从而使问题由不利转向有利,有效地阻止了对方的进攻。

（五）苏格拉底劝诱法

苏格拉底是 2000 多年前古希腊的大哲学家,他以论辩见长。他创立的问答法至今还被世界公认为"最聪明的劝诱法"。其原则是:与人论辩时,开始不要讨论分歧的观点,而着重强调彼此共同的观点,取得完全一致后,自然地转向自己的主张。具体的作法和特点是:开头提出一系列的问题让对方连连说"是",与此同时,一定要避免让他说"不"。

苏格拉底问答法之所以有如此的魅力,在于委婉的表达策略。现代谈判学的研究表明,谈判者的认识和情感有时并非完全一致。因此,在谈判中有些话虽然完全正确,但对方往往却因为碍于情感而觉得难以接受。这时,如果你把话语中的棱角磨去,变得软化一些,也许谈判对手就能既从理智上、又从感情上接受你的意见。苏格拉底问答法采用设问的形式,由远渐近地涉入主题,语气和缓、不生硬,当然易于为对方所接受,也易于说服对方做出让步。

案例 6-17

美国一家电器公司的推销员阿里森一次到一家不久前才发展的新客户那里去,企图再推销一批新型的电机。一到这家公司,总工程师劈头就说:"阿里森,你还指望我们要多买你的电机吗?"一了解,原来该公司认为刚刚从阿里森那里购买的电机发热超过正常标准。阿里森知道强行争辩于事无补,决定采用苏格拉底问答法来和对方论理并说服对方。

他了解情况后,明知故问:"好吧,史密斯先生! 我的意见和你的相同,假如那电机发热过高,别说再买,就是买了的也要退货,是吗?"

"是的!"总工程师自然做出了阿里森所预料的反应。

"自然,电机是会发热的,但你当然不希望它的热度超过全国电工协会规定的标准,是吗?""是的。"对方又说了一次。

尔后,阿里森开始讨论具体问题了,他又问:"按标准,电机的温度可比室温高华氏72 度,是吗?""是的,"总工程师说:"但你们的产品却比这高得多,简直叫人无法触摸,难道这不是事实吗?"

阿里森仍不与他争辩,只是反问道:"你们车间的温度是多少?"总工程师略为思索,答道:"大约华氏 75 度。"阿里森兴奋起来,拍着对方肩膀说:"是啦! 车间是华氏 75度,加上正常超过室温的华氏 72 度,一共是华氏 150 度左右。如果你把手放在华氏150 度的热水里,是否会把手烫伤呢。"总工程师虽然极不情愿,但也不得不点头称是。阿里森接着说:"那么,以后你就不要用手去摸电机了,放心,那完全是正常的。"谈判结果是,阿里森不但说服了对方,消除了其偏见,而且又做成了一笔生意。

阿里森开始所问的问题,都是反对者所赞同的。在他机智而巧妙的发问中,获得无数"是"的反应,使对方在不知不觉中,被诱导到他所希望的结论中。这就是著名的苏格拉底劝诱法的妙用。

（六）幽默拒绝法

在商务谈判中,幽默是一种融洽感情的润滑剂。幽默能使紧张的谈判气氛一下子变得十分轻松：它能使谈判者因为充满情趣而受人欢迎；它能使对立冲突一触即发的态势变为和谐的谈判进程；它能使对方不失体面地理解、接纳、叹服你的劝慰，并进而接受你的观点。当你无法满足对方提出的不合理要求，在轻松诙谐的话语中设一个否定之词或讲述一个精彩的故事让对方听出弦外之音，既避免了对方的难堪，又转移了对方被拒绝的不快。

案例 6-18

　　某洗发水公司的产品经理正与客户谈判，对方声称曾听说有公司在抽检时发现该洗发水公司的产品有分量不足的情况，并以此为筹码不依不饶地讨价还价。该公司代表微笑着娓娓道来："美国一专门为空降部队伞兵生产降落伞的军工厂，产品不合格率为万分之一，也就意味着一万名士兵将有一个在降落伞质量缺陷上牺牲，这是军方所不能接受和容忍的，他们在抽检产品时，让军工厂主要负责人亲自跳伞。据说从那以后，合格率就一直为百分之百了。如果你们提货后能发现分量不足的洗发水，请赠送给我，我将与公司负责人一同分享，这可是我公司成立8年以来首次碰到使用免费洗发水的好机会哟。"这样拒绝不仅转移了对方的视线，还阐述拒绝否定理由，即合理性。

第五节　僵局的策略

一、僵局产生的原因

　　谈判在进入实际的磋商阶段之后，谈判各方往往会由于某种原因而相持不下，陷于进退两难的境地。谈判中的僵局即是指在谈判过程中，双方因暂时不可调和的矛盾而形成的对峙。当然，并不一定在每次谈判中都会出现僵局，但也可能在一次谈判中出现几次僵局。商务谈判中僵局是谈判的一种不进不退的状态。当双方均不对分歧做妥协时，谈判进程就会出现停顿，谈判也就进入了僵局。一旦谈判陷于僵局，谈判各方应探究原因，积极主动地寻找解决的方案，切勿因一时陷于谈判的僵局而终止谈判。造成僵局的原因从大的方面来说有两种：客观原因和主观原因。

　　（一）客观原因

　　由于客观原因造成的谈判陷入僵局一般是因为谈判不具可行性，也就是说，谈判本身属于那种没有可行性的谈判。没有可行性的谈判主要包括以下三种情况：

　　1.客观条件不具备

　　有些谈判由于客观上不具备履约条件，或虽能履约但不可能达到目的。但谈判方开始并未认识到这一点，随着谈判的深入，这一问题逐渐明朗化，随之谈判也陷入僵局，最终导致谈判的瓦解。

　　2.没有谈判的价值

　　由于谈判之前没有做好调查研究和可行性分析，在谈判中，双方讨价还价后才发现，该谈判耗资费神，但双方均受益甚微，以致谈判者进退两难，最终不得不停止谈判。

　　3.不具备谈判的协议区

谈判主体间开局的利益要求是大相径庭的,但谈判不可能是单方面利益的满足,而是一种相互满足的过程。如果买方愿出的最高价为 2 万元,卖方愿出的最低价为 1.5 万元,显然双方是具备协议区的,经过讨价还价,他们可能在 1.5～2 万元之间某个价格点上成交。但如果买方愿出的最高价为 2 万元,卖方愿出的最低价为 2.5 万元,显然双方是不具备协议区的,根本不可能成交。在商务谈判中,协议区并非谈判伊始就很明朗,而是一个双方逐步探索的过程。在激烈的讨价还价之后,双方可能发现各自愿意成交价格迥异,根本不可能交易,因而谈判陷入僵局并导致最终破裂也就在所难免。

自然,由于谈判本身不具备可行性而导致的僵局很容易转化为死局。但是,许多谈判之所以陷入僵局,并非因为谈判本身不具有可行性,而是因为双方基于感情、立场、原则之上的主观因素所致。

(二)主观原因

1.谈判中形成一言堂

谈判中的任何一方,不管出自何种欲望,如果过分地、滔滔不绝地论述自己的观点而忽略了对方的反应和陈述的机会,必然会使对方感到不满与反感,造成潜在的僵局。

2.谈判一方故意制造谈判僵局

这是一种带有高度冒险性和危险性的谈判战略,即谈判的一方为了试探出对方的决心和实力而有意给对方出难题,搅乱视听,甚至引起争吵,迫使对方放弃自己的谈判目标而向己方目标靠近,使谈判陷入僵局,其目的是使对方屈服,从而达成有利于己方的交易。

故意制造谈判僵局的原因可能是过去在商务谈判中上过当、吃过亏,现在要给对方报复;或者自己处在十分不利的地位,通过给对方制造麻烦可能改变自己的谈判地位,并认为即使自己改变了不利地位也不会有什么损失。这样就会导致商务谈判出现僵局。

3.立场观点的争执

在讨价还价的谈判过程中,如果双方对某一问题各持自己的看法和主张,意见分歧,那么,越是坚持各自的立场,双方之间的分歧就会越大。这时,双方真正的利益被这种表面的立场所掩盖,于是,谈判变成了一种意志力的较量,当冲突和争执激化、互不相让时,便会出现僵局。所以谈判双方在立场上关注越多,就越不能注意调和双方利益,也就越不可能达成协议。纠缠于立场性争执是低效率的谈判方式,它撇开了双方各自的潜在利益,不容易达成明智的协议,而且由于相持不下,它还会直接损害双方的感情,谈判者要为此付出巨大代价。因为人们最容易在谈判中犯立场观点性争执的错误,这也是形成僵局的主要原因。

4.偏激的感情色彩

在谈判中,由于一方言行不慎,伤害对方的感情或使对方丢了面子,也会形成僵局,而且较难处理。一些有经验的谈判专家认为,许多谈判者维护个人的面子甚于维护公司的利益。如果在谈判中,一方感到丢了面子,他会奋起反击,挽回面子,甚至不惜退出谈判。这时,这种人的心态处于一种激动不安的状况,态度也特别固执,语言也富于攻击性,明明是一个微不足道的小问题,也毫不妥协退让,自然,双方就很难继续交谈,陷入僵局。

5.谈判人员的失误

有些谈判者想通过表现自我来显示实力,从而使谈判偏离主题;或者争强好胜,提出独特的见解令人诧异;或者设置圈套,迷惑对方,使谈判的天平向着己方倾斜,以实现在平等条件下难以实现的谈判目标。但是在使用一些策略时,因时机掌握不好或运用不当,也往往导致谈判过程受阻及僵局的出现。

6.信息沟通的障碍

由于双方文化背景的差异,一方语言中的某些特别表述难以用另一种语言准确表述出来而造成误解。某跨国公司总裁访问一家中国著名的制造企业,商讨合作发展事宜。中方总经理很自豪地向客人介绍说:"我公司是中国二级企业……"此时,翻译人员很自然地用"Second、Class Enterprise"来表述。不料,该跨国公司总裁闻此,原本很高的兴致突然冷淡下来,敷衍了几句立即起身告辞。在归途中,他抱怨道:"我怎么能同一个中国的二流企业合作?"可见,一个小小的沟通障碍,会直接影响到合作的可能与否。由于谈判人员对信息的理解受其职业习惯、受教育的程度以及为某些领域内的专业知识所制约,所以经常出现表面上看来,谈判人员对对方所讲的内容似乎已完全理解了,但实际上这种理解却常常是主观、片面的,甚至往往与信息内容的实质情况完全相反。

7.谈判人员素质低下

俗话说:"事在人为"。谈判人员素质的高低往往成为谈判进行顺利与否的决定性因素。无论是谈判人员工作作风方面的原因.还是谈判人员知识经验、策略技巧方面的不足或失误,都可能导致谈判陷入僵局。

8.外部环境发生变化

当谈判的外部环境,如价格、通货膨胀等因素发生变化时,谈判的一方不愿按原有的承诺签约,也会导致僵局产生。

这些由于客观原因造成的僵局,通过谈判者的努力,可得以克服,使谈判双方打通心理渠道,逾越人为的谈判障碍,以促成谈判的成功。

僵局使谈判双方陷入尴尬难堪的境地,它影响谈判效率,挫伤谈判者的自尊心。出现僵局不等于谈判破裂,但它严重影响谈判的进程,如果不能很好地解决,就会导致谈判破裂。因此,应尽力避免在谈判中出现僵局。

渡过僵局的真正办法不是相互道歉,而是达成协议。精明的谈判者敢于利用僵局,好的僵局的利用可以促进双方的理性合作,改变谈判均势。僵局可以事前避免,可以事后超越。当谈判者遇到谈判僵局的时候,切不可灰心丧气,僵局与死局相去甚远。

二、打破僵局的思维

简单来说就是一句话:双方都是胜利者,谈判桌上无胜负。

谈判的达成在于谈判双方的共同利益。几乎在任何情况下,你得到的满足都来自对方满意于协议的内容和愿意遵循它。人们一般会认为谈判的双方之间只有对立和差异,而且认为差异只会带来问题和困难。这种认识是不全面的,圆满的协议之所以有达成的可能,正是因为每一方所要求的是不同的东西。想法的歧义,是达成交易的基础。许多以过度激烈的竞争方式进行的谈判,似乎都以单方面的彻底胜利而告终,所谓的赢家攫取一切,称心如意;而输家则一败涂地,脸面丢尽。然而这很难说是成就了一项协议。这种被迫签订的、一边倒的协议往往并非是最终的结局,它不可能稳定持久。对协议不满的一方,经过一番冷静反省之后,会努力推翻或修改对自己不利的协议。一项完全一边倒的协议会惹出种种麻烦,最终只能被证明是枉费时间和精力,它包含着自我毁灭的危险。

有趣的是,在双方处于僵持状态时,谈判者似乎并不愿再去考虑双方潜在的利益到底是什么,而是一味地希望通过坚持自己的立场来赢得谈判。这种偏离谈判的出发点,错误地把谈判看做是"胜负战"的做法,其结果只会加剧僵局本身。

若重新把注意力集中于立场背后的利益,就可能给谈判带来新希望。埃以和约谈判僵局的突破,正是说明了这个观点。下面这个案例也有异曲同工之妙。

案例 6-19

有一家百货公司,计划在市郊建立一个购物中心,而选中的土地使用权归张桥村所有。百货公司愿意出价 100 万元买下使用权,而张桥村却坚持要 200 万元。经过几轮谈判,百货公司的出价上升到 120 万元,张桥村的还价降到 180 万元,双方再也不肯让步了,谈判陷入了僵局。张桥村坚持的是维护村民利益的立场,因为农民以土地为本,失去了这片耕地的使用权,他们就没有很多选择,而百货公司则是想在购买土地使用权上省下一些钱,用于扩大商场规模。然而冷静地审视双方的利益,则可发现双方对立的立场背后存在着共同利益。经分析后,双方就有了共同的目标,很快就找到了突破僵局的方案。方案之一,按 120 万成交,但商场建成后必须为张桥村每户提供一个就业的名额;方案之二,张桥村以地皮价 120 万入股,待购物中心建成后,划出一部分由农民自己经商,以解决生活出路问题。于是双方的需要即可得到满足,谈判就顺利地突破了僵局,进入两个方案的比较与选择中去,不久协议就很容易地达成了。

谈判是一种合作事业,没有对手的充分合作和协力相助,就会一事无成。高明的谈判者深深地懂得寻求共同利益基础的必要,他们谨防落入那种非赢不可的竞争陷阱。当然,强调商务谈判的合作性,并非摒弃竞争。竞争的作用应体现为一个整体化的过程,它是一种协调谈判双方活动的抗衡。竞争使每一方都得以估量自己同对方抗衡的能力和手段,使他们得到相应的报偿。实际上,竞争是合作的结果。

三、打破僵局的策略

(一)分割—挑选法

谈判需要公平,公平的事业才能长久,才能体现出合作关系,才能更好地满足双方的需要和要求。那么,如何实现公平呢? 分割—挑选法是一个合适的选择。试想,小哥儿俩要分吃一个苹果,如果由父亲或母亲切开,那么他们自然会为谁先挑选闹得不可开交。这不是好办法。最好是让他们中的一人切开,让另一人先挑,这样,切的人小心翼翼,挑的人也仔仔细细,大家都掌握了主动权,矛盾也就迎刃而解。

案例 6-20

70 年代以来的世界各国开始参与国际海底资源开发谈判。当时谈判各方原则上都已同意美国国务卿基辛格的建议:由联合国的附属机构国际海底管理局作为一方,与作为另一方的私有或国有企业"平行开发"海底矿藏。但是,许多发展中国家仍然担心,最好的采矿场地可能会被一些工业发达国家捷足先登,谈判陷入了僵局。最后,根据分割—挑选法人们达成协议:每一个预定矿址的申请者首先要探明一块足够大的区域,这块区域要有足够多的资源可供两家采矿公司开采。然后,要求这家采矿公司(一般来自发达国家)将所探明的场地分割为二,而国际海底管理局有权优先从中挑选一块。

　　运用分割—挑选法,谈判双方往往能得到各自满意的结果,因为它给了双方平等地参加选择的权利和机会。尤其是在谈判相持不下、悬而不决的时候,这种方法十分管用。

　　用分割—挑选法说服谈判对手的具体做法是这样的:谈判者将可能的成交方式一分为二,归纳成两个,然后帮助谈判对手两者择一。例如,可以这样说:"现在让我们逐一分析一下您的两种可能选择。首先看看,如果您改进我们竞争对手的货将会出现什么情况,然后再看看您继续进我们的货将会出现什么情况。"希望能够利用这种分析方法向买主说明继续合作的好处要比改弦易张的好处大得多,而且麻烦较少。谈判者在商务谈判中运用分割—挑选法,之所以敢列举谈判对手上述两种进货途径,在于他确信对方从自己这里进货要比从自己的竞争对手那里进货好处要大得多。

　　不但如此,精明的谈判者还善于缩小谈判对手的选择范围,诱导谈判对手做出有利于己方的回答。他愿意这样问:"你是订购100台还是订购200台?"而不是问对方:"你是订购还是不订购?"在成交时间方面,他也倾向于这样问:"是今天签约还是明天签约?"而不是笼统地问一个签约时间。

　　当然,一个精明的谈判者不但善于对各种成交可能性进行分割,还善于从中进行挑选。当谈判对手的各项备选项具有明显的诱导性时,他会婉转地向谈判对手提出质疑:"我想今明两天签约都不成熟,是否深入地谈下去以后再说?"他也善于对各项备选项进行比较,从中选出对自己更有利的一项。谈判者应记住,要经常给对手一个选择的余地,这样更具有说服力。

　　(二)诚恳

　　坦诚是良好谈判关系所不可或缺的因素。一般而论,谈判伙伴间越坦诚相见,他们解决问题、消弭分歧便越容易。谈判者必须努力提高自己的信用程度,以恪守信用、言而有信的形象出现在谈判场上。否则,谈判者的事业也就失去了生机。

案例 6-21

　　沃尔·斯特里特公司的男鞋推销员去拜访他的一个老客户。在推销过程中,这位商人抱怨说:"知道吗?最近2个月,我们订货的发送情况简直糟透了。"这一抱怨对于公司的推销员来说无疑是一个巨大的威胁,谈判有陷入僵局的危险。

　　推销员的回答很镇定:"是的,我知道是这样,不过我可以向您保证,这个问题很快就能解决。您知道,我们只是个小型鞋厂,所以,当几个月前生意萧条并有9万双鞋的存货时,老板就关闭了工厂。如果您订的货不够多,在工厂重新开工和有新鞋出厂之前,您就可能缺货。最糟糕的是,老板发现由于关闭工厂他损失了不少生产能手,这些人都去别处干活了,所以,在生意好转之后,他一直难以让工厂重新运转。他现在知道了,他过早惊慌地停工是错误的,但我相信我们老板是不会把现在赚到的钱盘存起来而不投入生产的。"

　　那客户笑了,说:"我得感谢您,您让我在一个星期之内头一次听到了如此坦率的回答。我的伙计们会告诉你,我们本周一直在与一个购物中心谈判租赁柜台的事,但他们满嘴瞎话,使我们厌烦透了。谢谢您给我们带来了新鲜空气。"

　　不消说,这个推销员用他的诚恳态度赢得了客户的极大信任,他不但做成了这笔生意,还为以后的生意打下了良好的基础。人们总是愿意和他所熟识和信任的人做买卖。而获得信任的最重要的途径就是待人诚恳。在商务谈判出现僵局的时候,如果谈判者能从谈判对手的角度着眼考虑问题,急人之所急,想人之所想,对谈判对手坦诚以待,对方也必然会做出相应的让步,僵持不下的局面也就随之消失。

谈判高手善于用诚恳去征服对手的心,他们不仅将诚恳视为一个克服僵局的手段,也将诚恳视为每次谈判的基础和继续合作的条件。为了谈成更多的交易,他们将诚恳的态度作为自己经商的必备条件。商场亦是"情场",多年的老主顾、老客户,既是谈判对手,亦是老朋友,彼此扶助,大家发财,是极自然的道理。

(三)强硬

并非所有的僵局都可以靠诚恳破解的。如果你推心置腹地与对手交了底,可能反而让对手抓住了把柄,作为进一步向你讨价还价的根据。所以,遇到了态度特别强硬的对手,有时倒不妨以硬对硬,对手倒有可能做出让步,有句名言说得好:"你要变成绵羊,狼是不会反对的",正是这个道理。有人打过一个比喻,正是这种手法的生动写照:两辆载运炸药的卡车在单车道上轰隆隆地相向而行。现在的问题是哪辆车礼让靠边以免造成车祸,两辆车越驶越近,其中一位司机拔下方向盘往窗外一扔,另一位司机见状,只有两种选择:要么相撞爆炸,同归于尽;要么赶快让到路边。如果他稍稍还有点理智的话,毫无疑问,他做出的必然是第二种选择。第一个司机所使用的是一种破釜沉舟的策略,根本没法子通融。自相矛盾的是,虽然他暂时削弱了对局势的控制,但在对方态度也十分强硬、不肯相让的情况下,却反而加强了他讨价还价的地位,对方不能不退让。正因为此,在遇到僵局时,常有人运用这一策略。常见的是下最后通牒。

1.最后通牒

所谓最后通牒是指给谈判规定最后的期限,如果对方在这个期限内不接受己方的交易条件达成交易,则己方就宣布谈判破裂而退出谈判。这种策略常常在谈判双方争执不下、对方不愿做出让步以接受己方交易条件时使用,以逼迫对方让步。

最后通牒常常证明是一种行之有效的策略。在谈判中人们对时间是非常敏感的。特别是在谈判的最后关头,双方已经过长时间紧张激烈的讨价还价,在许多交易条件上已经达成一致,只是在最后的某一、两个问题上相持不下,如果这时一方给谈判规定了最后期限,发出了最后通牒,另一方就必须考虑自己是否准备放弃这次盈利的机会,牺牲前面已投入的巨大谈判成本,权衡做出让步的利益牺牲与放弃整个交易的利益牺牲谁轻谁重,以及坚持不作让步、打破对方最后通牒而争取达成协议的可能性。如果谈判对手没有足够的勇气和谈判经验的话,那么,在最后通牒面前选择的道路常常是退却,做出让步以求成交。发出最后通牒一方也就大功告成。

案例 6-22

美国一家航空公司要在纽约建立一个大的航空站,想要求爱迪生电力公司优待电价。这场谈判的主动权掌握在电力公司一方,因为航空公司有求于电力公司。因此,电力公司推说如果给航空公司提供优待电价,公共服务委员会不会批准,不肯降低电价,谈判相持不下,谈判陷入了僵局。

这时,航空公司突然改变态度,声称若不提供优待电价,他就撤出这一谈判,自己建厂发电。此言一出,电力公司慌了神,立即请求公共服务委员会从中说情,表示愿意给予这类新用户优待价格。因为若失去给这家大航空公司供电,就意味着电力公司将损失一大笔钱,所以电力公司急忙改变原来傲慢的态度,表示愿意以优待价格供电。

2.发出最后通牒的条件

谈判者要想成功地运用这一策略来迫使对手让步,必须具备一些条件:

(1)令对方无法拒绝

发出最后通牒,必须是在对方走投无路的情况下,对方想抽身,但却已为时过晚,因为此时他已为谈判投入了许多金钱、时间和精力,不能在谈判刚开始,对方有路可走的时候发出。

(2)言辞不能太尖锐

谈判者必须尽可能委婉地发出最后通牒。最后通牒本身就具有很强的攻击性,如果谈判者再言辞激烈,极度伤害了对方的感情,对方可能由于一时冲动,铤而走险,一下子退出谈判,对双方均不利。

(3)令对方无法反击

如果能进行有力的反击,就无所谓最后通牒了。谈判者必须有理由确信对方会按照自己所预期的那样做。

(四)拖延

在对方要价很高而又态度坚决的情况下,请其等待我方的答复,或者以各种借口来拖延会谈时间。但"缓兵"不是"拖延",表而是"静",实则是"动",为的是主动进攻。拖延了一段时间后,对方可能耐心大减,而我方乘机与对方讨价还价,达成谈判目的。

案例 6-23

深圳某公司与某港商就其引进机械设备的事宜进行谈判时,对方提出了很高的开盘价。深方谈判代表在谈判桌上与对方展开了激烈的辩论,但由于港商态度坚决,谈判没有取得任何进展。深方如果没有这种设备,扩大再生产的计划就无法实现,如果答应港商的条件,深方则要被重重地宰一刀,这是深方所不情愿的。就在谈判陷入僵局,深方进退两难之际,公司谈判代表突然宣布谈判暂停,对港商的条件需要请示董事会,请求港商等待我方的答复。

一拖就过去了半个月。港商急了,再三请求恢复谈判。深方均以董事会成员一时难以召集,无法达到法定人数,因此无法召开董事会讨论这一问题为由拖延时间。又过了一个星期,港商又来催问,深方仍是如此答复。这下港商慌了手脚,急忙派人打听消息,结果令其大吃一惊。原来该公司已经与日本一家公司商洽同类商品的进口问题,双方对达成这笔交易很感兴趣。时间就是金钱,港商眼看着可能要失去一个十分重要的市场马上转变了态度,表示愿意用新的价格条件同深方继续商谈,深方看着目的已经达到,就同意了港商的要求。谈判最终达成协议,深方大大节省了一笔外汇支出。

当双方谈不拢造成僵局时,有必要把洽谈节奏放慢,看看有没有什么办法解决。而且在实际洽谈中,各种阻碍还有很多,对付它们,拖延战术是颇为有效的。不过,必须指出的是,这种"拖"绝不是消极被动的,而是要通过"拖"得的时间收集情报,分析问题,打开局面。

消极等待,结果只能是失败。

（五）暂停

商务谈判过程大都紧张而激烈,需要谈判者耗费大量的精力。在紧张而激烈的气氛中,谈判行极其容易产生情绪,常常钻入牛角尖而很难钻出来,于是双方争得面红耳赤,互不相让,此时若适时地暂停谈判,可以使双方冷静地考虑自己的处境和对方的情势,做出让步的决定或者考虑采用第三方案,化解已经出现的僵局。

当谈判双方话不投机,出现横眉冷对的场面时,僵局已无法在场内打破,此时可以到场外寻找打破僵局的办法。其具体办法是在场外与对方进行非正式谈判,多方面寻找解决问题的途径。如请对方人员参加己方组织的参观游览、运动娱乐、宴会舞会等,也可以到游艺室、俱乐部等处娱乐、休息。这样,在轻松愉快的环境中,大家的心情自然也就放松了。更主要的是,通过游玩、休息、私下接触,双方可以进一步增进了解,清除彼此间的隔阂,增进友谊,也可以不构形式地就僵持的问题继续交换意见,寓严肃的讨论于轻松活泼、融洽愉快的气氛之中。这时,彼此间心情愉快,人也变得慷慨大方。谈判桌上争论了几个小时无法解决的问题,在这儿也许会迎刃而解了。

经验表明,双方推心置腹的诚恳交谈对缓和僵局十分有效。如强调双方成功合作的重要性、双方之间的共同利益、以往合作的愉快经历、友好的交往等,以促进对方态度的转化。在必要时,双方会谈的负责人也可以单独磋商。也可以利用调节人。当出现了比较严重的僵持局面时,彼此间的感情可能都受到了伤害。因此,即使一方提出缓和建议,另一方在感情上也难以接受。在这种情况下,最好寻找一个双方都能够接受的中间人作为调节人或仲裁人。

（六）易人

在球类比赛中,当球队左冲右突比赛却没有进展时,教练往往向裁判申请运动员易人,以此来打开局面。在商务谈判陷入僵局时,易人的办法也常常发挥作用。

不少谈判的僵局是由主谈人的感情色彩导致的。僵局一旦形成,主谈人的态度便不易改变,有时会潜在地滋生起抵触情绪,危害谈判。这时,最好是改换主谈人。双方谈判人员如果互相产生成见,特别是主要谈判者,那么谈判就很难继续进行下去。即使是改变谈判场所,或采取其他缓和措施,也难以从根本上解决问题。形成这种局面的主要原因,是由于在谈判中不能很好地处理人与问题的关系,由对问题的分歧发展为双方个人之间的矛盾。新的主谈人不受前主谈人的感情左右,会以新的姿态来到谈判桌上,使僵局得以化解。当然,也不能忽视不同文化背景下人们不同的价值观念的影响。

案例 6-24

美国一家公司与日本一家公司进行一次比较重要的贸易谈判,美国派出了认为最精明的谈判小组,大多是30岁左右的年轻人,还有一名女性。但到日本后,却受到了冷遇,不仅总公司经理不肯出面,就连分部的负责人也不肯出面接待。谈判陷入僵局。分析原因后发现,在日本人看来,年轻人,尤其是女性,不适宜主持如此重要的会谈。结果,美方不得不撤换了这几个谈判人员,日本人才出面洽谈。

第六节　终局的策略

一、终局的类型

谈判进入终局阶段,可能有三种谈判结果,即和局、真性败局、假性败局。

所谓和局,是指谈判各方在谈判过程中经过磋商取得一致意见、签订协议、终止谈判的结局。其标志着谈判的成功,意味着谈判的各方都是胜利者。

所谓真性败局即谈判破裂,双方经过最后的努力仍然达不成协议,或友好而别,或愤然而去,最终结束了谈判。

所谓假性败局,是指谈判各方在谈判过程中,经过一再讨价还价之后,由于种种主客观原因,未能达成协议的暂时性谈判终止。它的特征是,谈判从形式上看已经结束,但却存在重新谈判的可能性,即双方之间仍存在着谈判的协议区。

导致谈判败局的原因虽然多种多样,概而言之,不外乎主观和客观两方面的原因。其中主观原因主要包括谈判双方利益上的差异尚未找到协调方案、理解上的障碍导致不能正常沟通、感情及习惯、语言上的障碍等等。客观原因主要包括谈判不具备履约条件、谈判缺乏价值或多角谈判等等。

出现谈判败局,谈判者就应找准原因,判定该败局是真性的还是假性的,除了确属客观条件制约、无法恢复的谈判外,谈判者应积极、主动地寻找时机,重新谈判。

谈判的目的在成功而不在失败,谈判者应当尽力避免谈判败局的产生,同时,也不能因为恐惧谈判的失败而不敢谈判或放弃谈判。问题在于如何防止谈判的败局,这就需要对谈判中可能导致败局的种种原因作充分的分析和预料,同时要判明已出现的败局是真性败局还是假性败局,力争消除假性败局的促成因素,通过重新谈判促成和局,使假性败局绝处逢生。

力争使谈判的假性败局绝处逢生,最需要的是谈判者锲而不舍的顽强精神。这就是说,你必须不止一次地争取成交。在精心准备介绍和说服活动时,应当设计好几种成交法,如果第一次努力没有成功,下一次努力还可能产生较好效果。

二、善于捕捉成交信号

商务谈判经过激烈的唇枪舌剑之后,进入最后阶段,总有一定的迹象表示。如果成交时机已经出现,但谈判者并未意识到这一点,反而继续长篇大论地说下去,致使对方兴致索然,他就可能导致谈判告吹。

案例 6-25

一位潜在顾客和两个朋友一起走进商店的,他要给妻子买一台电冰箱作为结婚周年礼物送给她。售货员介绍了没几分钟,一位朋友便对那位顾客讲:"好极了,这台冰箱正适合你的需要。"另一位朋友表示赞同,那位顾客也点了点头。可是这个蹩脚的售货员并不理会如此的成交迹象,而是继续地介绍商品,后来,买主又表示出好几个强有力的成交迹象,而那个所谓的售货员还在不住嘴地往下讲,直到那三个人离开商店去别处选购时他仍在夸夸其谈。

经过反复磋商,克服了一个又一个障碍和分歧,谈判双方都会不同程度地向对方发出有缔结协议意愿的信号。有些成交迹象是有意表示的,有些成交迹象是无意流露的。如果谈判对手问:"你们多快能将货物运来?"这就是一种有意表现出来的真正感兴趣的迹象。它告诉你成交的时机已到,即使你的推荐活动还没搞完,也不需要再啰唆了。谈判对手的另一些话也能提醒你成交的时间。当他询问价格时,就说明他兴趣极浓;当他询问条件时,就说明他实际上已经要成交了。以上都是有意表示出来的成交迹象,而那些在无意中表现出来的成交迹象则更需要谈判者去及时发现。优秀的谈判家是那些富于警觉和善于感知他人态度变化的人,他能从各种迹象中判定成交的势头。

谈判者使用的成交信号通常有以下几种:

1. 对方表示谈判可以结束了。

2. 对方的形体已表明该结束了。例如谈判对手的双手是一个信息的窗口,因为这双手是张开或是握起来可以代表他的思想状况。只要他还未被说服,不想成交,他的思想和双手都是闭合的;当他的心扉已打开,紧张的思想松弛下来时,他那紧握的双手也会松开。此时,他的嘴角和眼角的肌肉同样会表示出思想和态度的转变。谈判对手不再紧张时,耸起的双肩可能会低落下来。

3. 对方的成交意愿已显露出来。

4. 经过讨价还价,双方的差距已很小。

这几种成交的信号有助于推动对方脱离勉勉强强或惰性十足的状态,设法使对方行动起来而达成一个承诺。这时应该注意的是,如果过分使用高压政策,有时谈判对手就会退后一步;如果过分表示想成交的热情,对方可能会不让一步地向你进攻。谈判者必须密切注视对手发出的各种成交信号,对方的语言、面部表情和一举一动都能告诉你他在想什么,你应当学会理解这些信号,然后选定成交时机。我们很难说某一时刻收局为时过早,但经常出现的问题是为时过晚。在商务谈判场上,善于判定成交迹象是优秀谈判者的本色。

三、最后的让步

在谈判双方将交易的内容、条件大致确定、即将成交之际,精明的谈判人员往往会再给对方一些小利,用这最后的甜头使对方更为满足,使签约、履约更为顺利,并为长期合作奠定良好的基础。为此,有经验的谈判人员都懂得要留一手,以便在签约前的关键时刻再放出一个"重磅炸弹",以最后的让步推动谈判对手签约。这样,在他需要最后一搏时就不会因为已精疲力竭而感到无奈。那么,如何才能更好地发挥最后的让步的效果呢?这就需要把握好两个方面,即:最后让步的时间和最后让步的幅度。

(一)让步的时间

如果让步过早,对方会认为这是前一阶段讨价还价的结果,而不认为这是本方为达成协议而做出的终局性的最后让步。这样对方就会得寸进尺,继续步步紧逼。如果让步时间过晚,往往会削弱对对方的影响和刺激作用,并增加前面谈判的难度。为了选择最佳的让步时间,使最后的让步达到最佳的效果,比较好的做法是将最后的让步切割成两个部分:主要部分在最后期限之前做出,以便让对方有足够的时间来品味;而次要部分则在最后时刻做出。这就好比一席丰盛的佳肴,最后让步中的主要部分恰似最后一道大菜,掀起最后的高潮;而次要部分的让步则好比大菜上完后的一碟水果,使人吃后感到十分舒心如意。

(二)让步的幅度

如果让步幅度太大,对方反而不大相信这是本方的最后让步,还会向本方步步紧逼;如果让步幅度过小,对方又会认为微不足道,难以满足。在许多情况下,到谈判的最后关头,往往对方的重要高级主管会出面,参加或主持谈判,这时,我方的最后让步幅度就必须满足以下两项要求:

第一,幅度比较大,大到刚好能够满足该主管维持他的地位和尊严的需要,给他足够的面子。你可以在签约前补充说:"我刚刚想起来,还有一点没跟您谈,您这笔订货的运费将由我们承担。"也可以说:"刚才我们董事长指示,这套机器设备将由我们免费安装。"

第二,幅度不能过大,如果过大,会使主管指责他的部下前期谈判不力,并坚持要他们继续谈判。

在本方作了最后的让步之后,必须态度坚定。因为对方会想方设法来验证本方立场的坚定性,判断本方的让步是不是终局性的。

四、促成交易的策略

(一)最后期限法

期限对大多数人都具有催眠作用,因为它可以使人采取适当的行动以符合要求。例如,住旅馆的住客大多数都会在接近中午的时间交出房间,以便符合12:00交出房间这个期限的要求。西方人在购买圣诞礼物时都会在12月24日那天才采取行动,以便符合12月25日的期限要求。

在谈判场合中,期限也同样发挥着作用,因为绝大多数的谈判都是到期限将至之时才达成协议。基于这个道理,懂得设定期限的人,在谈判时颇能占优势,因为他能借期限约束对方的活动范围。

卖方利用期限力量促成签约的方法常有下达几种:

"7月1日起将调高价格。"

"我们提供的优惠条件在15天内有效。"

买方利用期限力量促成签约的方法常有下述几种:

"6月10日之后我们将不再受理投标案件。"

"我们的所有采购事宜均须得到总经理的批准,但他将于后天出国考察业务。"

一般人如此尊重期限,恐怕是因为他们都认为遵从它比不遵从它更令人安心。鉴于此,在任何谈判场合,最好能依照有利于自己的方式为对方设定期限。但必须注意的是:只有当对方对达成协议的需要比你更加迫切时,你设定的期限才能真正发挥作用,否则将会作茧自缚。

(二)请求成交法

请求成交法,也叫做直接成交法或直接请求成交法,是指直接要求谈判对方进行成交的一种成交技术。这是一种最常用的成交方法。

例如:"林经理,您刚才提出的问题都解决了,这次您打算购买多少?"这位谈判者看准有利的成交时机,直接向对方提出成交要求。一般说来,经过一番正式面谈、各种主要问题都基本明确,谈判者就应该及时提出成交要求。尤其是在解决某项重要的疑难问题之后,谈判者更应该乘机主动请求成交,施加成交压力,促成交易。

"史密斯先生,既然没有什么不满意的地方,就请在这里签个字……"这位谈判者认为成交时机已经成熟,便可以取出备用的标准订货单。在谈判过程中.谈判者不断地问对方传递各种信息,进行必要的提示和演示,以引起购买反应。在对方没有提出购买异议也没有做出明确的购买反应时,谈判者应该主动提出成交要求。

"李总,既然东西又好价钱又不贵,还是趁早买下吧!"这位谈判者在成功地处理了对方所提出的商品质量异议和价格异议后,抓住有利时机,及时提出成交要求。顾客异议是成交的直接障碍,也是成交的明显信号,一旦谈判者妥善地处理了对方所提出的有关成交异议,也就排除了成交的障碍.谈判者就应该立刻向顾客提出成交要求。

（三）假定成交法

所谓假定成交法,也叫做假设成交法,是指谈判者假定对方已经接受其建议而直接要求成交一种方法。

例如:"约翰先生,我用一下您的电话,告诉公司下月给您送货来"。这位谈判者就是使用假定成交法。在这种情况下,如果约翰先生允许谈判者借用电话,也就意味着他已经决定成交了。其实,成交假定与成交情号是密切相联系的,谈判者应该根据成交信号来作出成交假定。

再比如:"张经理,这个月要多少货?"这位谈判者直接假定成交,直接假定张经理已经决定这个月要购买产品。在这种情况下,如果张经理确认购买数量,也就暗示着已经达成交易。在实际谈判过程中,谈判者经常要与老顾客进行谈判,在一般情况下.对于那些购买频率较高的顾客,谈判者可以直接假定成交,直接要求顾客采取成交行动。

还有"吕厂长,请用我这只签字笔吧!"说着便取出签字笔送给吕厂长。在这种情况下,只要吕厂长接过签字笔,也就达成了交易。在实际谈判中,谈判者应该运用多种方式来传递信息,把行动提示与成交假定结合起来,有效地促成交易。

如果谈判者没有看准成交机会,错误地假定对方已经决定购买推销品,就会引起反感,产生成交心理压力,直接阻碍成交。因此,谈判者应该讲究成交策略,看准成交信号。

（四）小点成交法

所谓小点成交法,也叫做次要问题成交法或避重就轻成交法,是指谈判者利用成交小点来间接促成交易的一种成交技术。

一般说来,重大的购买决策能够产生较强的心理压力,而较小的成交问题则产生较小的心理压力。在重大的成交问题面前,对方往往比较慎重,比较敏感,比较缺乏购买信心,不轻易做出明确的决策,甚至故意拖延成交时间,迟迟不表态。而在较小的问题面前,对方往往比较具有购买信心,比较果断,比较容易做出明确的决策。小点成交法正是利用了对方的这一成交心理活动规律,避免直接提示重大的成交问题,直接提示较小的成交问题,直接提示对方不太敏感的成交问题;先小点成交,后大点成交;先就成交活动的具体条件和具体内容与对方达成协议,再就成交活动本身与对方达成协议,最后达成交易。

例如,"林经理,关于设备安装和修理问题,我们负责。如果您没有其他问题,我们就这样决定了?"这位谈判者没有直接提示购买决策本身的问题,而是提示设备安装和修理之类的售后服务问题。谈判者在这里用的是小点成交法,避免直接提示重大的成交问题,直接提示次要的成交问题,先促成小点成交,后假定大点成交。在这种情况下,只要林经理接受了小点成交条件,谈判者就可以直接假定成交。从推销学理论上讲,小点成交法也是以假定成交法作为理论基础。在使用小点成交法时,谈判者假定只要小点成文,也就是大点成交。

"张先生,关于付款方式问题,可以根据实际情况来确定,支付现金也可以,转账支付也可以,您就决定吧!"这位谈判者也是使用小点成交法,先直接提示付款方式问题,争取与李厂长取得一致的看法,把对方的成交注意力集中于成交小点问题,减轻对方的成交心理压力。这种情况下,谈判者正是看准了成交时机,把成交信号转化成为成交小点问题,结合运用选择成交法和假定成交法,把成交小点和成交选择结合起来,促成小点成交,假定大点成交,及时达到交易。

五、签约需要注意的问题

谈判的最主要阶段——谈,以谈判双方对某项提议互相赞同而告成功。至此,一般认为,谈判已经结束。然而,记录谈判成功果实的经济合同还未签订。空口无凭,为防止功亏一篑,谈判者还必须立下书面凭据,签订经济合同。合同记录了谈判的最终成果,它一经双方代表签字,就具有法律的地位,受到法律的保护,任何一方不履行义务都要承担法律责任。这样,谈判双方的利益都置于法律的保护伞下,一方出现违约行为,另一方可以要求其赔偿损失或罚款。倘若谈判双方达成了共识,但未签订合同,一旦情况有变,一方突然变卦,另一方奈何他不得,造成巨大损失,只能怪自己太轻信口头承诺了,责任全在自己。合同是现代商务活动的必然手段,是对商务谈判成果的有效肯定。下面这个案例中约翰就犯了这样的错误。

案例 6-26

几个星期以来,乔治一直在可提供用于办公室的便携式打印机的商人中寻找货源。他需要 15 台便携式打印机,价格每台大约 200 美元,佛罗里达州的一位供应商似乎可以提供最合适的机器。约翰认识乔治多年了,乔治给他打电话,询问约翰的公司是否可以和佛罗里达的公司竞争一下。约翰立即去会见乔治,他提供的打印机价钱只稍高一点,重量也稍重一些,但这些似乎都在顾客允许的范围之内,他安排乔治第二天来看样机。

约翰喜气洋洋地离开了乔治的办公室,他确信,此次会面使得他们的老关系又得到了加强。当约翰离开乔治的办公室时,他相信自己已做成了一笔生意,但是他错了。约翰犯了一个错误,他会见乔治时,没有当时当地就索取订单,却以信任为基础处理这件事。当时乔治兴味正浓,热情正高,在看过一台示范样机的情况下乐于做出购买的承诺。在开车从办公室回家的时候,他也许对自己的决定还感到高兴呢!但乔治回家后想:为什么我要多付一笔钱?机器需要提来提去时,买重的对我又有什么好处?他开始感到自己在犯傻,在那么仔细和理智地寻找可能的供货商之后,竟要和这样一位老伙伴在友谊的基础上做生意。他明白他并没有向约翰做出书面承诺,所以第二天一早,他找了一个借口没有去看样机,后来他买了佛罗里达商人的机器。而约翰则颇有点灰溜溜的感觉,他不仅在眼前丢掉了一笔数千美元的生意,而且也失掉了随之而来的相当大量的定期订货。

在商务谈判中,类似的在最后关头栽跟头的情况并不少见。前面做过的每一件事:营造谈判气氛、了解和介绍情况、进行的各种说服和讨价还价努力等等,所有这一切准备和努力全都是为了一个目标:签约。在谈判最后关头,谈判者应切记:"行百里者半九十。",加倍小心,切忌踏入谈判的最后误区！上文中的约翰之所以失去了颇为可观的那笔打字机订货,原因就在于他未及时与对方订下书面合同。

在签订合同的阶段需要注意的问题包括如下几个:

(一)草拟合同的重要依据是谈判备忘录

谈判者不要等到议定合同时才去提笔,因为最后的合同并不能包括所有的细节。同时,要记住谈判所有的细节根本是不可能的事,因为要记住的事情实在太多了,而且许多交易条件都处于不断变化、讨价还价之中。所以谈判者应该随时摘记要点,双方讨论的问题和达成的共识必须记录下来,写成备忘录。同时最好争取己方来写,这样比较有利。因为记录的一方有一个好处,他可以借此表达自己的观点,也可以借阐释其中的字句来确定自己对于讨论的了解。他并不是要利用对方或者陷对方于愚笨的法律陷阱之中,只不过是与其留给对方写,还不如用自己的看法来撰写备忘录。在向谈判对手提交备忘录以前,撰写者应将备忘录拿给谈判小组的其他成员复查一遍,因为遗漏和错误之处在所难免。备忘录注重的是内容而不是措辞,用简练的语句而不是法律术语来表达。在记录时,应尽可能认真详细,特别是对那些重要的条款,更要一字不漏。假如是对方写的备忘录,应该十分注意,仔细推敲,若有错误或措辞不当之处,应立即指出,切勿大意。备忘录一经双方签字,是一项重要的文件,它使得双方都不能再改变主意,交易算是大抵完成。谈判者要善于使用备忘录,把所录问题加以排列组合,从中理出一条清晰的主线和若干支线,作为撰写正式合同的基础。

(二)合同的主要内容

1.标的

合同的标的是订立合同的谈判双方当事人权利义务共同指向的对象,是权利与义务的基础,反映了当事人的经济目的与要求。经济合同标的的表现形式,可能是物,可能是劳务,也可能是工程项目等。如购销合同中的物、货物运输合同中承运单位所提供的劳务、建设工程承包合同中承包单位所完成的工程等。标的的名称要准确,规范化,有国家统一名称的用国家统一的名称;没有国家统一名称的,谈判双方应统一名称,必要时留存样品。我国语言复杂,对事物的称谓不尽一致,在国际上,这类情况更加复杂。所以,在订合同时应十分明确,以免产生不应有的纠纷和损失。

2.数量和质量

经济合同的标的,无论是物,还是劳务,或者是工程项目,都要通过一定的数量和质量表现出来,标的的数量与质量决定着当事人权利与义务的大小与程度。数量必须规定准确、科学。比如新鲜蔬菜瓜果交易,甲地运出时的数量与抵达乙地时的数量会有很大差异,必须在合同中将数量规定清楚。同时,必须对标的规定详细、明确、科学的质量标准,确定是按哪种标准执行,是国际标准、国家标准、部颁标准,拟或是企业标准。

3.货款与支付方式

在合同中必须明确规定标的物的价款与支付方式。否则,就可能造成迟迟不付款或少付款等现象。尤其是在国际商务活动中,用哪国货币付款,汇率为多少,差别很大,必须在合同中明确予以规定。

4.履约期限、地点与方式

履约期限是指双方当事人在什么时候履行各自所承担的义务,也是权利主体行使请求权的时间界限,是确认经济合同是否按期履行或延期履行的客观标准。例如东北某厂与上海某厂签订了购销合同,由于履约期限不严密,只写了"款到后供货"这句话。结果,东北某厂款寄到上海,催了几年,才拿到货,吃了大亏。履约地点和方式直接关系到履约的义务和费用,也必须在合同中予以规定,否则,容易出问题。

5.违约责任

谈判者应未雨绸缪,在合同中事先拟定违约责任条款。这样,对方一旦出现违约行为,就可以追究其法律责任,给己方所造成的损失可以得到补偿。

合同写好以后,应该立刻和备忘录加以对照,以免某些必要的条款被漏掉或在拟定合同的过程中被更改。为此,必须留心于每一个细节,若随便敷衍了事,日后可能有不少的麻烦。合同必须由双方法定代表人或合法代理人签字,加盖公章,然后才具有合法的形式。至此,谈判各方经过长时间努力而达成的共识才真正有了法律的保障。

六、后续工作

签下合同,并不意味着万事皆了,谈判者还有许多事情要做。

(一)执行合同

谈判结束,签订合同,回到企业后,谈判者需要立即办的事是着手执行合同。

作为卖主,谈判者应通过验核订货,确保合同的绝对执行和货品的发送安全,特别是对第一次购买其货物的买主更应当这样做。

作为买主,谈判者要做的事情是积极筹集货款,及时支付,并组织好人员做好验货、接货准备。

当然,谈判结束后,由于所预期的各种履约条件的变化,并非所有的谈判合同都能顺利地执行,可能存在着合同的转让、变更、解除、终止等问题。遇到这些情况,谈判者应及时反应,力争以协商或调解的方式解决,必要时也可以采用仲裁或诉讼的方式。

(二)巩固关系

谈判者必须注重巩固与客户的友谊。只要有可能,人们大都喜欢跟老客户做生意。事实上,每一个成绩卓著的谈判者背后,都有一个十分庞大的老关系网。

案例 6-27

曾连续 15 年成为世界上售出汽车最多的人乔·吉拉德有一句名言:"我相信推销活动真正的开始在于成交之后,而不是之前。"

在卖给客户一辆汽车之后,乔要做三件事:第一件是服务,第二件是服务,第三件还是服务!在每个月的第 3 个星期四,我就会邀请客户服务部负责修车的 36 位同事到一家很有情调的意大利餐厅共进晚餐。对这些同事,我给予关爱;同样,他们也表现出对我的关爱。当我的客户来的时候,我会到客户服务部请4位修理工,他们二话不说打开工具箱,马上开始检修客户的车。面对这样的关爱,这样的服务,你还会去找谁买车?当然去找乔·吉拉德了,因为我会向你承诺:你买了车之后,我不会对这辆车从此置之不理,而是会继续给你更好的服务。所以,人们口碑相传,要买车就去找乔·吉拉德,于是来自美国各地的人们蜂拥而至,找我买车。乔每月要给他的1万多名顾客寄去一张贺卡。一月份祝贺新年;二月份纪念华盛顿诞辰日;三月份祝贺圣帕特里克日……凡是在乔那里买了汽车的人,都收得到乔的贺卡。正因为乔没有忘记自己的顾客,顾客才不会忘记乔·吉拉德。乔获得了回报。乔的一句名言就是"买过我汽车的顾客都会帮我推销。"

对于谈判者而言,把时间用于发展与客户的友谊上,就像把钱投入了一笔年年可以获取固定收益的生意上,多少年之后还仍会继续得到回报。

做好善后工作是巩固友谊的一个重要方式,它促使客户继续与你保持业务联系,而不改弦易张去另寻交易伙伴。如果一个卖主在买主使用了新购产品一段时间之后,进一步去检查买主的满意度,自然会激发买主对自己的好感。因为购买了物品并使用了一段时间的买主可能会产生一些问题,你适时地帮他们解决问题,当然会获得他们的信任。

聪明的谈判者懂得用更真诚、更微妙的方法争取朋友。他们不断把如何赚取更多利润的新思路介绍给客户;他们帮助客户为下属机构的关键岗位物色合适人选;他们把客户值得纪念的日子记在心里,比如生日、厂庆及其他各种各样的周年纪念。总而言之,他们对客户表现出真正的兴趣,在做生意赚钱的同时千方百计把双方的关系发展成实实在在的个人友谊。满意的客户是公司最好的广告。如果一个客户对谈判者的辛勤劳动和公司的产品绝对满意,他的情不自禁的好话一定能带来更多的生意。所以,谈判者应牢记这一点:即使同一个客户可能今后会长期不与他生意往来,但也要赢得对方的好感。

(三)总结

在每次谈判之后,谈判者应对此次谈判作一个总结。对于谈判者而言,每一次谈判都是一个练兵的机会,它是以往谈判知识和经验的运用,也是今后谈判的借鉴。所以,谈判之后,应对谈判过程进行总结,得出经验和教训,以利于指导今后的工作。总结的内容主要包括以下几个方面:

1.谈判目标实现程度,即己方谈判目标是否实现?在多大程度上实现?

2.我方谈判实施情况,包括选择谈判对手、确定谈判小组成员及其内部分工、谈判准备工作及其进程安排以及己方对谈判程序的掌握与控制等。

3.谈判对手的情况,包括对方谈判小组的工作效果、谈判人员的素质与工作效率以及对方成员颇为关注的问题等。

案例分析

1.有个叫勒絮费的美国商人想在一个岛上购置一块地皮。与他打交道的卖主是个地产大王,此人精于讨价还价,只有在他认为再也榨不出更多的油水时才会成交。在谈判中,地产大王善于施展一种特别的手法。开始,这个刁钻的卖主会派一个代理人来同你见面,磋商价钱。在握手告别时,你会以为买卖的价格和条件已经谈妥了。然而,当你同卖主本人会面后,你却发现那不过是你愿出的买价,而不是他肯接受的卖价。接着,他自己又开出一些根本没磋商过的新要求,把价钱抬得更高,使成交条件对他更有利。他用这种办法把要价抬高到一个新的高度上,迫使你要么接受,要么拉倒。由于当时该岛上兴起地产狂热,他的办法大多能奏效。他还有一种策略,那就是要你在成交后 15 天就过户,而根据习惯的做法,过户期限一般都是在合同签订后 45～60 天之内。他用这一手逼迫买主作出更多让步。他耍这套手法十分得心应手,而且还善于掌握火候,不会把对方逼过了头,而使生意告吹。他耍这套手法,往往还会在拿起笔来准备在合同的最后文本上签字的当口,又把笔搁下,提出"最后一个条件",再谈判下去。这种非凡的本事,奥妙就在于掌握对方的忍耐能保持到怎样的程度。可是,这位卖主则想对勒絮费也来这一手时,就被识破了用心。

请分析本案例,并回答下列问题:

(1)这个地产大王使用的是何种报价方式?

(2)该种报价方式的特点是什么?分别从卖方和买方的角度加以说明。

(3)如果你是勒絮费,你将采取何种对策破解此种报价手法呢?

2.一个人为购置一台家用电脑走遍了当地的各家电子商店,最后走进了一家电脑组装商店。这家商店的推销员听说客人想买电脑,便将该店的电脑详细地介绍了一番。此人虽然在办公室也使用电脑,但对有关硬件的知识知道得并不多,所以对推销员的介绍似懂非懂,最后他问了问价格。推销员答到:"如果您在我们店里购买,我们会给您特别优惠,包括鼠标、U 盘等 5 项礼品总共 4500 元。"这比他原本预料的 5500 元至 6000 元便宜得多。他心想:"这种电脑才卖 4500 元,太便宜了。"于是当场决定购买。从进入商店到做出决定只用了 2～3 分钟,对推销员的第一个报价就"OK",自以为占了大便宜,喜滋滋地回家了。

请分析本案例,并回答问题:

(1)在此交易过后买方和卖方心理可能出现的变化是什么?为什么会出现这样的反应?

(2)通过这个案例,你能得出什么谈判技巧?

3.某机械进出口公司有意向国外订购一台设备,在双方的谈判中,集中讨论了价格问题,一开始我方(买方)出价是 20 万元,而对方(卖方)的报价是 30 万,经过第一轮报价后,双方都预计到最后的成交范围是 24～25 万,同时双方也估计到需要经过几个回合的讨价还价才能实现这一目标,那么,如何掌握以后的让步幅度和节奏呢?我方谈判人员确定最好以 24 万成交,即准备做出共 4 万元的让步并提出几种让步策略:

让步方式	第一次让步	第二次让步	第三次让步	第四次让步
1	4	0	0	0
2	1.4	1.3	0.8	0.5
3	0.5	0.8	1.3	1.4
4	1	1	1	1

请分析本案例,并回答下列问题:

(1)如果你是我方谈判人员,你认为选择哪种让步方式最好并说明该种让步方式的优点。

（2）如果采用其他三种让步模式，可能分别会产生什么样结果？

（3）从本案例中，你能总结出哪些让步的基本策略？

⇨【复习思考题】

1.简述制定商务谈判策略的步骤。

2.谈判的开局在整个谈判中有何作用？有哪些开局方式？这些开局方式分别适用于何种情况？

3.商务谈判中可以采取哪些策略迫使对方让步？

4.商务谈判中当双方谈判陷入僵局时有哪些策略可以化解僵局？

5.商务谈判成交阶段需要注意哪些问题？

第七章

商务谈判的实施技巧

≫ ≫ ≫　≫

本章摘要 ···

　　谈判是借助于谈判双方的信息交流来完成的,而谈判中的信息传递与接收则需要通过多种方法来完成。本章主要介绍了商务谈判中的各种技巧,包括语言沟通技巧,非语言沟通技巧,在陈述、提问、应答环节的相关技巧,并且分析了该如何使用这些谈判技巧。

　　完成本章的学习之后你将能够:

　　1.掌握商务谈判中语言沟通与非语言沟通的内容与技巧;

　　2.了解非语言沟通的特性,掌握非语言沟通的表现形式以及含义;

　　3.认识商务谈判中提问、回答、辩论的过程的基本原则;

　　4.学会克服说服中的各种障碍,培养增强说服力的技巧。

···

　　谈判是借助于谈判双方的信息交流来完成的,而谈判中的信息传递与接收则需要通过多种方法来完成。谈判人员必须十分注意捕捉对方思维过程的蛛丝马迹,以便及时了解对方需求动机的线索;必须仔细倾听对方的发言,注意观察对方的每一个细微动作。因为对方的仪态举止、神情姿势、重复语句以及说话的语气等,都是反映其思想、愿望和隐蔽的需求的线索。

　　著名谈判大师杰德勒曾说过:"成功的谈判者必须把剑术大师的机警、速度和艺术大师的敏感和能力融为一体。他必须像剑术大师一样,以锐利的目光机警地注视谈判桌那一边的对手,随时准备抓住对方防线中的每一个微小的进攻机会。同时,他又必须是一个细腻敏感的艺术大师,善于体会辨察对方情绪或动机上的最细腻的色彩变化。他必须抓紧灵感产生的那一刹那,从色彩缤纷的调色板上,选出最适合的颜色,画出构图与色彩完美和谐的佳作。谈判桌上的成功,不仅是得自充分的训练,而且更关键的是得自敏感和机智。"

第一节　商务谈判中的语言沟通技巧

　　商务谈判的过程是谈判者的语言交流过程。语言在商务谈判中有如桥梁,占有重要的地位,它往往决定了谈判的成败。因而在商务谈判中如何恰如其分地运用语言技巧,谋求谈判的成功是商务谈判必须考虑的主要问题。

一、商务谈判语言的类别

商务谈判语言各种各样,从不同的角度,可以分为不同的语言类型。

(一)按语言的表达方式

可分为有声语言和无声语言。有声语言是指通过人的发音器官来表达的语言,一般理解为口头语言。这种语言借助于人的听觉交流思想、传递信息。无声语言是指通过人的形体、姿势等非发音器官来表达的语言,一般解释为行为语言。这种语言借助于人的视觉传递信息、表示态度。在商务谈判过程中巧妙地运用这两种语言,可以产生珠联璧合、相辅相成的效果。

(二)按语言表达特征

可分为专业语言、法律语言、外交语言、文学语言、军事语言等。

1.专业语言

它是指有关商务谈判业务内容的一些术语,不同的谈判业务,有不同的专业语言。例如,产品购销谈判中有供求市场价格、品质、包装、装运、保险等专业术语;在工程建筑谈判中有造价、工期、开工、竣工、交付使用等专业术语,这些专业语言具有简单明了、针对性强等特征。

2.法律语言

它是指商务谈判业务所涉及的有关法律规定用语,不同的商务谈判业务要运用不同的法律语言。每种法律语言及其术语都有特定的含义,不能随意解释使用。法律语言具有规范性、强制性和通用性等特征。通过法律语言的运用可以明确谈判双方的权利、义务、责任等。

3.外交语言

它是一种弹性较大的语言,其特征是模糊性、缓冲性和幽默性。在商务谈判中,适当运用外交语言既可满足对方自尊的需要,又可以避免失去礼节;既可以说明问题,还能为进退留有余地。但过分使用外交语言,会使对方感到缺乏合作诚意。

4.文学语言

它是一种富有想象的语言,其特点是生动活泼、优雅诙谐、适用面宽。在商务谈判中恰如其分地运用文学语言,既可以生动明快地说明问题,还可以缓解谈判的紧张气氛。

5.军事语言

它是一种带有命令性的语言,具有简洁自信、干脆利落等特征。在商务谈判中,适时运用军事语言可以起到坚定信心、稳住阵脚、加速谈判进程的作用。

二、商务谈判语言沟通技巧的作用

商务谈判的过程是谈判双方运用各种语言进行洽谈的过程。在这个过程中,商务谈判对抗的基本特征,如行动导致反行动、双方策略的互含性等都通过谈判语言集中反映出来。因此,语言技巧的效用往往决定着双方的关系状态,以至谈判的成功。商务谈判语言技巧的地位和作用主要表现在以下几个方面:

（一）语言技巧是商务谈判成功的必要条件

美国企业管理学家哈里·西蒙曾说,成功的人都是一位出色的语言表达者。同时成功的商务谈判都是谈判双方出色运用语言技巧的结果。在商务谈判中,同样一个问题,恰当地运用语言技巧可以使双方听来饶有兴趣,而且乐于合作;否则可能让对方觉得是陈词滥调,产生反感情绪,甚至导致谈判破裂。面对冷漠的或不合作的强硬对手,通过超群的语言及艺术处理,能使其转变态度,这无疑为商务谈判的成功迈出了关键一步。因此,成功的商务谈判有赖成功的语言技巧。

（二）语言技巧是处理谈判双方人际关系的关键环节

商务谈判对抗的行动导致反行动这一特征,决定了谈判双方的语言对彼此的心理影响及其对这种影响所做出的反应。在商务谈判中,双方人际关系的变化主要通过语言交流来体现,双方各自的语言都表现了自己的愿望、要求,当这些愿望和要求趋向一致时,就可以维持并发展双方良好的人际关系,进而达到皆大欢喜的结果;反之,可能解体这种人际关系,严重时导致双方关系的破裂,从而使谈判失败。因此,语言技巧决定了谈判双方关系的建立、巩固、发展、改善和调整,从而决定了双方对待谈判的基本态度。

（三）语言技巧是阐述己方观点的有效工具,也是实施谈判技巧的重要形式

在商务谈判过程中,谈判双方要把己方的判断、推理、论证的思维成果准确无误地表达出来,就必须出色地运用语言技巧这个工具,同样,要想使自己实施的谈判策略获得成功,也要出色地运用语言技巧。

三、正确运用谈判语言技巧的原则

（一）客观性

谈判语言的客观性,是指谈判过程中的语言表述,要尊重事实,反映实情。在商务谈判中,运用语言技巧表达思想、传递信息时,必须以客观事实为依据,并且运用恰当的语言,向对方提供令人信服的依据。这是一条最基本的原则,是其他一切原则的基础。离开了客观性原则,即使有三寸不烂之舌,或者不论语言技巧有多高,都只能成为无源之水、无本之木。

就供方而言,谈判语言的客观性主要表现在:介绍本企业情况要真实;介绍商品性能、质量要恰如其分,可以出示样品或进行演示,还可以客观介绍一下用户对该商品的评价;报价要适当可行,既要努力谋取己方利益,又要不损害对方利益;确定支付方式要充分考虑到双方都能接受,以达到双方都比较满意的结果。

从需方来说,谈判语言的客观性,主要表现在:介绍自己的购买力不要夸大失实;评价对方商品的质量、性能要中肯,不可任意褒贬;还价要充满诚意,如要进行压价,其理由要有充分根据。

谈判语言具有客观性,能使双方自然而然产生"以诚相待"的印象,从而促使双方立场、观点相互接近,如果谈判双方均能遵循客观性原则,就能给对方真实可信和"以诚相待"的印象,就可以缩小双方立场的差距,使谈判的可能性增加,并为今后长期合作奠定良好的基础。

（二）针对性

谈判语言的针对性是指根据谈判的不同对手、不同目的、不同阶段的不同要求使用不

同的语言。简言之,就是谈判语言要有的放矢、对症下药。提高谈判语言的针对性,要求做到:

1.根据不同的谈判对象,采取不同的谈判语言

不同的谈判内容和场合都有差异很大的谈判对象。谈判对象由于性别、年龄、文化程度、职业、性格、兴趣等等的不同,接受语言的能力和习惯使用的谈话方式也完全不同。在谈判时,必须反映这些差异。从谈判语言技巧的角度看,这些差异透视得越细,洽谈效果就越好。语言工作者发现男性运用语言理性成分较多,喜欢理性思辨的表达方式,而女性则偏重情感的抒发,使用情感性号召效果明显;性格直爽的人说话喜欢直截了当,对他们旁敲侧击很难发生效用,而性格内向又比较敏感的人,谈话时喜欢琢磨弦外之音,甚至无中生有地品出些话里没有的意思来。如果在谈判中无视这种个性差异,想怎么说就怎么说,势必难以取得良好的效果,进而影响谈判的顺利进行。

2.根据不同的谈判的类型,谈判内容,采取不同的谈判语言

商务谈判包括商务交易谈判,劳务买卖谈判,投资、信托谈判,租赁保险谈判等等。同一种谈判类型中具体的谈判过程也有很大差别。在进行相关的资料信息收集的过程中,要充分考虑到谈判中要使用的相关语言和行话,保证谈判活动的顺利进行。

3.根据不同的谈判阶段,采用不同的谈判语言

如在谈判开始时,以文学、外交语言为主,有利于联络感情,创造良好的谈判氛围。在谈判进程中,应多用商业法律语言,并适当穿插文学、军事语言。以求柔中带刚,取得良效。谈判后期,应以军事语言为主,附带商业法律语言,以定乾坤。

在商务谈判中,双方各自的语言,都是表达自己的愿望和要求的,因此谈判语言的针对性要强,做到有的放矢。模糊、啰唆的语言,会使对方疑惑、反感,降低己方威信,成为谈判的障碍。总之,谈判语言要围绕重点,不枝不蔓,言简意赅,有的放矢。

（三）逻辑性

谈判语言的逻辑性是指谈判者的语言要符合思维的规律,表达概念明确,判断要准确,推理要严密,要充分体现其客观性、具体性和历史性,论证要有说服力。

谈判者在谈判前收集的大量资料,经过分析整理后,只有通过符合逻辑规律的语言表达出来,才能为谈判对手认识和理解。在谈判过程中,无论是叙述问题,撰写备忘录,还是提出各种意见、设想或要求,都要注意语言的逻辑性,这是说服谈判对象的基本前提。

在商务谈判中,逻辑性原则反映在问题的陈述、提问、回答、辩论、说服等各个语言运用方面。陈述问题时,要注意术语概念的同一性,问题或事件及其前因后果的衔接性、全面性、本质性和具体性。提问时要注意察言观色、有的放矢,要注意和谈判议题紧密结合在一起。回答时要切题,一般不要答非所问,说服对方时要使语言、声调、表情等恰如其分地反映人的逻辑思维过程。同时,还要善于利用谈判对手在语言逻辑上的混乱和漏洞,及时驳倒对手,增强自身语言的说服力。

提高谈判语言的逻辑性,要求谈判人员必须具备一定的逻辑知识,包括形式逻辑和辩证逻辑,同时还要求在谈判前准备好丰富的材料,进行科学整理,然后在谈判席上运用逻辑性强和论证严密的语言表述出来,促使谈判工作顺利进行。

（四）规范性

谈判语言的规范性是指谈判过程中的语言表述要文明、清晰、严谨和精确。

1.谈判语言必须坚持文明礼貌的原则,符合商业特点和职业道德要求

无论出现何种情况,都不能使用粗鲁、污秽或攻击辱骂的语言,在国际谈判中还要注意避免使用意识形态分歧大的语言。如"资产阶级"、"剥削者"、"霸权主义"等等。

2.谈判所用语言必须清晰易懂

口音应当标准化,不应使用地方方言或者俗语之类与他人交谈。同时,语调应当注意抑扬顿挫,避免吞吞吐吐、词不达意、嗓音微弱、大吼大叫,或感情用事等。

3.谈判语言还应当准确严谨

必须认真思索,谨慎发言,用准确、严谨的语言表述自己的观点和意见,才能通过商务谈判维护和争取自己的利益。特别是在讨价还价等关键时刻,更要注意一言一语的准确性。在谈判过程中,由于一言不慎导致谈判走向歧途,甚至导致谈判失败的事例屡见不鲜。对商务谈判中的语言需要强调的是"一字不苟"。要知道,在谈判桌上,有些部分随便多一个字或少一个字,都会带来极为严重的后果。因此,必须认真思索,谨慎发言,用严谨、精练的语言准确地表述自己的观点、意见。

4.语言表述上的准确性至关重要

策动谈判的动力是需要和利益,谈判双方通过谈判说服对方理解、接受己方的观点,最终使双方在需要和利益方面得到协调。所以这是关系到个人和集体利益的重要活动,语言表述上的准确性就显得至关重要了。在谈判中,不该说的自然绝不可说,但该说的必须说清楚。常常有这种情况,有些在本国、本地,以至本人认为是毋庸置疑的条件或要求,是常识,有关一方觉得理所当然,而没有明白、直接提出来,以致留下祸根。谈判双方必须准确地把己方的立场、观点、要求传达给对方,帮助对方明了自己的态度。如果谈判者传递的信息不准确,那么对方就不能正确理解你的态度,势必影响谈判双方的沟通和交流,使谈判朝着不利的方向转化,谈判者的需要便不能得到满足。如果谈判者向对方传递了错误的信息,而对方又将错就错地达成了协议,那么,就会招致巨大的利益损失。

在谈判中,谈判者经常会出于表达的策略上的需要,故意运用一种模糊语言,但是使用模糊语言时,也要求它具有准确性。因为模糊语言反映了谈判者对某一个客观事物的一定的认识程度,而这种程度的表现必须是相对准确的。换句话说,使用模糊语言正是为了更准确地传递复杂信息,表达错综的思想。模糊语言规定了一定的理解范围,如果抛开了准确性原则,超出了它的理解范围,模糊语言就变成糊涂语言了。

（五）灵活性

谈判不能由一个人或一方独立进行,必须至少有两个人或两方来共同参加。谈判过程中谈判双方你问我答,你一言我一语,口耳相传,当面沟通,根本没有从容酝酿、仔细斟酌语言的时间。而且谈判进程常常是风云变幻,复杂无常,尽管谈判双方在事先都尽最大努力进行了充分的准备,制订了一整套对策,但是,因为谈判对手说的话谁也不能事先知道,所以任何一方都不可能事先设计好谈话中的每句话,具体的言语应对仍需谈判者临场组织,随机应变。谈判者要密切注意信息的输出和反馈情况,在自己说完话以后,认真考察对方的反应。除了要仔细倾听对方的话,从话里分析反馈情况,还要察言观色,从对方的眼神、姿态、动作、表情来揣测对方对自己的话的感受,考察他是否对正在进行的话题感兴趣,是否正确理解了得到的信息,是否能够接受自己的说法。然后,根据考察的结果,谈判者要及时、灵活地对自己的语言进行调整,转移或继续话题,重新设定说话内容、说话方式,甚至终

止谈判,以保证语言更好地为实现谈判目的服务。例如,当遇到对手逼你立即作出选择时,你若是说:"让我想一想","暂时很难决定"之类的话,便会被对方认为缺乏主见,从而在心理上处于劣势。此时你可以看看表,然后有礼貌地告诉对方:"真对不起,9点钟了,我得出去一下,与一个约定的朋友通电话,请稍等五分钟。"于是,你便很得体地赢得了五分钟的思考时间。如果谈判中发生了意料之外的变化,切不可拘泥于既定的对策,来个以不变应万变。不妨从实际出发,在谈判目的的规定性许可的范围内有所变通,以适应对方的反应。如果思想僵化、死板,不能及时以变化了的方式去对付变化了的形势,必将在谈判中失去优势,被动挨打。

上述语言技巧的几个原则,都是在商务谈判中必须遵守的,其旨意都是为了提高语言技巧的说服力。在商务谈判的实践中,不能将其绝对化,单纯强调一个方面或偏废其他原则,须坚持上述几个原则的有机结合和辩证统一。只有这样,才能达到提高语言说服力的目的。

四、商务谈判中的语言禁忌

(一)忌以我为主

在商务谈判中,有些人随意打断别人的话;有些人在别人说话时不够专注;有些人自己说个滔滔不绝、没完没了,而不考虑对方的反应和感受;尤其当洽谈某些交易条件时,只站在自己的立场上,过分强调自身的需要,不为对方着想,这种做法是很不礼貌的,极容易引起对方的反感。所以,谈判者应学会倾听别人谈话的艺术,对别人的谈话应表现出浓厚的兴趣,多进行一些角色互换,语言应委婉,留有商量的余地。这样既表明自己有修养,容易赢得对方的喜爱,同时也能更好地了解对方,摸清对方的底细和意图,一举多得。

(二)忌枯燥呆板

某些人在谈判时非常紧张,如临大战,说起话来表情呆板,过分地讲究针对性和逻辑性。这对谈判也是很不利的。商务谈判不同于某些对抗性很强的政治谈判,它是一种合作性的交往,应该在一种积极、友好、轻松、融洽的气氛中进行。因此,谈判者在正式谈判开始前应善于建立一种良好的谈判气氛,在正式谈判过程中也应恰当地运用一些比喻,善于开一些小玩笑,使说话生动、形象、诙谐、幽默、有感染力。通过活泼的语言创造并维持一种良好的谈判气氛,这对整个谈判格局及前景是会起到重要的促进作用的。

(三)忌道听途说

有的谈判者由于与社会接触面大,外界联系多,各种信息来源渠道广,在谈判时往往利用一些未经证实的信息,作为向对方讨价还价的依据,缺乏确凿证据的实际材料,其结果很容易使对方抓住你的谈话漏洞或把柄向你进攻。就个人形象来讲,也会使对方感觉到你不认真、不严谨、不严肃,不值得充分信赖。因此,特别在商务谈判中,更应避免用"据说"之类的字眼。

(四)忌攻势过猛

某些谈判者在谈判桌上争强好胜,一切从"能压住对方"出发,说话锋利刻薄,频繁地向对方发动攻势,在一些细枝末节上也不甘示弱,有些人还以揭人隐私为快事。在谈判中攻势过猛的做法是极不可取的,极容易伤害对方自尊心。遇到生性懦弱的人可能一时得逞;遇到涵养较深的人,尽管暂时忍让,让你尽情表演。但他欲擒故纵,到关键时刻将迫使你付出代价；遇到强硬、进攻性很强的对手.小的进攻就会惹起更大的反击，反而对自己不利。因此，在谈判中说话应该委婉，尊重对方的意见和隐私，不要过早地锋芒毕露、表现出急切的样子，避免言语过急过猛，伤害对方。

（五）忌含糊不清

有些商务谈判者由于事前缺乏对双方商务谈判条件的具体分析，加之自身不善表达，当阐述自身立场、观点或回答对方提出的某些问题时，或者语塞，或者含含糊糊、模棱两可，或者前言不搭后语、相互矛盾。模棱两可的语言容易给对方留下一种"不痛快"、"素质不高"的感觉，也容易使对方钻空子，使自己陷入被动挨打的境地。所以，谈判者事前应做好充分的思想准备和语言准备，对谈判条件进行认真分析，把握住自身的优势和劣势，对谈判的最终目标和重要交易条件做到心中有数。同时做一些必要的假设，把对方可能提出的问题和可能出现的争议想在前面，这样，在谈判中不管出现何种复杂局面，都能随机应变，清楚地说明自己的观点，准确明了地回答对方的提问。尤其是在签订谈判协议时，能够把握关键，使合同条款订得具体、完善、明确、严谨。

第二节　商务谈判中的非语言沟通技巧

在人际沟通中除了使用语言来传递信息外，还可采用"非语言"的形式来进行沟通。非语言沟通顾名思义，即无需通过语言传送信息，例如人体动作、姿态、表情、谈判中的停顿等等。"非语言"的形式千变万化，内涵极其丰富，无法用言词进行定义，在很多沟通情境中比起语言来具有无可比拟的优越性。

掌握非语言沟通的技能包括两个方面：观察对方的非语言信息，适当地发出自己的非语言信息。就前者而言，如果能敏锐地感受他人发出的信号，并且加以适当的回应，则不论在人际关系、讨论、谈判及销售拜访上，都能占有优势，还可以从中了解对方的情绪和真实意图，以便能适时采取应对措施，引导出想要的结果来。就后者而言，如果能熟练地运用肢体语言，就能在沟通中更多、更快地表达自己的信息用意，轻松地促成沟通目的。

一、非语言沟通的特点

在商务谈判的沟通过程中，谈判双方之间相当部分的信息是通过非语言符号传递的，非语言沟通在谈判沟通中有着不可或缺的作用。在谈判沟通中，语言可以传播任何信息，而非语言符号传播的范围有限，然而，它却可以补充、扩大或否定语言符号传播的信息，这一点是与非语言符号的性质有关的。

（一）连续性与多途径性

非语言沟通的连续性，是指谈判者具有某种特定含义或思想的非语言传递是要通过若干个存在一定联系的行为和体态连续地完成的。只要谈判双方在一起，沟通行为就持续发生。同时，非语言沟通是通过多种途径进行的。可同时看到，感觉得到。例如，谈判者紧张不安的情绪可能伴随着出汗、抓耳朵、挠头皮、扯上衣等若干个连续性可感知的动作。非语言的信息仅有一个动作表情是无法完成传递的。

（二）模糊性

非语言符号所代表的含义与特定的传播环境和传播背景的关联紧密，即它所代表的含义是由具体的环境或背景确定。脱离了具体的环境或背景，或谈判者对沟通的环境背景的理解有偏差，都使非语言符号传递的含义变得深不可测、无穷无尽。尤其不同文化在非语言符号方面的差异也使在沟通上不容易得到正确答案。

（三）非语言沟通与语言沟通既存在一致性又存在不一致性

语言和非语言沟通可以用不一致的传播途径来传递含义完全一致的信息，非语言沟通对语言沟通的信息进行补充与扩大，此时体现了语言传播与非语言符号传递的一致性。例如，双方谈判人员见面时在一句问候语之后，相互热烈地握手、拥抱，其所传递的信息往往是言语所不及的。然而，非语言沟通也可以否定语言传播的信息，例如，充满信心的言词却伴以发抖的双手，或者以充满敌视的语调而讲着友好的词句，此时，非语言符号传播的信息与语言所传播的信息显然是不一致的。

（四）非语言沟通传递信息的含义往往比语言沟通更为准确

非语言符号，尤其是无意识流露出的非语言符号能传递出比语言符号更为准确、丰富的信息，呈现较深的情绪内容。因为人类的传播行为是完整的个人行为，通过非语言方式传递出的信息，有许多来自个体的内心深处，甚至这种非语言行为是难以控制和掩饰的，因而，往往是一种真实而丰富的提示。

二、非语言沟通的作用

人们在进行信息沟通的过程中，常常将注意力放在沟通双方使用的语言上。事实上，信息的语言符号只是整个信息内容的一小部分。非语言沟通领域的权威艾伯特·梅拉比恩，曾对信息的不同组成部分的相对重要性做过调查，发现一个人每天的人际沟通中语言占 7％，语音语调占 38％，面部表情、手势及姿势占 55％。在书面沟通中，选择的词语以及如何组织这些词语是极为重要的。因为信息的内容全凭这些词语来表达。读者可以反复阅读一些段落，可以停下来思考内容，甚至做笔记或划出重要的部分。然而，在面对面的沟通中，使用的词语本身只是整个内容的一小部分，如何组合和表达这些词语，如语调、语速、音调转变、停顿和面部表情等，向接收者提供了信息的大部分内容。有时仅有语言本身还不行，而须由非语言成分赋予真实意义。具体来讲，非语言沟通具有如下作用：

（一）可以修饰语言信息

非语言沟通可以加强和扩大语言符号传播的信息。在谈判中，伴随着语言的运用而做出的动作或表情会不同程度地起着补充语言传递、增大语言传递效果的作用。弥补语言信息的不足，强调信息内容的重点，使传达的信息含义更完整、准确。另一方面，在商务谈判沟通中，非语言沟通还可以否定语言符号传播的信息，传递与语言符号含义完全不一致的含义。非语言信息的表达或接收，通常也是一种不自觉和潜意识的过程，当事人可能传达了自己内在的本意而却浑然不知。心理学家的实验结果指出：由非语言沟通所传达的信息，才是当事人内心真正的情绪反应，而且当一个人的语言信息与非语言信息不一致或相互矛盾时，多数的受试者都倾向于相信非语言所传达的信息。

（二）可以代替语言信息的功能

非语言符号在谈判中可以代替语言，准确传递某种意图或情绪，以及转达自己的感受与想法,我们对他人的看法,以及如何看待彼此相互的关系。在一定的情形下,当语言不可以或难以传递谈判者的观点或意图时,非语言的传递往往可以取得非常好的效果。如,不看对方,注视窗外,显然就等于告诉对方你宁可身在他处,根本不愿意浪费时间在这个话题上。又如,把身体前倾,也许表示"很感兴趣",接受会谈的人因此受到鼓励,可能会做更进一步说明。

（三）可以使谈判双方的互动具有规则

商务谈判的交谈过程中,非语言行为也提供了线索,让彼此了解、沟通谈判该如何进行或是否需要持续进行,标准化的非语言的活动可以使双方互动能够有规则,可协助谈判过程完成。

三、非语言沟通的表现形式以及含义

谈判是沟通,但并不一定是口头的。事实上,眼神、手势或姿势能比言语传达更多的信息。因此,留意并研究对手的身体语言所传达的有用信息,是有价值且有助于你谈判成功的。

（一）面部表情

1.目光接触或注视

目光的接触与注视,通常代表了善意与兴趣,通常我们的目光会不由自主地去追随喜欢或吸引我们的人。对别人送出的"目光信息"也相当敏感。目光接触除代表喜欢和善意之外,地位高者常会使用"视觉优势行为"来展现他们对于情境的掌握。两眼平视对方,是一种自然的关注状态,也是一种友好的招呼语;两眼向下不望着什么东西,表示胆怯、自卑;从头到脚将对方上下扫视一遍,是一种不友好的失礼行为,含有挑衅的意味;短时间的注视和短时间的眼光相接也是一种友好的沟通方式;长时间地注视着讲话者的脸则是一种倾听、尊重的表示。日常人际交往中,彼此互相凝视代表了两人之间的亲密感,但很多工作场合,长时间的注视会使人感到难堪,是一种不礼貌的行为。商务谈判过程中长时间的目光相接,是一场面对面的心理战,应尽量避免出现这种情况,否则会给目光退让的一方造成心理上失败的感觉,失去达成商务谈判共赢的基础。

2.脸部表情

脸部表情是最能表达个人情绪感受的。喜悦、愤怒、悲哀、恐惧、惊讶及嫌恶这六种基本情绪相当容易辨识,并且在跨文化交流中也是一致的。商务谈判的沟通中,微笑是最常见的且最有魅力的表情语言。微笑是一种蕴含着真诚和善意的世界相同的表情。它能缓解紧张气氛,使沟通变得容易,使谈判变得融洽,而且常常还能化解纠纷。在沟通与谈判中即使碰到意见不合,用微笑摇头拒绝就比较婉转,然后微笑着提出不同的想法,将易于为对方理解和接受。

（二）肢体语言

1.手势

与人互动交谈时,常会伴随着手势,此时手势有助于说明沟通的内容。手势是非语言沟通中很重要的一环,往往是不为当事人所察觉的沟通反应部分。与聋人用来沟通复杂信息所使用的手语不同的是,手势的功能就像是视觉上的图像,它代表的是单一的含义,而往往这些手势受到文化限制,容易造成尴尬的误解。例如,当新西兰的毛利人对某人伸舌头,

这是尊敬的意思。当美国学童作同样的动作时,它表达的意思正好相反。还有,美国人通常用大拇指及食指环绕起一个圆圈表示"没问题"。同样的手势对日本人是"钱"的意思,对法国人是"零"的意思,对巴西人是极低俗的手势。因此,处在跨文化的沟通中必须小心地使用手势。

2.姿势

身体姿态提供了一种静态的信息,在塑造第一印象上有其特殊的作用。一般认为注重姿态、仪态的人办事比较认真,讲究信誉,自然讨人喜欢。人的姿势丰富多彩,也是一个人的素质和教养的反映。在谈判交流过程中,不同的姿势可以显示出不同的情绪状态,与他人关系的亲密程度,以及对所处情境的掌握程度。姿势的变化也会影响谈判的效果。如身体的倾仰是表示地位和态度:身体后仰有居高临下的傲慢意味;身体倾向对方表示谦恭、热情和兴趣,其程度由倾向的大小来决定;倾转身子对着对方是一种轻视的表示;弯腰鞠躬则是一种迎送宾客的礼节性姿势。椅子上的坐姿有深坐和浅坐两种。深坐比较放松,常常占有心理优势;浅坐为没有完全靠在椅子上,是一种恭顺的姿态。双手交臂的姿势表示防卫、对抗或拒绝对方,而两肩耸动、摊开双手则表示莫名其妙或无可奈何。

3.动作

动作特指需要整个身体配合才能表现出来的特定行为。谈判过程中尤其要强调的是触摸行为。肢体的触摸往往会引发对方积极的反应,但若碰触时间过长,或触摸部位不适当时,反而会引发负面效果,造成被碰触者的反感与愤怒。需要强调的是,身份地位高的人会先去接触对方,因为此时碰触是一种权力的象征;地位低的人主动碰触高地位的人,则会被认为是犯上不敬。不同的方式,不同的触摸也传达着不同的信息。

(三)说话语调

同样内容的信息或同样的一句话,由于语气、说话速度等的差异,可以传达出不同的意义。这些除语言内容之外,与声音有关的种种其他线索,包括音量大小、说话的速度、频率、语调、音质及语气的停顿等等,均称为声音的线索或附语言。人说"锣鼓听音,说话听声"。任何声音线索的变化都会直接影响沟通的效果。如伴随语言的声调的变化是非常容易感受和理解的。它常常是讲话人心绪的反映,一般柔和的声调表示友好,高亢的声调表示激动,颤抖的声调表示气恼或害怕,拉长延时的声调表示冷淡。例如,"这真是太好了"这句话可以是对具体事情感到喜悦或高兴的真实流露,而在另一方面,这句话如用适当的语调变化说出来,也可以是富有讽刺意味,表示对不合心意的情况的厌恶或轻蔑。在这种情况下,信息源的意图几乎完全要依赖说话时的非语言成分。

(四)印象

沟通中的印象主要包括服饰、打扮、记号等。其中穿着打扮是重要的非语言沟通途径之一,具有鲜明的个人色彩。服饰包括服装和饰品,是一个人的自我形象的延伸和扩展。服饰显示出一个人的社会地位、经济状况、精神气质、文化修养和独特个性。服饰语言的要素是色彩、款式和品质。服饰不仅标示着个人所属社会团体的角色,如显示地位;同时也标示正式情境的角色,不同场合应有不同着装;同时衣着也具有展现个性或情绪,展现人格特质,以及展现吸引力与时尚性的作用。

第一印象往往具有"晕轮效应",在与对手的交往过程中,对方留下的第一个形象(气质、风度、谈吐等)常常使人产生深刻的印象,并对今后的谈判活动产生深远的影响。例如,外貌具有吸引力的人通常会被认为是聪明、成功、快乐、适应良好、有自信、高自尊和具有良好的社交技巧的。

分　类	含　义	互动方式
	每一种服装传递了不同的含义并导致不同的互动方式	
制　服	维护工作场所的社会控制,互动的发生是为了团体或组织的利益,而不是代表穿制服的个人利益。他们仅是团体或组织的代表。	制服排除个人利益想法的侵扰,所以互动方式是正式的、有结构的和可控制的。
职业装	传递组织关系。允许外部团队和组织的规则进入。制服和职业装都表明结构、团体或组织关系。	与顾客或客户的沟通更加便利,将沟通置于亲密的层次上。
休闲服	表示暂离工作、社会流动性、情绪和身份的表达。代表着松散的结构、更大的自主权。休闲服与制服和职业装是相对的,它表明不受工作场所的社会控制。	相互作用在这里是开放的,并且不正式、没有结构和控制。
化装服	标志着以特殊的、自发的行为进行社会关系和安排。着化装服意味着没有传统的社会结构、正式性和控制。	代表了传统的责任和义务形式的废除——传统规则地终止——化装服使沟通的自发性更加便利

(五)沟通场合

非语言沟通的另一个层面是空间距离。每一个人都会假想在自己身体四周有一种隐形的盾牌。当有人太靠近时,他会觉得不舒服。而当他不小心撞到别人时,他会觉得非道歉不可。与不同关系的他人进行互动时,所需维持的距离并不相同,可分为以下四种距离:亲密距离、个人距离、社交距离、公众距离。

亲密距离是人际交往中最小的或无间隔的距离,通常在30厘米以内,坐下来的方位为并排或促膝而坐。表现出的意义为亲密、热烈。一般在伴侣之间、亲人之间和亲密朋友之间常采用这种距离,有时在礼节上如需要拥抱时,也采取这种距离,但其他情况下很少采用。

个人距离是人际交往中与熟人相处的空间距离,是相互恰好能亲切握手、友好交谈的距离。通常距离在0.4米～1米之间,坐下来的方位为相对而坐或斜向稍微错开来坐。其意义为亲切、友好。熟人之间的交往,如同学、同事、朋友、师生等常采取这种距离。在人际沟通中要注意个人距离与亲密距离的区分,不要混淆。

社交距离是一种体现社交性或礼节性人际关系的空间距离,适用于工作、社交、谈判等场合,双方很少进行私人感情交流。其意义为对等、尊重。距离在1.2米～3米之间,坐下来的方位是相对而坐。为了体现这种距离,常常中间隔着一个办公桌。通常社交距离的大小表示身份、地位悬殊的大小,身份高的人这个距离就相对比较大,以保持其尊严。

公众距离是一种相互之间并非必须发生联系的距离,一般在3米以上。由于这是一个相当大的空间,在这个空间中语言沟通比较困难,因此相互之间可以视而不见,不发生联系。

在商务谈判场合,最常见和最实用的个体空间距离是社交距离,但在谈判间隙所进行的沟通多使用个人距离。应该注意到,个体空间距离的大小还与文化背景和民族差异有关。例如,在闲谈时,许多美国人维持着大约3英尺远的距离。也就是说,他们喜欢让彼此保持一只手臂的距离。而相反的是,拉丁文化或是阿拉伯文化的人彼此站得很近,常常互相碰触。假如一个来自于这些文化的人在谈话时站得太靠近美国人,那个美国人会觉得不舒服,而退后一步。

此外,谈判中的空间系统,即沟通时的地理环境,如谈判所选的场地,空间内可移动物品的摆设,室温,照明灯光和颜色,与沟通者的位置、角度变化等都可能影响谈判的沟通以及谈判的效果。

四、非语言沟通中的障碍

在谈判沟通中,谈判者对非语言符号的解读无法做到像解读语言符号那样迅速、准确。这是因为非语言传播的特性决定了非语言沟通是一个特殊的过程。不仅沟通环境的客观因素对非语言沟通过程有影响,同时人的主观意识也会影响信息的传递以及对接收到的信息的正确理解,这些因素形成了非语言沟通中的障碍,它们会干扰信息的正常传递并引起沟通误差。

(一)谈判者的有意识行为

在谈判中,由于礼仪的制约或有目的的驱动,双方都会有意识地做出或避免做出某些动作或姿势,以控制非语言传播行为的倾向。通常有意传出的都是干扰性的信息,从而在一定程度上阻碍了正确读解非语言传播符号。自我监控程度的高低因人而异,高自我监控者有较强的非语言沟通能力,较能体会对方情绪,也能以此为依据来调节自己的表达行为。

(二)谈判者的经验

谈判者对非语言符号含义的确定是根据自己的经验得来的,即来自于自己同这个符号接触的经验。经验是有个性差异的,因而个体的经验会产生对符号含义的误读,由此谈判者的经验会成为非语言沟通中的障碍。同时,男性和女性在非语言行为方面也存在差异,有学者发明出非语言信息敏感度量表,用来测量人们对他人非语言行为的解读能力。测验工具为无声的录像带片段,受试者观赏后,必须在实验者提供的两种叙述中选择其中最适合该片段的描述。研究发现女性对人际互动的敏感度较高,也因而发展出较佳的非语言行为的解读能力。

(三)思维定势

人们习惯用一种固定的模式去思维,常常不自觉地从谈判对手的某种品质去推断他是否具备另外一些品质。第一印象中的"晕轮效应"就是一种思维定势。如果一个人谈吐不凡、风度优雅,我们往往会从积极的方面去理解他,将一些优良的品质赋予他,比如,聪明、机智等。如果谈判对手谈吐平平、形象欠佳,我们就会从消极方面去理解他,将一些不良的品质赋予他,比如,迟钝、平庸、软弱等。其实,这些第一印象常常是不准确甚至错误的。再比如,知道某人聪明,就会推断出他富有想象力、机智、认真。知道某人轻率,就会推断出他易怒、好夸口、虚伪等。这种错误的推论常常会导致认识上的失误。此外,人们往往受名片效应左右,崇拜权威。人们常常不假思索地相信某些所谓权威,对其产生崇拜。有些谈判者常常利用人们的这种心理,抬高自己的身份,使人们产生某种敬畏感。一旦为这些威严的光环所蒙蔽,就会形成认识上的偏差。

(四)非语言环境

非语言环境,即谈判中非语言行为产生和存在的环境。它包括两部分:一是非语言的产生背景,主要由社会、文化和传统等因素构成。谈判者的成长环境、背景、受教育程度不同,对同一事物的理解有时也就会大相径庭,从而造成沟通和理解上的偏差。当商务谈判涉及跨文化的领域时,不同文化中非语言沟通也是文化、风俗、习惯的载体,这种偏差往往会变的十分明显。另一方面是非语言的存在情境,即非语言存在的特定谈判情境。非语言符号常常是与特定的产生和存在环境或背景联系在一起的,否则,非语言符号会由于缺乏具体的、确定的含义而呈现无穷无尽性,使非语言沟通难以正常进行。这也表明非语言符号的局限性及环境对非语言沟通过程的障碍性。所以对非语言信息的解读,必须结合多方面信息综合判断。

五、应对非语言沟通的方法

应对非语言沟通,首先要注意同时接收来自多重途径的信息,加以综合判断,可以降低误解或被误导的可能。其次,多观察对方在各种不同情境场合中的非语言行为,同时注意非语言沟通所表现出的强烈程度。当人们愈在意,情绪愈强时,非语言行为所展现的强烈程度也愈高。第三,由于非语言行为在不同的场合或文化下,可能有不同的含义。只有加入对相关情境的考察,才能传送出最适切的非语言信息,也才能对接收到的信息做最正确的诠释。最后,要加强对欺骗的侦测。一个人在说谎、欺骗时,语言内容是最容易控制、最不易出错的,因此需从非语言行为着手。瞬间即逝的表情、声音线索的变化、目光线索、信息之间的不一致都是欺骗的信号。相对于脸部表情而言,肢体语言或声音的线索更能帮助我们侦测欺骗。综合肢体语言与声音线索所做出的判断结果,远比仅从脸部表情所得到的判断更为正确。

以下是最常见的非语言沟通中的情景及应对方法:

1. 抽烟斗者

抽烟斗者通常运用烟斗作为谈判的支持物。对付这类对手的策略是,不要和烟斗抢着吸引抽烟斗者的注意力。例如,抽烟斗者伸手取火柴点烟时,这时你应停止谈话的信号。等他点好烟开始吞云吐雾时,你再继续你的谈话。如果你能很有技巧地去除此支持物,对你是有利的。最容易的方法是注视烟斗。所有烟斗终究会熄灭的,必须暂时放在烟灰缸或烟斗架上,在对方有重新拿起烟斗的冲动之前,给他一页文字、一本小册子,或任何能令他参与你的谈话的东西。

2. 擦眼镜者

你的对手在摘他的眼镜,开始擦拭时,这是适当停止的信号。因为擦拭眼镜表明擦拭者正在仔细考虑某一论点。所以,当擦拭开始时,不要再施加压力,让你的对手有足够时间考虑,等眼镜再挂上鼻梁时,再重新谈判。

3. 松懈的对手

有些人精神松懈。不好好坐直、不够专注、一副垂头丧气的样子。松懈并没有什么不好,问题是,如果意见的沟通过于不精确,会阻挠谈判的进行。使对手紧张、严肃一点的好方法是用眼神的接触。你要谈判另一要点时,运用眼神接触并确定你的对手是否同意,不管是如何松懈的人,几乎都会对眼神接触有所反应的。

4. 紧张大师

有些人对面对面的谈判有恐惧感。很明显的神经紧张、焦躁不安,甚至身子僵直。他们的谈话过于僵硬、不自然。此时你能做的是,放松对手的心情,让他有宾至如归的感觉。慌张不安常发生于没有什么商业背景的人。他们身处异地,不知道会发生什么事。你可以建议比较舒适的座位安排,或者采取主动,松解你的领带,卷起你的袖子,来表示一切会很舒适轻松的。有些人太紧张了,如果你不小心的话,他们会让你也开始紧张不安。千万不要令这种事发生。记住,没人想紧张、焦躁。每个人都想拥有舒适愉快的感觉,所以如果你能消除对手的紧张不安,他会觉得好一点,对你心怀感激,这有助于谈判的成功。

5.膝盖发抖者

与膝盖发抖者商谈令人有挫折感,不过它有立刻呈现目标的好处。你必须让对方的膝盖停止发抖。如果你不这么做,谈判不会有任何进展。使膝盖发抖者停止发抖的方法是:让他站起来,去吃顿午饭,喝点饮料或散散步提提神。因为你知道现在你的对手坐着的时候会膝盖颤抖,所以你必须在散步、走路时完成交易。顺便说说,美国前国务卿亨利·基辛格是运用此技巧的佼佼者,也是"走路谈判"的大力提倡者。

6.注意紧张信号

直觉不是什么神秘的事物,它仅意味着一位有直觉的人有极大的耐心观察细节和行为的细微差异。关心你的对手,注意他的行为举止,如果事情似乎不顺的话要有所警觉。常常任何迟疑、迟钝都可导致谈判失败。如果真是所谈问题造成的,对此障碍须采取必要的对策,试着从其他方式、角度来阐述你的论点。不过你的对手的反应,也可能因为其他因素,可能是你阐明你主张的方式态度不恰当。如果你的个性很强,那么可能你的对手因此而感觉不舒适,因此对你们正在讨论的所有问题变得极端敏感。注意咳嗽、弹指、转笔以及其他不耐烦和紧张的信号。对这些必须予以处理,谈判才能进行。

简而言之,虽然在任何谈判时轻松地进行商议是最理想的,不过事实上你不可能真正轻松。你必须时时刻刻谨慎注意、观察你的对手,并不断地思考如何影响对方接受你的看法。不论你的对手是否由言语或揉弄头发向你传达了非语言信息,你必须对此信息做适当的反应,以利于谈判的顺利进行。

第三节　商务谈判中陈述的技巧

一、陈述的基本要求

陈述是一种不受对方提出问题的方向、范围的制约,而带有主动性的阐述,适当陈述要能够体现出"简单明了、客观准确、具体生动、语速适当"的基本要求。

(一)简单明了

陈述的目的是让对方相信己方所言的内容均为事实,并使对方接受己方的观点。为了达到这一目的,陈述时一定要简单明了,切不可借助于陈述来炫耀自己的学问有多么高深,或卖弄自己的学识有多广博,这样做不但目的达不到,反而会令对方生厌。

商务谈判中,陈述完全不同于写文章,说出来的话要尽可能地简洁、通俗易懂,使对方听了立即就能理解,切忌在陈述己方观点和立场时使用隐喻或专业性过强的语句或词汇。

谈判中的陈述也不同于日常生活中的闲叙,切忌语无伦次,东拉西扯,没有主次,层次混乱,让人听后不知所云。为了便于对方记忆和倾听,应根据对方的习惯调整陈述的方式,同时,还要分清陈述的主次和层次,使对方心情愉快地倾听己方的叙说。

(二)客观准确

商务谈判中,在陈述基本事实时,应本着客观真实的态度进行陈述,既不要夸大事实真相也不要缩小事实真相,以使对方信任己方。反之,弄虚作假的态度是不好的。夸大或缩小事实,如果被对方发现,就会降低己方的信誉,从而使己方的谈判实力大为削弱,再想重新调整,已是悔之不及。陈述观点时,力求准确无误,力戒含糊不清,更不可前后不一致,否则会给对方留下借口,为其寻找破绽打下基础。

一旦涉及数据,如价格、数量、兑换率、赔偿额、增长率等,则应提出一个确切的具体数值,不要提出一个数值的范围,因为谈判对手很自然地会选择有利于他的下线作为讨价还价的基础。

如果在陈述中发现某些已经陈述了的错误,谈判者应及时加以纠正,以免造成不必要的损失。有些谈判者发现已经陈述了的错误时,由于碍于情面,采取顺水推舟、将错就错的做法,这是要坚决予以反对的。因为这样做,往往会使对方产生误解。还有些谈判者,发现自己陈述中的错误时,采取事后自圆其说、文过饰非的做法,结果不但没有饰非,反而加非,可谓愈描愈黑,对自己的信誉和形象实在是有损无益,更重要的是可能会失去合作伙伴,后果实在可悲。

(三)具体生动

为了使对方获得最佳的倾听效果,陈述还应生动而具体。这样做,可以使对方集中精神,全神贯注地倾听。陈述中一定要避免令人乏味的平铺直叙以及抽象的说教,要运用生动、活灵活现的生活用语,具体而形象地说明问题。有时为了达到生动活泼,也可以运用一些演讲者的艺术手法,声调抑扬顿挫,以此来吸引对方的注意,达到己方陈述的目的。

(四)语速适当

在陈述过程中,应根据对方的反应调整语速。如果遇到对方不理解、不清楚,或有疑问等情况,这时对方往往会用身体语言或有声语言向己方传递信息。这就要求谈判者在陈述时注意观察对方的眼神、表情等,一旦发现对方有疑惑不解的信息发出,就要立即放慢速度,或重复陈述。如果对方用笔记录己方所说的内容,陈述的速度更要掌握好,必要的关键之处要适当重复陈述。如果经过复述,对方还不能理解,那么要耐心地加以解释;如果对方误解了己方的原意,则不要烦躁,要耐心地加以解释。

二、陈述的一般技巧

(一)态度

人们都喜欢谦恭有礼的人,一位成功的谈判者应该谦恭有礼。这不仅是指需要时说"请"或临别时感谢对方提供的许多帮助,更意味着所具有的起码品德。与人交谈中表现出的态度不仅对人很重要,而且你的态度会影响别人对你的看法,正所谓你眼中的别人就是别人眼中的你。要注意,不仅要表示感兴趣,而且要对双方所讨论的问题、说话的人及其音容笑貌都表现出浓厚的兴趣;不仅对熟人感兴趣,而且要对所有参加谈话的人都感兴趣,目光也不要停留在一个人的身上;参加谈判表现出来的神情愉快是很重要的,要通过微笑以示对谈话的兴趣和对人们的友好。要知道,人们参加谈判不是为了看到一个满脸愁容的人淡淡地叙说着自己的问题。若是这样,只会把问题搞得更糟。对方还需要你的友善。成功的交谈陈述需要有友善的态度,如果对参加谈判的人表现出不满,或对他们的谈话进行讽刺挖苦,或以自己的言语显示出看不起他们,那么谈判就很难顺利进行下去。

（二）随机应变同等重要

要成为一名成功的谈判者必须具有随机应变的能力,固执和僵化在谈判中是没有市场的。谈判中的表现可以很活跃,在面部和姿势中尽情地表现出自己的态度。然而,也请记住,一定的安静也是成功交谈所不可缺少的。想好之后再说,三思而后行,谈判也是如此。谈判前要先想而不是谈了以后再想,这也是关系到谈判能否取得成功的重要环节之一。

案例 7-1

一位老太太每天去菜市场买水果。一天早晨,她提着篮子,去到菜市场,遇到一个小贩,是卖水果的。小贩问老太太:你要不要买一些水果? 老太太说:你有什么水果? 小贩说:我这里有李子,你要买李子吗? 老太太说我正要买李子。小贩赶忙介绍:我的李子,又红又甜又大,特好吃。老太太仔细看了一会儿,果然如此。但是老太太摇了摇头,没有买,走了。

老太太继续在菜市场上转,遇到了第二个小贩。这个小贩也像第一个一样,问老太太要买什么水果,老太太说:李子。小贩接着问:我这里有很多李子,有大的、有小的、有酸一点的、有甜一点的,你要什么样的呢? 老太太说要买酸李子,小贩说我这堆李子特别酸,你尝尝吗? 老太太一咬,果然很酸,满口的酸水。老太太酸得受不了的样子,但好像越酸越高兴,马上买了一斤李子。

老太太继续在市场里逛。遇到的第三个小贩同样的问题问过之后,小贩问老太太:别人都要甜李子,你为什么买酸李子呢? 老太太说:我儿媳妇怀孕了,爱吃酸的。小贩马上说:老太太,您儿媳妇真好! 那您知道不知道孕妇最需要什么样的营养品? 老太太不懂,小贩说:其实孕妇最需要的是维生素,因为她需要供给胎儿维生素。他接着说:您知不知道什么水果含维生素最丰富? 水果中含维生素最多的是猕猴桃! 老太太一听高兴得不得了,马上买了一斤猕猴桃。

（三）正确表达自我

在谈判中,表达立场、澄清事实主要是依靠语言。因此要求做到观点明确、层次清楚、态度诚恳、简练流畅,切忌夸夸其谈、故弄玄虚、语气傲慢、强加于人。此外,谈判中的交谈陈述在力求准确反映己方意图的同时,要尽量考虑听者的习惯相接受方式,主次分明,层次清楚,不宜过多地粉饰雕琢。否则,容易造成拖延,引起对方的反感。

案例 7-2

某公司的一位经理在与外商谈判一笔大米出口业务时,首先作了这样的陈述发言:"诸位先生,我们已约定首先由我向各位介绍一下我方对这笔大米交易的想法。我们对这笔买卖比较感兴趣。在此之前,我们已经收到了其他几位买主的递盘。但我们与贵方是老朋友了,彼此有着很愉快的合作经历,因此我们仍然肯先与贵方进行实质性接触。这笔大米生意我们希望贵方能以现汇支付,并又通过这次合作的机会加深我们的友谊。"作为回复,外商也作了一段简短的陈述:"根据双方确定的程序,轮到我了。我与贵方的想法一样,也希望把这笔买卖做成。我们认为最好的支付方式是用我们的橡胶。这在贵国也很需要。当然了,如果贵方的大米在价格上很有竞争力,我们可以考虑用现汇支付。别的不多谈了。有需要澄清的吗?"

从这个案例可以看出,在谈判之初双方就表明了愿意合作的态度,同时都明确地提出了各自对支付方式的要求,简洁明确。

三、开局阶段的陈述技巧

谈判开局阶段的语言对谈判全局有举足轻重的作用,若掌握得好,就会为最后的谈判成功打下坚实的基础。

(一)通过介绍互相认识

可以自我介绍,也可以由一方成员之间相互介绍,甚至可以有礼貌地主动请问对方,但一般不应把这种权利让给对方,不然一上来对方就占了上风。

(二)适度闲聊

为给谈判创造良好的气氛,可以在短时间里谈谈双方感兴趣的事情,例如,生活琐事、社会趣闻;对方是球迷则谈谈球赛;对方是影迷则谈谈电影、电视;或者说一些关心对方的话,如对方的身体、对方的亲戚;尤其是对方的子女,那永远是父母乐意谈论的话题。

(三)表明立场言简意赅

用言简意赅、准确无误的语言阐述己方的立场和观点,同时仔细倾听对方的阐述,并澄清、分析对方的条件和真正的意图。这样的开场,就创造了良好、合作、轻松的气氛,有助于双方心理沟通,缩短双方的心理距离。

四、僵局阶段的陈述技巧

谈判的僵局阶段,是对谈判双方的能力、素质、水平、修养的综合考验,也是谈判中最为困难的阶段。所谓僵局,是指双方已经让步到这么一个阶段,表面上谁也不准备再让步了,似乎双方面临要么谈判成功要么谈判破裂地选择了。之所以用"表面上"、"似乎"这样的字眼,是因为有可能确实面临这样的选择,这时语言稍有不慎,马上导致谈判破裂,无法挽救。另一方面,又有可能双方(或者其中一方)准备再让最后一步,只是谁也不愿马上就让这最后一步,总希望在僵局中对方能作出让步,而自己不必让步。此时的语言稍有不慎,则有可能逼得自己不得不让步,或者把对方逼得太紧,使对方看不到希望而导致谈判破裂。正因为如此,这一阶段的陈述也有其特殊要求。

(一)拒绝对方要留有余地

一方面要坚决地拒绝对方的要求;另一方面又不能把话说得太死,必须留有余地。如"就像前面一再重申的那样,我们只能做到这一步了。"这种说法是告诉对方我们不再作出让步了,如果对方还一味坚持原来立场的话,就意味着谈判破裂。这样的话是谈判破裂前的警告,督促对方作出让步。

(二)试探

己方准备作出让步,试探对方是否准备作出让步。在陈述时可以说:"经过我们双方的共同努力,已经谈到了这一步,我们都很珍惜已经取得的成果。如果我们双方再共同努力一下,就有希望克服面临的难题,取得一致的意见。"这一说法暗示己方希望打破面临的僵局,暗示自己是准备作出让步的,但是希望对方释放出让步的气球来,让自己看看。否则,最多自己白放了一只气球面已。

（三）提出条件

己方准备先作出让步,但对方必须随后也作出让步。可以说:"我方可以考虑贵方的要求（全部要求或选择其中的一条、几条),假如贵方也考虑我方的要求（全部要求或其中的一条、几条)的话。"这种说法是告诉对方,己方可以有条件地作出让步,即对方必须作出同样的回报。如果不存在这种条件,即对方不作出任何让步的话,那么己方的让步也不成立。这样可以避免不必要的损失。

第四节　商务谈判中提问的技巧

在日常生活中问是很有艺术性的。比如有一名教士问他的上司:"我在祈祷时可以抽烟吗?"这个请求遭到断然拒绝。另一名教士说:"我在抽烟时候可以祈祷吗?"抽烟的请求得到允许。为什么在相同的条件下,一个被批准,另一个被拒绝呢? 原因就是提问的技巧性。

一、提问的常见类型

（一）封闭式问句

封闭式问句是指特定的领域带出特定的答复的问句。封闭性问题提供的答案是限制性的,有时问题本身就已隐含着答案。当然,问题的封闭程度有很大差异。最常见的封闭性问题只要求交谈对象回答"是"或"不"。例如"前天谈判会场没见你,你是否回家了?""你有没有向谈判对手借一本书?""看了这些对你的决定有参考价值的实验报告,你是否做出了决定?"等等。

除此之外,在商务活动中,封闭性问题还可用于收集统计资料、采集或获取信息。封闭性问题在互通信息的交谈中较常使用。如:"一会儿你回公司吗?""上星期三,你到哪去了?"这种发问方法可以使发问者得到特定的资料或信息,而答复这类问题也不必花多少思考功夫。但这类问句,含有相当程度的威胁性,往往引起人们不舒服的感觉。

（二）开放式问句

开放式问句是指在广泛的领域内带出广泛答复的问句,通常无法采用"是"或"否"等简单的措辞作出答复。例如:"你对自己当前工作表现有什么看法?""你看我们的谈判工作应当怎样开展更好?""你对明年的计划有什么考虑?"等等。回答问题的人可以做出多种回答。开放性问句常作为鼓励交谈对象暴露个人思想和情感的主要方法。这种类型的问题有助于交谈对象开启心扉、发泄情绪,并支持他们表达被抑制的情感。这类问题都是鼓励交谈对象谈论和描述他或她对某一问题的看法的。再比如:"现在接近年末了,你能不能谈谈你对今年工作的评价?""你在报刊发表了不少有关谈判学方面的专题学术论文,对于学术研究有什么窍门?""明年的物价还要上涨,你有什么意见?"这类问句主要启发对方谈出自己的看法,以便吸引新的意见和建议。这类问句因为不限定答复的范围,所以能使谈判对方畅所欲言,获得更多的信息。

（三）澄清式问句

澄清式问句是针对对方答复重新让其证实或补充的一种问句。如:"你说想考杭州大学,决定了没有?""你说完成这项谈判任务有困难,现在有没有勇气承担这项任务?"等等。这种问句在于让对方对自己说的话进一步明朗态度。

（四）暗示式问句

暗示式问句也称为引导式问句。这种问句本身已强烈地暗示出预期的答案。如:"一个共产党员,必须无条件地服从革命需要,你说是吗?""他一贯表现很好.应不应该受到表扬?"等等。这类问句中已经包含了答案,无非是谈判中敦促对方表态而已。"违约是要承担责任的,受到惩罚的,您说是不是? 那么现在您没有按照合同的规定去办理,您看应该怎么办呢?"这类问句几乎使对方毫无选择的余地,而只有按照发问者设计好的内容作答。

（五）选择式问句

选择式问句是给对方提出几种情况让对方从中选择的问句。如:"您的专业是文科,还是理科?""毕业后,你是去政府机关,还是到厂矿企业,还是留校工作?"等等。这些都是给出两个或两个以上的假设,供对方加以选择,对方只是在这指定的范围内选择,不能在范围以外寻找答案。

（六）借助式问句

这是一种借第三者的意见来影响对方的提问方式。但这第三者必须是双方所熟悉或推崇的权威人物,这样,其意见才能产生影响,否则将适得其反,因此应用此种方式提问一定要慎重。比如"工程部门的专家某某,非常支持使用这种设备代替原有设备,不知你们部门对这种新设备有什么看法?""老李认为谈判小组要把中心放在成交日期上.你以为如何?""经理说,今年把营业额提高10%,大伙认为怎么样?"

（七）探索式问句

探索式问句是针对对方答复内容,继续进行引申的一种问句。例如:"你谈到谈判上存在困难,你能不能告诉我主要存在哪些困难?""你刚才讲不适合做这项工作,你能不能作进一步说明?""你说小张有才华,可以重用,你能不能进一步谈谈理由?"等等。探索式问句,不但可以发掘比较充分的信息,而且可以显出发问者对对方谈的问题的兴趣和重视。

（八）婉转式问句

婉转式问句是指在提问时并不直接提出要求或疑问,而是用较委婉的方式表达,这种提问方式一般不会引起对方反感,是一种较常见的提问方式。例如甲方与乙方正在谈一批复印机的交易,甲方(买方)提出:"每台价格再下降30美元,否则我们不会考虑。"面对甲方咄咄逼人的气势,乙方知道正面迎击不会有什么结果,于是采用了一种委婉的说法:"这样大幅度地降价,我实在无权决定了。这样吧,价格上我们再让一下,我再给你们每台复印机上配一盒复印纸,你们看怎么样?"在这种情况下,甲方提出的要求过高,令乙方无法接受。如果乙方斩钉截铁地一口拒绝对方,会损害谈判的气氛,甚至激怒对方,从而导致谈判破裂,这样的话,对乙方也不会有任何好处。为了避免这种情况的出现,乙方采取了委婉的提问方式。

（九）商量式问句

这是和对方商量问题的句式。例如："下月与上海某厂有一项业务洽谈,你愿意去吗?""工厂要搞一项技术革新,你有这方面的基础和经验,你愿意参加吗?""我校新兴学科缺乏教师,要公开招聘,你愿意报考吗?"等等。这类问句,一般和对方切身利益有关,属于征询对方意见的发问形式。

二、不应发问的问题

提出问题要求对方作出回答是我们获取信息、发现对方需要的一个有效手段,但并非可以随便就任何方面提出问题。一般在谈判中不应提出下列问题:

（一）不应该提问有关对方个人生活、工作的问题

这对大多数国家与地区的人来讲是一种习惯。如对方的收入、家庭情况、女士或太太的年龄等等。也不要涉及对方国家或地区的政党、宗教方面的问题。国内谈判则不一样。中国人既希望介入别人的生活圈子,也希望别人来关心自己。因此,问候对方个人生活以及家庭情况往往容易博得对方的信任感、亲切感。

（二）不要提出含有敌意的问题

一旦问题含有敌意,就会损害双方的关系,最终会影响交易的成功。

（三）不应提出有关对方人品的问题

例如指责对方在某个问题上不够诚实等等。这样做非但无法使他变得更诚实,反而会引起他的不愉快,甚至怨恨。事实上,谈判中双方真真假假,很难用诚实这一标准来评价谈判者的行为。如果要想审查对方是否诚实,可以通过其他途径进行。当你发现对方在某些方面不诚实时,你可以把你所了解或到掌握的真实情况陈述一下,对方自会明白的。

三、提问的技巧

（一）明确提问内容

提问的人首先应明确自己问的是什么。如果你要对方明确地回答你,那么你的问话也要具体明确。例如:"你们的运费是怎样计算的? 是按每吨重计算,还是按交易次数估算的?"提问一般只是一句话,因此,一定要用语准确、简练,以免使人含混不清,产生不必要的误解。

问话的措词也很重要。要更好地发挥问话的作用,问话之前的思考、准备是十分必要的。思考的内容包括我要问什么? 对方会有什么反应? 能否达到我的目的等等。必要时也可先把提出问题的理由解释一下,这样就可避免许多意外的麻烦和干扰,达到问话的目的。

（二）选择问话的方式

问话的方式很重要,提问的角度不同,引起对方的反应也不同,得到的回答也就不同。在谈判过程中,对方可能会因为你的问话而感到压力和烦躁不安,这主要是由于提问者问题不明确,或者给对方以压迫感、威胁感,这就是问话的策略性没有掌握好。例如"你们的报价这么高,我们能接受吗?"这句话似乎有挑战的意思,它似乎告诉对方,如果你们不降价,那么我们就没什么可谈的了。但如果这样问:"你们的开价远超出我们的估计,有商量的余地吗?"很显然,后一种问话效果要比前一种好,它使尖锐对立的气氛缓和了。同时,在

提问时,要注意不要夹杂着含混的暗示,避免提出问题本身使你陷入不利的境地。例如:当你提出议案,对方还没有接受时,如果问:"那你们还要求什么呢?"这种问题话,实际上是为对方讲条件,必然会使己方陷入被动,是应绝对避免的。有些时候,所以提出问题,并不是为了从对手那获得利益,而是在澄清疑点。因此,提出的问题要简明扼要,一针见血,指出关键所在。

(三)注意问话的时机

提问的时机也很重要。如果需要以客观的陈述性的讲话作开头,而则采用提问式的讲话,就不合适。就谈判讲,双方一接触,主持人就宣布说:"大家已经认识了,交易内容也都清楚,有什么问题吗?"显然,这是不合适的。因为这时需要双方代表各自阐述自己的立场、观点,提出具体条件,过早的问话使人摸不着头脑,也使人感到为难。

把握提问的时机还表现为,交谈中出现某一问题时,应该待对方充分表达之后再提问,过早过晚提问会打断对方的思路,而且显得不礼貌,也影响对方回答问题的兴趣。掌握提问的时机,还可以控制谈话的引导方向。如果你想从被打岔的话题中回到原来的话题上,那么,你就可以运用发问,如果你希望别人能注意到你提的话题,也可以运用发问,并借连续提问,把对方引导到你希望的结论上。

(四)考虑问话对象的特点

对方坦率耿直,提问就要简洁;对方爱挑剔、善抬杠,提问就要周密;对方羞涩,提问就要含蓄;对方急躁,提问就要委婉;对方严肃,提问要认真;对方活泼,提问可诙谐。

案例 7-3

　　一位大型机械设备厂的推销人员曾经三次打破公司的销售纪录,其中有两次他的个人销售量占全厂销售量的 50% 以上。他是怎么做到这些的? 他说自己成功销售的秘诀就是经常进行有针对性的提问,然后让客户在回答问题的过程中对产品产生认同。他经常在与客户谈话之初就进行提问,直到销售成功。下面我们看看他的几种典型提问方式:

　　"您好! 听说贵公司打算购进一批机械设备,能否请您说明您心目中理想的产品应该具备哪些特征?"

　　"我很想知道贵公司在选择合作厂商时主要考虑哪些因素?"

　　(以上两个问题的目的是弄清客户需求。)

　　"我们公司非常希望与您这样的客户保持长期合作,不知道您对我们公司以及公司的产品印象如何?"

　　(这一问题的目的是为自己介绍公司及产品做好铺垫,同时也可以引起客户对本公司的兴趣。)

　　"您是否可以谈一谈贵公司以前购买的机械设备有哪些不足之处?"

　　"您认为造成这些问题的原因是什么呢?"

　　"如果我们产品能够达到您要求的所有标准,并且有助于贵公司的生产效率大大提高,您是否有兴趣了解这些产品的具体情况呢?"

　　(站在客户需求的立场上提出问题,有助于对整个谈判局面的控制。)

　　"您可能对产品的运输存有疑虑,这个问题您完全不用担心,只要签好订单,一个星期之内我们一定会送货上门。现在我想知道,您打算什么时候签署订单?"

(有目的地促进交易完成。)

"如果您对这次合作满意的话,一定会在下次有需要时首先考虑我们,对吗?"

(为以后的长期合作奠定基础。)

第五节　商务谈判中应答的技巧

一、回答需要注意的问题

(一)回答问题之前,要给自己留有思考的时间

在谈判过程中,回答问题之前,要给自己留有思考时间。为了使回答问题的结果对自己更有利,在回答对方的问题前要做好准备,以便构思好问题的答案。有人喜欢将生活中的习惯带到谈判桌上去,即对方提问的声音刚落,这边就急着马上回答问题。在谈判过程中,绝不是问答问题的速度越快越好,因为它与竞争抢答是性质截然不同的两回事。

人们通常有这样一种心理,就是如果对方问话与我方回答之间所空的时间越长,就会让对方感觉我们对此问题欠准备,或以为我们几乎被问住了:如果回答得很迅速,就显示出我们已有充分的准备,也显示了我方的实力。其实不然,谈判经验告诉我们,在对方提出问题之后,我们可通过点支香烟或喝一口茶,或调整一下自己坐的姿势和椅子,或整理一下桌子上的资料文件,或翻一翻笔记本等动作来延缓时间.考虑一下对方的问题。这样做既显得很自然、得体,又可以让对方看得见,从而减轻和消除对方的上述那种心理感觉。

(二)针对提问者的真实心理答复

谈判者在谈判桌上提出问题的目的往往是多样的,动机也往往是复杂的,如果在没有深思熟虑、弄清对方的动机之前,就按照常规来作出回答,效果往往不佳。如果经过周密思考,准确判断对方的用意,便可作出一个高水准的回答。

(三)不要彻底地回答问题,因为有些问题不必回答

商务谈判中并非任何问题都要回答,有些问题并不值得回答。在商务谈判中,对方提出问题或是想了解己方的观点、立场和态度,或是想确认某些事情。对此,我们应视情况而定。对于应该让对方了解或者需要表明己方态度的问题要认真回答;而对那些可能会有损己方形象、泄密或一些无聊的问题,不予理睬就是最好的回答,但要注意礼貌。用外交活动中的"无可奉告"一语来拒绝回答,也是回答这类问题的好办法。

(四)逃避问题的方法是避正答偏,顾左右而言他。

有时,对方提出的某个问题己方可能很难直接从正面回答,但又不能拒绝回答,逃避问题。这时,谈判高手往往用避正答偏的办法,即在回答这类问题时,故意避开问题的实质,而将话题引向歧路,借以破解对方的进攻。

(五)对于不知道的问题不要回答

参与谈判的所有人都非全能全知。尽管谈判中准备得充分,也经常会遇到难解的问题,这时,谈判者切不可为了维护自己的面子而强作答复,因为这样有可能损害自己的利

益。有这样一个实例：国内某公司与外商谈判合资建厂事宜时，外商提出有关减免税收的请求。中方代表恰好对此不是很有研究，或者说是一知半解，可为了能够谈成，就盲目地答复了，结果使己方陷入十分被动的局面。

（六）重申和打岔有时也很有效

商务谈判中，要求对方再次阐明其所问的问题，实际上是为自己争取思考问题的时间的好办法。在对方再次阐述其问题时，我们可以根本不去听，而只是考虑如何作出回答。当然，这种心理不应让对方有所察觉，以防其加大进攻的力度。

二、回答的方式

商务谈判中的回答有三种类型，即正面问答、迂回回答和避而不答。在商务谈判过程中，这三种类型又演变成多种具体问答方式。常用的商务谈判回答方式有：

（一）含混式回答

这样既可以避免把自己的真实意图暴露给对方，又可给对方造成判断上的混乱和困难。这种回答由于没有作出准确的说明，因而可以作多种解释，从而为以后的国际商务谈判留下下回旋的余地。"这件事情我会尽快解决。"这里的"尽快"就很有弹性，具体时间到底是什么时候，并没有说清楚，有很大的回旋余地。

对方提问的内容，有时可能很模糊，有时很荒诞，甚至很愚蠢，致使我们很难回答。这时，我们在分析清楚的前提下，可以用设定条件的方法。

案例 7-4

有一天，国王指着一条河问阿凡提："阿凡提，这条河的水有多少桶？"阿凡提答："如果桶有河那么大，那只有一桶水；如果这个桶有河的一半大，那么就有两桶水……"阿凡提回答得十分巧妙。因为这个问题很怪，国王故意想难倒阿凡提，他无法直接回答。只能先设一个条件，后说结果。条件不同，结果也就不一样。

又如艾伦·金斯伯格是美国著名的诗人，一次宴会上，他向中国作家提出了一个怪谜，并请中国作家回答。这个怪谜是："把一只 5 斤重的鸡装进一个只能装 1 斤水的瓶子里，用什么办法把它拿出来，"中国作家回答道："你怎么放进去，我就会怎么拿出来。"此可谓绝妙的回答。

（二）针对式回答

即针对提问人心理假设的答案回答问题。这种回答方式的前提是要弄清对方提问的真实意图，否则问答的答案很难满足对方的要求，而且免不了要泄露自己的秘密。

（三）局限式回答

即将对方提问问题的范围缩小后再作回答。在商务谈判中并不是所有问题的回答对自己都有利，因而在问答时必须有所限制，选择有利的内容回答对方。例如，当对方提问产品的质量时，只回答几个有特色的指标，利用这些指标给对方留下质量好的印象。或者，问："今天有一只黑猫跟着我，这是不是凶兆？"答："那要看你是人还是鼠。"前者的问话很无知，回答时无法给他详细的解释。设定一个条件，结果不言而喻，而且极幽默地讽刺了问话者的愚昧。

（四）转换式回答

即在回答对方的问题时把商务谈判的话题引到其他方向去。这种方式也就是我们常说的"答非所问"。但这种答非所问必须是在前一问题的基础上自然转来的,没有什么雕琢的痕迹。例如,日本影星中野良子来到上海,有人问她:"你准备什么时候结婚?"中野良子笑着说:"如果我结婚,就到中国度蜜月。"中野良子的婚期,这是个人隐私,中野良子自然不愿吐露。她虽然没有告诉婚期,却说结婚到中国度蜜月,既遮掩过去,又表现了她对中国人民的友谊。

在商务谈判中,当对方提问价格时可以这样回答:"我想你是会提这一问题的,关于价格我相信一定会使您满意,不过在回答这一问题之前,请让我先把产品的几种特殊功能说明一下。"这样就自然地把价格问题转到了产品的功能上,使对方在听完自己的讲话后,把价格建立在新的产品质量基础上,这对已方无疑是有利的。

对一些是非问句的回答,还可以采用反答法。本应答"是"、"有",却从"不是"、"没有"方法回答:本应答:"不是"、"没有",却从"有""是"方面回答。如:问:"你和你妻子之间有什么共同之处吗?"答:"我俩都是同一天结婚。"或者有位旅行家说:"请问,从前有什么大人物出生在这座城市吗?"导游说:"没有。只有婴儿。"

（五）拖延答复

谈判中有时在表态时机未到的情况下可采取拖延答复的方式:拖延答复有两种形式:一是先延后答,即对应该回答的问题,若做好准备后感到好答时,不妨作恰当的回答;二是延而不答,即经过考虑后觉得没有必要回答或者不应回答时,则来个"不了了之"。你可用"记不得了"或"资料不全"来拖延答复、有时还可以对方寻找答案,亦即让对方自己澄清他所提出的问题。例如可以这样说:"在回答你的问题之前,我想先听一听你的意见……"

（六）反问

对方常会提出一些诸如试探性、诱导性、证实性的问题,在这种情况下,我方不想泄露自己的底牌,同时又想缓和气氛,抑制对方的发问,反过来探明对方虚实,则可采用此种方式。其特点是在倾听完对方的问题后,通过抓住关键的问题向对方反问以掌握主动。例如,买方:"请谈一下贵方价格比去年上涨 10% 的原因。"卖方:"物价上涨与成本提高的关系是不言而喻的。当然如果你对这个提价幅度感到不满意的话,我很乐意就你觉得不满意的某些具体问题予以解释澄清,请问什么方面使你觉得不妥?"当你谈判购买某件东西时,若还没有决定购买就不要承诺什么,这样会使你在谈判中处于更加有利的地位。比如,谈判对手对你说:"如果我能把你钟爱的绿色的款式提供给你,你能否考虑今天就购买?"你可以不直接回答,反而这样问:"你需要多长时间才能把货提出来并送货上门?"这样,你既没有做出任何承诺,同时反倒问了对方一个问题,而对方对这个问题的回答将有助于为你做出购买的决定提供重要的信息。如果别人在你身上使用这一策略,最好的反制策略是尽你所能把问题回答好,并保证对方会接受你的答复。等你们达到某种一致或者相互谅解后,再问一个封闭型问题,以使对方做出购买的承诺。比如说,可以这样问:"如果我周末就能送货上门,你是否同意今天就购买?"

案例 7-5

亨利·基辛格曾担任尼克松总统的国务卿,他是运用谈判策略的高手。有一个关于他的故事是这样的:一次基辛格的参谋长向他呈递了一份有关外交政策的报告,基辛格接过报告后看也没看,便问:"你写这份报告尽了全力了吗?"参谋长想了一会儿,担心上司怀疑报告还不够尽善尽美,就回答:"基辛格先生,我想我还能做得更好。"这样基辛格把报告还给了他。两周后,参谋长又把改写过的报告交了上来。基辛格还是没有看,只是把报告搁了一周,又把它送了回去,并附上一张纸条,上面写道:"你确信起草这份报告尽全力了吗?"参谋长意识到报告肯定又有什么遗漏,便又将它重写了一遍。当他再一次将报告交给基辛格时,他说:"基辛格先生,写这份报告我已经尽了全力了。"这一回,基辛格说:"既然这样,我要好好读一读你的报告。"

在这种情况下,对参谋长来说最好的反制策略是,反问一个开放型的问题,以便得到更多的信息。比如说,他可以这样问:"我的报告是否遗漏了您特别需要的东西?"或者问:"我的报告中是否有您不喜欢的地方?"或者问:"只是出于好奇问您一下,您为什么坚持问这份报告的质量问题?"或者还可以问:"您所谓的'尽了全力'是什么意思?"应付"那还不够"这条策略的关键是,在彻底弄清对方到底要求什么之前,不要泄露信息。

(七)沉默不答

有些不值得回答的问题完全可以不予理睬。你可以不说话,也可以环顾左右而言其他。有时沉默会无形给对方造成一种压力,获得己方所需的情报,也有可能获得意外的收获。

案例 7-6

美国科学家爱迪生发明了发报机之后,不知该卖多少钱。当时,他的家庭生活很拮据,他的妻子就和他商量该卖多少钱。

妻子:"你应该多卖些钱。"

爱迪生:"卖多少?"

妻子:"2万。"

爱迪生:"2万?太多了吧?"

妻子:"我看肯定值2万。"

爱迪生:"那就试试吧。"

过了几天,美国西部的一位商人要买他的发报机技术。在洽谈中,商人问到价钱时,爱迪生总认为价钱太高,无法说出。因此,无论商人怎样催问,爱迪生支支吾吾,就是没有勇气说出2万元的价格。最后,商人忍耐不住了,说:"那我说个价格吧,10万元,怎么样,"

"10万?"爱迪生几乎惊呆了,随即拍板成交。

爱迪生的沉默获得了意想不到的收获。

第六节　商务谈判中的说服技巧

说服就是劝说对方形成一定的观点或改变原来的观点。它不同于用压服的办法使对方屈服,而是要让对方心服口服。在贸易谈判中,谈判双方互为说服者与被说服者,要说服对方而不被对方所说服,仅靠能言善辩是不行的.需要综合运用"看"、"听"、"问"、"答"、"叙"的各种技巧,改变对方的最初想法,接受己方的意见。说服工作做得好,谈判成功就容易实现。因此,说服是最复杂、最艰巨的工作,也是最富有技巧性的工作。

一、说服的基本要诀

想要说服他人的人,总是希望自己能够成功,但是如果不讲究手法,不掌握要领,急于求成,往往会事与愿违。人们在说服他人时常犯的弊病就是:一是先想好几个理由,然后才去和对方辩论;二是站在领导者的角度上,以教训人的口气,指点他人应该怎样做;三是不分场合和时间,先批评对方一通,然后强迫对方接受其观点等等。这些作法,其实未必能够说服对方。因为这样做,其实质是先把对方推到错误的一边,也就等于告诉对方,我已经对称失去信心了,因此,效果往往十分不理想。说服他人的基本要诀主要包括以下几个方面:

(一)取得他人的信任

在说服他人的时候,最重要的是取得对方的信任。只有对方信任你,才会正确地、友好地理解你的观点和理由。社会心理学家们认为,信任是人际沟通的"过滤"。只有对方信任你,才会理解你友好的动机,否则,如果对方不信任你,即使你说服他的动机是友好的,也会经过"不信任"的"过滤器"作用而变成其他的东西。因此说服他人时若能取得他人的信任,是非常重要的。

(二)站在他人的角度设身处地地谈问题

要说服对方,就要考虑到对方的观点或行为存在的客观理由,亦即要设身处地地为对方想一想,从而使对方对你产生一种"自己人"的感觉。这样,对方就会信任你,就会感到你是在为他着想,这样,说服的效果将会十分明显。

(三)创造出良好的"是"的氛围

从谈话一开始,就要创造一个说"是"的气氛,而不要形成一个"否"的气氛。不形成一个否定气氛,就是不要把对方置于不同意、不愿做的地位,然后再去批驳他、劝说他。比如说:"我晓得你会反对……可是事情已经到这一步了,还能怎样呢?"这样说来,对方仍然难以接受你的看法。在说服他人时,要把对方看做是能够做或同意做的。比如"我知道你是能够把这件事情做得很好,却不愿意去做而已";又比如:"你一定会以这个问题感兴趣的"等等。商务谈判事实表明,从积极的、主动的角度去启发对方、鼓励对方,就会帮助对方提高自信心,并接受己方的意见。

美国著名学者霍华曾经提出让别人说"是"的30条指南,现摘录几条如下,供谈判者参考。

尽量以简单明了的方式说明你的要求。

要照顾对方的情绪。

要以充满信心的态度去说服对方。

找出引起对方注目的话题,并使他继续注目。

让对方感觉到,你非常感谢他的协助。如果对方遇到困难,你就应该努力帮助他解决。

直率地说出自己的希望。

向对方反复说明,他对你的协助的重要性。

切忌以高压的手段强迫对多。

要表现出亲切的态度。

掌握对方的好奇心。

让对方了解你,并非是"取",而是在"给"。

让对方自由发表意见。

要让对方证明,为什么赞成你是最好的决定。

让对方知道,你只要在他身旁,便觉得很快乐。

(四)说服用语要推敲。

在商务谈判中,欲说服对方,用语一定要推敲。事实上,说服他人时,用语的色彩不一样,说服的效果就会截然不同。通常情况下,在说服他人时要避免用"愤怒"、"怨恨"、"生气"或"恼怒"这类字眼,即使在表述自己的情绪时,比如像担心、失意、害怕、忧虑等等,也要在用词上注意上注意推敲,这样才会收到良好的效果。

二、说服的一般技巧

(一)以共同点为跳板

在商务谈判中,以双方共同感兴趣的问题为跳板,往往是说服对方的一种有效方法。在人与人的交往中,首先要求同,然后随着谈话的深入,即使是对素不相识的人,也会发现越来越多的共同点。商务谈判更是如此。在谈判中双方是本着合作的目的走到一起来的,共同的话题本来就很多。随着谈判的进展,双方就会越来越熟悉,在某种程度上也会感到比较亲近,这时,心里的疑虑和戒心也会减轻。寻找共同点可以从以下几个方面入手:

(1)双方在工作上的共同点,如共同的职业、共同的追求、共同的目标等。

(2)双方在生活上的共同点,如共同的国籍、共同的家乡、共同的生活经历、共同的信仰、共同的俱乐部等。

(3)双方在兴趣爱好上的共同点,如共同喜欢的电视剧、体育比赛、国内外大事等。

(4)双方共同熟悉的第三者,如在同陌生人交往时,要想说服他,可以寻找双方共同熟悉的另外一个人,这样双方就容易交谈了。

(二)暂时避开主题

当正面道理很难被对方接受时,就要暂时避开主题,谈论一些对方感兴趣的话题,从中找出对方的弱点;然后针对对方的弱点,发表自己的看法,让对方感到这些话是对他有利的。

(三)避免吵架,不要直接批评、责怪、抱怨

说服要切记避免"吵架",只有在友好的"是"的氛围中才能说服对方。著名人际关系学者戴尔·卡内基告诉人们:"要比别人聪明,却不要告诉别人你比他聪明。"任何自作聪明的

批评都会招致别人厌烦。不要指责对方,不要把自己的意见和观点强加于对方。要承认对方"情有可原",善于激发对方的自尊心。本杰明·富兰克林年轻的时候并不圆滑,但后来却变得富有外交手腕,善于与人应付,因而成为美国驻法国大使。他的成功秘诀就是:"我不说别人的坏话,只说别人的好处。"但是,有时善意的批评是对别人行为的一种很有必要的反馈方式,因而学会批评还是很有必要的。

(四)运用经验和事实说服对方

在说服艺术中,运用历史经验或事实去说服别人,无疑比那种直截了当地说一番大道理要有效得多。善于劝说的谈判者都懂得人们做事、处理问题都是受个人的具体经验影响的,抽象地讲大道理的说服力远远比不上运用经验和例证之进行劝说。

案例 7-7

第二次世界大战期间,一些美国科学家试图说服罗斯福总统重视原子弹的研制,以遏制法西斯德国的全球扩张战略。他们委托总统的私人顾问、经济学家萨克斯出面说服总统。但是,不论是科学家爱因斯坦的长信,还是萨克斯的陈述,总统一概不感兴趣。

为了表示歉意,总统邀请萨克斯次日共进早餐。第二天早上,一见面,罗斯福就以攻为守地说:"今天不许再谈爱因斯坦的信,一句也不谈,明白吗?"

萨克斯说:"英法战争期间,在欧洲大陆上不可一世的拿破仑在海上屡战屡败。这时,一位年轻的美国发明家富尔顿来到了这位法国皇帝面前,建议把法国战船的桅杆砍掉,撤去风帆,装上蒸汽机,把木板换成钢板。拿破仑想:船没有帆就不能行走,木板换成钢板就会沉没。于是,他二话没说,就把富尔顿轰了出去。历史学家们在评论这段历史时认为,如果拿破仑采纳了富尔顿的建议,十九世纪的欧洲史就得重写。"萨克斯说完,目光深沉地望着总统。

罗斯福总统默默沉思了几分钟,然后取出一瓶拿破仑时代的法国白兰地,斟满了一杯,递给萨克斯,轻缓地说:"你胜利了。"萨克斯顿时热泪盈眶,他终于成功地运用实例说服总统作出了美国历史上最重要的决策。

三、增强说服效果的技巧

(一)做好说服准备

每个谈判者的利益、兴趣各有不同,我们应认真研究分析谈判对手,把握其参与谈判的主要目的和实际利益所在。这就要求我们在谈判之前做好充分的准备,清楚对方的文化背景、兴趣爱好、行为习惯及工作业绩等。此外,我们还应了解竞争对手的情况,广泛收集第一手资料,制定出合理的谈判目标,做到"知己知彼,百战不殆"。比如:在进行价格谈判时,卖方就要提前掌握买方的资金状况及市场的供需状况,了解买方所能承受的价格。同时,还要明确市场上同类产品的价格,做到有的放矢。如果买方并不在乎价钱的高低,而注重的是产品的质量,那么卖方一直强调自己的产品价格低廉反而会使买方怀疑产品的质量,甚至放弃购买意向。

2.建立良好关系

当一个人考虑是否接受他人意见和建议时,一般情况下,总是先衡量他与说服者之间的熟悉程度和友好程度。如果相互之间关系融洽,相互信任,对方就比较容易接受你的意见。这一点我们都有体会,当我们遇到了比较顽固的人时,通常会找一个对他有影响力的人来说服他,谈判中亦是如此。如果双方的关系僵化,情绪对立,或曾经有过不愉快的交往,此时想要说服对方无异于徒劳。因此有许多谈判者在进入正题之前会和对方寒暄几句,或根据对方的喜好提供相应的饮品,如果相互之间熟悉的话,还可聊聊彼此的家人,互赠一些小礼物等。这些细微之处的作用不容小视,很多成功商人赢就赢在了点滴之中,它会使对方消除戒备心理,拉近彼此的距离,互相增加好感。

3.改变谈判观念

人们对于谈判的传统观念是在谈判中必然有一方取得了绝对的胜利,另一方绝对失败,在谈判中,谈判各方都习惯性地为尽力维护自己的利益而保持坚定的立场,因此妥协就成为为获取更大利益的砝码,不到这样的机会出现各方是不会轻易让步的。后来,英国谈判家比尔·斯科特倡导了"双赢"的全新理念,即谈判一方在尽可能取得己方利益的前提下使对方的利益得到一定的满足,在谈判中应努力挖掘各方利益相同的部分,再通过共同的努力将利益的"蛋糕"做大。一味地关注自己的利益,要求对方完全接受自己的观点是不正确的,也是不现实的,应强调互相合作、互惠互利的可能性,从而激发对方在自身利益得到认同的基础上接纳你的意见和建议。找到共同的利益,也是说服工作的根据所在。埃及和以色列为解决西奈半岛领土争端的谈判是一个著名的经典案例,起初双方的谈判持续了11年之久毫无进展,后来双方在双赢的理念之下重新审视各自的利益和要求,同时从对方的角度了解了对方的利益和要求,在各自退让一步的基础上说服对方.取得了谈判的成功。

4.合理安排内容

商务谈判往往涉及很多细节.在很多情况下,双方有很多意见分歧之处,意见相左的信息被称为"负面"信息,要合理地向对方传递这些"负面"信息。心理学的研究表明,信息的传递顺序对于人的情绪有非常重要的影响。一般说来,我们会先选择对方比较容易接受的信息,然后再讨论容易引起争论的问题。这样容易收到预期的效果。要选准说服的突破口,提高说服效率。当然,也不能报喜不报忧,全面地向对方阐述问题的全部是非常重要的,这远远比只说好的一面更有说服力。当然,还要掌握好说服的时机,如果前面提供的信息已经让对方不能接受,就不要再试图使对方接受你进一步的观点了,以免造成谈判的僵局。

四、说服顽固者的技巧

在商务往来过程中,我们相信多数对手是能够通情达理的,但也会遇到固执己见、难以说服的对手。对于后一种对手,人们常常感到难以对付,难以理解,左右为难。这种人在很大程度上是性格所致,并非他们不懂道理。事实上,只要我们抓住他们的性格特点.掌握他们的心理活动规律,采取适宜的说服方法,晓之以理,动之以情,他们是完全可以被说服的。

顽固者往往比较固执己见,这通常是性格比较倔强所致。顽固者有时心肠很软,但表面上不轻易"投降",甚至还会态度十分生硬,有时还会大发雷霆。其实有时他们自己也往往搞不清谁对谁错,但还是坚持自己的观点。有时他们尽管明知自己已经错了,但由于自尊心的作用,也不会轻易地承认自己的错误,除非你给他一个台阶。因此,在说服顽固者

时,通常可采取以下几种方法:

（一）下台阶法

当对方自尊心很强,不愿承认自己的错误时,你不妨先给对方一个台阶下,既强调他正确的地方,也分析他错误存在的客观根据,这也给对方提供了一些自我安慰的条件和机会。这样,对方就不会感到失掉面子,容易接受你善意的说服。

（二）等待法

对方可能一时难以说服,不妨等待一段时间,对方虽没有当面表示改变看法,但对你的态度和你所讲的话,事后他会加以回忆和思考的。必须指出,等待不等于放弃。任何事情,都要给他人留有一定的思考和选择的时间。同样,在说服他人时,也不可急于求成,要等待时机成熟时再和他交谈。

（三）迂回法

当对方很难听进正面道理时,不要强逼他进行辩论,而应采取迂回的方法。就像作战一样,对方已经防备森严,从正面很难突破,解决办法最好是迂回前进,设法找到对方的弱点,一举击破对方。说服他人也是如此,当正面道理很难说服对方时,就要暂时避开主题,谈论一些对方的看法,让他感到你的话对他来说是有用的,使他感到你是可信任的。这样你再逐渐把话转入主题,晓之以利害,他就会更加冷静地考虑你的意见,并容易接受你的说服。

（四）沉默法

当对方提出反驳意见或有意刁难时,有时是可以做些解释的,但是对于那些不值得反驳的抗议,需要你讲求一点艺术手法,不要有强烈的反应,相反可以表示沉默。对于一些纠缠不清的问题,并且遇上的是不讲道理的人,可以不予理睬,这样做常常会使对方感到自找没趣,有时会改变自己的意见。

第七节　商务谈判中的探测技巧

在商务谈判中,对方的底价、时限、权限及最基本的交易条件等内容,均属机密。谁掌握了对方的这些底牌,谁就会赢得谈判的主动。因此,在谈判初期,双方都会围绕这些内容施展各自的探测技巧,下面就有关技巧做一些介绍。

一、挑衅探测法

先主动抛出一些带有挑衅性的话题,刺激对方表态,然后,再根据对方的反应,判断其虚实。比如,甲买乙卖,甲向乙提出了几种不同的交易品种,并询问这些品种各自的价格。乙一时搞不清楚对方的真实意图,甲这样问,既像是打听行情,又像是在谈交易条件;既像是个大买主,又不敢肯定。面对甲的期待,乙心里很矛盾,如果据实回答,万一对方果真是来摸自己底的,那自己岂不被动?但是自己如果敷衍应付,有可能会错过一笔好的买卖,说不定对方还可能是位可以长期合作的伙伴呢。在情急之中,乙想:我何不探探对方的虚实呢?于是,他急中生智地说:"我是货真价实,就怕你一味贪图便宜。"我们知道,商界中奉行着这样的准则："一分钱一分货"、"便宜无好货"。乙的回答暗含着对甲的挑衅意味。除此而外,这个回答的妙处还在于:只要甲一接话,乙就会很容易地把握甲的实力情况:如果甲在乎货的质量.就不怕出高价,回答时的口气也就大;如果甲在乎货源的紧俏,就急于成交,口气也就显得较为迫切。在此基础上,乙就会很容易确定出自己的方案和策略了。

二、迂回询问法

通过迂回,使对方松懈,然后乘其不备,巧妙探得对方的底牌。在主客场商务谈判中,东道主往往利用自己在主场的优势,实施这种技巧。东道主为了探得对方的时限,就极力表现出自己的热情好客,除了将对方的生活做周到的安排外,还盛情邀请客人参观本地的山水风光,领略风土人情、民俗文化,往往会在客人感到十分惬意之时,就会有人提出帮你订购返程机票或车船票。这时客方往往会随口就将自己的返程日期告诉对方,在不知不觉中落入了对方的圈套里。至于对方的时限他却一无所知,这样,在正式的谈判中,自己受制于他人也就不足为怪了。

三、聚焦深入法

先是就某方面的问题做扫描的提问,在探知对方的隐情所在之后,然后再进行深入,从而把握问题的症结所在。例如,一笔交易(甲卖乙买)双方谈得都比较满意,但乙还是迟迟不肯签约,甲感到不解,于是他就采用这种方法达到了目的。首先,甲证实了乙的购买意图。在此基础上,甲分别就对方对自己的信誉、对甲本人、对甲的产品质量、包装装潢、交货期、适销期等逐项进行探问,乙的回答表明,上述方面都不存在问题。最后,甲又问到货款的支付方面,乙表示目前的贷款利率较高。甲得知对方这一症结所在之后,随即又进行深入,他从当前市场的销势分析,指出乙照目前的进价成本,在市场上销售,即使扣除贷款利率,也还有较大的利润。这一分析得到了乙的肯定,但是乙又担心,销售期太长,利息负担可能过重,这将会影响最终的利润。针对乙的这点隐忧,甲又从风险的大小方面进行分析,指出即使那样,风险依然很小,最终促成了签约。

四、示错印证法

探测方有意通过犯一些错误,比如念错字、用错词语,或把价格报错等种种示错的方法,诱导对方表态,然后探测方再借题发挥,最后达到目的。例如,在某时装区,当某一位顾客在摊前驻足,并对某件商品多看上几眼时,早已将这一切看在眼里的摊主就会前来搭话说:"看得出你是诚心来买的,这件衣服很合你的意,是不是?"察觉到顾客无任何反对意见时,他又会继续说:"这衣服标价 150 元,对你优惠,120 元,要不要?"如果对方没有表态,他可能又说:"你今天身上带的钱可能不多,我也想开个张,打本卖给你,100 元,怎么样?"顾客此时会有些犹豫,摊主又会接着说:"好啦,你不要对别人说,我就以 120 元卖给你。"早已留心的顾客往往会迫不及待地说:"你刚才不是说卖 100 元吗? 怎么又涨了?"此时,摊主通常会煞有介事地说:"是吗? 我刚才说了这个价吗? 啊,这个价我可没什么赚啦。"稍做停顿,又说,"好吧,就算是我错了,那我也讲个信用,除了你以外,不会再有这个价了,你也不要告诉别人,100 元,你拿去好了!"话说到此,绝大多数顾客都会成交。这里,摊主假装口误将价涨了上去,诱使顾客做出反应,巧妙地探测并验证了顾客的购买需求,收到引蛇出洞的效果。在此之后,摊主再将涨上来的价让出去,就会很容易地促成交易。

案例分析

20世纪60年代末期,克莱斯勒汽车曾是美国汽车行业的"三驾马车"之一;进入60年代以后,公司每况愈下,在1980年公司亏损16亿美元,在这种情况下艾柯卡出任克莱斯勒的总经理。

面对上任后不久就发生的因石油危机而出现的恶性经济大萧条,公司只有两条路可以选择:破产,申请政府贷款。艾柯卡决定选择后者。

要申请政府贷款并不是件容易的事情,尤其是公司的现状:经营状况不好。经过艰苦的谈判,终于说服国会通过贷款,但随后与银行就延期收回到期贷款的谈判同样艰苦(克莱斯勒原来借多家银行的贷款,很快就到期),由于是多家银行,对艾柯卡所提出方案,各银行意见并不统一,开始是分别找一家家银行进行谈判,后来发现这种办法效率低、效果差,遂改成把银行家们召集到一起谈,效果虽然好一些,但仍然解决不了实质性问题。

最后,艾柯卡干脆对各家银行说:"我给你们一个星期时间考虑,4月1日,也就是下星期二,我们再开会。"有些银行代表威胁说他们将不会到会,结果却都来了。如果这次会议达不成协议,后果将不堪设想。因为当时全国经济衰退形势已经很严重,克莱斯勒公司宣布破产,很可能意味着一个更可怕的经济灾难即将来临。因此,4月1日的会议非同小可。当全体成员都到会时,艾柯卡的开场白引起了全场的震动:"先生们,昨天晚上,克莱斯勒公司董事会举行了紧急会议,鉴于目前的经济衰退,公司的严重亏损,利率的节节上升,更不要说银行家们的不支持态度,公司决定今天上午9点30分宣布破产。"接着补充说:"也许我该提醒先生们一下,现在离宣布破产还有一个小时。"

整个会议室里鸦雀无声,空气异常沉闷。过了一段时间后,为了轻松一下气氛,有人补充道:"今天是愚人节。"与会人员先是一愣,接着会心地一笑,气氛也随之缓和了下来。

随后,经过简单的讨论,很快便达成一致。

请分析本案例并回答下列问题:

1.艾柯卡使用了何种语言沟通技巧?

2.此案例中非语言沟通技巧体现在哪些地方?效果如何?

3.如何评价艾柯卡的此次谈判中谈判技巧的使用?

【复习思考题】

1.商务谈判语言沟通技巧的使用必须遵循哪些基本原则?

2.商务谈判中如何通过观察对方的肢体语言来探测对方的谈判心理?

3.怎样有效地说服谈判对手?遇到顽固的对手该怎样说服?

第八章

商务谈判的礼仪

≫ ≫ ≫　≫

本章摘要 ···

　　在商务谈判中,懂得并掌握必要的礼仪和礼节是商务谈判人员需要具备的基本素质。礼仪和礼节作为重要的生活规范和道德规范,是谈判双方相互尊敬的一种体现。在商务谈判过程中,良好的礼仪可以给对方留下深刻而积极的印象,有助于谈判的顺利进行。反之,如果不重视商务谈判的礼仪,则可能影响商务谈判的成效。本章我们将对商务谈判的服饰礼仪、馈赠礼仪、宴请礼仪、举止和谈吐礼仪以及日常交往礼仪和礼节等几个方面进行阐述。

　　完成本章的学习之后你将能够:

　　1.了解商务谈判的服饰礼仪;

　　2.了解商务谈判的馈赠礼仪;

　　3.了解商务谈判的宴请礼仪;

　　4.了解商务谈判的举止和谈吐礼仪;

　　5.了解日常交往的礼仪和礼节。

···

第一节　基本商务礼仪

　　在人类文明发展的过程中,人们在一定的社会生活中约定俗成地形成了一整套符合自己民族或社区的心理习惯和行为习惯,并在长期的社会生活中成为礼仪。同时习俗与礼仪又形成了一种社会文化氛围,具有熏陶、铸造人们文化心理的功能,从而能够有力地整合人们的思维、行为和生活模式。在人际交往中,自觉地执行礼仪规范,使双方的感情得到沟通,促进人们之间的交际往来,有助于人们所从事的各种事业得到发展。

一、商务礼仪的基础知识

(一)礼仪的含义和表现

1.含义

人类最初的礼仪主要是对自然物表示神秘不可知表示的敬畏和祈求,并由此形成了人类早期的宗教祭祀活动。中国现代礼仪是在辛亥革命以后尤其是新中国成立以后形成的。

关于"礼"的概念,在我国有着悠久的历史渊源。就现代"礼"的基本含义来说,"礼"是指由一定社会道德观念和风俗习惯形成的,大家共同遵守的行为准则。这一含义的核心是"礼",是社会道德观念、风俗习惯转化成了人们的行为准则,要求人们在日常生活的各个侧面遵守、实行。反之,不按这一准则行事,必将影响到社会道德观念的体现和落实,理应受到人们的谴责。史学家司马迁说:"礼以节人。"这个"节"字含有"节制"、"规范"、"限定"等意思。"仪"是指人们的容貌举止、神态服饰和按照礼节进行的仪式。例如,在什么场合应穿戴什么服饰就属于"仪"的范畴。

2.表现

礼仪表现为在社会生活中约定俗成的、符合社会礼节和人的仪容要求,指导、协调人们交往过程中的活动方式和行为准则的总和。它的表现形式有礼节、仪表、仪式、器物、服饰、标志、象征等。

礼仪在不同层面有如下的表现:

从个人修养的角度来看,礼仪是一个人的内在修养和素质的外在表现。礼仪即教养、素质体现于对交往礼节的认知和应用。

从道德的角度来看,礼仪是为人处世的行为规范和标准做法、行为准则。

从交际的角度来看,礼仪是人际交往中适中的一种艺术,是一种交际方式。

从民俗的角度来看,礼仪是在人际交往中必须遵守的律己敬人的习惯形式,是在人际交往中约定俗成的待人尊重友好的习惯做法。

从传播的角度来看,礼仪是一种在人际交往中进行相互沟通的技巧。

从审美的角度来看,礼仪是一种形式美,它是人的心灵美的必然的外化。

(二)商务礼仪的作用

从一定意义上说,商务礼仪是商务谈判以及人际关系和谐发展的调节器。人们在商务交往时以礼相见,有助于加强人们之间互相尊重、友好合作的关系,缓和或避免不必要的情感障碍与对立。

商务礼仪的作用可以概括为"内强素质,外塑形象",具体表现在三个方面:

1.提高商务人员的个人素质

商务人员的素质是商务人员个人的修养和个人的表现。"企业竞争,是员工素质的竞争"。教养体现于细节,细节展示素质。所谓个人素质就是在商务交往中待人接物的基本表现。例如,有教养的人在外人面前不吸烟,在大庭广众之下不高声讲话,这就是个人素质的体现。

2.有助于建立良好的人际沟通

交往中不懂礼貌不知规矩容易把事情搞砸。在商务交往中会遇到不同的人,与不同的人进行交往和沟通也是一门艺术。例如,夸奖人要讲究语言艺术,否则即使是夸奖也会让人感到不舒服。

3. 维护形象

在商务交往中个人代表企业整体，个人形象代表企业形象，个人的所作所为，就是本企业的典型活体广告。

(三)商务礼仪的基本理念

1. 尊重为本

尊重二字应该是礼仪之本，也是待人接物之道的根基之所在。尊重在国际交往中，有几个方面的要求：

(1)自尊。就是要自尊为本，强调自尊自爱。一个人在国际交往中，不讲自尊，就不可能得到别人的尊重。首先要尊重自己，站有站相，坐有坐相，举止大方。其次要尊重自己的职业。在任何国家、任何社会，真正被人家尊重的人，是有实力的人，是学有所长的人，是专业方面有本事的人。所以要爱岗敬业，这样的人才会赢得尊重，各国皆然。最后要尊重自己的单位。大到自己的国家和民族，小到现在供职的地方，在商务交往中，我们有责任、有义务维护它的尊严和形象。

(2)尊重交往对象。关于尊重交往对象一般要讲五句话："尊重上级是一种天职，尊重同事是一种本分，尊重下级是一种美德，尊重客户是一种常识，尊重所有人是一种教养。"这五个方面，涉及我们人际交往的方方面面，要全方位的尊重，不能失礼于人。

(3)尊重老人和妇女。尊重老人、爱护妇女是一种美德。与老人、妇女同行，应让他们先走；进出大门，男子应帮助他们开门、关门；与老人、妇女一同进餐，男子应主动照料，帮助他们入座就餐。

2. 善于表达

商务礼仪是一种形式美，在商务交往的过程中，内容与形式是相辅相成的，形式表达一定的内容，内容借助于形式来表现。对别人尊重，不善于表达或表达不好都不行，同时表达要注意环境、氛围、历史文化等因素。要把你对对方的尊重恰到好处地表现出来。要记住对方。记住对方的名字、单位和职务；记住对方的声音、手机号与座机号；甚至要记住对方的爱好。每个人都觉得，被别人记住就代表别人重视自己，因而会感到愉快。当然在商务交往中善于表达还有其他的方面，如上、下车，如见面相互介绍，如递送名片，很多地方都可以表达尊重。

3. 形式规范

形式规范在商务礼仪中是非常重要的：讲规矩，是企业员工素质的体现；讲规范，是企业管理是否完善的标志。例如，在企业里，办公时间不能大声喧哗，不能穿带有铁掌的皮鞋，打电话不能旁若无人。讲形式规范就是要提高员工素质和提升企业形象。

以上是商务交往中的三个基本理念，这三个理念相辅相成，有尊重没表达不行，同时也应该注重规范。在商务交往中怎样才能做到以礼待人，就是要把尊重融入其中，把尊重、礼貌、热情用恰到好处的形式，规范地表达出来。

二、基本商务礼仪

(一)商务人员的仪表

仪表主要指一个人的容貌、仪态和服饰等，是一个人精神面貌的外观体现。商务人员的仪表服饰是文化素养和内在美在其身上的外化。在商务交往活动中,仪表首先会通过人的感官作用于人的心理活动,形成认可或否定的判断,并由此产生愉悦或讨厌的情感活动。因此,商务人员的仪表给人的是第一印象,而这种第一印象对以后的商务交往活动能够产生巨大的影响。

1.面貌

一个人的面貌应该包括三个方面的内容:一是长相容貌。虽然说长相是天生的,但后天的修饰是必不可少的,很多时候后天的修饰更重要;其次是精神面貌。要保持乐观的情绪和充足的睡眠,这样才会有饱满的精神面貌;三是面容修饰。女士应着优雅的淡妆,不要浓妆艳抹;男士面容应该保持洁净、大方。另外,发型对商务人员的面貌也起着举足轻重的作用,干净清洁的头发,款式大方的发型,有利于增强人们对商务人员的第一印象。

2.表情

面部表情是内心情感的重要体现,从人的面部表情中可以反映出许多重要的信息,通过面部各个器官的动作,可以展示出内心多样的情绪和心理变化,具有极强的感染力,或赋予某种暗示。一般而言,商务人员的表情应该做到亲切自然,切忌做作,微笑是保持面部表情亲切自然的永恒法宝。另外,谈判人员还应该注意培养眼睛的灵活和明亮,有力的目光是智慧的象征,可以提升自己的实力。

3.服饰礼仪

服饰是人的衣服和装饰,它反映了一个人文化素质之高低,审美情趣之雅俗。一个人无论以什么身份在社会上活动,在仪容方面都有一定的、起码的要求。在社交场合,如何穿着反映一个人的精神面貌、文化素养和审美水平,是懂不懂礼节的一个重要体现。穿着不当,往往会降低一个人的身份,很难使周围的人对其有一个良好的第一印象。具体说来,它既要自然得体,协调大方,又要遵守某种约定俗成的规范或原则。服装不但要与自己的具体条件相适应,还必须时刻注意客观环境、场合对人的着装要求,即着装打扮要优先考虑时间、地点和目的三大要素,并努力在穿着打扮的各方面与时间、地点、目的保持协调一致。关于服饰礼仪我们在下一节将重点介绍。

(二)商务人员的仪态

仪表是一个人的外在表现,而仪态则反映出一个人的内在修为。一个人的行为仪态好似一面镜子,反映出他的文化蕴涵、知识水平和道德修养。要塑造良好的交际形象,就必须注意仪态举止。仪态礼仪是自我心态的表现,一个人的外在举止行动可直接表明他的内心态度。所以,商务人员在仪态上要做到彬彬有礼,落落大方,遵守一般的礼仪礼节,尽量避免各种不礼貌、不文明的习惯。

1.坐姿、行姿、站姿

俗话说"站有站相,坐有坐姿"。无疑,不论男女老幼,只有站得笔直、坐得端正、走得潇洒才显得精神抖擞。一个人耷拉着脑袋、哈腰弓背、腆着肚子,显得萎靡不振、无精打采,绝不可能在公众场合讨人喜欢,甚至有可能把这种消极情绪传递给其他人。因此,仪态举止的规范与合理对于商务人员而言是非常重要的。在商务交往活动中,仪态举止要大方得体,总的要求应该是"站如松,坐如钟,行如风"。

2.动作举止

大方得体的动作举止、优雅合适的风度礼仪是每一位商务人员所必须具备的基本礼仪。

（1）手势礼仪

手势具有极为丰富的话意。正确、准确地运用手势，会直接影响到谈判的力度。为客人服务或与客人交谈时，手势幅度应适当，使客人易于理解，不会引起客人的反感和误会。手势动作应优美自然，符合规范，同时还应该尊重客人的民族或风俗习惯，注意和语言相配合。手势幅度不宜过大，无谓的手势少用，避免重复的手势，否则就毫无效率可言，也容易误传谈判意图，于谈判不利。

（2）握手礼仪

握手是社交上最普遍的礼仪，亦是表示礼貌的方式之一，它是人与人交际的一个部分。握手的力量、姿势与时间的长短往往能够表达出不同的礼遇和态度，显露自己的个性，给人留下深刻的印象，也可通过握手了解对方的个性，从而赢得交际的主动。

握手的顺序：主人、长辈、上司、女士主动伸出手，客人、晚辈、下属、男士再相迎握手。如果男性年长，是女性的父辈的年龄，或女性未成年在20岁以下，则男性先伸手是适宜的。但无论什么人如果他忽略了握手礼的先后次序而已经伸了手，对方都应不迟疑地回握。

握手的方法：握手时，距离受礼者一步，上身稍向前倾，两足立正，伸出右手，四指并拢，拇指张开，向受礼者握手，掌心向下握住对方的手，显示着一个人强烈的支配欲，无声地告诉别人，他此时处于高人一等的地位，应尽量避免这种傲慢无礼的握手方式。相反，掌心向上同他人的握手方式显示出卑谦、毕恭毕敬。如果伸出两手去捧接，则更谦恭备至了。平等而自然的握手姿态是双方的手掌都处于垂直状态，这是最普遍也是最稳妥的握手方式。

握手力度：握手力度过轻或者过重都不适宜，过轻会给人冷淡的感觉，而过重又会使人产生压迫感。但是，为表示热情友好或者和亲朋好友握手时，握手时可以稍许用力。在异性及初次相识者握手时，则应适当减轻力度。

握手时应伸出右手，不能伸出左手与人握手，有些国家习俗认为人的左手是脏的。如果是左撇子，握手时也一定要用右手。如果右手受伤了，那就不妨声明一下。戴着手套握手是失礼行为，男士在握手前应先脱下手套，摘下帽子，但女士可以例外。当然在严寒的室外有时可以不脱，比如双方都戴着手套、帽子，这时一般也应说声"对不起"。握手者双方注视着对方，微笑、问候、致意，不要看第三者或显得心不在焉。

案例 8-1

某厂长去广交会考察，恰巧碰上出口经理和印尼客户在热烈地洽谈合同。见厂长来了，出口经理忙向客户介绍，厂长因右手拿着公文包，便伸出左手握住对方伸出的右手。谁知刚才还笑容满面的客人忽然笑容全无，并且就座后也失去了先前讨价还价的热情，不一会便声称有其他约会，急急地离开了摊位。原来在伊斯兰国家，左手被认为是不洁的，不能用来从事如签字、握手、拿食物等干净的工作的，否则会被看做是粗鲁的表现。这次商务谈判失败，就是因为厂长不了解这一文化差异，用左手与对方握手造成的。

握手的力度要掌握好，握得太轻了，对方会觉得你在敷衍他；太重了，人家不但没有感觉到你的热情，反而觉得你是个大老粗。既然要握手，就应大大方方地握。握手的时间以1～3秒为宜，不宜握住别人的手不放。与大人物握手，男士与女士握手，时间以 1 秒钟左右为宜。如果要表示自己的真诚和热烈,也可较长时间握手,并上下摇晃几下。作为企业的代表在谈判中与人握手,一般不要用双手抓住对方的手上下摇晃,那样显得太谦恭,使自己的地位无形中降低。

多人相见时,注意不要交叉握手,也就是当两人握手时,第三者不要把胳膊从上面架过去,急着和另外的人握手。在任何情况下拒绝对方主动握手的举动都是无礼的,但手上有水或不干净时,应谢绝握手,同时必须解释并道歉。恰当的握手可以向对方表示自己的真诚与自信,也是接受别人和赢得信任的契机。

3.需要注意的仪态

不要修指甲、照镜子、擤鼻涕、抓头痒、剔牙齿;不要在客人面前打喷嚏、打哈欠、伸懒腰,实在忍不住,要用手帕捂住口鼻,面朝一旁,尽量不要发出声音;女士注意不要擦过浓的香水;不要随地吐痰,乱扔果皮纸屑、烟头、杂物,并要制止别人乱扔,发现有乱扔的杂物应随手拾起。当男士和女士同行的时候,应掌握女士优先的原则。对女性表示谦恭礼让,是西方人引以为豪的传统。上下电梯是,男士应让女士先上先下。当电梯人多时,男士应先上先下为其开道。上楼梯时,男士应让女士走在前面;下楼梯时,男士应让女士走在后面,以便防止跌倒、摔跤等意外情况发生。在社交场合,女士走进房间时,男士要起立。

第二节 服饰礼仪

服饰礼仪是人们在交往过程中为了相互表示尊重与友好,达到交往的和谐而体现在服饰上的一种行为规范。服饰礼仪是商务谈判中最基本的礼仪。在商务谈判中服饰的样式、颜色以及搭配得当与否,对谈判人员本身和谈判结果都会产生一定的影响。

商务谈判者的服饰,总的要求是朴素、大方、整洁。要从自己的经济状况、职业特点、体型、气质出发,做到和谐、均衡,给人以深沉、有活力的印象。若在国外参加谈判,服饰要尽可能与谈判对手的相匹配,尊重当地的习惯与东道主的要求。

在国外,对服饰有着比较严格的要求,如晨礼服适于参加隆重典礼、就职仪式、星期日教堂礼拜以及参加婚礼等场合;晚礼服则适合参加晚 6 时以后举行的宴会、音乐会、剧院演出等活动。近年来,各国穿礼服的情况越来越少,出现了穿普通西装就可以参加所有活动的趋势。但在国际商务谈判中,服饰着装仍具有不可忽视的作用。下面是一些国际商务交往中着装的一般原则,谈判人员应当注意。

一、服饰礼仪的要求

一般来说,服饰礼仪有以下几个要求:

(一)整洁大方

整洁的衣着反映出一个人振奋、积极向上的精神状态,而褴褛、肮脏的服装,则是一个人颓废、消极、精神空虚的表现。商务人员如果衣冠不整、不洁、不修边幅,不仅显得本人懒惰、猥琐,缺乏修养,也有损于本单位的形象,在社交中可能会使对方产生不愉快、不信任的感觉,导致关系的疏远。总体来说,服饰必须端庄大方,要让对方感到可亲、可近、可信,乐于与你交往。在社交场合，应事先收拾打扮一下，把脸洗干净，头发梳理整齐。男士应刮胡子，女士还可化一点淡妆。一般来说，女服色彩丰富，轮廓优美，面料讲究，显示出秀丽、文雅、贤淑、温和等气质。男服则要求线条简洁有力，色彩沉着，衣料挺括。

（二）整体和谐

服饰礼仪中所说的服饰，不完全是指我们日常生活中的衣服和装饰物，而主要是指着装后构成的一种状态。它包括了它所表达的人的社会地位、民族习惯、风土人情以及人的修养、趣味等因素，所以不能孤立地以衣物的好与坏来评价人在着装之后的美与丑，必须从整体综合的角度来考虑和体现各因素和谐一致，做到适体、入时、从俗。具体而言，适体，就是追求服饰与人体比例的协调和谐；入时，就是追求服饰和自然界的协调和谐；从俗，就是追求服饰与社会生活环境、民情习俗的协调和谐。

（三）展示个性

选择什么样的服饰，能够在很大程度上体现出穿着者的个性。商务人员在服饰上，也应根据自身的特点和客观实际情况发挥自己职业、年龄、性别、形体的优势，掩饰和缩小这方面的劣势，充分展示自己的个性，创造社交公关中的美好形象。商务人员在公关社交场合，在展示个性中要把握好三点：一是不与同去参加活动的同伴穿同样的衣服，避免别人评价优劣，导致一个受到青睐，另一个遭到冷落的局面，使大家都不愉快。二是不要与你同去参加活动的同伴服饰反差太大，否则也会引起议论。如两位商务人员，一个着装闪闪发亮，一个着装灰灰发暗，这样是不符合礼仪的。三是在服饰款式、色调、质地上要尽量与客人和在场领导协调，切忌衣着太突出自己，颠倒了"主从关系"，与自己的身份不符。

（四）注意修饰仪容

在修饰仪容方面，仪容的修饰美是仪容礼仪关注的重点。商务人员首要要求是修饰仪容外在美，依照规范与个人条件，对仪容进行必要的修饰，扬其长，避其短，注意美观、整洁、卫生、得体，设计、塑造出美好的个人形象，在人际交往过程中尽量显得自己有备而来，自尊自爱。此外还要注重修饰仪容的内在美，通过努力不断的学习，不断提高个人的文化、艺术素养和思想道德水平，培养自己高雅的气质和美好的心灵，使自己秀外慧中，表里如一。在佩戴饰品方面，一般而言，男士不要佩戴任何首饰之类的装饰品，但是适当的装饰有时也可衬托男士的阳刚之美，如手表，也不失为一种"不经意"的选择。女士则可精心选择适合自己的各种配饰。

二、男士服饰礼仪

西装世界公认的正规服装，庄重、严肃、大方，很适合于在商务谈判的场合穿着，男性切忌穿非正式的休闲装、运动装。因此这里主要介绍男士西装的穿着礼仪。

（一）合体

合体的西装是保证西装挺拔的基本条件。合体的西装要求上衣盖过臀部，四周平衡无皱褶，手臂垂直时，袖子长度应到手心处，领子应紧贴后颈部。如果裤子太长，裤线就会弯曲，从而影响西裤的挺括；如果裤子太短，显得很不雅观。裤线保持笔挺，会使人显得精神抖擞。另外，商务谈判场合的西装最好选择庄重的颜色，比如藏青、深灰、深咖啡等颜色。一些西装的左袖口会缝有商标或羊毛标志，在穿西装前一定要事先摘除。

（二）纽扣

西装的纽扣有单排扣和双排扣之分。单排扣主要有一粒扣、二粒扣和三粒扣。双排扣主要有四粒扣和六粒扣。其中单排扣西装适合一般场合穿，单排扣西装若是一粒扣的，系上和敞开都可以；两粒扣西装只系上面一粒扣是洋气、正统。全扣和只扣第二粒不合规范。三粒扣西装系上面两粒或只系中间一粒都合规范要求。而双排扣西装正式场合、晚宴场合所穿，平时穿着则不适宜。其中四颗扣的适合一般场合所穿。六颗扣的适合喜宴、办公场合穿。双排扣的西装最好把扣子都扣上。

（三）口袋

西装口袋的装饰价值大于实用价值。西装上衣左胸的外口袋一般不放东西，尤其不能别钢笔或是挂眼镜，但可插装饰性手帕。在西服左胸上口袋里插上一定形状的手帕，可令人平添风采。上衣左右两侧的外袋一般不放任何物品，上衣左右的内袋可用来存放名片、重要的证件凭据之类。背心上的口袋一般用来放钥匙、怀表之类的小物件。西裤的侧袋一般不放物品，后袋可以放置手帕或者钱包。但是，男士穿着西装时千万不要放太多的东西在口袋里，既不美观，又失礼仪，还会把西装弄变形。

（四）西装背心

西装背心不论是单穿，还是和西装上衣配套，都要扣上纽扣。一般情况下，西装背心只能与单排扣西装上衣配套。另外，单排扣式西装背心如果有6粒纽扣的，最底下那个可以不扣，如果是5粒纽扣的，应全部扣上。双排式西装背心的全部纽扣则必须都扣上。

（五）衬衣

搭配西服的衬衣最好是白色或浅色的，条纹或格子衬衣也可以。合体的西装衬衣要有合体的领子，穿西装要配硬质领的衬衣。衬衣的领子要挺括，不能太软。衬衣的后领要高于西装领，这不仅是保护西装，而且是固定的穿着标准。领子的大小也要注意，大小合适的衣领是指衬衣领子扣上后还能插进自己的一个食指。选配衬衫时应注意衬衫领的高度比西服高出1.5~2公分，衬衫袖口比西服袖口长1~2公分。这样既是为了保持干净，也是为了袖子到手之间显出好看的线条。

衬衣作为西服的配件，下摆应该塞在西裤里。如果系领带，则衬衣的扣子应全部扣上；如果不系领带，那么，衬衣的上领纽扣应该解开。衬衣的袖子要系好扣子，不能卷上去。在天气炎热的情况下，衬衣外不着西装，衬衣单独配西装裤的穿法与配西装时的穿法是一样的。

衬衣里面一般不要再穿内衣。如果天气太冷，衬衣外面可以穿羊毛衫，但不能太厚，而且以一件为宜，领口最好为V字领。但国际惯例西装应该直接穿在衬衫外面，如果感到冷，可以在西装外套上大衣，西装与衬衫中间穿一层羊毛衫是不对的。

（六）领带

穿西服一定要佩戴领带，因为领带是西装的一个组成部分，对西装的美观起着重要的点缀作用。领带的花色品种很多，应该与衬衫、西装相配套。在商务活动中，蓝色、灰色、棕色等单色领带是较为理想的选择，也可以选择条纹、圆点或者方格等规则图案的领带，但一般不用大花格。有图案的领带适合配素色的衬衣。商务场合尽量少选择浅色或者艳色的领带，且领带的颜色最好不要多于三种。值得提醒的是，最好不要使用领带夹。使用领带夹只是亚洲少数国家的习惯，具有很强的地区色彩，不是国际通行惯例。

案例 8-2

　　系领带也有讲究,心理学家认为,这会给初次见面的人一个深刻的印象。在美国,系什么样式的领带往往表示一种主张。1988 年美国流行某种式样的领带,一些政治家和经济学家都系这种领带。9 月份,日本首相竹下登访美,有人送他一条这种式样的领带。后来,竹下登在与美国总统的经济顾问举行会谈时,就系了这条领带,颇得美国方面的好感。美国总统的顾问对竹下登说:"现在,布什政府内的很多人也系这种领带,看来你也是自由经济的信奉者,"这使本来很麻烦的谈判出现了转机,变得异乎寻常地顺利。事后,日本人总结说:"与美国人交朋友,领带是一个重要的工具。"

（七）鞋袜

西服和鞋袜的搭配要协调。穿西装时一定要穿皮鞋,旅游鞋或者休闲鞋都是不合适的。皮鞋的颜色一般与西服的颜色一致或相近,一般场合下最适合和西装配套的鞋子是黑色的系带皮鞋。

袜子具有衔接裤子和鞋子的作用,应与裤、鞋协调。黑色皮鞋应配深色袜子,最忌讳的是黑皮鞋配白袜子。袜子一定是黑色,深蓝色,炭灰色等深色系为主的纯棉或羊毛袜子。穿黄褐色裤子时候例外,袜子颜色应与鞋子相配。稳重的西装长裤和黑色皮鞋,如果配上花俏颜色的袜子或有花纹的袜子,那就会使人产生杂乱无章的感觉。袜子最好为中长款,应避免坐下时露出腿毛。

（八）版型

1. 欧版西装

西服正装,欧式才是上选。完美的男子体型应当是一个倒立的三角,男装正装西服的穿着美观最大的要点在于修身。欧式西装在采用宽厚的垫肩衬托了男性宽阔平坦的肩膀之后,从腋下部位开始,腰部自然内收,体现男性特有的魅力,可以说是美化体型的最佳选择。欧版西装的基本轮廓是倒梯形,实际上就是肩宽收腰,这和欧洲男人比较高大魁梧的身材相吻合。选西装时,对这种欧版西装,要三思而后行,因为一般的人不够肩宽。双排扣、收腰、肩宽,也是欧板西装的基本特点。

2. 英版西装

它是欧版的一个变种。它是单排扣,但是领子比较狭长,和盎格鲁—撒克逊人这个主体民族有关。盎格鲁—撒克逊人的脸形比较长,所以他们的西装领子比较宽广,也比较狭长。英版西装,一般是三个扣子的居多,其基本轮廓也是倒梯型。

3. 美版西装

美国版的西装,美国版西装的基本轮廓特点是 O 型。它宽松肥大,适合于休闲场合穿。所以美版西装往往以单件者居多,一般都是休闲风格。美国人一般着装的基本特点可以用四个字来概括,就是宽衣大裤。强调舒适、随意,是美国人的特点。

4. 日版西装

稍微有些见识的男士,会在工作的时候选择穿日式的西装。从审美的角度来看,日式西装的确比美式西装好很多。如果说美式西装整体呈 O 型、而日式西装则整体呈 H 型,给人严谨慎重的感觉,一般律师等严肃的职业会选择日版西装。不过胖人显胖、瘦人显瘦,日式西装完全起不到修饰身型的作用。它适合亚洲男人的身材,没有宽肩,也没有细腰。一般而言,它多是单排扣式,衣后不开衩。

有些西装款式穿起来让你显得"稳重过度、老气有余",或者让你看起来可能胖一些,其实有几个西装外套的视觉重点,搞定它能够让你看起来瘦一些。尽量避免宽领的西装外套,合宜的宽度约为3.5吋(约从衬衫衣领角算起至肩线中间),过宽的领型让你的上半身显得更宽。被公认最具瘦身效果的西装款式是,背后开双衩的英式西服,不过若是属于块头较高大的人,宜选择单衩式西装,因为双边的开衩在行动时,能让人若隐若现地看到你的腿部,以此让你显得高些,而习惯将手插在裤口袋的朋友,也不会影响臀部线条。不过开衩的高度不宜过高,高点约保持在后口袋顶端为宜。

(九)其他

男士穿西装最好要戴手表,这是信用的体现,手机永远替代不了手表。

发式是仪容的重要组成部分。男士的发型发式统一的标准就是干净整洁,并且要经常地注意修饰、修理,头发不应该过长,也不宜用重味发乳。一般认为男士前部的头发不要遮住自己的眉毛,两侧的头发不宜过耳或遮耳,同时不要留过厚,或者过长的鬓角,男士后部的头发,应该不要长过你自己西装衬衫领子的上部。

上述所说的西装是男士的春秋冬季服饰;夏季因为天气热,一般以长袖或短袖的衬衫,配以长裤,也可以在衬衫外加上单西装。在正式的场合,无论是穿衬衫还是单西装,均应打领带,一般不宜穿T恤衫和西装短裤。

三、女士服饰礼仪

(一)不恰当的着装

成功的职业女性应该懂得如何适宜地装扮自己。但在日常生活中,职业女性的着装常会出现一些问题:

1.过分时髦型

现代女性热衷流行的时装是很正常的现象,即使你不去刻意追求,流行也会左右着你。流行的东西是因为它美才能被人们接受,但这种美并不等于所有场合下都能收到如意的效果。在公司里人们的美主要体现在工作能力上,而非赶时髦的能力上。一个成功的职业女性对于流行的选择必须有正确的判断力,不能盲目地追求时髦。

2.过分暴露型

在正式的商务场合通常要求不露胸,不露肩,不露大腿。夏天的时候,许多职业女性不够注重自己的身份,穿起颇为性感的服饰。这样你的智慧和才能便会被埋没,甚至还会被看成轻浮。因此,再热的天气也应注重自己仪表的整洁大方。在正式的商务交往中着装过分透视就有失于对别人的尊重。在正式场合,不可以穿短裤、超短裙、非常重要的场合不允许穿露脐装、短袖衬衫、无袖衬衫等等。

3.过分可爱型

可爱的款式,也不适合工作中穿着。这样会给人不稳重的感觉。

4.过分潇洒型

最典型的样子就是一件随随便便的T恤或罩衫,配上一条泛白的"破"牛仔裤,丝毫不顾及办公的原则和体制。这样的穿着可以说是非常不合适了。

(二)恰当的着装

女士服装的款式和颜色比男士服装丰富许多,职业女性的着装仪表必须符合本人的个性及体态特征、职位、企业文化、办公环境,志趣等等。女人不应该一味模仿办公室里男士的服饰打扮,要有一种"做女人真好"的心态,充分发挥女性特有的柔韧,一扫男人式的武断独裁。

值得强调的是,目前女装款式中,裙装已被公认为最恰当的职业女装,几乎成了一项不成文的规定。裙装既不失女性本色,又能切合庄重与大方的原则。除了特殊情况外,职业女性在公共场合或在上班时穿此类裙装都非常合适。而所有适合职业女士在正式场合穿着的裙式服装中,套裙是首选。它是西装套裙的简称,上身是女式西装,下身是半截式裙子。也有三件套的套裙,即女式西装上衣、半截裙外加背心。套裙,可以分为两种基本类型。一种是用女式西装上衣和随便的一条裙子进行的自由搭配组合成的"随意型"。一种是女式西装上衣和裙子成套设计、制作而成的"成套型"或"标准型"。职业女性的服装选择应遵循少而精的原则,重质量轻数量,避免冲动性购买。

案例 8-3

中国一行四人,两位男士和两位女士去朝鲜参加一次商务谈判。两位男士身着西服、领带,两位女士穿长裤和正式的上衣。令中国谈判人员感到奇怪的是,在平壤火车站,朝方在向中方人员表示礼节性欢迎的同时,目光不断打量两位中国女士的下半身。中方女士尽管不知道出了什么事,但已察觉到不对头,所以就打量一下自己的下半身,看看裤子上是否有脏点或出了什么差错。在朝鲜,较有身份的女人一般要穿裙子,穿长裤很少见。虽然在平壤能见到身穿长裤的女性,但这些人一般是社会地位较低的普通公民,而社会地位较高的政府工作人员中,穿长裤的女性极少见。本案例中的朝鲜谈判伙伴不断打量两名中国女性谈判人员的下半身,唯一的原因是她们穿了长裤而没穿裙子。

(三)穿着套裙的规范

1.面料及颜色

一套在正式场合穿着的套裙,在选择上要重视做工和面料,尽量选择一些天然面料如棉、丝、羊毛等。上衣和裙子最好要采用同一质地、同一色彩的素色面料。上衣注重平整、挺括,较少使用饰物和花边进行点缀。

色彩方面以藏青、炭黑、茶褐、土黄、紫红等冷色调为主,以体现着装者的端庄和稳重。要避免浅黄、粉红、浅绿或橘红色等鲜艳的颜色。穿着同色的套裙,可以采用和不同色的衬衫、领花、丝巾、胸针、围巾等衣饰,来加以点缀,显得生动、活跃。但是为了避免显得杂乱无章,一套套裙的全部色彩最好不要超过两种。正式场合穿的套裙,可以不带任何图案,选择朴素而简洁的款式。也可以采用以方格为主体图案或者圆点、条纹图案为主的套裙,可以使人静中有动,充满活力。但不能用花卉、动物、人物等符号为主体图案。套裙上可以选用少而精美的点缀物,但千万不要添加过多的点缀,否则会显得杂乱无章。

2.大小适度

职场女性要想让套裙发挥出优雅的魅力,首先要选择大小适度的套裙。上衣最短可以齐腰,裙子最长可以达到小腿中部,上衣袖长要盖住手腕。上衣的领子要完全翻好,衣服口袋的盖子要拉出来盖住衣袋或披、搭在身上。衣扣最好全部系上。在正式的商务场合中，无论什么季节，正式的商务套装都必须是长袖的。套裙的上衣和裙子的长短是没有明确的规定。裙子要以窄裙为主，并且裙长要到膝或者过膝。最理想的裙长，是裙子的下摆恰好抵达小腿肚子最丰满的地方。职业裙装的裙子应该长及膝盖，坐下时直筒裙会自然向上缩短，如果裙子缩上后离膝盖的长度超过 10 厘米，就表示这条裙子过短或过窄。套裙中的超短裙，裙长应以不短于膝盖以上 15 厘米为限。另外，穿套裙绝对不能穿着黑色皮裙，因为在外国，只有街头女郎才如此装扮，所以与外国人打交道时，千万不要搭配黑色皮裙。

3. 兼顾举止

套裙最能够体现女性的柔美曲线，这就要求你举止优雅，注意个人的仪态等。当穿上套裙后，站要站得又稳又正，不可以双腿叉开，站得东倒西歪。就座以后，务必注意姿态，不要双腿分开过大，或是翘起一条腿来，抖动脚尖；更不可以脚尖挑鞋直晃，甚至当众脱下鞋来。走路时不能大步地奔跑，而只能小碎步走，步子要轻而稳。拿自己够不着的东西，可以请他人帮忙，千万不要逞强，尤其是不要踮起脚尖、伸直胳膊费力地去够，或是俯身、探头去拿。

4. 搭配套裙

穿套裙的时候一定要穿衬裙。特别是穿丝、棉、麻等薄型面料或浅色面料的套裙时，假如不穿衬裙，就很有可能透出里面的内衣，显得不雅观。可以选择透气、吸湿、单薄、柔软面料的衬裙，而且应为单色，如白色、肉色等，必须和外面套裙的色彩相互协调。衬裙最好不要出现任何图案。尺寸要大小合适，不要过于肥大。穿衬裙的时候裙腰不能高于套裙的裙腰，不然就暴露在外了。要把衬衫下摆披到衬裙裙腰和套裙裙腰之间，不可以披到衬裙裙腰内。

（四）鞋袜的选择

鞋子在和套裙搭配穿着时，款式上也有讲究。鞋子应该是高跟、半高跟的船式皮鞋或盖式皮鞋。中跟或低跟皮鞋为佳，3～5 厘米，超过 5 厘米的高跟鞋尽量不穿，除非能很好的适应。最好是牛皮鞋，大小应相宜。系带式皮鞋、丁字式皮鞋、皮靴、皮凉鞋等，都不适合采用。露出脚趾和脚后跟的凉鞋并不适合商务场合。没有后帮的鞋子也只能在非商务场合穿着。任何有亮片或水晶装饰的鞋子都不适合于商务场合，这类鞋子只适合正式或半正式的社交场合。冬天，很多女士喜欢穿长筒的皮靴。在商务场合尤其是参加正式的商务活动时，应该避免穿着靴子。鞋子的颜色以黑色最为正统，与套裙色彩一致的皮鞋亦可选择。总之有一个原则：鞋子的颜色必须深于衣服颜色，如果比服装颜色浅，那么最好和其他装饰品颜色相配。

女士若参加庄重的社交活动就应穿素色的长筒袜，避免露出腿部肌肤，而且夏天不可光脚穿凉鞋。在国际交往中，穿着裙装，尤其是穿着套裙时不穿袜子，往往还会被人视为故意卖弄风骚，有展示性感之嫌。袜子一般为尼龙丝袜或羊毛高统袜或连裤袜。高统袜和连裤袜，是和套裙的标准搭配。中统袜、低统袜，绝对不要和套裙同时穿着。不要暴露袜口。穿套裙时切忌穿在袜子和裙子中间露一段腿肚子，结果导致裙子一截，袜子一节，腿肚子一截的"三截腿"。这种穿法容易使腿显得又粗又短，显得既缺乏服饰品位又失礼。不仅穿套裙时应自觉避免这个情形的发生，当穿开衩裙的时候就更要注意。袜子应当完好无损，因此包里多带一双丝袜，可以方便女性在丝袜破损时及时更换。颜色宜为单色，鞋、裙的色彩必须深于或略同于袜子的色彩。袜子有肉色、黑色、浅灰、浅棕等几种常规选择,肉色的丝袜可以搭配任何服装。穿深色套装时也可以搭配黑色丝袜,但切忌搭配渔网、暗花之类过于性感的丝袜。

（五）发型

发型要根据脸型选择,人的脸型有多种形状,椭圆型较为完美,其他脸型皆需要用适当的发型来矫正。如脸型呈方形的女士可用花式卷发修饰脸型,若是长脸可留些刘海修饰脸型。体型较为矮胖的可以梳盘辫或挽髻,再配上自然色或深色的雅致发卡装饰,这样能使人看上去增长了脖颈而提高了身高的感觉,显得优雅干练。若是脖颈又细又长,则应选择披肩式发型,长发要注意保持长发的干净和光亮。随着女性年龄的增长,头发也应该相应剪短一些。最重要的规则就是干净和整齐。短发给人干练的感觉,但也不要剪得过短,前面的刘海切忌蓬乱。

（六）化妆

不化妆的女人是懒惰的女人,也是不尊重其他人的行为。化装可以让女性更具魅力,女人不化妆就像没洗脸,但不宜浓妆艳抹。过度打扮会让人感到做作,过于简单会让人感到随便,总之有一个原则,每天的打扮必须要迎合你当天要会见的人,符合他们的身份和专业度,让自己不寒酸掉价。在职业女性中,染指甲已经司空见惯了,但指甲油的颜色不应该选得太亮丽,这样会使别人的注意力只集中在你的指甲上。选一些和你口红相配的颜色,有些人喜欢透明色指甲油,它是大众都能接受的颜色。

（七）香水

为提升品位,应付各种社交场合,越来越多的人包括男士在习惯性地使用香水。正确选用香水,可以令自己和他人心情舒畅。但使用不当,其负面影响也不容小视。例如你向衣服喷香水,其黄色和淡褐色的有机成分一定会留下污渍;如果是纯毛服装,香料持续时间将达数天之久,这未免也太不合时宜了。

如何使用香水才能既自我放松,又展现个人的品位与修养呢?香水擦得越广,味道越淡,是使用香水的秘诀。喷雾法:在穿衣服前,让喷雾器距身体约10～20公分,喷出雾状香水,喷洒范围越广越好,随后立于香雾中5分钟;或者将香水向空中大范围喷洒,然后慢慢走过香雾。这样都可以让香水均匀落在身体上,留下淡淡的清香。使用香水还需要注意以下三个问题:

1.出门前20分钟使用

大多数香水调配分前调、中调、后调,前调持续时间为10分钟左右,中调持续时间约2小时,这时为香水的灵魂时段;后调持续时间为2小时左右或更长,与肌肤融合后的味道形成了此种香水的独特味道,称为后味。鉴于香水的特性,建议出门前20分钟使用,以便留下完美形象。

2.香水的香味最好与化妆品香味相协调

建议于护肤洗发、沐浴一个小时后喷香水。要想充分表现您的个人品位及性格,最好购买及使用无香型的洗护用品,以保证香味的纯正。

3.勿直接接触金银首饰

香水不能直接喷于饰物上,易与金、银、珍珠等饰品褪色、损伤,可先喷香水后戴首饰。

（八）首饰

金银、珍珠、宝石制作的项链、耳环、戒指、手镯等饰物对女性来说很重要。它可使人展现出高雅、华贵的风姿，如果能搭配和自己的身份和活动场所相宜的饰物，有助于赢得公众的好感。从礼仪的角度来讲，戴首饰原则：饰物点缀、巧妙地佩戴饰品能够起到画龙点睛的作用，给女士们增添色彩。但是佩戴的饰品不宜过多，否则会分散对方的注意力。佩戴饰品时，应尽量选择同一色系。佩戴首饰最关键的就是要与你的整体服饰搭配统一起来。

在选择饰物时要注意符合以下几个要求：数量方面不要多于三种；佩戴首饰还要讲究"同色同质"原则；简单为上；符合习俗规矩。

商务女士穿着得体的套装，再配上得体的其他饰物，能起到画龙点睛的作用，如帽、围巾、手帕、腰带、胸饰、眼镜、手提包等。围巾和帽子对服装的整体影响很大，在冬季用于点缀色彩尤为重要。如果衣服颜色较暗淡，则围巾与帽子的颜色可鲜艳一些。若衣服较鲜艳，佩戴的围巾与帽子就要素雅一些。手提包一般要求与服装配套。

四、其他注意事项

（一）服饰选择要因年龄而异

年长者，身份地位高者，选择服装款式不宜太新潮，款式简单而面料质地则应讲究些才与身份年龄相吻合。青少年着装则着重体现青春气息，整洁、活泼为宜。

具体来说，对于年长的谈判者，服饰的类型可以追求两种类型效果：庄重深沉与和蔼可亲。如衣料讲究、裁剪得体、颜色深纯、式样传统、饰物简单但质地贵重，营造庄重、敬畏之感。若衣料中高档、裁剪一般、颜色浅淡、式样新颖，饰物简单通俗，会给对方和蔼可亲、对话通畅自由的感觉。

年轻的谈判者，服饰可以追求两种风格：少年老成与蓬勃进取。如衣料虽不高级但裁剪讲究、颜色偏深灰、式样大方、不戴饰物，在谈判桌上会增加几分成熟的气质。而衣料略为考究、裁剪工整、颜色明亮浅淡、式样新潮、注重饰物，可能给对手一种自信与进取的印象。

中年人介于老年与青年之间，是社会的中坚力量，中年人的服饰可以兼备老年与青年的优点。

（二）服饰选择要因体型而异

人的体型千差万别，所以同一件服装穿在不同体型的人身上，效果是截然不同的。身高而瘦的人，应选用面料稍厚一点的服装，这样会显得比较丰满、精神，并要避免颜色暗深的收缩色。身材肥胖者，服装的面料不能太厚或者太薄，应选用厚薄适中、轻柔而挺括的面料服装，并忌穿大花、横条纹、大方格图案的服装，否则体型会更显得横宽。对身材肥胖的女士，不应选用皱褶的面料做衣服，不适合穿无袖短衫或连衣裙，最好不穿百褶裙、喇叭裙，西服裙较适宜。身材矮胖、颈粗圆脸形者，宜穿深色"V"字型领，"U"型领套装，不适合穿浅色高领服装。而身材瘦长、颈细长、长脸形者宜穿浅色、高领或圆形领服装。方脸形者则宜穿小圆领或双翻领服装。身材匀称，形体条件好，肤色也好的人，着装范围则较广，可尝试各类服装。

（三）服饰选择要因时而异

季节不同，谈判者的服饰也有变化。女性的春秋冬季服装主要是西装或西装套裙。夏季可选择有领有袖的连衣裙或长、短袖衬衫配半裙或长裤。为了消除古板生硬的感觉,女衬衫领前可系一飘带及小蝴蝶结等。谈判者的服饰因时而异不仅表现在不同的季节上,还表现在不同的谈判阶段上。在谈判初期,谈判者为显示实力,树立威信,服饰可能更多地追求庄重和严谨的款式;在谈判中期,为了表明豁达和接近对手,可能更多地追求自然随和;在谈判后期,服饰方面有可能合二为一,或两者交替以取攻中有防、防中有攻的姿态。

（四）服饰选择要因场合而异

着装要与职业、场合相宜。工作场合着装应遵循端庄、整洁、稳重、美观的原则,能给人以愉悦感和庄重感。正式社交场合,着装宜庄重大方,不宜过于浮华。参加晚会或喜庆场合,服饰则可明亮、艳丽些。节假日休闲时间着装则可随意、轻便些。而在商务谈判中,由于谈判内容有贸易、合作、索赔等等之别,谈判者的服饰应因谈判内容而异。对于索赔谈判、敏感性问题谈判,谈判者应选择庄重的深色服饰以烘托自己严肃的形象。对于谈判的其他议题,服饰则可以轻快明亮一些。

（五）服饰颜色搭配要协调

服饰美是款式美、质料美和色彩美三者完美统一的体现,形、质、色三者相互衬托、相互依存。而在生活中,色彩美是最先引人注目的,因为色彩对人的视觉刺激最直接、最快速,会给他人留下很深的第一眼印象。服装色彩的适当搭配,能使人通过错觉而产生美感。如浅色的扩张作用,能使人显得胖;而深色有收缩作用,能使人显得瘦。服装色彩与肤色也有关系,如黄皮肤的人应避免蓝紫、朱红等颜色,因为这类颜色与皮肤的对比度强,会使皮肤显得更黄。皮肤黑的人不宜选用黑、深褐、大红等颜色;脸色红的人应避免绿色,而白色几乎适合于任何人。

服饰色彩的相配应遵循一般的美学常识。服装与服装、服装与饰物、饰物与饰物之间的色彩应和谐,层次分明。一般认为,衣服里料的颜色与表料的颜色,衣服中某一色与饰物的颜色均可进行呼应式搭配。服装色彩搭配有三种方法可供参考:

1.同色搭配:即由色彩相近或相同,明度有层次变化的色彩相互搭配造成一种统一和谐的效果。如墨绿配浅绿、咖啡配米色等。在同色搭配时,宜掌握上淡下深、上明下暗。这样整体上能给人以一种稳重踏实的感觉。

2.相似色搭配:色彩学把色环上大约九十度以内的邻近色称之为相似色。如蓝与绿、红与橙。服饰的相似色搭配,两个色的明度、纯度要错开,如深一点的蓝色和浅一点的绿色配在一起比较合适。

3.主色搭配:指选一种主导的基调和主色,相配于各种颜色,起到一种互相陪衬的效果。采用这种配色方法,应首先确定整体服饰的基调,其次选择与基调一致的主色,最后再选出多种辅色。

第三节　馈赠礼仪

馈赠是商务活动中不可缺少的交往内容。随着交际活动的日益频繁,馈赠礼品因为能起到联络感情、加深友谊、促进交往的作用,有助于巩固双方的合作关系,因此越来越受到商务人士的重视。

一、馈赠的原则

一般情况下,在馈赠送礼应掌握以下原则:

(一)考虑周全

送礼是表示尊敬、友好的一种方式,选择礼品时要考虑周全,结合具体的情况和场合,让受礼人感受诚意。例如2002年美国总统布什访华时,时值中国农历马年,国家主席江泽民把一个与东汉时期的青铜镀金的"马踏飞燕"仿制品作为纪念品送给布什总统。中国人习惯在生肖年间送同种生肖作为吉祥物,而"马踏飞燕"是古代中国东汉时期的作品,有1800多年的历史。这件礼品表达了中国希望更快地发展中美关系的美好愿望。

(二)有针对性

送礼前要首先明确送礼的目的,要了解因何事送礼,以便选择合适的礼品取得良好的效果。一方面指因人而异。不论是国际交流,还是国内交往,是正式活动还是私人应酬,要针对馈赠对象的国家、民族、年龄、性别、职业、兴趣、品位等选择礼品。选择时,务必要根据不同的对象选择不同的礼品,满足不同的需要。送礼主要不是考虑金钱,而是尽量让礼品起到增进友好关系的作用。另一方面要因事而异,即在不同情况下,向受礼人赠送不同的礼品,比如,出席家宴时,宜向女主人赠送鲜花、土特产和工艺品,或是向主人的孩子赠送糖果、玩具。对来访者,赠送有本国文化或民族地方特色的礼品等等。

(三)重视文化差异

同样一份礼品,对于不同的收礼者会有不同的反应。赠送苏联人一份名酒,他会高兴地表示感谢,而赠送阿拉伯人同样一瓶礼品,他一定会面呈难色,甚至拒绝,因为伊斯兰教不允许喝酒;赠送日本人一份带有服务单位标记的礼品,他会愉快地收下并留作纪念,而对于英国人来说一定不屑一顾;赠送女孩子一份逗趣的玩物,她会爱不释手,而赠于一个性格内向的长者,他一定会嗤之以鼻,不予理会。不同民族国家有不同的文化传统,也就有不同的文化禁忌。一件礼品在中国是受欢迎的,在其他国家可能就是忌讳的。

案例 8-4

国内某家专门接待外国游客的旅行社,有一次准备在接待来华的意大利游客时送每人一件小礼品。于是,该旅行社订购制作了一批纯丝手帕,是杭州一个历史悠久的丝厂制作的,每个手帕上绣着花草图案,十分美观大方。手帕装在特制的纸盒内,盒上又有旅行社社徽,显得是很精美的小礼品。中国丝织品闻名于世,料想会受到客人的喜欢。旅游接待人员带着盒装的纯丝手帕,到机场迎接来自意大利的游客。在车上,他代表旅行社赠送给每位游客两盒包装甚好的手帕作为礼品。没想到车上一片哗然,议论纷纷。游客显出很不高兴的样子,特别是一位夫人得到的手帕上绣着菊花,她非常气愤地大声叫喊,还有些伤感。旅游接待人员心慌了,好心好意送人家礼物,不但得不到感谢,还出现这般景象。

在意大利和西方一些国家有这样的习俗:亲朋好友相聚一段时间告别时才时送手帕,取意为"擦掉惜别的眼泪"。游客兴冲冲地刚刚踏上中国大地准备开始愉快的旅行,你就让人家"擦掉离别的眼泪",人家当然不高兴。那位大声叫喊而又气愤的夫人,是因为她所得到的手帕上面还绣着菊花图案。菊花在中国是高雅的花卉,但在意大利则是祭奠亡灵的。人家怎不愤怒呢? 旅游接待与交际场合,要了解并尊重外国人的风俗习惯,这样做既对他们表示尊重,也不失礼节。

(四)价格不宜过高

送礼应注重礼物的意义价值而不是礼物的货币价值,应把礼物作为传递友谊和感情的载体。在给外商送礼时,要有中国民族特色,有异国情调。送礼不能过重,否则效果适得其反,有受贿之嫌。要注重礼品的价值。一份名贵的礼品,并不就是好礼品;一份价钱低廉的礼品,也不一定就不成敬意。俗话说,"礼轻情意重"。随着社会文明程度的提高,人们对礼品的选择更注重于它的社会意义、思想意义、情感意义和纪念意义。一束鲜花、一张贺卡都是公关活动中赠礼的佳品。但在选购和赠送贺卡时,必须仔细地读一读卡片上印的句子,用中英文两种文字印制的,尤其要了解其准确意义后才能使用,否则用错对象会被对方引为笑柄。此外,不论贺卡上是否印了赠送者的姓名,都应该亲笔写上几句问候的话。一张印着铅字、冷冷的贺卡会使对方觉得不送给他反而会更好过些。鲜花的赠送更有讲究。在历史的发展过程中,人们赋予了花以各种各样的象征意义,而且这种象征意义已为大众所公认。送上一束鲜花,就等于表达了相应的语言。如在欧洲国家人民的生活习惯中,送一枝红蔷薇花就表示求爱,而回一枝香石竹则表示拒绝,如此等等。因此,公关人员要以鲜花为礼品赠送时,应该首先了解这束花的象征意义,以及这种象征意义是否符合想表达的意思,是否符合对方的特点和场景,否则不仅不会给对方带来快乐,反而弄巧成拙。礼品价值如何,应针对各国各地情况具体考虑。

二、馈赠礼品的礼仪

(一)要了解馈赠对象的习俗和文化背景

谈判人员的宗教习俗、文化背景不同。由于各自的阅历、爱好不同,对礼品的喜好也各不相同,因此在送礼前必须了解受礼者的年龄、性格特征、身份地位、习俗、文化背景等情况,并针对不同对象的不同情况,选择不同的礼品,满足不同的需求。比如在法国忌讳送菊花,因为只有丧事场合,人们才会使用菊花;在阿拉伯地区,伊斯兰教禁酒,不能把酒作为馈赠礼品,也不能给当事人的妻子送礼;在日本,菊花是皇室专用的花,普通人不得乱用,另外荷花被认为是不洁之物;在意大利,不能送手帕,因为意大利人认为手帕意味着离别、眼泪和悲伤。

(二)要注意礼品的包装

当选购一件称心的礼品以后,还有一道手续不能忘记,就是要在礼品送出之前再做一番最后的处理,使礼品更出色一些,精美的包装是礼品的组成部分,它不仅使礼品外观更具有艺术性和高雅情调,还能显示赠礼人的心意,给对方留下美好的印象,让对方能一眼就感受到其中包含着赠送者多少的精心和诚意。

大多数西方人十分重视礼品的包装,多数国家的人们习惯用精美的包装纸和彩色的丝带包装把礼品包装起来,并系上蝴蝶结或梅花结等,表示送礼人把送礼看作很隆重的事,以此表达对受礼人的尊敬。重视包装就要做到下面两点:一是包装所用的材料,要尽量好一点。二是在礼品包装纸的颜色、图案、包装后的形状、缎带的颜色、结法等方面,要注意尊重受礼人的文化背景、风俗习惯和禁忌。当受礼人打开包装看到中意的礼品时,会加深对送礼人的好印象,可起到增进关系的作用。

在礼品的包装方面,也要考虑不同国家、民族的习俗和爱好。不同国家、不同民族的人对同一礼品的态度是不同的,或喜爱或忌讳或厌恶。比如,日本人不喜欢礼品的包装打蝴蝶结,喜欢红、白、黄等颜色,忌讳黑白相间色、深灰色等;英国人忌讳大象、孔雀等图案,他们认为大象是愚笨的象征,孔雀是不祥之鸟;法国人忌讳墨绿色,认为是纳粹军服的颜色,忌讳仙鹤图案;美国人喜爱浅色,如象牙色、浅黄色、浅绿色、粉红色等,不喜欢灰暗的颜色。

另外,礼品上如有价格标签的,必须事先拿掉,然后,有条件的情况下,可选择对方喜爱的包装纸,再选一条缎带或利用其他材料作最后的点缀。假如事先知道赠礼者很多,不妨在礼品上再附上一张小小的签名片,这不但可以增加赠礼者的诚意,也可避免受礼者因一时慌乱,而搞不清到底是谁送的礼。

(三)要讲究礼品的数量

我国一向以偶数为吉祥的象征,但在日本等国家却认为奇数是吉利的,日本和韩国忌讳数字"4",西方国家忌讳数字"13"。因此,送礼时要注意礼物的数量。

(四)注意赠礼的时机和场合

馈赠礼品应选择什么样的时间和地点?从礼仪的角度而言,馈赠礼品需要注意两个方面:赠送礼品的时间和赠送礼品的场合。

赠送礼品的时间是指选择赠送礼品恰当的时机及具体时间。通常情况下,传统的节日,如春节、圣诞节等,都是成为馈赠礼品的黄金时间。喜庆之日,如晋升、获奖、周年庆祝、开业、嫁娶等日子,可以考虑备送礼品以示庆贺。拜访客人时,可以备些礼物送给客人。当自己接受了别人的帮助,事后可送些礼品以回报感恩。

具体的送礼时间,各国有不同的习惯。一般当我们作为客人拜访他人时,最好在双方见面之初向对方送上礼品,而当我们作为主人接待来访者之时,则应该在客人离去之前或举行告别宴会上,把礼品赠送给对方。中国人习惯在离别前赠送礼品;在英国,人们常在请别人用完餐后或在剧院看完表演后送礼;法国人习惯在下次重逢时送礼;日本人喜欢在人少的场合送礼;在阿拉伯却要在人多时送礼,否则会有贿赂嫌疑。因此,要根据各国不同的习惯安排合理的馈赠礼品的时间。总之,送礼时机要视实际情况灵活掌握,选择好送礼时机。

赠送礼品的地点时要注意公私有别。一般来说,工作中所赠送的礼品应该在公务场合赠送,如在办公室、会客厅;在工作之外或私人交往中赠送的礼品,则应在私人居所赠送,而不宜在公共场合赠送。一般来说,在大庭广众之下,可以送大方、得体的书籍、鲜花一类的礼物。与衣食住行有关的生活用品不宜在公开场合赠送。

(五)赠送时的礼仪

礼品最好亲自赠送。如果不能当面赠送,要委托他人转交或邮寄时,应附上一份礼笺,注上姓名,并说明赠礼原由。

赠礼时,态度要平和友善,举止大方,双手把礼物送给受礼者,并简短、热情、得体地加以说明,表明送礼的原因和态度。

送礼时,送礼者应落落大方,一般应站着把礼品双手递送到主人的手中,双手接捧礼品,边送上边说上几句问候的话。有必要时,还应协助受礼者将礼品打开,以表示诚意。但在我国一般没有这种习惯。那种偷偷摸摸将礼品放在某个犄角旮旯里是很不礼貌的。送礼时的寒暄一般应与送礼的目的吻合。中国人有自谦的习惯,这在送礼时也有所表现,送礼时一般喜欢强调自己礼品的微薄,很少介绍所送礼品的珍贵或是功能,如"区区薄礼不成敬意,请笑纳"。但是对赠送的礼品,不应自贬,说什么"随意买的","不值钱"等等,既没有必要,又容易让对方产生不被重视的误会。西方人在送礼时,则喜欢向受礼者介绍礼品的独特意义和价值,以表示自己对对方的特别重视。

三、接受礼品的礼仪

在一般情况下,他人诚心诚意赠送的礼品,只要不是违法、违规的物品,最好的方式应该是大大方方、欣然接受为好,当然接受前适当地表示谦让也未尝不可,这在中国比较常见。

当赠送者向受赠者赠送礼品时,受赠者应起身站立,双手接受礼品,然后伸出右手,同对方握手,并向对方表示感谢。接受礼品时态度要从容大方,恭敬有礼,不可忸怩失态,或盯住礼品不放,或过早伸手去接,或拒不以手去接。接过礼品后,根据国际惯例,受赠者要以当面打开礼品加以称赞并表示感谢,说明看重对方,也很看重对方赠送的礼品。礼品启封时,要注意动作文雅,不要随手乱扔包装用品。开封后,赠送者还可以对礼品稍作介绍和说明,说明要恰到好处,不应过分炫耀。受赠者可以采取适当动作对礼品表示欣赏之意并道谢,然后将礼品放置在适当之处。千万不要拿礼物开玩笑,即使不是很喜欢收到的礼品,也要说些礼貌感谢的话。接受礼品后,应回赠相应的礼品,或者在一周之内写信或打电话向对方再次表示谢意。

值得注意的是,对于是否接受赠送的礼品要做到心中有数,不要因为接受了礼品而丧失办事原则。在商务谈判时接受礼品需符合国家和企业的相关规定。

一般而言,不应拒绝收礼,除非礼品是违法或违禁的物品,或者价值过高,或者认为赠礼者别有所图。拒收礼品时,最好是在没有外人的情况下,向对方说明拒收理由并表示感谢。

第四节　宴请礼仪

在商务谈判中,宴会似乎是必不可少的,它是双方感情的黏合剂。古往今来,宴会一直是人际交往的一种重要形式,早在《礼记·礼运篇》中,就有"夫礼之初,始于饮食"的结论。

在商务谈判中,宴请是一项重要的社交应酬。随着商务往来活动的日益频繁,宴请成为社会交往的重要纽带,宴请可以加强双方的了解和沟通,进而促使商务谈判的成功。

一、宴请的种类

宴请常见的种类有宴会、招待会、工作餐和茶会。前三种种类一般适用于较为正式的谈判场合,而茶会作为非正式的宴请形式,一般适用于谈判间隙。

（一）宴会

宴会按级别和规格来分,可以分为国宴、正式宴会、便宴和家宴。

国宴是最高规格的宴会，一般是国家元首、政府首脑欢迎外国元首、政府首脑或举办大型庆典活动等而举办的宴会。国宴一般在宴会厅内悬国旗，有乐队伴奏，专设主持人，席间致祝酒辞或欢迎词，主要客人致答谢词。

正式宴会是指为表示为欢迎、庆祝、饯行、答谢等而举办的宴会，规格低于国宴。正式宴会规模可大可小，有严格的座位安排，宴会流程紧凑，一般由组织或部门负责人主持，不挂国旗。

便宴是非正式的宴请，常见的有午宴、晚宴，偶尔有早上举行的早餐。便宴通常是组织招待小批客人、合作者等而举办的宴会，适用于日常友好交往。便宴的规模较小，氛围比较亲切随和，不拘于严格的礼仪，不用正式的致辞，宾主可以随意入座，菜肴道数亦可酌减。

家宴是指在家中以私人名义举行的一种宴请活动，往往由主人亲自下厨烹饪，家人共同招待宾客，气氛更加温馨随和。家宴通常没有太多的礼仪限制，旨在深化情感、发展友谊。

（二）招待会

招待会是一种较为灵活的宴请形式，通常都不排席位。招待会一般不备正餐，备有食品、酒水饮料，可以自由活动。常见的有冷餐会、酒会和茶会。

冷餐会也称自助餐，常用于宴请人数众多的宾客。这种宴请形式的特点，是不排席位，菜肴以冷食为主，也可用热菜，连同餐具陈设在菜桌上，供客人自取。客人可自由活动，可以多次取食。酒水饮料可陈放在桌上，也可由招待员端送。冷餐会可在室内或在院子里、花园里举行，可设小桌、椅子，自由入座，也可以不设座椅，站立进餐。

酒会又称鸡尾酒会，这种招待会形式较活泼，便于广泛接触交谈。近年来国际上采用酒会作为招待会的形式日趋普遍。庆祝各种节日、欢迎代表团访问。以及各种开幕、闭幕典礼，文艺、体育招待演出前后往往举行酒会。酒会以酒水为主，另外略备小吃和甜点。酒水不一定都用鸡尾酒，通常用的酒类品种较多，并配以各种果汁，不用或少用烈性酒。饮料和食品由招待员用托盘端送，或部分放置小桌上。酒会不设座椅，时间亦较为灵活，请柬上往往注明整个活动延续的时间，客人可在期间任何时候到达和退席，来去自由，不受约束。

茶会是一种简单的招待形式。举行的时间一般在下午四点左右活着上午十时点。茶会以茶为主，配一些小点心，外国人习惯用红茶和咖啡。茶会对茶叶和茶具的选取都有敬酒，通常使用陶器器皿。茶会一般不排席位，但如是为某贵宾举行的活动，入座时，有意识地将主宾同主人安排坐到一起，其他人随意就座。

（三）工作餐

工作进餐是现代国际交往中经常采用的一种非正式宴请形式。工作进餐按时间可分为工作早餐、工作午餐和工作晚餐。人们利用进餐时间，边吃边谈问题。工作餐一般只请与工作有关的人员，不请配偶。工作进餐往往排席位，尤以用长桌便于谈话。如用长桌，其座位排法与会谈桌席位安排类似。

二、宴请的五 M 规则

（一）费用（Money）

讲到宴请的费用有两句话，第一句话量力而行。第二句话节俭为本。

官方宴请也好，民间宴请也好，乃至家宴也好，操办者第一条想的就是钱，商务交往要强调节俭,要强调务实,要强调宴请的少而精,反对铺张浪费,没有必要大吃大喝。大吃大喝,不仅浪费金钱,而且浪费时间。要做到少而精,干净卫生,上档次就足够的。必要的时候,到职工食堂吃个工作套餐也可以,比较务实。另外在国际商务宴请中还有一种就是 AA 制的,这个在西方国家里尤其普遍,各付其费。

（二）菜单（Menu）

要想把宴会搞得正规一点,应该制定一个菜单,不仅菜单提前要拟定,而且菜单要书写出来,最好在餐桌上人手一册。

请人吃饭,吃什么？这需要注意表达。没有经验或者不善于表达的往往会问"你爱吃点什么,你喜欢吃什么"。而有经验的人其实要问"你不能吃什么"。这是比较重要的,也是正确的表达方法。以欧洲人为例,首先不吃动物内脏;第二不吃动物的头和脚;第三不吃淡水鱼;第四不喜欢吃无鳞无鳍的鱼;第五不吃宠物。另外还会涉及宗教禁忌,宗教禁忌你要熟悉。所以当宴请对方时,如果问对方爱吃什么,对方可能没有特别的倾向,但是不爱吃或不能吃的应该排除在外。

（三）环境（Medium）

宴请客人从高层次来讲是讲环境的。正式宴会有经验的人都知道,请客吃饭其实是吃环境,很大一笔钱实际上不是花在菜的身上,而是花在环境身上。尤其是正式的商务宴请,就是公司之间的交往,宴会选择的地点往往是公司实力的一个表现。它涉及企业的经济实力,把客人请到五星酒店吃饭,说明公司的实力可能是一流,如果把客人放到大排档吃饭,人家搞不好说你的是皮包公司,所以这个环境很有讲究。我们一般考虑宴请的环境要考虑三个要点:

1.卫生。不仅用餐现场环境要好,卫生间也要考虑到。另外周边环境也得考虑,否则影响食欲。环境要卫生。

2.安全。大型宴请安全问题得考虑到。因为天有不测风云,这不是个人能控制的,宴请的地方要安全。

3.方便。宴请的地方不仅有档次,有知名度,而且被请的客人容易到。如果你要是请的客人比较多,你还得考虑周边停车场也比较宽大,否则车没地方停也会带来不便。

（四）音乐（Music）

吃饭讲气氛,有一个良好的气氛,使大家容易和谐、冷静、专注、融洽地进行交流。所以高档的宴会厅都会有演奏,力所能及的范围之内,最好安排专人现场演奏。高档的宴请,强调音乐伴宴,如果你要请的客人比较重要,你的音乐风格主题应该考虑对方的爱好,由于存在民族差异,最好选择交往对象的民族音乐、交往对象偏好的音乐。而且应该是若有若无,环境幽雅情况下的曼妙音乐,它的气氛应该跟现场吻合,轻松,自然,舒缓。不能放打击乐,也不要放进行曲、迪厅音乐,也别放非常忧伤的音乐,当然这要考虑环境,考虑经济能力。

（五）举止（Manner）

餐桌上举止有四个不准:让菜不夹菜,祝酒不劝酒,不当众整理服饰,吃东西不发出声音。

三、宴会的安排

(一)宴会三确定

在商务谈判过程中的宴会一般是正式宴会,正式宴会一般有三个确定:

1. 人员确定

正式宴会人员是有限制的。不仅有多少人到场有限制,而且哪张桌子上面坐谁,位次都有讲究,不能乱来。哪一张是主桌,谁上主桌,主桌里面谁是主人,谁是主陪都有讲究。可以设想一下,如果邀请了几个单位的客人,偏偏有两个客户是竞争对手,你还不太清楚,你把他俩放在一张桌上去,这饭能吃好吗?肯定不能,所以人员要先确定好。

2. 菜单确定

宴会根据活动形式和规格,在规定的预算标准内安排酒菜。选菜不以主人的爱好为准,主要考虑客商的喜好与禁忌。如:伊斯兰教徒用清真席,不喝酒,甚至不喝任何带酒精的饮料;印度教徒不吃牛肉。无论何种宴会,事先均应开列菜单,征求主管负责人的同意。宴会不求奢侈,以愉快、宾至如归为上。

3. 时间确定

宴请的时间最好对主、客双方都合适。宴请时间注意要避开选择对方的重大节假日、重要活动或者禁忌的时日。例如对信奉基督教的人士不要选十三号进行宴请,尤其不要选十三号星期五;伊斯兰教在斋月内白天禁食,那时宴请信奉伊斯兰教的人士适合在日落后举行;日本人忌讳“4”、“9”。小型宴请应首先征询主宾意见,最好口头当面约请,也可用电话联系。主宾同意后,时间即被认为最后确定,可以按此时间约请其他宾客。

一般情况下,大型的正式的宴会往往是晚宴,也有个别情况下是午宴,比如婚宴,这种大型宴会,一般就是午宴,因为中国民俗结婚应该是中午,说明阳光灿烂。但是一般的那种商务宴请、社交宴请它往往是晚宴,因为中午大家都在忙,没时间,所以晚宴相对就可以比较放松。

(二)宴会邀请

对于各种宴请活动,一般采用发请柬的方式进行邀请,一方面是出于礼节,另一方面也能起到对客人提醒的作用。便宴和工作进餐一般不用发请柬。请柬一般提前一至二周发出,有的地方甚至须提前一个月。太晚显得不够礼貌,也不便被宴请者提早做好安排。对于已经口头约妥的宴请,也最好补送请柬。需安排座位的宴请活动,为确切掌握出席情况,最好在发出请柬后请被邀者答复能否出席或者用电话询问能否出席。

请柬内容包括活动形式、举行的时间、地点、主人的姓名或者单位的名称。所提到的人名、单位名、节日名称都应用全称。请柬可以印刷也可以手写,如果手写字迹要清楚美观。请柬信封上被邀请人姓名等信息要准确。

(三)现场布置

宴会厅和休息厅的布置取决于活动的性质和形式。官方和其他正式活动场所的布置应该庄重、大方。不要用彩灯等装饰,可以少量点缀鲜花。

宴会可以用圆桌、长桌或者方桌。宴会桌子之间的距离要适当,各个座位之间也要距离尽量相等。如安排有乐队演奏,不要离得太近,乐声宜轻柔。冷餐会适合使用长方桌,紧靠大厅四周陈设。有时也可根据宴会厅情况摆在房间的中间。酒会一般摆小圆桌或茶几,以便摆放花瓶、甜点、干果等。

(四)席位安排

正式的宴会一般会事先安排好桌次和座位,以便参加宴会的人各就各位,入席并然有序。座位的安排体现了对客人的尊重。按照国际惯例,桌次高低以离主桌位置远近而定,右高左低。同一桌上,席位高低以离主人的座位远近而定。而中国习惯于按职位高低排列,以左为(当事人的左边)上座;商务交往以国际礼仪为准,即面门为上、以右为上、居中为上、以远离门为上和前排为上。

(五)餐具的准备

一般根据宴请人数和酒、菜的道数准备足够的餐具。餐具要求清洁卫生。桌布、餐巾都应洗净熨平。玻璃杯、酒杯、刀叉、碗碟等器皿在宴会之前都应洗净擦亮。

中餐用筷子、盘、碗、匙、小碟、酱油碟等。水杯放在菜盘上方,右上方放酒杯,酒杯数目和宴会提供的酒品种相同。餐巾叠成花插在杯中,或平放在菜盘上。宴请外国宾客时,除筷子外,还应备上刀叉。若菜肴需要搭配醋碟,最好每人一份。餐桌上应备有烟灰缸、牙签。

西餐具有刀、叉、匙、盘、杯等。刀分食用刀、鱼刀、肉刀、水果刀等;叉分食用叉、鱼叉等;匙有汤匙、茶匙等;杯的种类更多,咖啡杯和茶杯均为瓷器,水杯和酒杯多为玻璃制品,不同的酒使用的酒杯亦不相同。酒杯的配备根据宴会的酒的种类来定,宴会上几道酒,就要配备有几种酒杯。西餐具正面放食盘或汤盘,左手边放叉,右手边放刀。食盘上方放汤匙和甜食匙,再上方放酒杯,右起烈酒杯或开胃酒杯、葡萄酒杯、香槟酒杯、水杯。餐巾插在杯内或摆在食盘上。面包奶油盘在左上方。吃正餐,刀叉数目应与菜的道数相等,按上菜顺序由外向里排列,刀口向内。用餐时按此顺序取用。

(六)宴请的程序

主人一般在宴请处的门口迎接客人。与客人握手后,由主人或其他工作人员引进客人进休息厅,并由服务人员招待饮料或茶水。如无休息厅则直接进入宴会厅,但不入座。

宴会开始前,由服务人员引导大家入座,从主要客人开始。等到全体客人基本到场或者主要客人都已到齐而宴会时间已到,宴会即可开始。一般正式宴会开始后可安排双方致辞。冷餐会和酒会的致辞时间则更灵活。致辞一般要热情简短。

宴会期间宾客之间相互碰杯,并说些祝酒词。在就餐时一方面要注意宴会气氛,另一方面要注意宴会礼仪。

主菜上完,吃完水果或甜点,宴会即告结束。这时客人起身告辞,主人应将其送至门外,并友好地话别。

四、宴会礼仪

(一)赴宴

1.应邀

接到宴会的邀请后,要尽快回复对方是否能出席,以便主人提早安排。接受宴会邀请后就不要轻易改变。遇上特殊情况不能参加宴会,要尽早向主人说明并致以歉意。客人赴宴前应根据宴会的目的、规格、对象、风俗习惯或主人的要求考虑自己的着装搭配。

2.出席时间

严格掌握宴会的出席时间。出席宴请抵达时间早晚、逗留时间长短，在一定程度上反映出对主人的尊重程度。一般情况下，应比宴请时间稍早一点到达，迟到容易被视为失礼或者不重视宴请。但是太早或者太迟抵达都不是很好，太早可能会影响到宴请的准备工作，而太迟到达则使对方感到你不重视他。到达宴请地点后，应先脱下大衣和帽子，然后前往主人迎宾处，向主人问好。如带有礼品，应及时交给主人。

3.入席

入座与进餐应客随主便，听从主人的安排。如果座位是事先安排好的，则要提前了解自己的桌次和位置，不要随意地找熟人或者和想为邻的人坐在一起。如果邻座是年长者或女士，则应主动协助他们先入座，然后自己再入座。

4.进餐

进餐时举止要文明礼貌，面对一桌子美味佳肴，不要急于动筷子，须等主人动筷说了"请"之后或者举杯示意开始后再动筷开始用餐。进餐时，要注意以下几点礼仪：

一是使用公筷；

二是夹菜要适量；

三是在就近夹菜，不要伸长胳膊去够远处的菜；

四是不要用筷子随意翻动或挑拣盘中的菜；

五是如遇本人不能吃或不喜欢的菜，服务员上菜或主人劝菜时，不要拒绝，可取少量放在盘内，并及时致谢；

六是对不合口味的菜，切勿露出难堪的表情；

七是吃东西时不要发出声音，要闭嘴嚼，鱼刺、骨头、硬壳、用过的牙签等放在骨盘内；

八是进食时尽可能不要咳嗽、打喷嚏、擤鼻涕或打呵欠，万一忍不住，要用手帕或者餐巾纸遮挡口鼻，转身，脸侧向一方，低头尽量压低声音；

九是无论主人还是客人，都应积极参与同桌人的交谈，不能仅同熟人或只同一两人交谈。邻座如不相识，可先作自我介绍。

如果宴请的形式是自助餐，自助餐的特点是不设固定席位，可以任选座位，很便于彼此的交流。菜肴、食品连同餐具都摆设在桌上，任由客人自取，喜欢什么，量的大小，完全自主。但自助餐也有相应的礼仪要遵守：进餐厅后，先对菜点的摆布和服务设施有个了解，这样取菜时可做到心中有数。每种菜点取用时都不要贪多，宁可吃完后再取，尽量做到吃什么取什么，吃多少取多少，不够再取，避免浪费。取菜时按顺序排队取，不要挤在一起取菜。要按照菜点原来摆放的样子顺序取，不要在盘中翻来找去。热菜、冷食要分开放入自己盘中，切勿堆成一团。另外，要把骨头、鱼刺等拨到盘子一边。吃完自助餐，不能将食物带出餐厅。

5.祝酒

祝酒也就是敬酒，是指在正式宴会上，由主人向来宾提议因某个事由而饮酒。在饮酒时，通常要讲一些祝愿、祝福类的话。祝酒词适合在宾主入座后、用餐前开始，也可以在吃过主菜后、甜品上桌前进行。祝酒词内容越短越好。在主人和主宾致辞、祝酒时，其他人应暂停进餐，停止交谈并注意倾听。一般情况下，祝酒时应以年龄大小、职位高低、宾主身份为先后顺序。如果在场有身份更高或更年长的人，也要先给尊长者敬酒。

　　参加宴请时,主人应先和主宾碰杯,人多时可以同时举杯祝酒。提议干杯时,应起身站立,右手端起酒杯,目光要正对对方以示诚意。同席的客人可以相互祝酒,但不可以任何方式强迫对方喝酒,否则就显得失礼。有人提议干杯后,要手拿酒杯起身站立,拿起杯子适量饮用。宴会上切忌饮酒过量,以免失态、失言。也不要劝酒和灌酒。

　　在中餐礼仪中,干杯前可以象征性地和对方碰一下酒杯。碰杯的时候,应该让自己的酒杯低于对方的酒杯,表示对对方的尊敬。当两人间隔比较远时,用酒杯杯底轻碰桌面,也可以表示和对方碰杯。主人亲自敬酒干杯后,可以回敬主人。

　　6. 告别

　　宴会结束时,要等主宾离席后,自己再告辞,确有事情需要提前退席,则应向主人说明后再悄悄离去,也可以事先打好招呼,到时很快离席。离席时,除了主人准备送给宾客的纪念品外,各种招待用品如糖果、水果、香烟等都不要拿走。

　　7. 意外情况的处理

　　宴会进行中,由于不慎,发生异常情况时,如餐具掉落、打翻酒水等,要沉着应付,可向邻座说声"对不起"。若打翻的酒水溅到邻座身上,应表示歉意,并协助擦掉。若对方是妇女,只要把干净餐巾或手帕递上即可,可由她自己擦。

　　(二)餐具使用礼仪

　　1. 中餐餐具的使用

　　筷子是中餐最主要的餐具。筷子虽然用起来简单、方便,但也有很多规矩。用筷子用餐的时候,要注意下面几个问题:

　　一要注意握筷的姿势;

　　二是不要舔筷子;

　　三是不要用筷子一次夹太多的菜,更不要夹菜时滴着菜汁,应该拿着小碟,先把菜夹到小碟里再端过来;

　　四是和人交谈时,要把筷子放到筷架上,不能举着筷子和别人说话;

　　五是千万不要把筷子竖插放在食物上面;

　　六是严格筷子的职能,不要用筷子去推饭碗、菜碟,不要用筷子去叉馒头或别的食品,也不要敲打筷子,这些都是失礼的行为。

　　勺子、汤匙的主要作用是舀取菜肴、食物。有时,用筷子取食时,也可以用勺子来辅助。尽量不要单用勺子去取菜。用勺子取食物时,不要过满。在舀取食物后,最好等汤汁不再滴下来时,再移回来享用。

　　现在有些宴席实行公筷母匙,那么,你就要记住不能用个人独用的筷子汤匙给别人夹菜或是舀汤。

　　稍小点的盘子就是碟子,主要用来盛放食物,在使用方面和碗略同。盘子在餐桌上一般要保持原位。

　　水杯主要用来盛放清水、汽水、果汁、可乐等软饮料时使用。不要用它来盛酒,也不要倒扣水杯。

　　2. 西餐餐具的使用

　　西餐最主要的餐具是刀和叉。刀叉放置的通常是依上菜次序由外往内,叉口朝上放置,使用时应由最外面的一把依次向内取用。用西餐时,基本原则是右手持刀或汤匙,左手拿叉。刀叉的拿法是轻握尾端,食指按在柄上。切割食物时,用叉按住食物,刀紧贴叉边切下,切下的食物大小应刚好一口可以吃完。切割食物,不要发出刀叉碰撞的刺耳声音。汤匙则用握笔的方式拿即可。用餐时,上臂和背部要靠到椅背,腹部和桌子保持约一个拳头的距离,两脚交叉的坐姿最好避免。用餐完毕,刀叉应并排放碟内右下方,叉尖朝上。

（三）其他注意事项

关于餐巾的使用,一般要等坐在上座的尊者拿起餐巾后,你才可以取出对折平铺在腿上,三角端朝外,动作要轻柔。餐巾的主要作用是防止油污、菜汁滴到衣服上,也可用来擦嘴或擦手,但不能用来擦脸或擤鼻涕。

进餐过程中,不要随意解开纽扣或当众脱衣。如主人请客人宽衣,客人可将外衣脱下搭在椅背上,不要将外衣或随身携带的物品放在餐台上。

不可在餐桌边化妆,用餐巾擦鼻涕。用餐时打嗝是最大的禁忌,万一发生此种情况,应立即向周围的人道歉。

取食时不要站立起来,坐着拿不到的食物应请别人传递。自助餐取食的顺序一般是冷菜、汤、热菜、甜点、水果。

每次送入口中的食物不宜过多,在咀嚼时不要说话,更不可主动与人谈话。

喝汤或吃面条时千万不要发出声音,吃面食时应用叉或筷子卷起一口之量,小口进食。汤烫时,不要口吹使之冷却,应等其自然凉却。

进餐时应与左右客人交谈,但应避免高声谈笑。不要只同几个熟人交谈。左右客人如不认识,可先自我介绍。

用餐时,尽量不要剔牙,如果必须剔牙最好去洗手间或用手遮住嘴巴。

第五节　举止和谈吐礼仪

一个人的举止和谈吐可以很好地反映其素质和修养。因此,作为谈判人员,必须具备得体的举止和谈吐。

一、举止礼仪

举止,是指人的姿态和风度,它是人们的活动、动作,以及在活动、动作之中身体各部分所呈现出的姿态,包括人的站姿、坐姿、行姿、面部表情等。谈判者的举止礼仪是指谈判者在谈判过程中坐姿、站姿和行姿等及给他人的感觉和产生的效果。举止是修养的表现,优雅的举止对于个人的形象塑造和事业的成功是至关重要的。在商务谈判中,对举止的要求是举止适度,坐姿、站姿和行姿等动作要落落大方,动作举止要符合自己的地位、身份以及当时的环境。那么,在商务场合中,怎样的坐姿、站姿和行姿才合适呢?

（一）坐姿

坐是一种静态造型,端庄优美的坐,会给人以文雅、稳重、自然大方的美感。坐姿的总体要求是舒适自然、大方端庄。

在商务交往中,对入座和落座都有一定要求。在正式场合,入座时,动作要轻盈和缓,自然从容。落座要轻,不能猛地坐下,发出响声。起座要端庄稳重,不可猛起猛坐,弄得桌椅乱响,造成尴尬气氛。有礼节的做法是从椅子的左边入座,从椅子的左边站立起座。

坐下后,正确的坐姿应该腰背挺直,肩放松,身体应保持自然端正,双肩平正放松,两腿自然弯曲,平行放好。男士双膝可以稍稍分开,女士双膝必须靠紧。两手放在双膝上或两手交叉半握拳放在腿上,手心向下。两膝不要摇晃,两腿不要抖动,两脚也不要拍打地面。一般以不跷腿为佳,偶尔在适当的场合也可以跷起二郎腿,但腿不宜抖动。谈话时,可以侧坐。侧坐时上体与腿同时向一侧。要把双膝靠拢,脚跟靠紧。有长辈在座,年少者应上身稍向前倾,以示尊敬。不论何种坐姿,上身都要保持端正,若坚持这一点,那么不管怎样变换身体的姿态,都会优美、自然。

坐姿还要和不同的场合、环境相适应。如坐在宽大沙发椅上,不要坐得太靠里面,可以将左腿跷在右腿上,但不宜跷得过高,脚尖不能向上,更不能摇晃抖动。女士尤其应注意,不能露出衬裙,有损美观与风度。另外,切忌将腿向前伸、向后靠或叉开。坐在椅子上随意转动、挪动椅子或者摆弄手指、拉衣角、整理头发、抖动腿脚等姿态等都不符合举止礼仪的表现。

谈判中,坐姿所反映的信息非常丰富:

(1)挺着腰笔直的坐姿,表示对对方或对谈话有兴趣,同时也表示对人的尊敬。

(2)弯腰曲背的坐姿,是表示对谈话不感兴趣或感到厌烦。

(3)斜着身体坐,表示心情愉快或自感优越。

(4)双手放在翘起的腿上,则表示等待或者试探。

(5)一边坐着一边双手摆弄手中的东西,表示一种漫不经心的心理状态。

(二)站姿

站立是指人处于站立时的姿势,是人最基本的姿势,是一种静态的美,也是其他姿态的基础。站姿是我们在正式或非正式场合中第一个引人注视的姿态。良好的站姿会衬托出个人良好的气质和风度。

正确的站立姿势应该是两脚脚跟着地,身体与地面垂直,重心放在两个前脚掌上,两脚脚尖张开约45度或者双脚与肩同宽,女性如果穿礼服或旗袍,不要双脚并列,而要让两脚之间前后距离5公分,以一只脚为重心。腰背挺直,自然挺胸收腹,抬头,双肩平齐,两臂自然下垂或在体前交叉,眼睛平视,面带笑容,表情自然,让人感觉舒展大方。站立时不要歪脖、斜腰、屈腿等,不能形成低头、哈腰、挺腹、弯膝这样的四道弯,不要斜倚在家具、墙、门等物体上,也不要半靠半坐在桌椅上。在一些正式场合不宜将手插在裤袋里或交叉在胸前,更不能两手叉腰,或将手插在裤袋里,更不要下意识地做摆弄打火机、香烟盒、整理发辫、咬手指甲等小动作,那样不但显得拘谨,给人缺乏自信之感,而且也有失仪态的庄重。但可随谈话内容适当作些手势。与客人谈话时,要面向对方站立,保持一定距离,太远或太近都是有失礼节。

在商务谈判中,不同的站姿会传达不同的信息:

(1)站立时背脊笔直给人充满自信、乐观、积极向上的感觉。

(2)站立时弯腰曲背给人缺乏自信、消极悲观、甘居下游的不良印象。

(3)站立时并肩,是一种关系友好、有共同语言的表现。

(4)站立时双脚分开,一手叉腰,一手摸下巴但眼睛却看对方的脚表示深思或者为难。

（三）行姿

行走是人生活中的主要动作,行姿是一种动态的美。"行如风"就是用风行水上来形容轻快自然的步态。从一个人的行姿就可以看出其精神是积极进取或是失意懒散,它最能体现出一个人的精神面貌。

从总的方面来说,正确的行姿应该是轻而稳,胸要挺,头要抬,肩放松,两眼平视,面带微笑,自然摆臂。走路时,行进速度应适中,身体保持垂直平稳、不左右摇晃。但行走的姿态男女也是有不同的要求。男性走路的姿态应当是:昂首挺胸收腹,下颌微收,双肩平稳,手臂伸直放松,手指自然弯曲,两眼平视前方,面带微笑。行走间上身不动、两肩不摇、步态自然稳健,以显示出刚强、雄健、英武的男子汉风度。与女士同行时,男士步子应与女士保持一致。女性走路的姿态应当是:头部端正,但不宜抬得过高,目光平和,目视前方。行走间上身自然挺直、收腹,双肩自然持平,两手前后小幅摆动,小步前进,走成直线。步态要自如、匀称、轻盈,以显示出端庄、温柔、典雅的美感。

行姿没有固定模式,但有相关的禁忌。走路时应自然地摆动双臂,幅度不可太大。保持身体直立,切忌弯腰驼背或摇头晃肩。膝盖和脚踝都应轻松自如,不要身体僵硬,脚蹭地面,也不要走"外八字"或"内八字"。多人一起行走时,不要排成横队,不勾肩搭背。商务场合遇急事可加快步伐,但不要慌张奔跑。

不同的行姿给人的感觉是不同的:

(1)行姿矫健、轻松,令人感觉健康、积极向上和有活力。

(2)行姿稳健、端正、自然,给人庄重和斯文的感觉。

(3)行姿轻盈、灵敏,给人感觉轻巧、欢悦。

(4)行姿左右摇晃、摇头晃脑、歪歪斜斜,让人感觉不礼貌或庸俗。

(5)行姿弯腰驼背、步履蹒跚,容易给人拖沓、疲倦的感觉。

二、交谈礼仪

交谈是商务谈判活动的中心,在一定意义上,商务谈判过程即是交谈的过程。而在顺利圆满的商务谈判中,谈吐礼仪起到十分重要的作用。在商务谈判活动中,恰当、礼貌地交谈不仅能增进谈判双方之间的了解、友谊和信任,而且还能促使谈判更加顺利、有效地进行。如果违背了谈吐礼仪,必然会给谈判带来许多麻烦,甚至导致谈判破裂。因此,商务谈判活动中,必须注意谈吐礼仪。

（一）用语准确恰当

1.采用合适的称呼

无论是新老朋友,一见面就得称呼对方。对有一定职务或职称的人,称呼他的姓加上他的职务或职称表示尊重。没有职位可以称呼其姓加职业。直呼其名仅适用于关系密切的人之间。你若与有一定职称或地位的人关系十分要好,直呼其名显得很亲切,但是在公众和社交场合,最好还是称呼他的头衔会更得体。对于学术界人士,可以直接称呼其职称。但是,对于学位,除了博士外,其他学位都不能作为称谓来用。就称呼而言,我们还要入乡随俗,因地制宜。

2.措辞谦逊文雅

措辞的谦逊文雅体现在两方面:对他人应多用敬语和雅语,对自己则应多用谦语。

敬语,亦称"敬辞",是表示尊敬礼貌的词语。使用敬语,除了礼貌上的必须之外,还可体现一个人的文化修养。敬语一般在以下几种场合中使用:比较正规的社交及公共场合;与身份、地位较高或长辈交谈的场合;与人初次见面或会见不太熟悉的人的场合。我们日常使用的敬语有"请"字,"您"字,"阁下"、"贵方"等,另外还有一些常用的敬语词语,如初次见面称"久仰",很久不见称"久违",请人指教评称"请教",请人原谅称"包涵",麻烦别人称"打扰",托人办事称"拜托"等等。

雅语是指一些比较文雅的词语。雅语常常在一些正规的场合以及一些有长辈和女性在场的情况下使用,替代那些随便或粗俗的语言。多使用雅语,能体现出一个人的文化素养以及对他人的尊重。在待人接物中,要是你正在招待客人,在端茶时,你应该说:"请用茶"。如果还用点心招待,可以用"请用茶点。"假如你先于别人结束用餐,你应该对其他人说:"请大家慢用。"使用雅语,举止彬彬有礼,人们就会对你的个人修养留下较深的印象。

谦语亦称"谦辞",是向人表示谦恭和自谦的一种词语,在谈吐中使用谦词能表现出一个人的谦虚和恳切。自谦和敬人,是一个不可分割的一体。尽管日常生活中谦语使用不多,但其精神无处不在。我们常用的一些谦词有比如称自己的见解为"拙见"或"愚见",称待客的酒为"薄酒",称自己的家为"寒舍"等等。

3.态度诚恳,语言得体

说话时的态度是决定谈判成功与否的重要因素,因为在谈判过程中,双方始终都相互观察对方的表情、神态,反应极为敏感,所以谈话中一定给对方一个诚恳友善、自然和气的感觉。

另外,谈判交谈时,语言表达要得体,掌握说话的分寸。语言表达的得体包括手势不要过多过大,不要用手指指向别人;交谈内容一般不要涉及疾病、死亡、灾祸等不愉快的事情;不要直接询问对方履历、女士年龄、婚姻状况、收入、个人物品的价格等私人问题;对方不愿回答或反感的问题不要追问;不要喋喋不休地谈论对方一无所知且毫不感兴趣的事情;不要在社交场合高声辩论,也不要当面指责,更不要冷嘲热讽;不要随便议论宗教;不要议论他国内政;不可进行人身攻击。男子一般不参与妇女圈的讨论,也不要与妇女无休止地交谈而引人反感;与妇女交谈要谦让、谨慎,不随便开玩笑;争论问题要有节制。

言语得体还表现在选择交谈词语,准确表达自己的意思。在商务场合中,哪些话该说,哪些话不该说,哪些话应怎样去说才更符合人际交往的目的,这是谈吐礼仪应注意的问题。总而言之,多说善意的、诚恳的、赞许的、礼貌的、谦让的话,少说恶意的、虚伪的、贬斥的、无礼的、强迫的话。

(二)尊重、理解对方

在交谈活动中,只有尊重、理解对方,才能赢得与对方感情上的信任,从而获得对方的尊重和理解。因此,谈判人员在交谈之前,应当了解对方的心理状态、语言习惯、文化程度、生活阅历等因素,选择令对方容易接受的谈判方式和态度。

交谈时应当意识到双方是平等的,双方发言时都要掌握各自所占有的时间,不能独霸一方、咄咄逼人。交谈现场超过三个人时,应不时地与在场的所有人交谈几句,不要只和一两个人说话,而不理会其他人。加入他人谈话时要先打招呼。当别人个别谈话时,不要凑近旁听,若有事要与人交谈时,要等别人谈完;有人主动与自己谈话时,要乐于交谈;第三者参与交谈时,应以握手、点头或微笑表示欢迎,发现有人欲和自己交谈时,可主动上前询问;谈话中遇有急事需处理或离开时,应向对方打招呼,表示歉意。

交谈中,自己发言时要注意给别人发表意见的机会;别人讲话时也应寻找机会适时地发表自己的看法;要善于聆听对方的谈话,不要轻易打断别人的发言,一般不谈与话题无关的内容。在交谈中,应目视对方,以示关心;当对方发言时,要认真倾听,并适当和说话者进行目光、手势交流,不能东张西望、左顾右盼、注视别处,显出不耐烦的样子;不要老看手表、伸懒腰、玩东西等,显得漫不经心的样子。否则,会给人心不在焉、傲慢无理等不礼貌的印象。尊重对方,理解对方,有助于双方更好地达成协议。交谈中要使用礼貌用语,如你好、请、谢谢、对不起等,并针对对方不同国别、民族、风俗习惯等,恰当运用礼貌语言。

（三）及时肯定对方

在谈判过程中,当双方的观点达到基本一致的情况时,谈判者应当迅速抓住时机,充分肯定这些共同点。如有可能,及时补充、发展双方一致的论点,引导、鼓励对方畅所欲言,将交谈推向高潮。当对方赞同或肯定我方的观点时,我方应以点头、微笑等进行反馈交流。这种有来有往的双向交流,易于使双方谈判人员感情融洽,从而为达成一致协议奠定良好基础。但是,肯定的语言在谈判中既可能会产生积极的作用,也可能会产生消极的作用。从积极作用方面看,当交谈一方适时中肯地确认了另一方的观点之后,会使整个交谈气氛变得活跃、和谐起来,进而拉近了双方的心理距离。在此基础上,本着求大同存小异、互谅互让、互惠互利的原则,达成协议就较为容易。从消极作用方面看,有时交谈一方虽然对对方观点表示了赞同和肯定,但由于态度不够真诚,言辞讨好,甚至阿谀奉承,就可能引起对方怀疑和警惕,也可能招致对方的反感,从而起到反作用。因此,赞同时态度要诚恳,肯定要恰如其分,既不可言过其实,又不可言未达义。

（四）注意语速、语调和音量

在交谈中语速、语调和音量对意思的表达有比较大的影响,不同的语速、语调和音量可以使同一句话表达出不同的含义。交谈中陈述意见要尽量做到平稳中速。如果说话太快,对方往往难以抓住你说话的意思,也难以正确把握你的实际表达,从而影响谈话的效果。有时还会给对方造成敷衍了事、完成任务的印象。在国际商务场合,还可能会导致翻译人员跟不上你说话的节奏。如果说话太慢,就会给人吞吞吐吐,欲言又止的感觉,容易被对方认为难以信任。在特定的场合下,可以通过改变语速来引起对方的注意,加强表达的效果。

在商务交谈中,不同的语调可以使同一句话产生不同的意思,不同的音量则能反映出说话人的心理和情绪。因此,一般问题的阐述应使用正常的语调,保持能让对方清晰听见而不引起反感的高低适中的音量。在语气语调上,要亲切柔和、诚恳友善,不要盛气凌人。交谈时切忌出现音调、音量失控。

（五）保持适当的距离

交谈者之间空间的距离影响着双方心理的距离。交谈时,除了说话的内容和语音语调之外,还要注意保持与对话者适当的距离。对于礼节性或社交性的交谈,其近段为一米二至二米一之间,多用于商务洽谈、接见来访等。远段在二米一至三米六之间,适合于同陌生人进行一般性交谈,也适合上下级之间的正式谈话及较重要的贸易谈判。从礼仪上说,说话时与对方离得过远,会使人误认为你不够友好,这显然是失礼的。然而如果和人交谈时距离过近,也容易让人觉得拘束和不自在,难以进行良好的沟通。因此从礼仪角度来讲,一般两个人之间的距离保持在一米至一米五左右最为适合。这样做,既让对方感到有种亲切的气氛,同时又保持一定的社交距离,在主观感受上最令人感觉舒服。

第六节　日常交往礼仪

一、称呼礼仪

互通姓名时犯的一点点小错也会在当时使人感到不自在或觉得受到伤害。因此，即使感到时机已经成熟，而没有对方的许可下，也不要只用对方的名字来称呼对方。

称呼，是在人与人交往中使用的称谓和呼语。称呼礼仪是日常交往礼仪中的一个基本内容。在社交活动中，使用正确、适当、得体的称呼，体现出一个人的文化教养和对他人的尊敬，又能表现出对别人的热情，可以给人以良好的第一印象。

一般来讲，对男子要称先生，对已婚妇女称夫人，未婚女子称小姐，如不了解对方是否已婚，一般可称小姐、女士。目前，女士已逐步被公认为对妇女的一种称呼。以上称呼，一般要冠以姓名、职称、职衔等。如"玛丽女士"、"怀特夫人"、"上校先生"、"密特朗先生"、"博士先生"、"市长先生"、"议员先生"、"戴安娜小姐"、"秘书小姐"、"护士小姐"等。对医生、教授、法官、律师以及有博士学位的人士，可单独称"医生"、"法官"、"博士"等，同时可以加上姓氏，还可以加上"先生"，如"卡特教授"、"法官先生"、"马丁博士先生"等。一般来说，不同的国家或地区有不同的称呼。在有些国家和地区，名字与称谓暗示一个人的社会地位与家庭状况。在日常交往中，对于平辈的朋友、熟人、同事，均可彼此之间以姓名相称。长辈对晚辈也可以这么称呼。

一般情况下，同时与多人打招呼，称呼的次序应遵循先长后幼、先上后下、先近后远、先女后男、先疏后亲的原则。

二、介绍礼仪

介绍是社交活动和人际交往中与他人进行沟通、增进相互了解、建立联系的一种基本方式。在社交场合中，恰如其分的介绍，既可以扩大自己的交际圈，广交朋友，迅速拉近人与人之间的距离，还有利于在人际交往中消除误会，减少麻烦，同时也显示出自己的礼仪修养。自我介绍和介绍他人，是日常交往礼仪的一项基本功。

（一）自我介绍

自我介绍一般有三点需要注意：

1. 先递名片再介绍。其实有经验人往往在一见面就把名片递过去，那关于个人的头衔、职务都不用说了，顶多把名字重复一下，省很多事。

2. 倘若你的单位和部门头衔较长的话，这个名字较长的话，一定要注意第一次介绍的时候使用全称，第二次才可以改简称。比如提到"南航"。恐怕大多数人就会想到南方航空公司，其实还有一个南航，南京航空航天大学。所以在商务交往中，用字母来做简称或者以中文来做简称，一定要注意，先讲全称，再说简称，否则很麻烦。

3. 自我介绍时间要简短，内容要全面，愈短愈好。一般自我介绍半分钟以内就完全可以结束了。自我介绍的内容要四个要素：姓名、单位、部门、职务。要训练有素，一气呵成。

（二）介绍别人

在国际交往中，介绍人一般是三种人：(1)专业对口人员；(2)公关礼宾人员；(3)如果来了贵宾的话，就是在场的这些人里职务最高的。

介绍别人时，顺序的惯例一般是先把年轻的介绍给年长的；先把职位低的介绍给职位高的；先把男性介绍给女性；先将客人介绍给主人；先将个人介绍给团体。如果双方都有很多人，要先从主人方职位高的人开始介绍，因此通常先介绍最高领导。

介绍时，举止要端庄得体，面带微笑，目视对方，不能背对任何一位。介绍时应用手示意，但不可用手指头指指点点。介绍别人应简要说明被介绍人的名字、所在单位、职位等有关情况。当被人介绍时，除妇女和年长者外，一般应起立；但在宴席、会谈桌上不必起立，被介绍人微笑、点头以作表示即可。介绍后，不要马上离开，双方应趋前主动伸手与对方握手，可寒暄几句，还可以相互交换名片以便进一步认识。

三、名片使用礼仪

名片通常是 9 厘米长，6 厘米宽的白色或浅色的卡片。上面通常印有姓名、职务、职称、社会兼职、工作单位、通讯地址、邮政编码、办公电话、手机号码、传真号码等。名片是一个人身份的象征，当前已成为人们社交活动的重要工具。在商务谈判中，初次见面双方互赠名片既简单又礼貌。

正确地使用名片，对社会交往能起到促进作用。使用名片要合乎礼仪规范。一般来说，名片的递送、接受、存放要注意以下社交礼仪。

（一）名片的递送

在社交场合，名片是自我介绍的简便方式。递送名片最好是起身站立，将名片正面朝向对方，眼睛应注视对方，面带微笑，双手递上名片，并说"这是我的名片，请多关照"之类的寒暄语，不要一言不发。递送名片的顺序一般是先客后主，先低后高。由职位低的先向职位高的递名片，男士先向女士递名片，晚辈先向长辈递名片。当对方不止一人时，应先将名片递给职位高或年长者。如果不清楚对方的职位高低和年龄大小时，应由近到远依次进行，切勿跳跃式地进行，以免对方误认为你厚此薄彼。名片的递送应在介绍之后，在尚未弄清对方身份时不应急于递送名片，更不要把名片视同传单随便散发。

（二）名片的接受

接受名片时应起身，面带微笑注视对方，双手接受名片，并表示谢意。接过名片后要认真地看一下名片的内容，以示对方的重视。各地看名片的习惯各有不同，有的看名片较长时间，有的还可以将对方的姓名、职衔等信息念出声来。接受对方名片后，要回敬一张本人的名片。如身上未带名片，应向对方解释并表示歉意。收了对方的名片，在对方离去之前，或话题尚未结束，不必急于将对方的名片收藏起来。在交谈时，不可玩弄或是弄折对方的名片。会谈或宴会结束时一定要带上对方的名片，不要遗忘。

（三）名片的索要

如果你先递送名片，而对方没有回敬你名片，最好不要主动索要。万不得已的情况下，索要名片也最好不要采取直白的表达。比较恰到好处地交换名片的方法有这么几个：

(1)交易法：这是最常用的方法。交换的方法，"将欲取之，必先予之"。例如你想要史密斯先生名片，先把自己的名片递给他，"史密斯先生这是我的名片"，他无论如何也要回你一张。当然,在商务交往中,有的人会有一些落差,有的人地位高的、身份高的,你把名片递给他,他跟你说声谢谢,他没下文了。这种情况出现的话,就是跟对方有较大落差。

(2)激将法:"尊敬的史密斯先生,很高兴认识你,不知道能不能有幸跟您交换一下名片?"他不想给你也得给你。

(3)联络法:"史密斯先生,我认识你非常高兴,以后到德国来希望还能够见到你,不知道以后怎么跟你联络比较方便?"以后如何跟你联络比较方便,这就是联络法,那就是暗示她,怎么才能找到你? 对方一般会给,如果不给,也会有恰到好处的退路,"我跟你联系吧",其深刻含义就是可能不想跟你联系。

当然当对方向你索要名片,如果实在不想满足对方的要求,也不要直言相告,可以委婉表示:"对不起,我忘了带名片"或"抱歉,我的名片用完了"。

(四)名片的存放

名片应放置在较为精致的名片夹里。男士在穿西服时,可把名片夹放在左胸内侧的口袋里。不穿西服时,名片夹可放置在自己随身携带的小提包里。不要把名片放在皮夹内或者裤袋内,这是一种失礼和不雅的行为。与对方告别时,要妥善地保存别人的名片,不可将对方名片随意地丢弃在桌上。接过别人的名片后,也不要随意地塞在口袋里,应放在西服左胸的内衣袋或名片夹里,以示对对方的尊重。

案例 8-5

某公司新建的办公大楼需要添置一系列的办公家具,价值数百万元。公司的总经理决定了打算向A公司购买这批办公用具。这天,A公司的销售部负责人打电话来,要上门拜访这位总经理。总经理打算等对方来了就在订单上盖章,定下这笔生意。不料对方比预定的时间提前了2个小时,原来对方听说这家公司的员工宿舍也要在近期内落成,希望员工宿舍需要的家具也能向A公司购买。为了谈这件事,销售负责人还带来了一大堆的资料,摆满了台面。总经理没料到对方会提前到访,刚好手边又有事,便请秘书让对方等一会。这位销售员等了不到半小时,就开始不耐烦了,一边收拾资料一边说:"我还是改天再来拜访吧。"这时,总经理发现对方在收拾资料准备离开时,将自己刚才递上的名片不小心掉在了地上,对方却并没发觉,走时还无意从名片上踩了过去。但这个不小心的失误,却令总经理改变了初衷,A公司不仅没有机会与对方商谈员工宿舍的设备购买,连几乎到手的数百万元办公用具的生意也告吹了。

A公司销售部负责人的失误,看似很小,其实是巨大而不可原谅的。名片在商业交际中是一个人的化身,是名片主人"自我的延伸"。弄丢了对方的名片已经是对他人的不尊重,更何况还踩上一脚,顿时让这位总经理产生反感。再加上对方没有按预约的时间到访,不曾提前通知,又没有等待的耐心和诚意,丢失了这笔生意也就不是偶然的了。

(五)印制名片礼仪

中国习惯是姓名印在中间,职务用较小字体印在左上角。国外的习惯则是把姓名印在中间,职务用较小字体印在姓名下面。如同时在正反两面印上中外文,应分别按不同习惯排印。商业用名片,除了姓名、职务外,还印有办公地点、电话号码、传真号码及通信地址等。名片的纸张要讲究,字体最好有立体感,以增强印象。名片制作有三不原则:

第一不随意涂改。在商务交往中,强调名片譬如脸面,脸面是不改的,否则会贻笑大方。不能因为电话改号了,电话升位了,到外地去了,就划掉再写这种。客座谈判,名片上不要忘了写上旅馆的房间号及电话号码,以便随时联系。

第二不提供私宅电话。商务礼仪是讲究保护个人隐私,有教养、有身份的人不向别人索取私宅电话诸如此类。

第三不提供两个以上的头衔。名片上不出现两个以上的头衔,倘若一个名片上给的头衔越多,有三心二意、用心不专,所以很多有地位有身份的人,他身上会有好几种名片,他是对不同的交往对象,强调自己不同身份的时候,使用的不同名片。

四、拜访礼仪

拜访是一项礼仪性很强的社交活动。通过拜访,达到交流信息,沟通思想,统一意见,解决问题,增进友谊的目的。拜访可以分为礼节性拜访和事务性拜访。礼节性拜访不一定要设有预期目标,交谈范围很广。事务性拜访通常要先设立拜访目的。拜访需要遵循以下几点礼仪:

(一)预约拜访时间

拜访活动应事先联系,提前预约。尤其在西方国家,拜访别人事先预约是最基本的礼貌准则。一般最好能提前一周想被访者说明拜访的原因和目的,让被访者有充分的时间准备和安排。预约的方式可以电话、传真、函件等。在预约拜访的时间时,要用商量的语气。一般说明自己的姓名、单位和职务,提出访问的内容,看其是否有时间或何时有时间。在对方同意的情况下,定下具体拜访的时间、地点。

(二)注意仪容仪表

拜访是正式的社交活动,因此必须注意仪容仪表,讲究穿戴装扮。从服饰、装束到发型妆容,都要符合社交礼仪要求。美好的仪容,既是维护自己的良好形象,也是对被访者的尊重。一般情况下,登门拜访时,女士应着深色套裙、中跟深色皮鞋配肉色丝袜。男士最好选择深色西装配素雅的领带,外加黑色皮鞋、深色袜子。

(三)遵守约定时间

拜访他人一般可以早到五分钟,但不能迟到。遵守约定的时间是拜访活动中最基本的礼仪之一。迟到是失礼的表现,不但是对约会的轻视,对被拜访者的不敬,也是对工作不负责任的表现,会让被拜访者对你产生偏见。如果因故不能按时赴约,必须及时通知对方,并说明原因,态度诚恳地请对方原谅。必要的话,还可将拜访另行改期。

(四)注意言谈举止

拜访时应注意言谈举止,举止要端庄,言谈要得体。不能出言不逊,轻举妄动。到达约会地点后,如果没有直接见到被拜访对象,拜访者不得擅自闯入,必须经过通报后再进入。敲门要用食指,力度适中,间隔有序,一般敲三声等待回音。如有应声,待门开时再进入,进入后关门不能过重。如果主人开门迎客,务必主动向对方问好,互行见面礼节。进门后,应先将自己的帽子、外套、手套等除去。如果主人是年长者或上级,主人不坐,自己不能先坐。主人让座之后,要先谢过主人再坐下。主人递上烟茶要双手接过并表示谢意。主人献上果品,应等年长者或其他客人动手后,自己再取用。拜访时应互致问候,适当寒暄。拜访过程中谈话语言要客气,谈话时间不宜过长。拜访不可始终不说话,不能时常看手表。也不要随便走动,更不要随便翻动被访者的物品。

（五）把握拜访时间

在商务拜访过程中,一定要注意拜访的时间长度。拜访的时间不宜拖得太长,否则会影响对方其他工作的安排。在一般情况下,初次拜访,应控制在一刻钟至半小时之内。最长的拜访时间也要控制的两个小时之内。有些重要的拜访,往往由双方提前约定拜访的时间和长度。在这种情况下,务必要严格遵守约定,绝不能擅自延长拜访时间。如果没有对时间问题做具体要求,那么就要要根据情况控制好逗留的时间,并尽量最短的时间里结束拜访,以免影响被拜访者处理其他事务。起身告辞时,要向对方道谢。出门后,回身主动伸手与被访者握别,说请其留步。

案例 8-6

设想一下,有一位美国销售人员哈里·斯力克开始了他的海外商务旅行。在他的旅程中发生了下列事件:

在英格兰,他打电话给一位长期客户,约请他来进行早餐商务会面,这样他就可在中午飞往巴黎。

在巴黎,他邀请一位潜在商业客户在银塔餐馆吃晚饭,并且这样说:"叫我哈里就行了,加奎斯。"

在德国,在出席一次重要会议时,他迟到了 10 分钟。

在日本,他接过客户的名片,看也没看就放进了口袋。

哈里·斯力克能拿到多少订单呢?也许一个都没有,而他的公司却得面对大堆账单。国际商务的成功要求每位商务人员理解并适应当地的商业文化和惯例。以下是经理者在各国做生意时,应该了解的一些商业惯例:

法国:除了在着装较为随意的法国南部之外,穿着要保守。不要以名来称呼对方,要加上对方的姓氏,因为法国人在陌生人面前往往比较正式。

德国:千万要守时。如果外国商人被邀到他人家中做客,应该给女主人带上些鲜花作为礼物,最好不要包装起来。在介绍时,先向女士问好,等对方先伸出手后再与她握手。

意大利:要么穿得正式些,要么入乡随俗穿上一套乔治·阿玛尼服装,要时刻记住意大利商人很注意个人的着装品味。最好提前很久进行会面预约。对意大利的官僚作风要有心理准备,要有耐心。

英国:在正式宴会上通常都会有敬酒。如果主人向你敬酒,记得一定要回敬。商务招待一般是在午餐而非晚餐上进行。

沙特阿拉伯:尽管男士在见面时要用鼻子碰对方的额头,再互相拥抱,表示友好,但他们绝不会在公开场合亲吻一位女士。来自美国的商业女性应该先等对方伸手,再伸出自己的手。

日本:除非你对日本式鞠躬礼仪了解很多——比如鞠躬的对象、次数、时机等,否则不要轻易行鞠躬礼。这是一种很复杂的礼仪。递名片是另一种礼仪。要随身携带多张名片,用双手递上名片,这样对方很容易看见你的名字,并且要按照职位从高到低递上名片。在日本商人作出决定前,要有所准备,他们会花很长时间完成各项细节事宜后才会作出决定。

（资料来源：查尔斯·M.富特雷尔.销售学基础.赵银德译.北京：机械工业出版社,2006.）

五、迎送礼仪

迎来送往是常见的社交活动,也是商务谈判中一项基本礼仪。在谈判中,谈判一方对应邀前来参加谈判的人员,要视其身份和谈判的性质,以及双方的关系等,综合考虑安排。在谈判人员、重要客商、初打交道的客商等抵离时,都要安排相应身份的人员前往迎送。做好迎送工作,需注意以下几个问题：

（一）确定迎送规格

确定迎送规格要依据前来谈判人员的身份和目的,适当考虑双方的关系,同时注意惯例,综合平衡。主要迎送人与来宾的身份和地位通常要对等。若当事人因故不能出面或不能完全对等,应灵活变通,由职位相当的人士或副职出面。此时,无论做出何种处理,都应非常礼貌地向对方做出解释。有时也会从发展双方关系或其他需要出发,破格接待,安排较大的迎送场面。

（二）准确掌握来宾抵离的时间

己方有关人员应及时准确弄清谈判来宾所乘交通工具的抵离时间,尽早告知全体迎送人员及相关单位。如果有变化,应及时通知。迎接人员应在交通工具抵达前到场,送行则应在来客登机（车、船）之前到。总之要做到既顺利接送来客,又不过多耽误时间。

（三）做好接待的准备工作

当得知来宾抵达日期后,应首先考虑其住宿安排问题。对方尚未启程前,先问清楚对方是否已经自己联系好住宿。如果未联系好,或者对方系初到此地,则代其预订酒店房间,最好是等级较高、条件较好的酒店。客人到达后,通常只需稍加寒暄,即陪客人前往酒店,在行车途中或在旅馆简单介绍一下情况,征询一下对方意见,即可告辞。客人到达的当天,最好只谈第二天的安排,另外的日程安排可在以后详细讨论。

（四）迎送礼仪中的有关事务

1.献花

献花是对来宾表示亲切和敬意的一种好方法,尤其来宾中有女宾或携有女眷时。在其尚未到达酒店之前,预先在其房间摆一个花篮或一束鲜花,会给她们一个惊喜,有时甚至会达到意想不到的效果。但也应注意如下三点,谨防弄巧成拙。

（1）送花时要尊重对方的风俗习惯,应尽量投其所好,绝不可犯其禁忌。如日本人忌讳荷花和菊花；意大利人喜爱玫瑰、紫罗兰、百合花等,但同样忌讳菊花；俄罗斯人则认为黄色的蔷薇花意味着绝交和不吉祥等。

（2）给对方女性送花,最好以我方某女性人员的名义或己方单位名义或负责人妻子的名义赠送,切忌以男性名义送花给对方交往不深的女性。

（3）如果对方是夫妇同来,己方送花尤应以负责人夫妇的名义或公司的名义送给对方夫妇。

2.陪车

应请客人坐在主人的右侧。若带有译员,译员坐在司机旁边。上车时,先请客人从右侧车门上车,主人再从左侧车门上车,以避免从客人膝前穿过。若客人先上车,坐到了主人的位置上,那也不必请客人再移位。

六、会谈礼仪

会谈是商务谈判过程中的一项重要活动。在商务谈判中,尤其是在国际商务谈判中,东道主应根据谈判对方的身份和谈判目的,安排相应的有关部门负责人与之进行礼节性会见。会谈可以有多种级别,但就一般情形而言,举行会谈至少应做好以下事项:

1. 准确掌握会谈时间、地点和双方参加人员的名单,及早通知有关人员和有关单位做好必要安排。主人应提前到达,以避免仓促。

2. 客人到达时,主人应到正门口迎接,也可以在会谈室门口迎接,或由工作人员在大楼门口迎接并引到会谈室,主人在会谈室门口迎接。

3. 如果有合影,则应安排在宾主握手、合影之后再入座。会谈结束后,主人应将客人送至门口或车前,并目送客人离去。

4. 会谈一般只备茶水,夏天配加冷饮。如果会谈的时间较长,则可适当上咖啡或红茶。

5. 会谈座次的安排也是一项重要的礼仪。双方会谈时,通常可用长方桌、圆形桌或椭圆形桌,通常宾主相对而坐,各占一边,以正门为准,客人对门而坐,东道主背门而坐,主谈人居中,译员的安排一般尊重主人的意见,其他人均按身份地位顺序排列,记录员排在后面。

6. 会谈场所应安排足够的座位,必要时安装扩音器,现场事先放置中外文座位卡等。

7. 谈判中提出会见要求,应将要求会见人的姓名、职务及会见的目的告知对方。接见一方应尽早给予答复,并约定时间,若因故不能接见时应婉言解释。

8. 领导人(或是谈判双方的决策人物)之间的会见,一般除必要的译员、记录员外,其他工作人员安排就绪后应及时退出。谈话过程中,除工作人员及有关人员听招呼外,旁人不得随意进出。

9. 会谈后若有合影,应事先安排好合影图。合影图一般由主人居中,按礼宾次序以主人右边为上,主客双方间隔排列。排合影图时要充分考虑镜头的摄入范围,一般两端均由主方人员把边。

七、乘车礼仪

(一)车内位次

车内的位置到底有没有高下之分呢?当然是有的。有一个笑话,说是罗马教皇有一次去国外访问,第二天他要参加一个重要的会议,于是司机早早就到他下榻的酒店迎接。偏偏那天教皇心情特别好,想过把开车瘾,就和司机换了位置,自己开着车去会场。会场外头自然是已经列队迎接,忽然一个工作人员神情慌张地跑到大会负责人那里,着急地说,坏了坏了,不知道来了什么大人物?负责人问为什么,工作人员说,罗马教皇为他开车呢!这个笑话至少说明了一个问题,在需要礼仪的场合,坐在轿车后面的人处于尊贵的位置,开车的人基本上是专职司机。

一般来说,轿车内的座位是后排为上,前排为下,后排的三个座位(通常只坐两人)又以右为上,左为下,也就是说,与司机成对角线的位置是车内最尊贵的位置。其次是后排左座、前排右座(副驾驶)。之所以这样安排,是与我国的交通规则有关。我国的交通规则是右侧行驶,这样坐在右侧的人上下车就相对方便一些。单从方便的角度讲,作为坐车者上下车比较方便的位置有两个,即前排右座和后排右座。而前排右座通常被视为最不安全的位置,所以后排右座就通常被尊为上座了。

你可能会说,如果以安全论,车上最安全的位置当数后排左座,即司机后面的位置,却因何未被视为上座,是否意味着方便优先,安全次之呢?也不尽然。在一些政务或外交礼仪中,确是把后排左座视为尊位的。因为这时车上坐的都是政府要员或重要外宾,在这种情况下安全性就被提升到更重要的位置了。从这两种不同的排位方式你大致可以理解方便为上和安全为上的礼仪规则了。

在遵守礼仪规则的同时还要尊重客人的生活习惯和认知水平。比如说有时候客人在并非出于谦让的情况下坐错了位次,即坐在了下位,而这种错误又不影响别的客人,我们就应当将错就错尊重他的选择,而不必告诉对方您坐错位置了。这就是商务礼仪中通常说的客人坐的位置即为上的道理。乘车礼仪最简单的原则:客人喜欢坐在哪,哪就是上座。

只要仔细体味一下,就不难发现,看似复杂多变的商务礼仪所遵循的基本规则不外乎三条:方便为上,安全为上,尊重为上。

那么,有没有前排右座(副驾驶)为上的情况呢?答案依然是肯定的。那就是主人(或领导、长者等)亲自驾车的时候,副驾驶位成了尊位,后面依次是后排右位、后排左位位置。这次不讲你也能分析得出来,它体现了是尊重为上的礼仪原则,即客人对开车者的尊重,而安全和方便又都变得相对次要了。主人亲自驾车,坐客只有一人,应坐在主人旁边。若同坐多人,中途坐前座的客人下车后,在后面坐的客人应改坐前座,此项礼节最易疏忽。

面包车也是商务活动中经常使用的车型。面包车内的位次是中间为上,前后两端为下。即第二排(紧挨司机后面的一排)的位置为上,第三排次之,最后一排和第一排(副驾驶)居末。在同一排的两个座位中,又以里面(左面)的座位为尊。也就是说,正对司机后面的座位(二排左席)是全车中的首席。

最后,上下车时女士要特别注意,女士登车不要一只先踏入车内,也不要爬进车里。需先站在座位边上,把身体降低,让臀部坐到位子上,再将双腿一起收进车里,双膝一定保持合并的姿势。

(二)上下车次序

通常情况下,应等领导上车后其他人员再上车,在领导上车时,其他人员应主动为领导打开车门,若是特别尊贵的客人,还应在为其打开车门的同时,礼节性地用另一只手护住车门的上沿,防止客人上车时碰到头部。下车时,我们先下车,以便在领导下车时为之提供必要的服务或帮助。

但也有几种特殊情况。先说上车,如果我们是外出办事,同去的人较多,对方热情相送,这时候我们应主动向对方道谢后先行上车等候。因为送别仪式的中心环节应是在双方的主要领导人之间进行的,如果我们都墨守领导先上车的规矩,所有的人都非要等领导上车后再与主人道别上车,就会冲淡双方领导之间道别的气氛,而上车时也会显得混乱无序。所以,如果大家是同乘一辆面包车时,我们先上车后,应主动坐到后排去。如果我们是分乘几辆轿车的话,则应上到各自的车内等候,只需留下一个与领导同车的人陪同领导道别即可。再说下车。如果我们去出席某个重要的活动,我们到达时对方已经准备了十分隆重的欢迎仪式,这个时候一定要等领导下车后我们再下车,否则就会有"掠光"之嫌。也许你会问,难道我们先下车为领导开车门也不好吗?如果我们是与领导一起坐面包车的话,领导边上的人可以为领导打开车门后再避到车的后排去,为领导下车让出通道即可。若是坐轿车去,我们则不必为领导开车门了(因为我们坐在车上根本无法为领导开车门)。这种情况,欢迎的人群中自然会有人为领导开车门。

案例分析

艾丽是个热情而敏感的女士,在中国某著名的房地产公司任副总裁。有一天,她接待了来访的建筑材料公司主管营销的韦经理。韦经理被秘书领进了艾丽的办公室,秘书对艾丽说:"艾总,这是某某公司的韦经理。"艾丽离开办公桌,面带微笑,走向韦经理。韦经理先伸出手来,让艾丽握了握。艾丽客气地对他说:"很高兴你来为我们公司介绍这些产品。这样吧,让我先看一看这些材料,再和你联系。"韦经理在几分钟内就被艾丽请出了办公室。几天内,韦经理多次打电话,但秘书的回答是:"艾总不在。"

到底是什么让艾丽这么反感一个只说了两句话的人呢?艾丽在一次讨论形象的课上提到这件事:"首次见面,他留给我的印象是不懂基本的商务礼仪,还没有绅士的风度。他是一个男人,位置又低于我,怎么能像王子一样伸出高贵的手来让我握呢?他伸给我的手不但看起来毫无生机,握起来更像一条死鱼,冰冷、松软、毫无热情。当我握他的手时,他的手掌也没有任何反应,握手的这几秒钟,他就留给我一个极坏的印象。他的心可能和他的手一样的冰冷。他的手没有让我感到对我的尊重,他对我们的会面也并不重视。作为一个公司的销售经理,居然不懂得基本的握手方式,他显然不是那种经过高级职业训练的人。而公司能雇用这样素质的人做销售经理,可见公司管理人员的基本素质和层次也不会太高。这样素质低下的人组成的管理阶层,怎么会严格遵守商业道德,提供优质、价格合理的建筑材料呢?我们这样大的房地产公司,怎么能与这样的小公司合作呢?怎么会让他们为我们提供建材呢?"

(资料来源:李爽,于湛波.商务谈判.北京:清华大学出版社,2011.)

请分析本案例并回答下列问题:

(1)韦经理为什么没有得到艾丽副总裁的再次会面机会?

(2)如果你是韦经理,在与艾丽副总裁见面后应该如何表现?

(3)握手时需要注意些什么问题?

(4)从这一案例中,韦经理要吸取什么教训?

⏏▷【复习思考题】

1.商务谈判人员的服饰礼仪有什么要求?

2.给对方谈判人员赠送礼品时,需要注意什么?

3.在商务谈判中,赴宴时需要注意哪些礼节?

4.握手时避免哪些不礼貌的做法?

5.如何得体地递接名片?

6.结合商务谈判的礼仪和礼节,谈谈个人的礼仪规范。

第九章

各大洲商人的谈判风格 ≫ ≫ ≫ ≫

本章摘要 ··

　　各国的语言、价值观、伦理观、思维方式、风俗习惯、政治环境有很大差别，因此各国谈判者在商务谈判中会体现出不同的谈判目标、谈判方式和谈判风格。商务谈判人员应对各国文化开展全面的研究，正确地认识各国文化的差异，了解不同民族的文化背景，把握对方的价值观、思维方式以及相应的谈判风格，确定相应的谈判策略，从而掌握谈判的主动权，达到谈判的理想目标。

　　完成本章的学习之后你将能够：

　　1.了解美洲、欧洲、亚洲、非洲和大洋洲商人的谈判风格和禁忌；

　　2.根据不同国家和地区的谈判风格和禁忌制定出相应的谈判策略。

··

　　不同的文化、民族、社会环境、习俗、政治制度、教育体系，使得人们的行为、习惯也不尽相同。在跨文化谈判中，不同地域、民族文化的差异性，必然会在谈判过程中引发文化的相互适应性问题，并形成谈判态度、行为上的差异。一个优秀谈判者的谈判风格在另一种文化中可能会到处碰壁。日本公司在与我国某公司的谈判中，把某商品价格报为400美元，而我方预期为350美元。经过长时间的拉锯式（先后在不同条款上协商让步7次），结果在352美元上成交签约。两个月后，该公司又接洽一位美国客户，同样报价400美元。美国客商非常气愤地讲了一句"简直是诈骗！"便扬长而去。同样的报价，取得的结果却完全不同。可见，不同的文化谈判的特点是不相同的，我们下面就对几种典型的不同文化的谈判特点进行介绍。

第一节　亚洲商人的谈判风格

一、日本商人的谈判风格

日本是个岛国，资源的极度匮乏使日本人有一种天生的危机感。日本人的谈判方式独特，被认为是很难对付的谈判对象。因此，了解日本文化和日本人的谈判风格是十分重要的。

（一）具有强烈的群体意识

日本文化所塑造的日本人的价格观念与精神取向都是集体主义的，以集体为核心。日本人认为压抑自己的个性是一种美德，人们要循众意而行，日本的文化教育人们将个人的意愿融于和服从于集体的意愿。所以，日本人认为，寻求人们之间的关系和谐是最为重要的。任何聚会和商务谈判，如果是在这样的感觉和气氛下进行的，那么它将存在一种平衡，一切也就进行得很顺利。

正因为如此，日本人的谈判决策非常有特点，绝大部分美国人和欧洲人都认为日本人的决策时间很长，这就是群体意识的影响。日本人在提出建议之前，必须与公司的其他部门和成员商量决定，这个过程十分繁琐。日本人的决策如果涉及制造产品的车间，那么决策的酝酿就得从车间做起，一层层向上反馈，直到公司决策层反复讨论协商。如果谈判过程协商的内容与其原定的目标又有出入，那么很可能这一程序又要重复一番。

对于我们来讲，重要的是了解日本人的谈判风格不是个人拍板决策，即使谈判代表有签署协议的权力，那么合同书的条款也是集体商议的结果。谈判过程具体内容的洽商反馈到日本公司的总部。所以，当成文的协议在公司里被传阅了一遍之后，它就已经是各部门都同意的集体决定了。需要指出的是，日本人作决策费时较长，但一旦决定下来，行动起来却十分迅速。

（二）讲究礼仪，爱面子

日本是个礼仪之邦，日本人十分注重礼仪。日本人所做的一切，都要受严格的礼仪的约束。许多礼节在西方人看起来有些可笑或做作，但日本人做起来却一丝不苟、认认真真。正因为如此，如果外国人不适应日本人的礼仪，或表示出不理解、轻视，那么，在推销和采购业务时就不可能引起日本人的重视，不可能获得他们的信任与好感。为了能很好地适应日本人的礼仪，就要在了解日本文化背景的基础上，理解并尊重他们的行为。

首先，日本人最重视人的身份地位。在日本社会中，人人都对身份地位有明确的概念。而且在公司中，即使同一管理层次，职位也是不同的。这些极其微妙的地位、身份的差异常令西方人摸不着头脑；但是，日本人却非常清楚自己所处的地位、该行使的职权，知道如何谈话、办事才是正确与恰当的言行举止。而在商业场合更是如此。

其次，充分发挥名片的作用。与日本人谈判，交换名片是一项绝不可少的仪式。所以，在谈判之前，把名片准备充足是十分必要的。因此在谈判中，要向对方的每一个人递送名片，绝不能遗漏任何人。如果日方首先向我方递上名片，切不要急急忙忙塞进兜里，或有其他不恭敬的表示。日本人十分看重面子，最好把名片拿在手中，反复、仔细确认对方的名字、公司名称、电话、地址，既显示了对对方的尊重，又记住了主要内容，显得从容不迫。如果收到对方名片，又很快忘记了对方的姓名，是十分不礼貌的，会令对方不快。同时，传递名片时，一般是职位高的、年长的先出示。另外，如果很随意地交换名片，日本人也认为是一种失礼。

爱面子是日本人最普遍的心理。在很多谈判场合，日本人的态度往往表现得婉转圆滑。商务谈判中最突出的表现就是：日本人从不直截了当地拒绝对方。日方人员在谈判桌上习惯一直点头说"嗨"，但这并不表明他同意你的意见，只是表示谈判可以继续下去的一个语气词。谈判者千万不要误解日本人的这种礼貌行为。许多西方谈判专家明确指出：西方人不愿意同日本人谈判，最主要的原因就是日本人说话总是拐弯抹角、含糊其辞。我国的谈判者也喜欢采用暗示或婉转的表达方法来提出我方的要求或拒绝对方。日本商人非常注重"面子"，不喜欢在公共场合发生冲突，往往采用委婉、间接的交谈风格。在谈判中人们会发现日本人面无表情，长时间地坐在那里一言不发，这并不说明他们对对方的话不感兴趣或不同意，也不说明他们有内部分歧。通过沉默和含糊的态度表示不赞同对方的观点，正是日本人在谈判中很典型的态度。为了保持和谐的气氛，他们的表达方式常常含糊其辞，某些听似肯定的回复，实际为否定的回答。对日本人而言，谈判时要他直接说"不"，他觉得会让对方没有面子。但是，这种间接的沟通方式容易误导对方。如果日本人觉得你使他没面子，谈判就不能继续进行下去了。

案例 9-1

　　曾有一个美国人从日本进口木制马桶座圈。他初次订货 3000 个，每个 4 元。这种木制马桶座圈销路很好，于是他发电给日本厂家，欲将月发货量由 3000 个改为 8000 个，日方回电每个要付 7.5 美元。由于这几乎是前一批订货的价格的两倍，所以美国人想价格可能是弄错了。他又向对方发电，可回电还是一样，"没错，每个 7.5 美元。"这自然使生意告吹。几年后，这位美国人把此事讲给一位日本商人听，后者根本不感到意外。他解释说："你不知道是怎么回事。那家日本公司每月不能交付 8000 个马桶座圈，他们根本没有这种生产能力。但是，如果对方向你说实话，他就会丢脸。所以他漫天要价，知道你也不可能购买。"

　　另外，当对方提出要求，日本人回答"我们将研究考虑"时，不能认为此事已有商量的余地或对方有同意的表示，它只说明日本人知道了提出者的要求，不愿意当即表示反对，使提出者陷入尴尬的境地。同样，日本人也不直截了当地提出建议，而更多的是把对方引向其方向，特别是当日本人的建议同对方已经表达出来的愿望相矛盾时，更是如此。

　　因此，在与日本人谈判时，保全其面子是首要问题。有以下四点需要注意：第一，千万不要直接指责日本人，否则肯定会有损于相互之间的合作关系。较好的方法是把我方的建议间接地表示出来，或采取某种方法让日本人自己谈起棘手的话题，或通过中间人去交涉令人不快的问题。第二，避免直截了当地拒绝日本人。如果不得不否定某项建议，要尽量婉转地表达，或作出某种暗示，也可以陈述我方不能接受的客观原因，但绝对要避免使用羞辱、威胁性的语言。第三，不要当众提出令日本人难堪或其不愿回答的问题。有的谈判者喜欢运用令对方难堪的战术来打击对方，但这种策略对日本人最好不用。如果让其感到在集体中失了面子，那么圆满的合作是不存在的。第四，要十分注意送礼方面的问题。赠送礼品在日本较常见。

　　（三）注重在谈判中建立和谐的人际关系

　　与欧美商人相比，日本人做生意时特别注重建立个人之间的人际关系，他们相信良好的人际关系会促进商务的往来和发展。人际关系的建立及其信任程度，决定了与日本人建立商务关系的状况。以至许多谈判专家都认为，要与日本人进行合作，朋友之间的友情、相互之间的信任是十分重要的。谈判开始之初，日本商人习惯找熟人或与之有业务往来的公司作为谈判的介绍人。日本人往往通过私人接触建立联系，或通过政府部门、文化机构以及有关的组织安排活动来建立联系。谈判前,日本商人常常会邀请谈判对方进行一些非正式的交谈,进一步了解谈判对手和增进感情。他们不喜欢直接的商务活动,只有建立了友好的人际关系,才考虑进行下一步的商务谈判。日本人不习惯直接和纯粹的商务谈判,要取得和日本商人谈判的成功,必须花大量的时间来发展与他们的私人关系。例如,对日本人进行第一次的谈判,首先应让本公司地位较高的人去拜访对方同等地位的负责人以联络感情。在拜访中,尽量不要谈及生意上的事,可以寒暄哲学、文化等话题。日本人不喜欢硬性、快速的"推销式"的谈判,他们讨厌进攻性的滔滔不绝的讲话。相反,他们注重自信、优雅和耐心。

（四）对合同不太重视,但会严格执行

日本商人不喜欢对合同讨价还价,他们特别强调能否与外国合伙者建立可以相互信赖的关系。如果能成功地建立这种关系,几乎可以随便签订合同。因为对于日本人来讲,大的贸易谈判项目有时会延长时间,那常常是为了建立相互信赖的关系,而不是为防止出现问题而制定细则。一旦这种关系得以建立,双方都十分注重保持这种关系的长期性。这种态度常常意味着放弃另找买主或卖主获取眼前利益的做法;而且在对方处于困境或暂时困难时,则乐意对合同条文采取宽容的态度。在商务谈判中,如果与日本人建立了良好的个人友情,特别是取得了日本人的信任,那么,合同条款的商议是次要的。日本人却认为,双方既然已经十分信任、了解,一定会通力合作,即使万一做不到合同所保证的,也可以坐下来再谈判,重新协商合同的条款。

日本商人对待合同有一套自己的标准和原则。合同在日本一向被认为是人际协议的一种外在形式。过去他们认为,相互之间的信任在业务往来中最重要,不必明白无误地签订详细的合同。这种观念正在发生变化,日本商人在签约前会对合同进行详细审查。不过,即使书面形式的合同,合同的内容也非常简短。他们大量依赖于口头协议。书面协议仅仅是纠纷产生时的参考文件。日本人在签书面协议的时候习惯对合同进行详细的审查,并需要和谈判所有成员取得一致意见,因此过程较长,但一旦签订合同,他们便会很快地执行,且很少毁约。如果周围环境发生变化,使得出现的情况损害了公司利益,那么合同的效力就会丧失。要是外商坚持合同中的惩罚条款,或是不愿意放宽业已签订的合同条款,日本人会非常不满。

所以,当外商在同从未打过交道的日本企业洽商时,必须在谈判前就获得日方的信任。公认的最好办法是取得日方认可的、另一个信誉甚佳的企业的支持,即找一个信誉较好的中间人。这对于谈判的成功大有益处。在与日本人的合作中,中间人十分重要。在谈判的初始阶段,或是在面对面的讨论细则之前,对谈判内容的确定往往都由中间人出面,中间人会告诉我方是否有可能将洽谈推向前进。总之,中间人在沟通双方信息,加强联系,建立信任与友谊上都有着不可估量的作用。所以,在与日方洽商时,要千方百计地寻找中间人牵线搭桥。中间人既可以是企业、社团组织、皇族成员、知名人士,也可以是银行、为企业提供服务的咨询组织等。

（五）准备充分,考虑周全,谈判时很有耐心

日本人在谈判中的耐心是举世闻名的。日本人的耐心不仅仅是缓慢,而是准备充分、考虑周全,洽商有条不紊,决策谨慎小心。日本人的时间观念很强,他们非常守时,不管商务谈判,还是社交聚会,必须准时到会。但在与日本商人的谈判过程中,想急于求成是不太

现实的。日本商人对截止日期等不太关心,谈判时不易受紧张气氛干扰,心态平和冷静,谈判进程较慢。为了一笔理想交易,日本人可以毫无怨言地等上两三个月,只要能达到预想目标,或取得更好的结果,时间对于他们来讲不是第一位的。

另外,日本人有耐心与他们在交易中注重友谊、相互信任有直接的联系。要建立友谊、取得信任就需要时间。像欧美人那样纯粹是业务往来,谈判只限于交易上的联系的做法,日本人不习惯。欧美人认为交易是交易,友谊是友谊,是两码事;而在东方文化中,二者是密切相连的。所以一位美国专家谈到:"日本人在业务交往中,非常强调个人关系的重要性。他们愿意逐渐熟悉与他们做生意的人,并愿意同他们长期打交道。在这一点上,他们同中国人很相像。中国人在谈判中总是为'老朋友'保留特殊的位置。所谓'老朋友'就是那些以前同他们有交往的人,和那些由他们尊重或信任的人介绍过来的人"。耐心使日本人在谈判中具有充分的准备;耐心使他们手中握有利剑,多次成功地击败那些急于求成的欧美人;耐心使他们成功地运用最后期限策略;耐心使他们赢得了每一分利润。所以,与日本人谈判,缺乏耐心,或急于求成,恐怕会输得一败涂地。

(六)等级观念根深蒂固

日本人的等级观念根深蒂固,重视尊卑秩序,讲究资历。与日本人谈判尽量不要安排女士参加重要的正式谈判,因为女士在日本一般都被排除在大公司的管理层之外,而且很难获得平等的商业地位。另外,注意尽量不要派和日本负责人年龄差距太大的年轻管理者参加重要谈判,因为日本人重视资历,不认为太年轻的谈判者拥有真正的决策权。如果你派了一名25岁的年轻人同日方一位65岁的负责人进行谈判,本身就意味着对日本对手的不尊敬。

日本文化所塑造的价值观念与精神取向都是集体主义的。日本商人的集体主义令日本谈判小组的每个成员在决策程序或步骤中都感觉到自身参与的重要作用。表现为两大特点:一是自下而上,上司批准。即先由下级或部属对某个方案进行讨论认同,然后再由上级领导决定。这一特点由于是建立在充分讨论的基础上的,因而容易执行。但决策时间过长,效率不高。二是认同在先,集体决策。谈判过程中,日本商人总是分成几个小组;任何个人都不能对谈判的全过程负责;决策必须征求全组人员的意见。任何决策只有在全组人员均认可后才能付诸实施。由于认同在先,集体决策,因而日本商人的决策过程较慢,受到许多外国谈判人员的批评。因此,在与日本商人的谈判过程中,想急于求成是不太现实的。日本商人对谈判进展从不心急。

(七)善于承受压力并因此获益

谈判过程中,日本人喜欢且善于讨价还价,他们的报价通常虚高很多,同时杀价也很狠。日本人做决策必须征求全组谈判人员的意见。因此,一旦日本商人同意了一项提议,做出某种决定,他们往往坚持自己的主张,很难改变他们的决定,因为改变决定需要获得参与谈判的全体成员的同意。

在谈判的各种压力之下,日本人仍然能心平气和、沉着冷静。与日本人谈判需要花费大量的时间,通常要比与西方人谈判平均多花费4倍时间。日本的谈判者可能会在你已经对谈判表现出厌倦的时候才进入正题。为了进入日本市场,外国人不得不忍受这些复杂的仪式,不得不忍受那些看上去永无止境的一轮又一轮的谈话、聚餐。事实上,整个谈判礼仪是日本人在做国际业务时才采用的。表面上日本管理者仔细地履行着这些繁文缛节,实际上他们内心里已经做好谈判过程收获的准备。与日本人之间的谈判,要表现得看上去就像是两个日本人之间的谈判。外方谈判者要学会不让对方猜透他的心思,表现出非常的耐心,很注重礼貌,就像是一位日本谈判者,才有可能获得谈判的最大成功。

二、韩国商人的谈判风格

韩国位于朝鲜半岛的南部,民族为朝鲜族。韩国商人在长期的对外贸易实践中积累了许多经验。他们在参照国际惯例的基础上,能够根据本国的国情采用一些独特的谈判手法,常在已不利的贸易谈判中战胜对手,被西方发达国家称为"谈判强手"。

(一)重视谈判前的咨询

"知己知彼,百战不殆。"韩国商人深谙此道。他们非常重视商务谈判的准备工作。谈判前,韩国人通常要对对方进行咨询和了解,如经营项目、规模、资金、经营作风以及有关商品的行情等。了解、掌握有关信息是他们坐到谈判桌前的前提条件。一旦韩国商人愿坐下来谈判,就可以肯定其早已对这项谈判进行了周密准备,胸有成竹了。

(二)"关系"直接影响商务交往

韩国是一个组织严密的社会,人际关系很重要。与韩国人建立谈判关系前,最好由一个大家熟悉的、有影响力的人或机构出面进行介绍,这是韩国商界正式的介绍方式,也比较容易获得对方的信任和好感,从而扩展社交网。与韩国企业进行商业联系最简单的办法是通过韩国的贸易公司,该类公司的主要职能是:为外国商人提供有关韩国产品的出口和进口情况;帮助来访的外国经理人员开展经营活动;组织参加国际贸易展览会;支持韩国的外国投资、外国在韩国的投资、技术转让及和国际的贸易展览。如果聘用一名得到政府认可的代理人,那么在韩国进行商务活动则会方便很多。

(三)注重谈判礼仪和创造良好的气氛

韩国商人很注重谈判礼仪。他们十分在意谈判地点的选择,一般喜欢在有名气的酒店、饭店会晤和洽谈。如果是由韩国商人选择会谈地点,他们一定会准时到达,以尽宾主之谊;如果是由对方选择地点,他们一般绝不会提前半分钟到达;总是准点或迟一点到达,在进入谈判会场时,一般走在最前面的是主谈人或地位最高的人,多半也是谈判的拍板者。

韩国商人比较重视在会谈的初始阶段就创造友好的谈判气氛。一见面总是热情地打招呼,向对方介绍自己的姓名、职务等,握手寒暄几句才落座。就座后,若请他们选择饮料,他们一般会按照对方的喜好进行选择,以示对对方的尊重和了解;然后再寒暄几句与谈判无关的话题,如天气、旅游等,以此创造一个和谐融洽的气氛,尔后才正式开始谈判。

与韩国人交谈时,和对方进行目光接触是很重要的,自然真诚的目光接触可以引起注意和代表诚意,并在个人之间形成一种微妙而有意义的联系。如果没有目光接触,在韩国可能会被认为是一个不存在的人。

另外,由于韩国在历史上屡遭侵略,韩国人的防卫意识很强,他们不想被人利用,韩国人也不希望你和他们待的时间比他们认为需要的时间要长。因此谈判结束后就应当及时离开。

值得注意的是,韩国商人既受儒家文化的影响,也同时受美国文化的影响比较大。在与韩国人打交道时,应注意两种文化的融合。在韩国不要强行推销,也不要讲话拐弯抹角、含糊不清。因韩国人的个性中既有爱面子、受儒家思想影响很深的一面,又有独立性强、性格直率的一面。所以我方应该客观地介绍情况,容对方自我作出反应。韩国人不轻易说"不",所以如果他们不愿意接受我方的建议,会婉转地告诉,而不轻易说"不"。

（四）善于讨价还价,是谈判高手

韩国商人十分重视贸易谈判。韩国商人的逻辑性很强,做事很有条理。谈判之前,他们通常都要了解对方的情况包括经营项目、资金、规模等,以及有关商品行情等。他们只有在做好充分的准备后才会与对方坐到谈判桌前。韩国商人喜欢谈判内容条理化。所以,谈判开始后,韩国商人会较快地谈出自己的想法和意见,一般先就原则框架进行讨论,并想方设法地说服对方接受,达成一致后,再对具体问题进行商讨。

他们特别喜欢也善于讨价还价,商品的价格由双方的讨价还价来决定。谈判主要议题虽然每次各有不同,但一般包括各自阐明意图、叫价、讨价还价、协商、签订合同等5个方面内容。在谈判过程中,韩国人会不断地进行讨价还价,并且显得十分顽强。对于大型谈判,他们更乐于开门见山、直奔主题。韩国商人能灵活地使用谈判的两种方法——横向谈判与纵向谈判。前者是进人实质性谈判后,先列出重要特别条款,逐条协商,取得一致后,再转向对下一条款的讨论;后者是对双方共同提出的条款逐项磋商、逐条讨论,最后达成一个完整的谈判协议。有时也会两种方法兼而用之。在谈判过程中,韩国人远比日本人爽快,但善于讨价还价。有的韩国商人直到谈判的最后一刻还会提出"价格再降一点"的要求。韩国人的精明和讨价还价的倔强性格,在准备签约的最后时刻体现得淋漓尽致,他们会冷不丁地提出将价格再降低一点,如果对方不同意,这个合约很可能中途夭折。但是,韩国商人往往愿意在不利的形势下,以退为进,稍作让步以达成协议。

谈判过程中,韩国商人会针对不同的谈判对象,使用"声东击西"、"疲劳战术"、"限期战术"、"先苦后甜"等策略。比如韩国人在谈判时,会利用对自己不太重要的问题吸引和分散对方注意力。如果在谈判中韩国商人最关注的问题是运输,而对方把注意力放在价格上,韩国商人就会提出付款问题与之进行讨论,把对方注意力引到这一问题上来,试图迷惑对方,并相应给对方一点好处,以诱迫对方在关键条款上作出让步。同时,也可为协商最重要条款争取准备时间,并缓解争议。再比如韩国商人也会在谈判中以率先忍让的假象换取对方的让步。如韩国商人打算要求对方降低价格,但已事先了解到不增加采购的数量对方很难接受这个价格,而自己又不愿增加采购的数量。这时,他们会先在产品质量、付款条件、运输条件、交货期限等问题上向对方提出严格要求,然后在磋商上述条款时,极力让对方感到自己作出很大的让步,这时再提出降价问题,对方大多会给予考虑的。

韩国人在签订合同前一般格外谨慎,习惯于对合同作详细审查。但一旦做出决定,韩国商人大多重视合同的履行,一般不会随意违约。同韩国商人谈判要有耐心,对含糊不清的地方必须明确,以免日后造成纠纷。在完成谈判签约时,喜欢使用合作对象国家的语言、英语、朝鲜语三种文字签订合同,三种文字具有同等效力。

三、中国商人的谈判风格和禁忌

近年来,中国的发展引人瞩目,吸引了大批的外国投资者,因而中国人的谈判风格也成了各国商界研究的对象。中国是四大文明古国之一,历史悠久,深受儒家文化的影响。中国人注重礼节,重视人情关系,吃苦耐劳,谈吐含蓄,情感内敛,相对保守,创新和冒险精神不足。

（一）人际关系非常重要

中国商人十分注重人际关系。在中国,建立关系是寻求信任和安全感的一种表现。在商业领域和社会交往的各个环节,都需要有"关系"。"关系"成为在中国进行商务活动的一个重要渠道。中国人对于老朋友、老关系或者朋友的朋友,均会予以重视,在力所能及的情况下尽可能地给予帮助。和中国人谈判,需要充分利用各种人际关系,可以避免很多不必要的麻烦。在商务交往中建立业务关系,一般情况下借助于一定的中介,找到具有决策权的主管人员。建立关系之后,中国商人往往通过一些社交活动来达到相互的沟通与理解。这些活动通常有宴请、观光、购物等。

（二）"面子"观念直接影响商务谈判

中国文化追求广泛意义上的和谐。受儒家文化的影响,"面子"观念深入社会生活的各个方面与层次,并直接影响商务谈判。在商务谈判中,商人不喜欢直接、强硬的交流方式,对对方提出的要求常常采取含糊其辞、模棱两可的方法作答。同时,拒绝对方的时候也会考虑对方的"面子",从而采用委婉的方式,很少会直截了当地拒绝对方。同样,他们也希望对方能给自己留有余地。如果你帮助他们,你会有所回报。反之,让中国人感到失去"面子",就有可能带来更大损失。

中国人注重礼节,在谈判时习惯以礼相待,并希望对方也注重礼节。在谈判前,中国人喜欢与人交换名片。名片在中国也被广泛使用在其他商业往来中。因此,备好自己的名片是聪明的做法。通过名片的交换,可以了解到双方各自的等级地位,以便注意相应的礼节。他们希望通过谈判让对方感受自己的诚意,期待建立双方长久的合作关系。

在谈判时中国人习惯先礼后兵。以礼相待时,也会有强硬的态度。由于个性含蓄,对于一些问题不喜欢直截了当地表明态度。在谈判的初始阶段,中国人很少提出自己的要求和建议,总是要求对方介绍产品特点以及谈关于交易的想法。谈判进入实质阶段后,中国人一般要求先达成原则框架,再商讨细节内容。他们认为这样可以尽快达成协议。对于原则,往往寸步不让,表现非常固执。在谈判具体细节时,中国人会表现出极大的耐心和灵活性,他们善于采用各种策略,使对方让步。谈判中,他们常有技术专家、谈判专家、法律专家等参与。若对方提出的问题和条件超过中国谈判者的权限,他们一定会请示上级或者大家讨论后才予以答复以避免可能的错误。

在沟通过程中,一些被西方人认为是交谈禁区的话题,如家庭状况、身体状况甚至年龄等,都可以作为很好的加深了解的话题。不过,由于中国人信奉儒家思想,提倡谦虚,因此对于任何话题都要表现得谦虚有礼。

（三）时间观念较弱

中国人对时间并不十分敏感。中国人喜欢有条不紊、按部就班,信奉欲速则不达。在商务交往中,对时机的判断直接影响到交易行为。如果时机不成熟,中国人宁可按兵不动,也不草率行事。随着和世界的接轨,中国人的时间观念正在逐渐加强,工作效率正在不断提高。

（四）决策系统复杂

从某种程度上说,中国企业的决策系统比较复杂,这与改革过程中企业的类型多、差异大分不开。中国企业通常比较集权,企业的高层领导往往是谈判的决策者。因此,在谈判中如能争取到中国企业高层领导的参与,有利于明确彼此承担的义务,便于尽快达成谈判意向以及执行谈判协议。

传统的中国社会重视关系胜于重视法律。近年来,中国加强了法制建设和执法的力度,人们的法制观念和合同意识不断增加。中国正处于快速发展时期,大量条件发生变化后,政府和企业都可能在某些方面作些调整,从而影响事先签订的协议的履行。

四、东南亚商人的谈判风格

东南亚包括众多国家,主要有印度尼西亚、新加坡、泰国、菲律宾、马来西亚等。东南亚商人随国别不同体现出不同的性格特点,从事商务谈判的方式也有所不同。从总体上来看,这些国家的商人呈现注重关系、强调多样化的时间利用方式(不包括新加坡)和情感保守的谈判风格。

(一)印度尼西亚商人的谈判风格

由于人口构成的多样性,印度尼西亚商人的谈判风格也是复杂多样的。作为世界上第四大人口稠密的国家和最大的伊斯兰国家,印度尼西亚文化非常重视关系,等级制度明显。

首先,印度尼西亚商人注重建立良好的关系。在东南亚国家,在正式谈判之前先对谈判伙伴有一定的了解是一个关键的开端,有必要在正式谈判之前花上一些时间向谈判对象介绍最近业务上的一些情况。印度尼西亚商人认为关系比将要签署的合同重要得多,因此,他们更愿意通过面对面的商谈来解决问题,而不愿意找律师或是求助于书面的协议。

其次,依照当地人的传统习惯,老年人具有较高的社会地位,尤其是年长的男性。听从较高地位的人的意见也是非常重要的,这样可以表示对他们尊重。年轻的谈判者应该遵从地位较高的印度尼西亚谈判者的意见。

第三,由于印度尼西亚是一个伊斯兰文化的国家,印尼的宗教信仰十分牢固,所以与之进行商务谈判必须特别注意其宗教信仰。

第四,印度尼西亚人非常有礼貌,与人交往也十分小心、谨慎,绝对不讲他人的坏话。在商务谈判时,如果交往不深,双方虽然表面上十分友好亲密,但与他们心中所想的可能南辕北辙,大相径庭。只有建立了推心置腹的友谊,才能听到他们的真心话,这时他们也往往可以成为十分可靠的合作伙伴。因此,与印度尼西亚人打交道,不能性急,要有耐心,建立友谊是需要时间和过程的。另外,印度尼西亚人与北欧人有相反的特点,那就是印度尼西亚人特别喜欢家中有客人来访,而且无论什么时候访问都很欢迎;不像北欧人那样没有事先约定就不能见面。在印度尼西亚,随时都可敲门拜访以加深交情,这样也有利于商务谈判的顺利进行。

最后,印度尼西亚人喜欢讨价还价。为了避免不希望的损失,在进行谈判出价时,要留有足够的余地。与印度尼西亚人谈判常常会拖几个月甚至几年,这样你的谈判对手就有足够的时间使你偏离最初的定价,明智的谈判者会事先预料到这些,并留有足够的讨价还价的筹码。

(二)新加坡商人的谈判风格

新加坡是连接太平洋和印度洋的咽喉要道,具有十分重要的战略地位。在其种族构成中,华人占绝大多数,其次是马来人、印度人、巴基斯坦人、白人、混血人种等。新加坡华裔有着浓重的乡土观念,同甘共苦的合作精神非常强烈。他们重信义、惜友谊,同时也爱面子。在商务谈判中,他们十分看重对方的身份、地位及彼此关系。"面子"在与新加坡人的商务谈判中具有决定性意义,商务谈判要尽可能以体面的方式进行。在商务谈判中,如遇到重要决定,新加坡华裔商人往往不喜欢做成书面字据,但是一旦签约,绝不违约,并对对方的背信行为会表现得十分痛恨。

和其他的东南亚人相比,新加坡人习惯于更加直接地讲话,但是还是尽量避免回答提问或者被要求时直接说"不"。通常,与新加坡人商谈时,不需要精心准备的礼节和几个小时的闲聊,就可以认真地静下心来谈论商务;同样,也可以希望新加坡的合作者非常准时地参加会议。

在新加坡,谈判的进程比更加具有交易导向的商业文化的国家要慢一些。新加坡人虽然很有礼貌,但同时也是坚持不懈的谈判者。

(三)泰国商人的谈判风格

泰国在东南亚文化和南亚文化之间建立起了一座沟通的桥梁。泰国的风俗习惯、传统惯例以及商业行为等方面都受到中国和印度的影响。由于受到各种各样文化的影响,因此,泰国的市场是一个综合性的市场,但是对于商业贸易来说十分有利。泰国商人的谈判风格主要体现在以下几个方面:

首先,泰国商人讲究保持融洽气氛,强调关心和考虑他人需要和感受的核心价值观。在商务谈判中,不同的文化价值观所带来的一个重要问题就是需要保持谈判代表之间的相互协调和友好相处。直接对话有时候会破坏会晤的融洽气氛,所以大多数泰国人都倾向于选择通过翻译来进行交谈的方式。西方的访问者由于注意力完全集中在生意方面,所以有时候会采用过于直接的言行或是采取过于强硬的销售策略,这样就在无意中冒犯了泰国人。保持心态平和也是他们的一个价值观,所以,泰国商人常常不会表现出愤怒而是常常保持微笑。

其次,泰国商人重视个人面子。他们尽力避免造成冲突或是公开的对峙,避免使用可能使别人难堪或对别人造成羞辱的语言和行为。他们不喜欢告诉他人坏消息,似乎认为隐瞒不好的消息是对对方的尊敬。泰国人认为年长的人具有较高的社会地位,尤其是年长的男士。谈判中对社会地位较高的人表现出适当的尊敬是十分重要的。

第三,泰国商人崇尚艰苦奋斗,勤奋节俭,不愿过分依附别人。他们的生意也大都由家族控制,不信赖外人。同业之间会互相帮助,但不会形成一个稳定的组织来共担风险。与泰国商人进行商务谈判时,应尽可能多地向他们介绍个人及公司的创业历程和业务开展情况,这样会获得他们的好感。然而,要与他们结成推心置腹的友谊,要花费相当多的时间和努力。当然这种关系一旦建立,他们就会非常信任对方,遇到困难,也会给对方通融。他们喜欢的是诚实、善良、讲情义的合作伙伴,而不仅仅是精明强干的商人。

最后,泰国商人也采用讨价还价的议价行为。因此,作为谈判对手,应准备好进行一系列讨价还价的工作。在公开出价的时候要注意给日后关于价格或是其他条款所作出的战略上的让步留有一定的余地。与一些以生意为核心的文化体系相比,在泰国决定价格的过程需要花费更多的时间。要记住,在谈判桌上需要有足够的耐心。

(四)菲律宾商人的谈判风格

在南亚国家中,菲律宾的商业文化很独特。虽然菲律宾人的确与东南亚国家联盟各国具有相同的基本价值观、态度和信仰,但在西班牙殖民统治400年后,又接受了将近一个世纪的美国的强烈影响,菲律宾的文化中已融合了其他重要的特征。

首先,菲律宾商人很注重关系、注重等级,对守时和期限很随便,很关心和谐以及菲律宾人所谓的"良好的人际关系"。如同其他注重关系的文化一样,很多菲律宾人愿意与陌生人谈业务,尤其是想向其销售商品的外国人。菲律宾商人关注社会地位、自尊和尊重别人。正如其他注重等级的社会一样,菲律宾人很尊重老人,尤其是老年男子。对职位高的人表示尊敬很重要。年轻的外国商人应当听从地位较高的菲律宾人士的安排,尤其当后者是买方或潜在的客户时。像亚洲其他国家一样,在菲律宾,客户是上帝。

其次,菲律宾商人强调面子和自尊。与其他东南亚国家的人们一样,菲律宾人对表现在脸上的怠慢和表情很敏感。菲律宾人对面子和自尊的传统观念受到西班牙人的荣誉和自尊感的影响很大。菲律宾人总是尽力保持与他人的平和关系,即便事情仅仅是表面上很顺利。对西方谈判者来讲,最容易丢面子或最容易让他人丢面子的是表现得不耐烦、发怒或生气。负面情绪会破坏会见的和谐。

第三,菲律宾商人讲究含蓄。菲律宾商人很有礼貌,总是尽量避免冒犯别人。他们尽力不使用"不"这个生硬的词。他们喜欢用间接方式和外交语言。菲律宾人有很多方式可以表达"不",却不直接说出"不"这个词。他们习惯于用含蓄的说法和迂回的语言来避免冒犯别人,所以,太直率或太直接就会冒犯他们。此外,多数菲律宾人说话很轻柔且很少打断别人的讲话。他们对大声讲话会感到很惊讶。如果讲话被打断了,他们会认为是受到了冒犯。

第四,菲律宾商人喜欢讨价还价,所以,报价时要多留些余地。聪明的谈判人总是准备大量的谈判筹码,以备最后之需。

最后,在这些环境下作出的最后决策比以交易为中心的情况要花更多的时间,因此,耐心是与这个国家商人进行谈判的重要条件。

总之,在菲律宾,"入乡随俗"尊重当地的习俗、保持密切的私人关系、应酬得体、举止有度、言行中展现出良好的修养和十足的信心,是商业谈判成功的基础。

(五)马来西亚商人的谈判风格

马来西亚的国语是印度尼西亚语,但是许多人也讲英语,尤其是在一些较为私人的场合。马来西亚商人的谈判风格包括:

首先,在商务谈判中,马来西亚商人强调人际关系的重要性。在进行商务谈判之前,对对方有一些了解是非常必要的。和马来西亚的谈判对象共进午餐是了解对方的好办法,还可以采取一起打高尔夫球或是观光游览等方式来进行初步的沟通。尽可能地让当地的谈判伙伴来决定开始正式的商务谈判的最佳时机。在一些讨论激烈的会议当中,马来西亚人会通过非直接的语言来保持人与人之间的良好关系。

其次,马来西亚商人注重礼节、等级制度、社会地位和尊敬程度。按照马来西亚的传统观念,老年人、在组织当中担任重要职务的人以及马来西亚贵族都具有较高的社会地位。年轻一些的商务访问者应该听从那些地位较高的马来西亚人的意见。

第三,马来西亚商人对"面子"十分敏感。如果某人失去耐心并且发火,将被看成是非常丢面子的事情,并且也使对方丢面子。提出反对意见会破坏会见的融洽气氛,而且会被认为是傲慢自大的表现。来自那些不拘礼节、习惯于直接表达自己意见的国家的访问者,有时会在无意当中得罪了马来西亚人。

第四,许多马来西亚商人都喜欢讨价还价。为了避免不希望的损失,开价或是提出报价单时要留有一定的余地。一些有经验的谈判者都会为了达到最终交易的目的而在价格上作出一些小小的让步。

最后,马来西亚人喜欢以面对面商讨的方式来解决争端,而不愿意使用传真或是电子邮件。在解决商业争端的时候,他们更注重关系而不是合同条款。在合同谈判的最初阶段,让律师在幕后比直接参与谈判要更为明智,因为在许多马来西亚人看来,律师的存在是缺乏相互信任的表示。

五、南亚商人的谈判风格

南亚是指从喜马拉雅山脉中西段以南到印度洋之间的广大地区,共有 7 个国家:尼泊尔、不丹、印度、巴基斯坦、孟加拉、斯里兰卡、马尔代夫。南亚的大部分国家原本是英属印度的组成部分,1947 年,英属印度按居民的宗教信仰分为印度(印度教)和巴基斯坦(伊斯兰教),独立后的巴基斯坦由东、西两部分国土组成,中间隔着印度,相距达 1600 公里。1971年,东巴脱离巴基斯坦成立了孟加拉国。所以南亚商人的谈判风格大体上以印度和巴基斯坦为代表。

(一)印度商人的谈判风格

印度约有三分之二的国土位于印度半岛上,主要信奉印度教、伊斯兰教等。印度人天性乐观、较为自信、热情友好。

印度是个古老的国度,印度商人观念传统、思想保守。印度的企业家,包括技术人员在内,一般不愿把自己掌握的技术和知识教给别人。印度社会层次分明、等级森严,这与他们古老的宗教教义有关,因此与他们打交道,要尊重这一点。

跟印度当地商人建立良好的关系是开展商务往来的前提。一旦你和印度的当地合作伙伴建立了良好的关系,就可以开始谈判程序。但和印度人建立友好关系并不容易,因为印度人的疑心很重,一旦有了利害关系就会对对手处处设防、猜疑。要和印度人建立友好的商务关系,通常需要很长的时间。

印度人非常擅长讨价还价,通常在市场杀价方面是真正的专家。他们很重视利益,不会轻易放弃任何一个获益的机会。印度人在谈判时喜欢争辩,往往强词夺理,表现固执。与印度人谈判,要为强硬的、长时间的讨价还价会议做好准备。另外,在开价时一定要留些余地。另外,印度商人谈判最擅长的招术就是拖延时间,他们认为用此招可以充分消磨对方的意志,从而能够彻底探清对方的底牌。除非让他感受到,再拖延时间的话会损失他的利益,他们才会加快谈判的进程。印度人喜欢被赞美,在谈判时,适时地赞美恭维,有利于推进谈判的进程。

在商务谈判中,一般谈判人员不愿做出需要负担责任的决定,遇到问题时也常常喜欢找借口逃避责任,谈判的重要议题都要高层来做决定。在工作中出现失误、受到指责时,他们会不厌其烦地重复解释。所以,与他们进行商务谈判,合同条款的规定务必严密、细致,力求消除日后发生纠纷的隐患。印度商人喜欢狡辩和找借口,他们在谈判中并不是守信用的对手。只要风向一变,立马就跟着变,绝不会给你留下丝毫情面。在没有利害关系时,他们还是比较容易合作的;然而一旦发生利害冲突,他们就会判若两人。即使签过字的合同,他也能从一些条款中找出点麻烦,以至要求增加附加条款。印度的出口手续复杂,因此和印度人做生意,作为买方应尽量避免内陆交货,作为卖方应尽量避免目的地交货。

（二）巴基斯坦商人的谈判风格

巴基斯坦的国民绝大部分是伊斯兰教徒,在进行商务谈判时应首先了解这个国家的社会生活和风俗习惯,否则难免因小事而刺伤对方的自尊心,从而妨碍商业活动。

巴基斯坦商人注重建立关系,包括与政府官员的关系。与巴基斯坦政府官员会面时,一定要做好各种准备:时常有助理和秘书跑进来要求签字,有电话打进来,或者朋友和亲戚路过拜访等打断我方精心准备的讲话。对此,最好保持镇定,不能表现出不耐烦。

按照巴基斯坦的商业习惯,由经理制定全部决策。一般来讲,经理从不下放任何权利。因此,如果经理工作非常忙或"出差了",那么,无论对方的传真或邮件多么紧急,也不会有人回复。

此外,巴基斯坦商人很友好、热情,他们喜欢公平交易、自由地讨价还价,所以与他们谈判一定要多花些时间。尽管讨论很激烈,也要在脸上保持微笑,这一点很重要。

第二节 美洲商人的谈判风格

从总体上看,美洲地区商人的谈判风格呈现两种类型:美国和加拿大等国家以生意为导向,强调单一时间利用方式,情感相对开放的谈判风格;巴西、墨西哥等拉美国家以关系为导向,强调多样化时间利用方式和情感开放的谈判风格。

一、美国商人的谈判风格

从总体上讲,美国人的性格是外向、随意的。有些研究美国问题的专家,将美国人的特点归纳为:外露、坦率、诚挚、豪爽、热情、自信、说话滔滔不绝、不拘礼节、幽默诙谐、追求物质上的实际利益等。美国商人的谈判风格主要有:

（一）自信心强,具有优越感

美国是世界上科学技术最发达的国家之一,国民经济实力也最为雄厚。不论是美国人所讲的语言,还是美国人所使用的货币,都在世界经济中占有重要的地位。英语几乎是国际谈判的通用语言,世界贸易有50%以上用美元结算。所有这些,都使美国人对自己的国家深感自豪,对自己的民族具有强烈的自尊感与荣誉感。这种心理在他们的贸易活动中充分表现出来。他们在谈判中,自信心和自尊感都比较强,加之他们所信奉的自我奋斗的信条,常使与他们打交道的外国谈判者感到美国人有自我优越感。

美国人的自信还表现在他们坚持公平合理的原则上。他们认为两方进行交易,双方都要有利可图。在这一原则下,他们会提出一个"合理"方案,并认为是十分公平合理的。他们的谈判方式是喜欢在双方接触的初始就阐明自己的立场、观点,推出自己的方案,以争取主动。在双方的洽商中他们一般充满自信,语言明确肯定,计算也科学、准确。如果双方出现分歧,他们只会怀疑对方的分析、计算,而坚持自己的看法。

美国人的自信,还表现在对本国产品的品质优越、技术先进性的毫不掩饰的称赞上。

他们认为,如果有十分能力,就要表现出十分来,千万不要遮掩、谦虚,否则很可能被看做是无能。如果产品质量过硬、性能优越,就要让购买该产品的人认识到。那种到实践中才检验的想法,美国人认为是不妥的。

美国谈判对手有着与生俱来的自信和优越感,他们总是十分有信心地步入谈判会场,不断发表自己的意见和权益要求,往往不太顾及对手而显得气势咄咄逼人,而且语言表达直率,喜开玩笑。这种心态常常会在谈判桌上形成一种优势,似乎不把对手放在眼里。当谈判不能按照他们的意愿进展时,他们常常会直率地批评或抱怨。这是因为,他们往往认为自己做的一切都是合理的,缺少对他人的宽容与理解。

他们坦率外露,善于直接地向对方表露出真挚、热忱的感情,这种情绪也容易感染别人。应充分利用这种特点,以创造良好的谈判气氛,并以相应的态度予以鼓励,创造成功机会。

美国人的谈判方式往往让人觉得其自信。他们说话声音大、频率快,办事讲究效率,而且很少讲"对不起"。他们喜欢他人按他们的意愿行事,喜欢以自我为中心。"想让美国人显得谦卑、暴露自己的不足,承认自己的无知实在太困难了。"总之,美国人的自信让他们赢得了许多生意。

(二)讲究实际,注重利益

美国人在经商过程中通常比较直接,不太注重谈判前个人关系的建立,如果在业务关系建立之前,谈判者极力去和美国对手建立私人关系,反而会引起他们的各种猜疑,使他们在谈判中提高警惕。他们喜欢公事公办,个人交往和商业交往是明确分开的。他们认为商业就是商业,朋友归朋友,两者之间不能混淆起来。私交再好,在经济利益上也是绝对分明的。他们认为良好的商业关系带来彼此的友谊,而非个人之间的关系带来良好的商业关系。对于日本人、中国人习惯的注重友情和看在老朋友的面子上,可以随意通融,认为老朋友就理所当然地要对方提供更加优惠的待遇、出让更大的利益的做法很不适应。

美国人做生意,往往以获取经济利益作为最终目标。所以,他们有时对日本人、中国人在谈判中要考虑其他方面的因素,如由政治关系所形成的利益共同体等表示不可理解。尽管他们注重实际利益,但他们一般不漫天要价,也不喜欢他人漫天要价。他们认为,做买卖要双方都获利,不管哪一方提出的方案都要公平合理。

美国人做生意时更多考虑的是所能带来的实际利益,而不是生意人之间的私人交情。所以亚洲国家和拉美国家的人都有这种感觉:美国人谈生意就是直接谈生意。美国商人不注意在洽商中培养双方的友谊和感情,而且还力图把生意和友谊清楚地分开,所以显得比较生硬。但从美国人的角度看,他们对友谊与生意的看法却与我国大相径庭。一位美国专家指出,美国人感到:在中国,与中国人谈判,是"客人"与"主人"的谈判,像是到朋友家做客,而不是做生意;中国人掌握着谈判日程和议事内容,有礼貌,或采取各种暗示、非直接的形式请客人先谈,让客人"亮底";又如谈判出现障碍或僵局时,东道主会十分热情地盛宴招待对方。我国的地主之谊、客气和热情,常使美国的"客人"为顾全情面作出慷慨大方的决策。

美国人注重实际利益,还表现在他们一旦签订了合同,非常重视合同的法律性,合同履约率较高。在他们看来,如果签订合同不能履约,那么就要严格按照合同的违约条款支付赔偿金和违约金，没有再协商的余地。所以，他们也十分注重违约条款的洽商与执行。

虽然美国人历来就强调个人主义和自由平等，但生活态度比较积极、开放，因此，美国人还是很愿意结交朋友的，且较容易结交。美国人会很努力地维持和老顾客的长期关系，以求得稳定的市场占有率。

(三)热情坦率，性格外向

美国人属于性格外向的民族。他们的喜怒哀乐大多通过他们的言行举止表现出来。在谈判中，他们精力充沛，感情洋溢，不论在陈述己方观点，还是表明对对方的立场态度上，都比较直接、坦率。如果对方提出的建议他们不能接受，也是毫不隐讳地直言相告，甚至唯恐对方误会。所以，他们对日本人和中国人的表达方式表示了明显的异议。美国人常对中国人在谈判中的迂回曲折、兜圈子感到莫名其妙。对于中国人在谈判中用微妙的暗示来提出实质性的要求，美国人感到十分不习惯。他们常常惋惜，不少美国厂商因不善于品味中国人的暗示，失去了极好的交易机会。

与美国人谈判，"是"和"否"必须表达清楚，这是一条基本的原则。当他们无法接受对方提出的条件时，就明白地告诉对方自己不能接受，而且从不含糊其辞，使对方心存希望。无论介绍还是提出建议，美国谈判者都乐于简明扼要，尽量提供准确数据。对于任何非直接、模棱两可的回答会被美国谈判者视为缺乏能力与自信，不真诚甚至虚伪的表现。谈判中的直率也好、暗示也好，看起来是谈判风格的不同，实际上是文化差异的问题。东方人认为直接地拒绝对方、表明自己的要求，会令对方失去面子，僵化关系。而美国人难以接受东方人的表达方式，他们对于中国人在谈判中用隐晦的方式来提出实质性的要求感到十分不习惯。

(四)美国人的法律意识根深蒂固

美国是一个高度法制化的国家。据有关资料披露：平均450名美国人就有一名律师，这与美国人解决矛盾纠纷习惯于诉诸法律有直接的关系。他们这种法律观念在商业交易中也表现得十分明显。美国人非常重视律师的作用。在谈判时，他们通常会让律师参加谈判。他们注重合同，不相信依靠人际关系，只承认白纸黑字、有法律保障的合同契约。因此，同美国人谈判时，最好带上己方的律师。签订合同时也应当小心谨慎，考虑周全。重视律师的作用和签订合同是美国人谈判的要诀，这既可以保障谈判的成功，又可以防患于未然。

美国人认为，交易最重要的是经济利益。为了保证自己的利益，最公正、最妥善的解决办法就是依靠法律，依靠合同。因此，他们特别看重合同，在谈判中会认真讨论合同条款，而且特别重视合同违约的赔偿条款。一旦双方在执行合同条款中出现意外情况，就按双方事先同意的责任条款处理。因此，美国人在商业谈判中对于合同的讨论特别详细、具体，也关心合同适用的法律，以便在执行合同中能顺利地解决各种问题。美国人的这种法律意识与我国的传统观念反差较大，这也反映在中美谈判人员的洽商中。我国的谈判者重视协议的"精神"，而美国人重视协议本身的条文。一遇矛盾，我国的谈判者就喜欢提醒美国伙伴注重协议的精神，而不是按协议的条款办。

美国人重合同、重法律，还表现在他们认为商业合同就是商业合同，朋友归朋友，两者之间不能混淆起来。美国人私交再好，甚至是父子关系，在经济利益上也是会绝对分明的。

因此,美国人对我国的传统观念"既然是老朋友,就可以理所当然地要对方提供比他人优惠的待遇、出让更大的利益"表示难以理解。这一点也值得我们认真考虑,并在谈判中加以注意。

（五）注重时间效率

美国谈判者讲求效率,喜欢速战速决。因为美国经济发达,生活工作节奏极快,造就了美国人信守时间、尊重进度和期限的习惯。美国人时间观念很强,在美国人的价值观念中,时间是有限的,必须珍惜和有效地利用,时间就是金钱。如果不当占用了他们的时间,他们就认为是被偷了美金。因此,在谈判过程中,美国人连一分钟都不愿意浪费在毫无意义的聊天上。与美国人谈判必须守时,赴约一定要准时,早到或迟到都是不礼貌的,他们认为守时是尊重对方的表现,如果不能按时到达,应打电话通知对方表示歉意。

美国企业内各级部门职责分明、分工具体,因此,谈判的信息收集、决策都比较快速、高效率。加之美国人个性外向、坦率,所以,他们一般谈判的特点是开门见山,报价及提出的具体条件也比较客观,水分较少。他们也喜欢对方这样做,几经磋商后,两方意见可能很快趋于一致。但如果对方的谈判特点与他们不一致或正好相反,那么他们就会感到十分不适应,而且常常会把他们的不满直接表示出来,就更显得他们缺乏耐心。人们也就常常利用美国人夸夸其谈、准备不够充分、缺乏必要的耐心等弱点,谋取最大利益。当然,美国人的干脆利落,确实很有工作效率。

美国谈判者讨厌办事拖沓,缺乏效率。总是努力节约时间,不喜欢繁文缛节,习惯谈判时直接切入正题。他们一般谈判的特点是开门见山,报价及提出的具体条件也比较客观。美国人认为,最成功的谈判人员是能熟练地掌握把一切事物用最简单、最令人信服的语言表达出来的人。因而,美国人为自己设定的期限往往较短,一旦谈判突破最后期限,谈判很可能破裂。除非特殊需要,同美国人谈判时间不宜过长。他们喜欢谈判紧凑,强调尽可能有效率地进行,迅速决策不拖沓,力争每一场谈判都能够速战速决。他们在谈判中希望通过磋商,两方意见能很快趋于一致。如果对方的谈判特点与他们不一致或正相反,那么他们就会感到十分不适应,而且常常把他们的不满直接表示出来。在商务谈判中,美国人常抱怨其他国家的谈判对手拖延,缺乏工作效率,而这些国家的人也埋怨美国人缺少耐心。其他国家的谈判人员常常利用美国人缺乏必要的耐心的弱点,取得谈判的利益。

对整个谈判过程,美国人总有个进度安排,希望谈判能按照进程逐项进行,直至完成谈判任务。他们重视时间成本和谈判效率,常用最后期限策略来增加对方的压力,迫使对手让步。

美国人讲究效率还体现在他们结交生意伙伴的方式。与其他国家很不同的是,美国人往往是瞅准机会直接找对方谈生意。这种方式在很多文化中都会失败,而在美国则十分普遍。如果恰好你是一家比较有名的企业,那得到与美方谈判机会的可能性是非常大的。

美国商人重视时间,还表现在做事井然有序,有一定的计划性,不喜欢事先没安排妥当的不速之客来访。与美国人约会,早到或迟到都是不礼貌的。

（六）美国人喜欢进行全盘平衡的"一揽子交易"

所谓一揽子交易,主要是指美国商人在谈判某项目时,不是孤立地谈其生产或销售,而是将该项目从设计、开发、生产、工程、销售到价格等综合起来商谈,最终达成全盘方案。美国文化培养的谈判人员较注重大局,善于通盘运筹。他们虽讲实利,但在权衡利弊时,更倾向于从全局入手。所以,美国谈判对手喜欢先总后分,先定下总交易条件,再谈具体分条件。他们的这种一揽子交易手法,对于开拓谈判新路、打破僵局有一定积极意义,但显得居高临下、咄咄逼人。

虽然美国谈判对手普遍具有上述的共同特点,但是由于美国地域宽广、种族繁多,不同地域的美国人的处事方式、商业习惯,或多或少有些差异,因此有必要分别研究,才能在谈判中得心应手。

美国的东部,特别是东北部以纽约等大城市为中心,是美国现代文明的发祥地。200 多年来,东部一直处于美国政治、经济、金融、贸易活动的领导地位。该地区的人们深受现代文明的熏陶,随时掌握全球经济动态,在谈判中严格按照国际惯例办事,雷厉风行,寸利必争。

美国中西部地区以汽车、电机、钢铁工业及制造业为主,是美国工业的心脏。该地区的人比较保守,同时又比较和蔼朴素,易于交往。如果在准备与他们做生意之前就曾以朋友的身份款待过他们,如邀请他们去过高尔夫球场等娱乐场所,日后与他们进行商业谈判时,会收到很好的效果。这就是"先交朋友,后做生意"的原则。中西部地区有个商业习惯,每年 9～11 月是他们的黄金采购时间,他们往往把一年所需的进货集中在这个时间段一次采购。

美国南部地区的人待人比较殷勤、和蔼可亲。他们童叟无欺,不记仇,但有时稍显急躁。与其谈判时,必须注意这一点。如某天在谈判桌上他们气势汹汹地责问,言词激烈,怨声不断,千万要沉得住气,耐心解释,解释完毕,他们就很容易再次坐下来继续交谈。美国南方人较为保守,这一点决定了他们的谈判节奏相对较慢,需要较长时间才能同他们建立良好的商业关系。

(七)个人在决策中起重要作用

个人主义价值观表现在美国企业决策的特点常常是以个人(或少数人)为主,自上而下地进行,在决策中强调个人责任。这种决策方式与日本企业的群体决策、模糊责任相比,决策迅速、反应灵敏、责任明确,但等级观念森严,缺少协调合作。在美国人的谈判队伍中,很少见到大规模的代表团,除非谈判非常复杂,且至关重要,代表团人数一般不会超过 7 人。即使有一个谈判小组,谈判的关键决策者通常也只有一两个人。但美国人的集中决策并不简单、匆忙,谈判前他们通常要做充分的准备。美国人办事利落,不兜圈子。在谈判桌上,他们头脑灵活,精力充沛,会将一般性交谈迅速引向实质性谈判,并且一个事实接一个事实地谈论,直爽利落,以积极的态度来谋求自己的利益。为追求物质上的实际利益,他们善于使用策略。正因为他们本身就精于此道,所以他们十分欣赏那些说话直言快语,干净利落,又精于讨价还价,为取得经济利益而施展策略的人。

二、加拿大商人的谈判风格

加拿大是靠移民建设起来的国家,人口中 90% 为英国和法国移民的后裔,加拿大呈现多元化文化的复杂性。来访者必须弄清楚将要打交道的加拿大商人的文化背景。加拿大从事对外贸易的商人主要是英裔加拿大商人和法裔加拿大商人。英裔加拿大商人大多集中在多伦多和加拿大的西部地区；法裔加拿大商人主要集中在魁北克。英裔加拿大商人同法裔加拿大商人在谈判风格上差异较大。以下对两者分别进行说明。

(一)英裔加拿大商人的谈判风格

英裔加拿大商人谨慎、保守、重誉守信。他们在进行商务谈判时相当严谨，一般要对所谈事物的每个细节都要充分了解后，才可能答应要求。并且，英裔加拿大商人在谈判过程中喜欢设置关卡，一般不会爽快地答应对方提出的条件和要求，所以从开始到价格确定这段时间的商谈是颇费脑筋的，所谓"好事多磨"，对此要有耐心，急于求成往往不能把事情办好。不过，一旦最后拍板，签订契约，日后执行时违约的事情很少出现。简单来说，和英国后裔商谈时，从进入商谈到决定价格这段时间，是很艰苦的。谈判的过程中会遇到很多问题，商谈很费时间。但是，一旦签订了契约，就稳如泰山了。这一点是可以放心的。

英裔加拿大商人的谈判者往往是生意导向型的，他们办事作风直接，不太讲究礼仪，非常平等、保守，并且相对强调时间观念。英裔加拿大商人与主流美国谈判者的风格更相似。最明显的区别是英裔加拿大人不如后者感情外露、表情自信，英裔加拿大商人显得更正式、更保守一些。

与法裔加拿大商人相比，英裔加拿大商人更开放一些，与他们能够进行直接接触，当然引荐也是很有用的。在和英裔加拿大商人接触时，应使用英语发信或传真介绍公司和产品，这样可表明我方很有意向，然后打电话约定个日期，由对方定下谈判时间和地点。

与加拿大人进行谈判，初次见面，一般要自我介绍并递上名片。英裔加拿大人一开始会称呼先生、夫人、小姐或女士，但是要注意你的搭档很快就会暗示你改称名字，多数英裔加拿大人会不习惯使用尊称或头衔。

(二)法裔加拿大商人的谈判风格

法裔加拿大商人不像英裔加拿大商人那么严谨。法裔加拿大商人显得非常和蔼可亲、平易近人、客气大方。但是，一旦坐下来谈判并涉及实质问题时，他们就判若两人，讲话慢慢吞吞，难以捉摸，因此若希望谈判成功需颇具耐性。

法裔加拿大商人对于签约比较马虎，常常在主要条款谈妥之后就急于要求签字。他们认为次要的条款可以等签完字后再谈，然而往往是那些未被引起重视的次要条款成为日后履约纠纷的导火线。因此，与法裔加拿大商人谈判时应力求慎重，一定要在所有合同条款都定得详细、明了、准确之后，才可签约，以避免不必要的麻烦和纠纷。签订的合同往往是详尽而冗长的。对法裔加拿大谈判者还要备有法文资料和合同同时译成法文。

多数法裔加拿大商人比较讲究礼仪，属于相对关系导向型文化，他们等级观念强烈，善于表达情感，并且时间观念不强，但其讲话比英裔加拿大商人显得含蓄。

从总体上讲，在和加拿大人谈判中，要集中精力，不要心不在焉，这两种主流的加拿大商人更接受缓和的推销方式，不喜欢过分进攻或者激进的推销方式。他们反对夸大和贬低产品的宣传，不喜欢在商品价格上讨价还价，或者变来变去，也不愿做薄利多销的生意。因此，与其进行商务谈判时，议价要预留一定的盈利空间，保证未来的发展；但是，不要留得过多。

由于加拿大经济对美国的依赖，加拿大的商业文化受美国商业文化影响最大，英裔加拿大商人和法裔加拿大商人做生意的方式、处事的形式乃至商业模式几乎都是美国人的翻版。因此,与加拿大人做生意必须重视其美国性,与他们打交道在很多方面可以参照与美国人打交道的模式。这样容易与加拿大商人的合作成功。

加拿大人的时间观念较强,他们十分讲究工作效率。拜访加拿大政府官员和各类商人应注意取得其秘书和助手的协助,事先约定,并准时前往。英裔加拿大人和法裔加拿大人的主流商业文化都要求约会准时。然而,其他的大多数方面,法裔加拿大人不如英裔加拿大人时间观念强。魁北克省的会议议程往往很灵活,计划多少有些随意。

三、拉美商人的谈判风格

拉丁美洲是指美国以南的地区,包括巴西、阿根廷、墨西哥等国家。由于历史上受宗主国的长期剥削,加上国内政治混乱,政变频繁,拉美许多国家的经济仍很落后,经济单一化严重,贫富分化明显。谈判专家曾这样描述他们:当北美人想开拓新市场时,他们却正在打算开张;当北美人想让他们的产品占领整个拉美市场时,拉美人却只关心在国内领土打开销路。由于长期受剥削,加上政局不稳定,拉丁美洲人具备强烈的民族自尊心,个性倔强,开朗直爽,向往平等。拉美人以自己悠久的传统和独特的文化而自豪,反对并痛恨那些发达国家商人的趾高气扬、自以为是的态度,希望双方能在平等互利的基础上进行商贸合作。所以,与拉美商人谈判时,要尊重他们的人格,尊重他们的历史。就谈判风格而言,拉美商人呈现固执、关系导向、正式、多样化时间利用和情感开放的特点。

（一）拉美商人的总体谈判风格

拉美商人也比较开朗、直爽,与处事精明敏捷的北美商人有所不同。拉美商人的商贸谈判中,就是对自己意见的正确性坚信不疑,往往要求对方全盘接受,很少主动作出让步;如果他们对他人的某种请求感到不能接受,一般也很难让他们转意。个人人格至上的特点使得拉美人特别注意的是谈判对手本人而不是对手所属的公司或者团体。他们对谈判对手的工作能力以及在公司、团体中所处的地位往往是根据对手讲话的语气和神情来判断的。一旦他们认定对方是有较强工作能力和工作经验丰富,并且是公司、团体中的重要人物,就会对之肃然起敬,以后的谈判就会比较顺利。拉美商人对男子气概的崇尚使他们瞧不起妇女,他们不喜欢同女性进行谈判。

与拉美人做生意,要表现出对他们风俗习惯、信仰的尊重与理解,努力争取他们对你的信任。同时一定要坚持平等、友好互利的原则。与崇尚实际利益的美国商人大为不同,拉美商人不很注重物质利益,比较重视感情。拉美人很看重朋友,商业交往常带有感情成分。和拉美人做生意,最好先和他们交朋友,一旦和他们成为知己后,他们在做生意时就会优先考虑你作为合作对象。同样,在与拉美商人进行商务谈判时,感情因素也很重要,以公事公办、冷酷无情的态度对待拉美商人是绝对行不通的。在大多数拉美国家,普遍存在代理制度。如果在当地没有代理商,做生意就会发现寸步难行。在选择代理商时,你必须仔细地审查代理商的能力。如果不慎选择了一个不合格的代理商,以后就会遇到很大的麻烦。因为大多数拉美国家的法律保护当地的代理商。例如在委内瑞拉和厄瓜多尔,对代理商起诉要花大笔钱,而且在法庭上,还会因为你随便解雇当地代理人,被要求赔偿一笔现金。

在谈判时,拉美人不会轻易让步。他们不喜欢妥协,他们认为妥协意味着失败、放弃。他们一旦认为自己观点是正确的,就会要求对方全盘接受。他们一般不习惯直接阐明自己的观点,而是习惯用迂回曲折的方式说明观点。

由于拉丁美洲是由众多的国家和地区构成,国际矛盾冲突较多,要避免在谈判中涉及政治问题,不去干预这些国家的社会问题,耐心适应这些国家的商人做生意的节奏,你就会同拉美人建立良好的个人关系,从而保证谈判的成功。

拉美商人信奉多时间利用方式。即便是谈判做生意,他们也不愿意因之而使一些娱乐活动受到妨碍。和处事敏捷、高效率的北美人相比,拉美人显得十分悠闲、乐观,是十足的享乐主义者,时间概念也较淡漠。他们的悠闲表现为众多的假期上,他们一天工作的时间较短,休假又多。许多拉美国家规定工作一年就可以有一个月的带薪假期。在商务谈判过程中,常常会碰到这样的情况:一笔生意正在洽谈中,拉美谈判者却突然请了假,使得谈判活动戛然而止。即使心急如焚,也得耐着性子等到谈判对方休完假归来,才能继续谈判下去。在谈判中,他们也常常会慢半拍:当你觉得谈判已到实质阶段了,他们还会认为这仅仅是准备阶段。这与拉美人的悠闲、恬淡的性格有关。在洽谈中,常会听到他们说“明天再谈吧”,或是“明天就办”,到了明天,却仍然是同样的话。拉美商人这种处理事务节奏较慢、时间利用率低的情况往往会让性急的外国人无可奈何。但是,如果想用速战速决的办法和拉美商人谈判只会令他们非常恼火,甚至会使他们更加停滞不前。因此,最好的办法还是放慢谈判节奏,始终保持理解和宽容的心境,并注意避免工作与娱乐发生冲突。因此,要开拓拉美市场,必须有充足的资金。对迟付货款问题,要多花时间耐心催促,但也不必太担心他们赖账。

拉美人的等级观念深重,组织中的权力自上而下流动,谈判决策大多要通过高层。他们的社会地位取决于其社会阶层、教育和家庭背景,而非个人成就。

大多数拉美国家经济落后,在对外贸易上他们采取贸易保护主义。如果同拉美人做交易,将担负很多的风险。在拉美国家中,各国政府对进出口和外汇管制都有不同程度的限制,而且差别较大。一些国家对进口证审查很严,一些国家对外汇进出入国境有繁杂的规定和手续。所以,一定要在签订合同前进行认真调查研究,有关合同条款也要写清楚。以免发生事后纠纷。

拉美商人不太重视合同的严肃性,常常是签约之后又要求修改,合同履约率也不高。如果国内市场的行情发生变化,他们会借口行政约束而毁约,特别是不能如期付款。即使双方签了合同,拉美商人也常常不能按期付款或按期发货。对这类问题,必须要有足够的耐心催促。另外,这些国家经济发展速度不平衡,国内时常出现高通货膨胀率。因此,如果想开拓拉美市场,必须有充足的资金。

拉美地区有 24 个国家,虽然有共同之处,但不同国家的谈判者也有自己的特点。比如阿根廷人喜欢握手,巴西人以好娱乐、重感情而闻名,智利、巴拉圭和哥伦比亚人做生意比较保守,秘鲁人和厄瓜多尔人没有时间概念等。所以,针对不同国家商人的洽谈风格采取不同策略,才能使谈判成功。下面以墨西哥和巴西为例加以说明。

(二)墨西哥商人的谈判风格

首先,墨西哥商人很看重密切而持久的关系。要想生意成功,私人接触和相互之间的关系很重要。找相关的人帮忙有助于事情快速完成。因此,需要知道在谈判中谁起主要作用。在商务谈判之前,要确保有足够的时间来了解商业伙伴。其次,墨西哥人比大多数北美人和斯堪的纳维亚人更看重礼节。第三,墨西哥商人在不出意外的情况下,可能会迟到半小时到一个小时。但是拜访者需要绝对准时。任何一天都应避免安排多次会面。第四，墨西哥人通过语言和非语言的方式来交流。在现场讨论过程中他们可能会打断谈话，因为他们并不认为这是一种无礼的行为。第五，墨西哥人擅长讨价还价，谈判过程将漫长而艰难，所以开价时要留出额外的还价空间。

（三）巴西商人的谈判风格

巴西商人称得上"杀价高手"，他们不害怕非常直接地拒绝谈判对手的开价。这种直率并不是有意地想无礼或者发生冲突，只是想让对方知道他们的观点。因此，与其谈判时，要为漫长的谈判程序留出足够的时间；在最初出价时要留足余地，为让步留出空间。在整个谈判过程中，要尽量少沉默，因为巴西人似乎一直都在说。

巴西商人愿意随着信任和长期关系的发展而保持商务往来。切记，巴西人可能会对想购买公司股票的外国人失去信任。个人关系很重要，如果可能的话，在初次见面时，带上一张你们双方共同认识的人的名片，你也可以找一家中间商，中间商收取一定的费用，他可以帮助你处理从翻译到注册之类的杂事，其作用是无可估量的。

巴西的生活节奏很快，但不要急于将谈话内容转向商务题目，巴西商人需要时间来了解谈判对手。建立信任的氛围是成功的商业关系的前提条件。在谈生意之前，要花费一定的时间来建立良好的、令人愉悦的、放松的关系。与其闲聊的好话题有足球、巴西历史、文学和旅游地，还有己方的家乡等。要保持友好、热情的态度，但不要过于热情。不要希望很快就能进入谈生意的阶段，明智的谈判者在持续很久的谈判期间，会为社交花费大量的时间。如果你想请一个高级经理吃饭，要让他的秘书推荐一个饭店。招待你的巴西伙伴时，只能在一流的、有名气的地方，这点很重要。同样，商务访问者在巴西应该只住一流的宾馆。

与巴西人会晤，最好事先预约。见面时，互相握手，赠送名片。一般名片最好印刷简洁但必须质地较好、印刷精美。会晤的最好时间是上午10点至12点或者是下午3点至5点，办事最好效率高点。里约热内卢和圣保罗的商人很注重效率，很守时间。最好约在办公室会晤而绝对不能约在饭馆或酒吧。会晤时，经常备有咖啡，很甜，味道浓厚，你最好接受。向男士打招呼用他的姓加上先生，向女士打招呼则用她的姓加女士。最好在对方称呼你的名字后，你再称呼他们名字。如果你的合作伙伴写信给你，最好用他/她写信用的文字复信，将你所有材料翻译成葡语给他/她，最好不要用西语。将你的资料复印多份，以备分发。

巴西商人呈现富于表情的交流风格，他们热情、友好、健谈，善于运用非语言表达方式以及在公众场合表露自己的情绪。

最后，巴西进口商喜欢 L/C 以外的付款方式。但对新客户，如采用 L/C 以外方式付款，则须预收部分定金。

第三节　欧洲商人的谈判风格

欧洲地区商人的谈判风格呈现出一定的地区差异性。英国、德国等国家商人具有生意导向、非常正式、单一时间利用方式和情感保守的谈判风格,法国、意大利等国家商人具有适度生意导向、正式、相对单一时间利用方式和情感开放的谈判风格,俄罗斯商人具有关系导向、正式、灵活时间利用方式和情感外向的谈判风格,而波罗的海诸国的商人具有完全生意导向、正式、相对单一时间利用方式和情感保守的谈判风格。

一、英国商人的谈判风格

英国是世界上率先进入工业化的国家,曾为世界头号经济大国,其经济、政治、军事实力曾经显赫一时。自19世纪以来,虽然英国的经济实力被削弱,但英国人的大国民意识仍旧很强,总是一副悠然自得的样子。此外,他们也始终保留着岛国民族的特性,比较保守、怕羞,对新事物裹足不前,并且显得高傲、矜持,给人难以接近的印象。尽管英国人从事贸易的历史悠久、范围广泛,但其谈判风格却不同于欧洲其他国家。英国商人的谈判风格主要有:

(一)一般比较冷静、持重

英国人的性格特点是传统、内向、谨慎,他们不愿意和陌生人交往,即使本国人之间的交往也比较谨慎,很难一见如故。他们未经介绍不轻易与陌生人交往,不轻易相信别人或依靠别人。英国人特别尊重个人空间,一般不在公共场合外露个人感情,也决不随意打听别人的事,习惯于将商务活动和私人生活严格分开。因而要和他们建立个人关系并非易事。英国人的保守性格其实很大程度上反映了英国人有很强的民族自豪感和排外心理。刚与英国商人交往,容易有距离感,让人感到他们高傲、保守。但如果和英国人建立起友谊之后,他们会十分珍惜,并会长期信任你,对于日后的生意上也会十分有帮助。所以如果你没有与英国人长期打交道的历史,没有赢得他们的信任,没有最优秀的中间人作介绍,你就不要期望与他们做大买卖。另外,与美国人相似,英国人习惯于将商业活动和自己个人生活严格分开,有商业活动交往的行为礼仪的明确准则。

英国商人在谈判初期,尤其在初次接触时,与谈判对手会保持一定的距离,决不轻易表露感情。随着时间推移,他们才与对手慢慢接近、熟悉起来,对手会逐渐发现,他们精明灵活、善于应变、长于交际、待人和善、容易相处。他们常常在开场陈述时十分坦率,愿意让对方了解他们的有关立场和观点;同时也常常考虑对方的立场、行动,对于建设性意见反应积极。英国商界赞同一句话:"不要说'这种商品我们公司没有',应该说'只要您需要,我们尽量替您想办法'。"这不仅反映了英国商人的灵活态度,也表现了他们十足的自信心。他们的自信心很强,还特别表现在讨价还价阶段,如果出现分歧,他们往往固执己见,不肯轻易让步,以显其大国风范、不允许讨价还价的谈判态度。

(二)十分注意礼仪,崇尚绅士风度

英国商人谈吐文明、举止高雅,珍惜社会公德,很有礼让精神,以绅士风度闻名世界。无论在谈判场内外,英国谈判者都很注重个人修养,尊重谈判业务,不会没有分寸地追逼对方。同时,他们也很关注对方的修养和风度,如果对方能在谈判中显示出其良好的教养和风度,就会很快获得他们的尊重,为谈判成功打下良好的基础。和英国人谈判时要主动介绍商品的情况,提供商品的报价,并注意礼仪和风度。出于古老的等级传统,英国商人的等级观念较强,他们颇为看重同与自己身份对等的人谈问题。因此,与其进行商务谈判时,在对话人的等级上,诸如官衔、年龄、文化教育、社会地位上都尽可能对等,以求平衡,表示出平等和尊重。这对于推进对话、加强讨价还价力量有一定作用。

英国商人的绅士风度还表现在谈判时不易动怒,也不易放下架子,喜欢谈判有很强的程序性,一招一式遵守规定。谈判条件既定后不爱大起大落,注意钻研理论并注重逻辑性,喜用逻辑推理表明自己的想法;他们听取意见随和,采纳意见却不痛快。这种外交色彩浓厚的谈判风格常使谈判节奏受到一定制约,但是,简单、直截了当又不失礼貌的谈判手法会使他们为证明自己并不拖拉而配合你,从而加快节奏。绅士风度常使谈判对手受到一种形象约束,甚至成为他们的心理压力。

(三)行动按部就班,表达谨慎

英国人比较注重传统,时间观念很强。英国人崇尚准时和守时,有按日程或计划办事的习惯和传统。英国人喜欢按部就班,如果和他们见面,最好要提前电话或邮件联系告知面谈目的,然后再约定见面时间,并且准时到达。在商务活动中,英国商人讲究效率,谈判大多进行得较紧凑,不喜拖沓。

在商务活动中,英国人招待客人的时间往往较长。当受到英国商人款待后,一定要写信表示谢意,否则会被视为不懂礼貌。要与英国人约会时,若是过去不曾谋面的,一定要先写信告之约会的目的,然后再约时间。一旦确定约会,就必须按时赴约。因为英国人做生意颇讲信用,凡事要规规矩矩,不懂礼貌或不重诺守约是难以与其顺利谈判的。英国商人讨厌那些刻意的宣传和夸大,介绍应该是直接的、切合实际的。

此外,英国是由英格兰、威尔士、苏格兰、北爱尔兰四部分组成。我们提到"英格兰"时,一般是指整个联合王国,但在正式场合使用就显得不妥,因为这样会不自觉地漠视了其他三个民族,所以在正式场合不宜把英格兰人叫做英国人。

在和英国人交谈时,话题尽量不要涉及爱尔兰的前途、共和制和君主制的优劣、乔治三世以及大英帝国的崩溃原因等政治色彩较浓的问题。尽量避免讨论政治、宗教、皇家是非等。初识英国人,最安全的话题当然是天气。他们也喜欢以他们的文化遗产、宠物等作为谈论的话题。英国人谈判一般只用英语,即使他们会讲第二外语也不愿在谈判中使用,他们认为其他人和他们一样熟悉英语。

英国人的节假日是不可侵犯的,英国人生活比较优越,每年夏冬两季有3—4周的假期,他们利用这段时间出国旅游,因此,他们较少在夏季,即每年7月底到9月初以及圣诞节到元旦这一期间做生意。英格兰从1月2日开始恢复商业活动,在苏格兰则要等到4月以后。在这些节假日应尽量避免与英国人洽谈生意。

(四)谈判决策由上层作出,谈判方式保守又多变

英国商人比较看重秩序、纪律和责任,组织中的权力自上而下流动,等级性很强,决策多来自于上层。在必须做出决策的时候,英国人会比较果断,不会犹豫不决。英国人比较重视个人能力,不喜欢分权和集体负责。在对外商务交往中,英国人的等级观念使他们比较注重对方的身份、经历、业绩、背景,而不像美国人那样更看重对手在谈判中的表现。所以,派相应身份地位的人参加与英国人的谈判以示平等和尊重,对于推进谈判会有一定的积极作用。

英国人对谈判本身不如日本人、美国人那样看重。相应地,他们对谈判的准备也不充分,不够详细周密。但是,英国人谈判稳健,通常会在开场陈述时简明扼要地阐述立场、陈述观点,之后便是更多地沉默,表现出自信而谨慎。英国人在谈判中缺乏灵活性,与英国人

讨价还价的余地不大。对于谈判中遇到的关键问题或者纠纷,英国商人会毫不留情地争辩,不会轻易让步,往往表现得十分固执。但随着时间的推移,英国人精明灵活、待人和善的一面会慢慢表现出来。

他们对于物质利益的追求,不如日本人表现得那样强烈,不如美国人表现得那样直接。英国人更倾向于风险小、利润少的买卖,不喜欢冒大风险、赚大利润的买卖。英国人在谈判过程中既保守又多变,因此我们要不卑不亢,把握时机,以免对方反悔已经谈妥的条款。

(五)重视合同,但会忽视现代贸易规则

英国人很重视合同的签订。在签合同前,他们喜欢仔细推敲合同的所有细节,一旦认为某个细节不妥,便拒绝签字,除提供有力的证明材料。英国商人一般比较守信用,注意维护合同的严肃性,履约率比较高,一旦签约很少变卦。但国际上对英国商人比较一致的抱怨是他们不大关心交货日期,出口产品经常不能按期交货。主要的原因是英国工业历史较为悠久,但近几个世纪发展速度放慢,英国人更追求生活的秩序与舒适,而勤奋与努力是第二位的。另外,英国的产品质量、性能优越,市场广泛,这又使英国人忽视了作为现代贸易应遵守的基本要求。所以,在与英国人签订的协议中一定要加上延迟发货的惩罚条款加以约束。

二、德国商人的谈判风格

德国在世界上是经济实力最强的国家之一,他们的工业极其发达,生产率高,产品质量堪称世界一流,德国人对此非常自信。虽然德国的商业惯例存在着南北差异和东西差异,但从整个民族的特点来看,德国人具有自信、谨慎、保守、刻板、严谨、办事富有计划性、工作注重效率、追求完美的性格特征。

(一)谈判准备充分、周到

德国人考虑事情周到细致,注重细节,德国商人严谨保守的特点使他们在谈判前就往往准备得十分充分、周到,力争任何事都完美无缺。他们会想方设法掌握详实的第一手资料,他们不仅要调查、研究对方要购买或销售的产品,而且还包括研究销售产品的公司,公司所处的大环境,公司的信誉、资金状况、管理状况、生产能力等等都会一并进行研究,以确定对方能否成为可靠的商业伙伴。他们从不打没有准备的仗,只有在对谈判的议题、日程、标的物品质、价格,以及对方公司的经营、资信情况和谈判中可能出现的问题及对应策略作了详尽研究、周密安排之后,他们才会坐到谈判桌前,他们立足于坚实的基础之上,充分的准备使他们在谈判一开始便占据主动,处于十分有利的境地。德国商人对谈判对方的资信非常重视,因为他们保守,不愿冒风险。因此,如果与德国商人做生意,一定要在谈判前做好充分准备,以便回答对方的提问。他们购买其他国家的产品,往往把本国产品作为标准。如果你要与德国人谈生意,务必要准备好应对他们关于你公司和产品的详细问题,并使他们相信你公司的产品可以满足德国人要求的标准。

(二)非常讲究时间和效率

德国商人十分勤奋敬业,时间观念非常强,无论公事还是私事都非常守时。在商业谈判和交往中最忌讳迟到,对迟到者,德国人会直接表现出对他们的不信任和厌恶。

除此之外,德国商人十分讲究效率,办事雷厉风行。他们具有极为认真负责的工作态度,高效率的工作程序,德国人认为,一个谈判者是否有能力,只要看一看他经手的事情是否快速有效地处理就清楚了。德国人认为拖拖拉拉行为对一个商人来说简直是耻辱。他们的座右铭是"马上解决"。他们觉得判断一个谈判者是否有能力,只需看其办公桌上的文件是否被快速、有效地处理了。如果文件堆积如山,多是"待讨论"、"待研究"的一拖再拖的事情,那就大可断定该工作人员是不称职的。因此,德国商人在谈判桌上会表现得果断、不拖泥带水,他们不喜欢拖沓冗长的谈判。他们喜欢直接表明所希望达成的交易,明确交易方式,详细列出谈判议题,提出内容详尽的报价表,清楚、坚决地陈述问题。德国人非常看重准时。因此,如果由于一些不可避免的事情耽误了时间,那就一定要尽可能快地打电话给德国谈判对手,再另外约定一个会面的时间。要严格地遵守时间和会议议程,商务会议是很少被打断的。

（三）思维富于系统性和逻辑性

德国人的谈判思维极有系统性、逻辑性。他们谈判果断,非常注重谈判的计划性,德国人在谈判一开始就会进入正题。谈判中,德国人语气严肃,态度认真,要求陈述和报价清楚明白,谈判建议实际具体。但德国人谈判中常常固执己见,缺乏灵活性和通融性,一旦他们提出了报价,就不喜欢向对方做较大的让步,几乎没有讨价还价的余地。但他们一旦决定购买就会想方设法让对方让步,常常到了最后签订合同的时候还在争取让对方再让步。对于德国人这种倔强固执的个性,谈判人员可以采取灵活的方式应对。

对德国商人来讲,互相了解是交流的首要目标,他们为自己表达思想的能力感到自豪。德国商人看重直接的、坦白的、甚至是直言不讳的语言。德国商人善于明确表达思想,准备的方案清晰易懂。如果双方讨论列出问题清单,德国商人一定会要求在问题的排序上应体现各问题的内在逻辑关系,否则就认为逻辑不清,不便讨论,并且他们认为每场讨论应明确议题,如果讨论了一上午却不涉及主要议题,他们必会抱怨:意思不清楚,组织无效率。因此,在与德国商人谈判时,追求严密的组织、充分的准备、清晰的论述、鲜明的主题,可以促进谈判效率,在时间的利用、双方误解的减少等方面都可看到谈判效益的改善。

（四）自信而固执

德国商人对本国产品极有信心,在谈判中常会以本国的产品为衡量标准。他们企业的技术标准相当严格,对于出售或购买的产品的质量他们都要求很高,因此外国商人只有让他们相信公司的产品满足交易规定的高标准,他们才会做生意。德国商人的自信与固执还表现在他们不太热衷于在谈判中采取让步方式。他们考虑问题周到、系统,缺乏灵活性和妥协性。他们总是强调自己方案的可行性,千方百计迫使对方让步,常常在签订合同之前的最后时刻还在争取使对方让步。鉴于日耳曼民族这种倔强的个性特点,应尽量避免采取针锋相对的讨论方法,而要"以柔克刚"、"以理服人"。

（五）崇尚契约,严守信用,具有很强的权利与义务意识

德国人受宗教、法律等因素影响,比较注意严格遵守各种社会规范和纪律,在商务谈判中,德国商人坚持己见,权利与义务划分得清清楚楚;在商务谈判中,德国人强调个人才能,认为个人意见和个人行动对商业活动有重大影响。各公司或企业纪律严明,讲究秩序。决策大多自上而下做出,不习惯分权或集体负责。

德国人非常重视和尊重合同,对签订合同也非常审慎。在签订合同之前,他们会对每个细节都进行谈判,涉及合同任一条款,他们都非常细心,对所有细节认真推敲,要求合同中每个字、每句话都准确无误,明确双方的权利以及义务后才同意签约。德国商人的履约

率在欧洲最高,一旦签约,他们会一丝不苟地按照合同办事,不论发生什么问题都不轻易毁约。同时,他们也严格要求对方,除非有特殊情况,绝不理会其贸易伙伴在交货和支付的方式及日期等方面提出的任何延期或变更请求。德国商人对交货期限要求严格,一般会坚持严厉的违约惩罚性条款,外国客商要保证成功地同德国人打交道,就得同意严格遵守交货日期,而且可能还要同意严格的索赔条款。德国人重视商权,在德国的法律条文中有严格而明确的商权规定。比如如果要取消代理契约,必须支付五年期间平均交易额的所得利润,否则不能取消代理契约等。德国商人注重发展长久的贸易伙伴关系,求稳心理强,不喜欢做一锤子买卖。

三、法国商人的谈判风格

法兰西民族在近代史上有其社会科学、文学、科学技术上的卓越成就,所以法国人的民族自豪感特别强。

（一）谈判风格独一无二

法国的商业文化自成一体,受到来自北欧的日耳曼民族和南方的拉丁种族的共同影响,形成了世界上独一无二的法国谈判风格。例如,法国商人重视关系,但同时又奉行个人主义;法国商人不喜欢过于直接地提出自己的观点,但又很容易发生争执,并且在谈判的过程中,如果他们有不同意见,他们会坦率地提出。再有,尽管"平等主义"一词来自于法语,但是法国仍然是欧洲国家中社会等级制度最为明显的国家。换句话说,法国商人注重关系,语言带有丰富内涵,同时又非常重视社会地位。法国商人性格开朗、眼界豁达,对事物比较敏感,为人友善,处事时而固执,时而随和。

（二）对民族文化富有自豪感

法国商人对本民族的灿烂文化和悠久历史感到无比骄傲。他们时常把祖国的光荣历史挂在嘴边。重视历史的习惯使法国谈判对手也很注意商业与外交的历史关系和交易的历史状况,即过去的交易谈判情况。

法国人为自己的语言而自豪,他们认为法语是世界上最高贵、最优美的语言,因此在进行商务谈判时,他们往往习惯于要求对方同意以法语为谈判语言,即使他们的英语讲得很好,也很少让步,除非他们是在国外谈判或在生意上对对方有所求。所以,要与法国人长期做生意,最好学些法语,或在谈判时选择一名优秀的法语翻译。

（三）看重人情味,珍惜人际关系

法国人乐观、开朗、热情、幽默,注重生活情趣,富有浓郁的人情味、爱国热情和浪漫情怀,非常重视相互信任的朋友关系和交易中的人际关系。这种性格也影响到商业上的交往。一般说来,在尚未互相成为朋友之前,法国人是不会与你做大笔生意的,而是习惯先用小生意试探,建立信任和友谊之后,才会进一步发展大笔的生意。因此,你如果和法国人洽谈生意,就必须和法国人建立友好关系,这需要做出长时间的努力。一旦与法国公司的负责人或谈判人员建立了十分友好、相互信任的关系,那么你也就建立了牢固的生意关系。同时,你也会发现法国人是十分容易共事的伙伴。在社会交往中,法国人也比较会顾全朋友的面子。

法国是重视私人关系网络的国家,法国商人很重视交易过程中的人际关系;一般说来,通过内部关系来办事情比通过一般的渠道要容易和迅速得多。法国人在谈论业务之前希望对对方谈判代表有一定的了解，并且建立和谐的关系。但是与其他注重关系的国家不太一样，法国人在正式谈判前不会有太多小的会谈。对法国的历史、文化、艺术或是哲学体系等进行一些探讨是建立和谐关系的好办法。一旦建立起友好关系，法国商人会乐于遵循互惠互利、平等共事的原则。在社会交往中，家庭宴会常被视为最隆重的款待。但无论是家庭宴会还是午餐招待，法国人都将之看作人际交往、发展友谊的时刻，而不认为是交易的延伸。和法国人就餐，切忌在餐桌上继续谈论生意上的事。

法国商人通常十分健谈，在谈判前习惯先闲聊，以便建立感情。在和法国人洽谈时，如果你只顾谈生意，很容易被法国对手视为"此人太枯燥无味，没情趣"。要注意，法国商人大多性格开朗、十分健谈，他们喜欢在边聊边谈中慢慢转入正题，在谈判过程中谈些新闻趣事，以创造一种宽松的气氛。所以，在谈判中，除非到了最后决定拍板阶段可以一本正经地只谈生意之外，其他时间应多谈一些关于社会新闻和文化艺术等方面的话题，制造出活跃、富于情感的氛围。法国人谈判的思路比较灵活，他们常会借助第三方的力量来促进谈判的成功。

（四）偏爱横向式谈判，会经常要求修改已签订的合同

与美国商人逐个议题磋商的方式不同，法国商人在进行实质性谈判的时候，法国商人惯用横向式谈判，即先为协议勾画出一个轮廓，看整个交易是否可行，然后达成原则协议，最后再确认谈判协议各方面的具体内容。所以，法国人不像德国人那样签订协议之前认真、仔细地审核所有具体细节。他们不如德国商人那么严谨，法国商人不喜欢为谈判制定严格的日程安排，但喜欢追求谈判的阶段性成果，不论什么谈判，在不同阶段，他们都希望有文字记录，而且名目繁多，诸如"纪要"、"备忘录"、"协议书"、"议定书"等，用以记载已谈的内容，为后面的正式签约奠定基础。

另外，法国商人习惯于集中精力磋商主要条款，对细节问题不很重视，并且在主要条款谈成之后，便急于求成地要求签订合同，他们认为具体问题可以以后再商量或是日后发现问题时再修改。所以常常会在细节问题上改变主意，要求修改合同，这一点往往令人十分为难。因此，一般情况下法国人还是比较注重信用的，一旦签约，会比较好地执行协议。如果协议有利于他们，他们会要求你严格遵守协议。但如果协议对他们不利，他们就会一意孤行地撕毁协议，并要求修改或重新签署。合同条款中，他们非常重视交货期和质量条款。对于合同的文字，法国人往往坚持使用法语。为此，与法国商人签订协议常常要使用两种文字，并且要商定两种文字的合同具有同等的法律效力。

（五）具有苛刻的质量观

法国商人对商品的质量要求十分严格，条件比较苛刻，同时他们也十分重视商品的美感，要求包装精美。法国商人从来就认为法国是精品的世界潮流领导者，巴黎的时装和香水就是典型代表，在他们看来，衣着可以代表一个人的修养与身份，法国的男士和女士都穿戴得极为考究。所以在谈判时，稳重、考究的着装会带来好的效果。因此同法国人洽谈生意时，你要尽可能穿上你最好的衣服。

（六）时间观念不强但讲求效率

法国人的时间观念不是很强，对别人要求严格，对自己比较随便是法国人时间观的一大特点。法国商人在商业往来或社会交际中经常迟到或单方面改变时间，而且总会找许多冠冕堂皇的理由。法国还有一种非正式的习俗，即在公共场合如正式宴会，主客身份越高，

来得越迟。但法国人的时间意识是单方面的,在商务谈判中,虽然他们经常迟到,但法国人对于他人的迟到往往不予原谅,对于迟到者,无论何种原因,他们会很冷淡地接待,因此,如果有求于他们时,千万不要迟到,否则你不会被原谅。相反,如果法国人迟到了,你要学会忍耐。

法国人工作认真,讲究效率。法国人严格区分工作时间与休息时间,这与日本人工作狂相比有极大的反差。法国八月是度假的季节,全国上下,各行各业的职员都休假,这时候你想做生意是徒劳的。法国人喜欢度假,并舍得在度假中花钱,任何劝诱都无法使法国人错过一个假期来谈生意。甚至在 7 月的最后一个星期或者 9 月初,法国人心思仍在度假中。

法国商人大都着重于依赖自己的力量,不轻易做出超越自己财力范围的投资。一般情况下,法国公司的组织结构单纯,自上而下的层次不多,比较重视个人力量。法国商人大多专业性强,熟悉产品,知识面广,即使是专业性很强的专业谈判,他们也能一个人独当几面。法国谈判者往往拥有较大的决策权,很少集体决策。谈判者也大多由个人承担责任,谈判负责人可以立即做出决策,因此和他们谈判往往效率也会比较高。

四、意大利商人的谈判风格

(一)强调个人的作用

与法国人不同,意大利商人的国家意识比较淡薄,不习惯提国名,更不愿提故乡的名字。意大利商人非常重视个人的作用。意大利的商业交往大部分都是公司之间的交往。在商业谈判时,往往是出面谈判的人决定一切,意大利商人在交往活动中比其他任何国家的商人都更有个人的自主权。

(二)时间观念淡薄

意大利商人常常不遵守约会时间。有时,他们甚至不打招呼就不赴约,或单方面推迟会期。他们工作时有些松松垮垮,不讲效率。但是,他们在做生意时是绝对不会马虎的。意大利商人的谈判代表迟到一会儿并不意味着冒犯对方。因此,当对方迟到的时候,不妨打开公文包,处理一些没有完成的事情,把等候的时间变成工作时间。

(三)注重关系,善于社交

美国人和北欧一些国家的商人喜欢立即着手谈论业务,而意大利商人却希望在谈论商务之前对对方有一定的了解。他们更愿意在谈论商务之前先建立良好的私人关系。意大利商人善于社交,说话投机,但情绪多变,做手势时情绪激动,表情富于变化。他们生气时,简直近于疯狂。意大利人喜好争论,他们常常会为了很小的事情而大声争吵,互不相让。在谈判合同、进行决策时,他们一般不愿仓促表态,但与日本等国家的谈判手不同的是,他们不仓促表态的原因并非是要与同僚协商,而是因为比较慎重。

(四)看重商品的价格

意大利商人对于合同条款的注重明显不同于德国人,而接近于法国人。他们特别看重商品的价格,谈判时显得寸步不让,而在商品的质量、性能、交货日期等方面则比较灵活。他们力争节约,不愿多花钱追求高品质。

五、俄罗斯商人的谈判风格

俄罗斯位于欧洲的东部和亚洲的北部,俄罗斯人多数信奉俄罗斯东正教。自俄罗斯从前苏联分离出来,俄罗斯的社会生活发生了很大的变化,人们的社会地位、价值观念、思维方式也发生了显著变化。俄罗斯人具有质朴热情、情感外露、忧虑、自信心和进取心不足、缺乏信任、求利心切等特点。俄罗斯是世界上最大的国家,跨越 11 个时区,同时是世界上第五人口大国,人口为 1.5 亿。俄罗斯商人具有关系导向、正式、灵活时间利用方式和情感外向的谈判风格。

（一）注重建立私人关系

俄罗斯人热情好客,个性豪迈,非常注重个人之间的关系,愿意与熟人做生意。关系在对俄贸易中具有关键的作用。就像世界上其他重视关系的国家一样,想要办事,必须有一些良好的私人关系。因此,他们的商业关系通常是建立在个人关系基础之上的。和俄罗斯人建立商业关系前必须先建立良好的私人关系。只有建立了良好的个人关系,彼此相互信任和忠诚,才有可能会发展成为商业关系。没有良好的个人关系,即使是一家优秀的外国公司也很难在俄罗斯市场维持发展。俄罗斯人喜欢非公开的交往,喜欢私人关系早于商业关系的沟通方式。一旦彼此熟悉,建立起友谊,俄罗斯人表现得非常豪爽、质朴、热情,并且变得健谈,乐于谈论自己的艺术、建筑、文学、戏剧、芭蕾等。他们非常大方、豪迈,长时间不停地敬酒,喜欢更近的人际距离,有大量的身体接触,见面和离开都要握手或拥抱。

俄罗斯人主要通过参加各种社会活动来建立关系,增进彼此友谊。这些活动包括拜访、生日晚会、参观、聊天等等。俄罗斯是礼仪之邦,在与俄罗斯人交往时,必须注重礼节,尊重他们的民族习惯,对当地的风土民情表示出兴趣等。只有这样,才会在谈判中赢得他们的好感与信任。

在俄罗斯,大部分业务都是面对面开展的。经常进行业务上的访问,并经常打电话进行联系是十分必要的。不过,俄罗斯商人注重关系的含义可能与其他同样重视关系的国家有一些不同,其中最为主要的是语言交流。与东亚和东南亚的一些国家不同,俄罗斯的谈判代表习惯于使用较为直接的语言来表达自己的意思,甚至有时候会有些生硬;而后者习惯于使用一些间接的、带有丰富内涵的语言。

（二）讲究礼节、社会地位和等级制度

俄罗斯人在欧洲人中是较为重视礼节的,俄罗斯人的礼节表现在穿着、会见以及问候礼仪方面。在组织管理严密的公司中,等级观念十分明显。访问者们在衣着和在公众面前的行为等方面都需要遵守特定的礼仪。尤其是后者,在与俄罗斯谈判代表首次会面的时候更为重要。

等级观念对于商业访问者们的影响主要有两个方面。首先,如果来访的是女性管理人员,她们将会受到特殊的礼遇。由于在俄罗斯,很少有女性能够担任商业组织的重要职位,因此男士们还不太习惯在平等的基础上与女士们交往。其次,不论来访的是男士还是女士,都需要注意,所有重要的决策都是由组织当中最高层的男性领导者作出的。在这个等级观念很强的社会当中,这个特点会减缓谈判进程,并且会造成一定的延迟。因此,在与俄罗斯商人进行谈判的时候,需要明确谈判对象是否是真正的决策者,明确这一点比在其他国家更为重要。

（三）常常忽视时间观念,办事拖拉

虽然俄罗斯商人觉得"我们在与外国人进行谈判的时候,我们会尽可能准时",但大多数来自于时间观念较强的国家的访问者都会说：尽管俄罗斯商人尽力了，但是仍然很少准时。会面常常在预定时间之后一个小时甚至更晚的时候开始，结束的时间也比预定的时间要拖后，并且常常被打断。俄罗斯的高层管理者似乎认为同时进行三个或四个不同内容的谈话是十分正常的。

由于受前苏联官僚主义办事拖拉作风的影响，俄罗斯人办事断断续续，效率很低。他们绝不会让自己的工作节奏适应外商的时间安排，除非外商提供的商品正是他们急切想要的。在谈判过程中，如果外商向他们发信或打电话征求意见，他们一般不会回答。此外，俄罗斯商人谈判时，往往喜欢带上各种专家，这样不可避免地会扩大谈判队伍。而且各专家意见不一也会延长谈判时间，拖慢谈判节奏。因此，与俄罗斯商人谈判做生意，耐心比什么都重要。

(四)精明于谈判

俄罗斯商人深深承袭了古老的以少换多的交易之道，在谈判桌前显得非常精明。他们很看重价格，不管你的报价多么公平合理，他们都能千方百计地挤出其中的水分，迫使对方降价，达到理想的目标价格。不论对方的报价多么低，他们都不会接受对方的首轮报价。他们的压价手法多种多样、软硬兼施。俄罗斯人的谈判能力很强，善于运用各种谈判技巧进行讨价还价，常用的技巧有制造竞争，有的放矢等。比如，他们会以日后源源不断的新订单诱惑对手降价，一旦对方降低了价格，他们就会永远将价钱压在低水平上。另外，他们会"欲擒故纵"，告诉对手："你的开价实在太高，你的竞争者们报价都相当低，如果跟他们做生意，现在都快可以达成协议了。"再不然，他们就使出"虚张声势"的强硬招术，比如大声喊叫"太不公平了！"或是梆梆地敲着桌子以示不满。外国商人较为灵活的做法是，事先为他们准备好一份标准报价表，所有价格都有适当溢价，为后面的谈判减价留下后路，以迎合俄罗斯商人的心理。

在谈判过程中，出现双方对峙的情况时，俄罗斯商人甚至还会拍案而起、生气、过于激动、大声叫喊或是走出会议室而暂时中断会谈。对待这些情况的策略就是保持冷静。俄罗斯的谈判代表采取上述行为常常是为了使对手变得不耐烦，那么在这种情况下，对手就需要有足够的耐心。

俄罗斯商人特别重视谈判项目中的技术内容和索赔条款。由于技术引进项目通常比较复杂，报价可能存在较大水分。为了能以较低价格成交，他们特别注重技术的具体细节，比如设计图纸、零件清单、设备装配图、产品技术说明、维修指南等。因此，和俄罗斯人谈判要有充分的准备，同时在谈判时配备技术专家。俄罗斯的通货膨胀率很高，所以和俄罗斯人做生意要尽量缩短报价有效期，并充分考虑在合同期限内通货膨胀的影响。此外，他们缺乏外汇，比较欢迎易货交易。

在当今世界上任何一个国家，签订书面合同都是非常重要的。不过，外国商人需要做好准备，因为俄罗斯的谈判代表很可能在合同签署不久以后就要求就其中的某些条款进行再次谈判。

(五)谈判决策具有浓厚的集权特征

长期以来，俄罗斯是以计划经济为主的国家，中央集权的历史比较悠久，这使得俄罗斯社会生活的各个方面和各个层面都带有比较浓厚的集权特征。俄罗斯人的组织观念强，喜欢同一行动，谈判常常以谈判小组的形式出现。他们等级地位观念重，担责任常常不太明确。他们推崇集体成员的一致决策和决策过程的等级化。俄罗斯人在谈判中经常要向领导汇报情况,因而谈判中决策与反馈的时间较长。他们喜欢按计划办事,一旦对方的让步与其原订的谈判目标有较大的差距,则难以达成协议。俄罗斯正处于从计划经济向市场经济的过渡时期,正经历剧烈经济和社会变革。与他们谈判要注意这个变化,搜集相关资料,作好应付复杂性和动荡性的准备。

六、北欧商人的谈判风格

北欧一般是指位于斯堪的纳维亚半岛上的芬兰、挪威、瑞典、丹麦、冰岛。它们有着相似的历史背景和文化传统,它们都信奉基督教。现代的北欧国家政局稳定,人们生活水平较高。出于其信仰和民族地位及历史文化,北欧人形成了心地善良、为人朴素、谦恭稳重、和蔼可亲的性格特点。

北欧商人是务实型的,工作计划性很强,没有丝毫浮躁的样子,凡事按部就班,规规矩矩。与其他国家商人相比,北欧人谈判时要显得沉着冷静得多。他们喜欢有条不紊地按议程顺序逐一进行,谈判节奏较为舒缓。但这种平稳从容的态度与他们反应机敏并不矛盾,他们善于发现和把握达成交易的最佳时机并及时作出成交的决定。

北欧商人在谈判中态度谦恭,非常讲究礼貌,不易激动,善于同外国客商建立良好关系。同时,他们的谈判风格坦诚,不隐藏自己的观点,善于提出各种建设性方案。他们喜欢追求和谐的气氛,但这并不意味着他们会一味地顺应对方的要求。实际上,北欧商人具有相当的顽固性和自主性,这也是一种自尊心强的表现。

北欧商人不喜欢无休止的讨价还价,他们希望对方的公司在市场上是优秀的,希望对方提出的建议是他们所能得到的最好的建议。如果他们看到对方的提议中有明显的漏洞,他们就会重新评估对方的职业作风和业务能力,甚至会改变对对方企业水平的看法,进而转向别处去做生意,而不愿与对方争论那些他们认为对方应该解决妥当的琐碎问题。另外,北欧商人的性格较为保守,他们更倾向于尽力保护他们现在所拥有的东西。因此他们在谈判中更多地把注意力集中在怎样作出让步才能保住合同上,而不是着手准备其他方案以防作出最大让步也保不住合同的情况出现。

七、波罗的海商人的谈判风格

任何一个国家的商务文化和谈判风格都是其社会价值观、态度和信仰的反映。波罗的海地区包括爱沙尼亚、拉脱维亚和立陶宛。

爱沙尼亚是三个国家当中最北部的,爱沙尼亚人相对来说更崇尚个人主义,以生意为重,在谈判过程中习惯于直接的语言交流,而且在波罗的海诸国中是最为沉默和保守的。这些与北欧国家的特点较为相似。爱沙尼亚商人呈现保守、采取直接的语言风格以及以完成任务为重的谈判风格。立陶宛是三个国家当中最南部的,有时被称为"波罗的海的拉丁种族"。信奉天主教的立陶宛人比爱沙尼亚人更注重团体观念和人与人之间的关系。他们同样喜欢间接的交流方式,但是也愿意表达自己的想法,性格较为开朗。拉脱维亚处在其他两个国家当中,当地人信奉路德教,并且长期以来一直受到德国文化的影响。就像其地理位置一样,其商业文化也较为折中。他们以生意为重,习惯于间接的语言,与爱沙尼亚人相比更容易表露情绪;但是有时候比立陶宛人更加直接和保守。

与重视关系的亚洲人、阿拉伯人和拉丁美洲人相比,波罗的海商人更以生意为重,谈判时,通常很快进入谈判状态。

受到等级制度严格的文化的影响,波罗的海诸国的谈判代表的着装和行为举止都比较正式,处理业务时比美国人和加拿大人都要正式得多。商务会面一般会准时开始,访问者也必须准时参加。

第四节　非洲商人的谈判风格

非洲是面积仅次于亚洲的世界第二大洲,东临印度洋,西濒大西洋,北隔地中海与欧洲相望,东北角的苏伊士海峡与亚洲相连,地理位置十分重要。非洲大陆有 50 多个国家,近 6 亿人口,绝大多数国家属于发展中国家,经济贸易不发达,加上各国内部的暴力冲突和外部战乱连年不断,天灾人祸,使他们在经济上严重依赖大国。

（一）各地区商人谈判风格差异较大

按地理划分,非洲可分为北非、东非、西非、中非和南非五个部分。不同地区、不同国家的人民在种族、历史、文化等方面的差异极大,因而他们的国籍、生活、风俗、思想等方面也各具特色。南非的经济实力最强,黄金和钻石的生产流通是其经济的最大支柱。相对而言,南非商人的商业意识较强。尼日利亚的经济实力也较强,虽以农业为主,但石油储量丰富,工业发展很快。扎伊尔以农业为主,是重要的矿产国。其国民缺乏商业知识和技巧。坦桑尼亚、肯尼亚和乌干达三国位于非洲东部,形成共同市场,期望经济合作。现在,这三个国家的地方资本已有所发展,但商人缺乏经验,推销也不可靠,因此与这三国的商人洽谈时,不能草率行事。

（二）权力意识强

非洲人的权力意识很强。在非洲,利用采购权吃回扣的事也屡见不鲜。因此,去非洲做生意,经常需要以小恩小惠来取得各环节有关人士的信任和友谊,建立关系后才可能使交易进展顺利。非洲各国内部存在许多部族。各部族之间的对立意识很强,其族员的思想大都倾向于为自己的部族效力,对于国家的感情则显得淡漠。非洲各国的权力集中,他们通常派出有决定权的人负责谈判以便做出决策。

（三）时间观念极差

非洲各部族具有浓厚的大家庭色彩。他们认为,有钱人帮没钱人是天经地义的。这种风俗使得很少有人愿去积极努力赚钱,大多数人都将希望寄托在家境富裕的族人身上。由此带来的后果就是,非洲人工作效率低下,办事能拖就拖,时间观念极差。谈判时,他们很少准时到会,即使到了也很少马上开始谈论正事,往往要海阔天空地谈论一通。在与非洲人进行商务谈判时要尽量照顾其无视时间的习惯,否则会引起对方不必要的猜疑,适得其反。在非洲要进行商务拜访,需要事先预约。非洲人虽然办事拖拉,但一般不会拖延谈判时间。

（四）要特别重视书面合同的严密性

由于历史的原因,整个非洲的文化素质较低,有些从事商务谈判的人员对业务并不熟悉,加上非洲国家的法制不健全。因此与其洽谈时,应把所有问题乃至各个问题的所有细节都以书面确认,以免日后产生误解或发生纠纷。非洲人比较遵守书面的约定,对付款方式也比较规矩。在非洲诸国中,南非的经济实力最强,相对而言,南非商人的商业意识较强,他们讲究信誉,重视合同,付款守时。

第五节　大洋洲商人的谈判风格

大洋洲包括澳大利亚、新西兰、斐济、巴布亚新几内亚等 20 多个国家和地区。居民有70％以上是欧洲各国移民,其中以英国和法国的移民后裔居多,多数国家通用英语。经济上以农业、矿业为主,盛产小麦、椰子、甘蔗、菠萝、羊毛以及铅、锌、锰等多种矿物。主要贸易对象是美日和欧洲一些国家。出口以农、畜、矿产品为主,进口商品主要是机械、汽车、纺织品和化工品等。其中澳大利亚是大洋洲较发达,也较为重要的国家。以下将以澳大利亚为例进行分析。

(一)注重办事效率

通常,澳大利亚商人和约好的客人第一次见面时,简短的寒暄后,就着手进行商业谈判。澳大利亚商人在商务谈判中很重视办事效率。他们派出的谈判人员一般都具有决定权,同时也希望对方的谈判代表同样具有决定权,以免在决策中浪费时间。他们极不愿意把时间花在不能作决定的空谈中,也不愿采用开始高报价,然后慢慢讨价还价的做法。他们采购货物时大多采用招标方式,以最低报价成交,根本不予对方讨价还价的机会。

(二)具有较强的时间观

澳大利亚的普通员工一般都很遵守工作时间,不迟到、不早退,但也不愿多加班,下班时间一到就会立即离开办公室。但经理层的责任感很强,对工作也很热心。毫无疑问,澳大利亚人比南亚和东南亚人时间观念更强,但不如德国人、瑞士人、美国人和日本人。确定访问者希望会议严格准时召开,但是,如果你迟到几分钟,几乎没有澳大利亚人会感到不安的。

(三)签约谨慎

澳大利亚商人认为招待与生意无关,是两项活动,可以公私分明。所以与他们交往,不要以为在一起喝过酒生意就好谈了。恰恰相反,澳大利亚商人在签约时非常谨慎,不大容易签约,但一旦签约,也较少发生毁约现象。他们重视信誉,而且成见较重,加上全国行业范围狭小,信息传递快,如果谈判中有不好的言行就会产生广泛的不良影响。所以谈判人员必须给他们留下美好的第一印象,才能使谈判顺利进行。此外,澳大利亚人不大注意商品的完美性,加上他们以进口关税来控制外来商品的竞争,所以他们的商品质量提高得很慢,而国内市场上进口商品的销售也处于不利地位。

(四)精于谈判

澳大利亚商人精于谈判,在和客人第一次见面时,简单的寒暄后,就会进入正式的商务谈判。寒暄的话题可以是运动,尤其是水上运动、足球、高尔夫球和网球。积极地评价当地的食品、啤酒和葡萄酒是很受欢迎的。

澳大利亚人通常很保守,吹嘘和炫耀的人被澳大利亚人认为是非常讨厌的。和澳大利亚人进行谈判,要保持适度谦虚。不能过度赞美自己的产品和服务,向客户展示你的产品和服务的好处和优势比给他们讲解更有效。如果有可能,利用相关产品和服务的资料、证书或者第三方报道来为你推销。另外,商务谈判者应该尽量避免向澳大利亚人显示头衔和业绩。任何自吹自擂和炫耀都会给澳大利亚人留下消极的印象。

澳大利亚人坦率直接,在谈判中擅长争辩,因此,谈判者应该做好充分准备去地面对澳大利亚人的质疑。澳大利亚人在谈判时的争辩是就事论事,并非挑衅或者敌意,他们的话语有时候可能会被东亚和东南亚人误认为很无礼。但是那些和澳大利亚人有过谈判的人,很少会误解他们的这种对抗性行为。

澳大利亚人差异很大,有的善于表达,有的不善言辞,这取决于他们的伦理背景。例如,希腊籍或者意大利籍的澳洲人,较其父辈来自英国、伊朗和北欧的同伴,会使用更多的肢体语言,更大声说话或者更常常打断他人的话语。澳大利亚人是典型的比美国人使用更少和更小的手势的人。

澳大利亚人与北欧人、北美人和东亚人进行商务谈判时,通常和对方保持一臂的距离。澳洲人的身体接触要比拉丁文化和地中海文化少,但是比东亚和东南亚的要多。当和对手进行谈判时,要与对方保持目光接触。积极的眼神交流显示出兴趣和诚意。

案例分析

日本航空公司决定向美国麦道公司引进 10 架新型麦道客机,指定常务董事领队,财务经理为主谈,技术部经理为助谈,组成谈判小组负责购买事宜。

日航代表飞抵美国后,麦道公司立即来电,约定明日在公司会议室开谈。第二天,三位日本绅士仿佛还未消除旅途的疲劳,行动迟缓地走进会议室,只见麦道公司的一群谈判代表已经端坐一边。谈判开始,日航代表慢吞吞地啜着咖啡,好像还在缓解时差的不适。精明狡猾而又讲求实效的麦道方主谈,即把客人的疲惫视为可乘之机,在开门见山地重申双方购销意向之后,迅速把谈判转入主题。

从早上 9 点到 11 点半,三架放映机相继打开,字幕、图表、数据、电脑图案、辅助资料和航行画面应有尽有。孰料日航三位谈判代表却自始至终默默地坐着,一语不发。

麦道公司的谈判代表自负地拉开窗帘,充满期待地望着对方问道:"你们认为如何?"三个不为所动的日本人礼貌地笑笑,技术部经理(助谈)答道:"我们不明白。"

麦道的领队大惑不解地问:"你们不明白什么?"

日航领队笑了笑,回答:"这一切。"

麦道主谈急切地追问:"这一切是什么意思? 请具体说明你们从什么时候开始'不明白'的?"

日航助谈歉意地说:"对不起,从拉上窗帘的那一刻开始。"

麦道领队泄气地倚在门边"那么,你们希望我们再做些什么呢?"

日航领队歉意地笑笑说:"你们可以重放一次吗?"别无选择,只得照办。但麦道公司谈判代表重复那两个半小时的介绍时,已经失去了最初的热忱和信心。是日本人开了美国佬的玩笑吗? 不是,他们只是不想在交涉之初就表明自己的理解力,谈判风格素来以具体、干脆、明确而著称的美国人,哪里会想到日本人有这一层心思呢? 更不知道自己在谈判伊始已先输一盘了。

谈判进入交锋阶段,老谋深算的日航代表在"假痴不癫"上又使出了新的一手:装成听觉不敏,反应迟钝,显得很难甚至无法明了麦道方在说些什么;让麦道方觉得跟愚笨的人谈判,早已准备好的论点、论据和推理是没有用的,精心选择的说服策略也无用武之地。连日来,麦道方已被搅得烦躁不定只想尽快结束这种与笨人打交道的灾难,于是直截了当地把球踢向对方:"我们飞机性能是最佳的,报价也是合情合理的,你们有什么异议吗?"

日航的助谈一开口就要求削20%。麦道主谈听了不禁大吃一惊,再看看对方是认真的,不像是开玩笑,心想既然已经许诺让价,为表示诚意就爽快地让吧,于是便说:"我们可以削价5%。"

双方差距甚大,第一轮交锋在激烈的争论中结束。经过短暂的沉默,日方第二次报价:削减18%,麦道方还价是降低6%。麦道公司的主谈此刻对成交已不抱多大希望,开始失去耐心,提出休谈:"我们双方在价格上距离很大,有必要都为成交寻找新的办法。你们如果同意,两天后双方再谈一次。"

休谈原是谈判陷于僵局时采取的一种正常策略,但麦道公司却注入了"最后通牒"的意味,即"价钱太低,宁可不卖"。日航谈判代表这时不得不缜密地权衡得失:价钱还可以争取削低一点,但不能削得太多,否则将触怒美国人,那不仅会丧失主动权,而且连到手的6%让价也捞不到。倘若空着两手回日本怎么向公司交待呢?他们决定适可而止。

重新开始谈判,日航一下子降了6%,要求削价12%;麦道仅增加1%,只同意削价7%,谈判又形成僵局。麦道公司的主谈决意终止交易,开始收拾文件。恰在这时,口吃了几天的日航主谈突然消除了语言障碍,十分流利地说道:"你们对新型飞机的介绍和推销使我们难以抵抗,如果同意降价8%,我们现在就起草购销十一架飞机的合同。"(这增加的一架几乎是削价得来的)说完他笑吟吟地起身,把手伸给麦道公司的主谈。"同意!"麦道的谈判代表们也笑了,起身和三位日本绅士握手:"祝贺你们,用最低的价钱买到了世界最先进的飞机。"的确,日航代表把麦道飞机压到了前所未有的低价位。

(资料来源:冯砚,丁立.商务谈判.北京:中国商务出版社,2010.)

请分析本案例并回答下列问题:

(1)美、日两国商人的谈判风格有什么不同?

(2)在和日本商人谈判时要注意哪些问题?

(3)日本商人最终是如何取得谈判的成功的?

【复习思考题】

1.人们在商务谈判中的行为受文化的影响很大,请举例说明。

2.美洲商人的谈判风格是什么?应采取什么谈判策略?

3.欧洲商人的谈判风格是什么?应采取什么谈判策略?

4.中国商人的谈判风格和日本商人的谈判风格有何不同?

第十章

商务谈判经典案例赏析 ≫ ≫ ≫　≫

案例一:艾柯卡寻求政府支持

　　克莱斯勒汽车公司是美国汽车行业的"三驾马车"之一,拥有近70亿美元的资金,是美国第十大制造企业。但自进入70年代以来,该公司却屡遭厄运,从1970～1978年的9年内,竟有4年亏损,其中1978年亏损额达2.04亿美元。在此危难之际,艾柯卡出任克莱斯勒汽车公司总经理。为了维持公司最低限度的生产活动,艾柯卡请求政府给予紧急经济援助,提供贷款担保。但这一请求引起了美国社会的轩然大波,社会舆论几乎众口一词:克莱斯勒赶快倒闭吧!按照企业自由竞争原则,政府决不应该给予经济援助。最使艾柯卡感到头痛的是国会为此而举行的听证会,那简直就是在接受审判。委员会成员坐在半圆形高出地面8英尺的会议桌旁俯视着证人,而证人必须仰着头去看询问者。参议员、银行业务委员会主席威廉·普洛斯迈质问道:"如果保证贷款案获得通过的话,那么政府对克莱斯勒将介入更深,这对你长久以来鼓吹得十分动听的主张(指自由企业的竞争)来说,不是自相矛盾吗?""你说得一点也不错",艾柯卡回答说:"我这一辈子一直都是自由企业的拥护者,我是极不情愿来这里的。但我们目前的处境进退维谷,除非我们能取得联邦政府的某种保证贷款,否则我根本没办法拯救克莱斯勒。"他继续侃侃而谈:"我这不是在说谎,其实在座的参议员们都比我还清楚,克莱斯勒的贷款请求并非首开先例。事实上,你们的账册上目前已有了4090万元的保证贷款,因此务必请你们通融一下,不要到此为止,请你们也全力为克莱斯勒争取4100万美元的贷款,因为克莱斯勒乃是美国的第十大公司,它关系到60万人的工作机会。"艾柯卡随后指出,日本汽车正乘虚而入,如果克莱斯勒倒闭了,它的几十万职员就得成为日本的雇工,根据财政部的调查材料,如果克莱斯勒倒闭的话,国家在第一年里就得为所有失业人员花费27亿美元的保险金和福利金。所以他向国会议员们说:"各位眼前有个选择,你们愿意现在就付出27亿呢?还是将它一部分做保证贷款,日后并可全数收回?"持反对意见的国会议员无言以对,贷款终获通过。

　　这是一场阻力重重的谈判,谈判的环境对艾柯卡极为不利,然而,这又是一次成功的谈判。克莱斯勒起死回生了,克莱斯勒开始重振昔日雄风。艾柯卡不愧为一个卓越的企业家,但首先,艾柯卡是一个卓越的商务谈判家。克莱斯勒的重新崛起应归功于艾柯卡的雄辩,归功于他争取到的 4100 万美元的保证贷款！谈判挽救了一个企业,谈判创造了奇迹！

随着世界经济的发展,商务谈判越来越为商家所重视,人们把目光集中到商场的焦点—谈判桌上！谈判家成为一个富有吸引力、扣人心弦的称号！

案例二:中日索赔谈判中的议价沟通与说服

某年,我国从日本 S 汽车公司进口大批 FP—148 货车,使用时普遍发生严重质量问题,致使我国蒙受巨大经济损失。为此,我国向日方提出索赔。

谈判一开始,中方简明扼要地介绍了 FP148 货车在中国各地的损坏情况以及用户对此的反应。中方在此虽然只字未提索赔问题,但已为索赔说明了理由和事实根据,展示了中方谈判威势,恰到好处地拉开了谈判的序幕,日方对中方的这一招早有预料,因为货车的质量问题是一个无法回避的事实,日方无心在这一不利的问题上纠缠。日方为避免劣势,便不动声色地说:"是的,有的车子轮胎炸裂,挡风玻璃炸碎,电路有故障,铆钉震断,有的车架偶有裂纹。"

中方觉察到对方的用意,便反驳道:"贵公司代表都到现场看过,经商检和专家小组鉴定,铆钉非属震断,而是剪断,车架出现的不仅仅是裂纹,而是裂缝、断裂！而车架断裂不能用'有的'或'偶有',最好还是用比例数据表达,更科学、更准确……"。

日方淡然一笑说:"请原谅,比例数据尚未准确统计。"

"那么,对货车质量问题贵公司能否取得一致意见?"中方对这一关键问题紧追不舍。

"中国的道路是有问题的。"日方转了话题,答非所问。中方立即反驳:"诸位已去过现场,这种说法是缺乏事实根据的。""当然,我们对贵国实际情况考虑不够……""不,在设计时就应该考虑到中国的实际情况,因为这批车是专门为中国生产的。"中方步步紧逼,日方步步为营,谈判气氛渐趋紧张。

中日双方在谈判开始不久,就在如何认定货车质量问题上陷入僵局。日方坚持说中方有意夸大货车的质量问题:"货车质量的问题不至于到如此严重的程度吧? 这对我们公司来说,是从未发生过的,也是不可理解的。"此时,中方觉得该是举证的时候,并将有关材料向对方一推说:"这里有商检、公证机关的公证结论,还有商检拍摄的录像。如果……。""不！不！对商检公证机关的结论,我们是相信的,我们是说贵国是否能够作出适当让步。否则,我们无法向公司交待。"日方在中方所提质量问题攻势下,及时调整了谈判方案,采用以柔克刚的手法,向对方踢皮球,但不管怎么说,日方在质量问题上设下的防线已被攻克了。这就为中方进一步提出索赔价格要求打开了缺口。随后,对 FP——148 货车损坏归属问题上取得了一致的意见。日方一位部长不得不承认,这属于设计和制作上的质量问题所致。初战告捷,但是我方代表意识到更艰巨的较量还在后头。索赔金额的谈判才是根本性的。

随即,双方谈的问题升级到索赔的具体金额上——报价,还价,提价,压价,比价,一场毅力和技巧较量的谈判竞争展开了。中方主谈代表擅长经济管理和统计,精通测算。他翻阅了许多国内外的有关资料,甚至在技术业务谈判中,他也不凭大概和想当然,认为只有事实和科学的数据才能服人。此刻,在他的纸笺上,在大大小小的索赔项目旁,写满了密密麻麻的阿拉伯数字。这就是技术业务谈判,不能凭大概,只能依靠科学准确的计算。根据多年的经验,他不紧不慢地提出:"贵公司对每辆车支付加工费是多少?这项总额又是多少?""每辆车 10 万日元,计 5.84 亿日元。"日方接着反问道:"贵国报价是多少?"中方立即回答:"每辆 16 万日元,此项共计 9.5 亿日元。"精明强干的日方主谈人淡然一笑,与其副手耳语了一阵,问:"贵国报价的依据是什么?"中方主谈人将车辆损坏后各部件需如何修理、加固、花费多少工时等逐一报价。"我们提出的这笔加工费并不高。"接着中方代表又用了欲擒故纵的一招:"如果贵公司感到不合算,派员维修也可以。但这样一来,贵公司的耗费恐怕是这个数的好几倍。"这一招很奏效,顿时把对方将住了。日方被中方如此精确的计算所折服,自知理亏,转而以恳切的态度征询:"贵国能否再压低一点。"此刻,中方意识到,就具体数目的实质性讨价还价开始了。中方答道:"为了表示我们的诚意,可以考虑贵方的要求,那么,贵公司每辆出价多少呢?""12 万日元"日方回答。"13.4 万日元怎么样?"中方问。"可以接受"。日方深知,中方在这一问题上已作出了让步。于是双方很快就此项索赔达成了协议。日方在此项目费用上共支付 7.76 亿日元。

然而,中日双方争论索赔的最大数额的项目却不在此,而在于高达几十亿日元的间接经济损失赔偿金。在这一巨大数目的索赔谈判中,日方率先发言。他们也采用了逐项报价的做法,报完一项就停一下,看看中方代表的反应,但他们的口气却好似报出的每一个数据都是不容打折扣的。最后,日方统计可以给中方支付赔偿金 30 亿日元。中方对日方的报价一直沉默不语,用心揣摩日方所报数据中的漏洞,把所有的"大概"、"大约"、"预计"等含糊不清的字眼都挑了出来,有力地抵制了对方所采用的浑水摸鱼的谈判手段。

在此之前,中方谈判班子昼夜奋战,液晶体数码不停地在电子计算机的荧光屏上跳动着,显示出各种数字。在谈判桌上,我方报完每个项目的金额后,讲明这个数字测算的依据,在那些有理有据的数字上,打的都是惊叹号。最后我方提出间接经济损失费 70 亿日元!

日方代表听了这个数字后,惊得目瞪口呆,老半天说不出话来,连连说:"差额太大,差额太大!"于是,进行无休止的报价、压价。

"贵国提的索赔额过高,若不压半,我们会被解雇的。我们是有妻儿老小的……"日方代表哀求着。老谋深算的日方主谈人使用了哀兵制胜的谈判策略。

"贵公司生产如此低劣的产品,给我国造成多么大的经济损失啊!"中方主谈接过日方的话头,顺水推舟地使用了欲擒故纵的一招:"我们不愿为难诸位代表,如果你们作不了主,请贵方决策人来与我们谈判。"双方各不相让,只好暂时休会。这种拉锯式的讨价还价,对双方来说是一种毅力和耐心的较量。因为谈判桌上,率先让步的一方就可能被动。

随后,日方代表急用电话与日本 S 公司的决策人密谈了数小时。接着谈判重新开始了,此轮谈判一接火就进入了高潮,双方舌战了几个回合,又沉默下来。此时,中方意识到,己方毕竟是实际经济损失的承受者,如果谈判破裂,就会使己方获得的谈判成果付诸东流;而要诉诸法律,麻烦就更大。为了使谈判已获得的成果得到巩固,并争取有新的突破,适当的让步是打开成功大门的钥匙。中方主谈人与助手们交换了一下眼色,率先打破沉默说:"如果贵公司真有诚意的话,彼此均可适当让步。"中方主谈为了防止由于己方率先让步所带来的不利局面,建议双方采用"计分法",即双方等量让步。"我公司愿意付 40 亿日元。"日方退了一步,并声称:"这是最高突破数了。""我们希望贵公司最低限度必须支付 60 亿日元。"中方坚持说。

这样一来,中日双方各自从己方的立场上退让了 10 万日元。双方比分相等。谈判又出现了转机。双方界守点之间仍有 20 亿日元的逆差。(但一个界守点对双方来说,都是虚设的。更准确地说,这不过是双方的一道最后的争取线。该如何解决这"百米赛路"最后冲刺阶段的难题呢? 双方的谈判专家都是精明的,谁也不愿看到一个前功尽弃的局面)几经周折,双方共同接受了由双方最后报价金额相加除以 2,即 50 亿日元的最终谈判方案。

除此之外,日方愿意承担下列三项责任:

1. 确认出售给中国的全部 FP-148 型货车为不合格品,同意全部退货,更换新车;

2. 新车必须重新设计试验,精工细作,并制作优良,并请中方专家检查验收;

3. 在新车未到之前,对旧车进行应急加固后继续使用,日方提供加固件和加固工具等。

一场罕见的特大索赔案终于公正的交涉成功了!

案例三:农机设备谈判中的竞争与合作

中国某公司与日本某公司在上海著名的国际大厦,围绕进口农业加工机械设备,进行了一场别开生面的竞争与合作,竞争与让步的谈判。

谈判一开局,按照国际惯例,首先由卖方报价。首次报价为 1000 万日元。

这一报价离实际卖价偏高许多。日方之所以这样做,是因为他们以前的确卖过这个价格。如果中方不了解谈判当时的国际行情,就会以此作为谈判的基础,那么,日方就可能获得厚利;如果中方不能接受,日方也能自圆其说,有台阶可下,可谓进可攻,退可守。由于中方事前已摸清了国际行情的变化,深知日方是在放"试探气球"。于是中方直截了当地指出:这个报价不能作为谈判的基础。日方对中方如此果断地拒绝了这个报价而感到震惊。他们分析,中方可能对国际市场行情的变化有所了解,因而己方的高目标恐难实现。于是日方便转移话题,介绍起产品的特点及其优良的质量,以求采取迂回前进的方法来支持己方的报价。这种做法既回避了正面被点破的危险,又宣传了自己的产品,还说明了报价偏高的理由,可谓一石三鸟,潜移默化地推进了己方的谈判方案。但中方一眼就看穿了对方在唱"空城计"。

因为,谈判之前,中方不仅摸清了国际行情,而且研究了日方产品的性能、质量、特点以及其他同类产品的有关情况。于是中方运用"明知故问,暗含回击"的发问艺术,不动声色地说:"不知贵国生产此种产品的公司有几家? 贵公司的产品优于 A 国、C 国的依据是什么?"此问貌似请教,实则是点了对方两点:其一,中方非常了解所有此类产品的有关情况;其二,此类产品绝非你一家独有,中方是有选择权的。中方点到为止的问话,彻底摧毁了对方"筑高台"的企图。中方话未完,日方就领会了其中含意,顿时陷于答也不是、不答也不是的境地。但他们毕竟是生意场上的老手,其主谈人为避免难堪的局面借故离席,副主谈也装作找材料,埋头不语。过了一会儿,日方主谈神色自若地回到桌前,因为他已利用离席的这段时间,想好了应付这一局面的对策。果然,他一到谈判桌前,就问他的助手:"这个报价是什么时候定的?"他的助手早有准备,对此问话自然心领神会,便不假思索地答道:"以前定的。"于是日方主谈人笑着解释说:"唔,时间太久了,不知这个价格有否变动,我们只好回去请示总经理了。"老练的日方主谈人运用"踢皮球"战略,找到了退路。中方主谈人自然深谙谈判场上的这一手段,便采取了化解僵局的"给台阶"方法,主动提出"休会",给双方以让步的余地。中方深知此轮谈判不会再有什么结果了,如果追紧了,就可能导致谈判的失败。而这是中日双方都不愿看到的结局。

此轮谈判,从日方的角度看,不过是放了一个"试探气球"。因此,凭此取胜是侥幸的,而"告吹"则是必然的。因为对交易谈判来说,很少有在开局的第一次报价中就获成功的。日方在这轮谈判中试探了中方的虚实,摸清了中方的态度。同时也了解了中方主谈人的谈判能力和风格。从中方角度来说,在谈判的开局就成功地抵制了对方的"筑高台"手段,使对方的高目标要求受挫。同时,也向对方展示了己方的实力,掌握了谈判中的主动。双方在这轮谈判中,互通了信息,加深了了解,增强了谈判成功的信心。从这一意义上看,首轮谈判对双方来说都是成功,而不是失败。

第二轮谈判开始后,双方首先漫谈了一阵,调节了情绪,融洽了感情,创造了有利于谈判的友好气氛。之后,日方再次报价:"我们请示了总经理,又核实了一下成本,同意削价100万日元。"同时,他们夸张地表示,这个削价的幅度是不小的,要中方"还盘"。中方认为日方削价的幅度虽不小,但离中方的要价仍有较大距离,马上还盘还很困难。因为"还盘"就是向对方表明己方可以接受对方的报价。在弄不清对方的报价离实际卖价的"水分"有多大时就轻易"还盘",往往造成被动,高了己方吃亏,低了可能刺激对方。"还盘"多少才是适当的,中方一时还拿不准。为了慎重起见,中方一面电话联系,再次核实该产品在国际市场的最新价格,一面对日方的二次报价进行分析。

根据分析,这个价格,虽日方表明是总经理批准的,但根据情况看,此次降价是谈判者自行决定的。由此可见,日方报价中所含水分仍然不小,弹性很大。基于此,中方确定"还盘"价格为750万日元。日方立即回绝,认为这个价格很难成交。中方坚持与日方探讨了几次,但没有结果。鉴于讨价还价的高潮已经过去,因此,中方认为谈判的"时钟已经到了",该是展示自己实力、运用谈判技巧的时候了。于是,中方主谈人使用了具有决定意义的一招,郑重向对方指出:"这次引进,我们从几家公司中选中了贵公司,这说明我们成交的诚意。此价虽比贵公司销往C国的价格低一点,但由于运往上海口岸比运往C国的费用低,所以利润并没有减少。另一点,诸位也知道我有关部门的外汇政策规定,这笔生意允许我们使用的外汇只有这些。要增加,需再审批。如果这样,那就只好等下去,改日再谈。"

这是一种欲擒故纵的谈判方法,旨在向对方表示己方对该谈判已失去兴趣,以迫使其做出让步。但中方仍觉得这一招的分量还不够,又使用了类似"竞卖会"的高招,把对方推向了一个与"第三者竞争"的境地。中方主谈人接着说:"A国、C国还等着我们的邀请。"说到这里,中方主谈人把一直捏在手里的王牌摊了出来,恰到好处地向对方泄露,把中国外汇使用批文和A国、C国的电传递给了日方主谈人。日方见后大为惊讶,他们坚持继续讨价还价的决心被摧毁了,陷入必须"竞卖"的困境;要么压价握手成交,要么谈判就此告吹。日方一时举棋不定,握手成交吧,利润不大,有失所望;告吹回国吧,跋山涉水,兴师动众,花费了不少的人力、物力和财力,最后空手而归,不好向公司交代。这时,中方主谈人便运用心理学知识,根据"自我防卫机制"的文饰心理,称赞日方此次谈判的确精明强干,中方就只能选择 A 国或 C 国的产品了。

日方掂量再三,还是认为成交可以获利,告吹只能赔本。这正如本杰明·富兰克林的观点所表明的那样,"最好是尽自己的交易地位所能许可来做成最好的交易。最坏的结局,则是由于过于贪婪而未能成交,结果本来对双方都有利的交易却根本没有能成交"。

案例分析:谈判的成功原因,最主要在于,中方在谈判之前,就为谈判投入了大量的精力,进行市场调查,搜集信息,分析预测,从而为谈判做好了充分的准备工作。同时在谈判过程中,为了准确还盘,对变动不定的市场行情仍时刻注意调查了解,从而在谈判前和谈判过程中都能做到胸有成竹,应付自如,进而为掌握主动权打下了坚实的基础。也正是在上述基础上,谈判过程中的手段、技巧、策略运用得及时、高超和有效。从谈判一开局,中方运用信息的力量,成功地扒了对方筑起的"高台",进而适时地使用"给台阶"的方法,提供了使对方让步的机会;到第二轮谈判中,又慎重而恰当地"还盘",一步到位。其后中方面对日方坚持讨价还价的情况,采用了欲擒故纵、"竞卖"等方略,陷对方于被迫与 A 国、C 国竞争的被动局面。最后再用出手不凡的一招,借"泄情"之法向对方亮出关键性的王牌。上述环节紧紧相扣,谈判手段运用巧妙,一气呵成,最后达到谈判的圆满成功。从表面上看,日方卖给中国的产品价格的确低了一些,但是由于他们与中国是近邻,运费和风险都比售往"别国"小得多,也就是说他们的利润并未减少。当然谈判的结局与日方的谈判目标从形式上看不相符,这是由于日方在谈判之初报了一个过高的价格作为谈判的基础。日方的成功之处在于他们既设计了一个谈判"高台",又为这个"高台"设计了下来的台阶。另外,日方在这场谈判中不由自主地陷入"竞卖"的境地,使之在客观上处于谈判的劣势,不压低价格是谈不成功的。日方是精明的,他们宁肯低价出手,获得利润,也决不维持高价,让竞争者取胜。于是日方在谈判的时钟"到了"的时候,及时调整了谈判的目标,勇敢地选择了成交。总之,中日双方都是该谈判无可非议的胜利者。

案例四:撒切尔夫人的强硬智慧

强硬威胁谈判策略在商务谈判以及西方国家的劳资谈判中应用得较为普遍,即谈判的一方声称某些条款没有任何考虑、通融的余地,通常的做法是强硬固执地坚持某些要求,先向对方摊牌,然后迫使其让步。英国前首相同欧洲经济共同体(EEC)的一次谈判,实际上就是强硬谈判策略的典型运用。

英国前首相撒切尔夫人由于她的强硬工作作风,素有"铁娘子"之称,这一点也在她的谈判工作中得以体现。

1979 年 12 月,欧洲经济共同体(EEC)的各国首脑在柏林举行关于消减预算的谈判。会谈中,撒切尔夫人提出一项协议草案。她的理由是,英国对 EEC 负担的费用太多了,由于征收预算款额方法中的偏差,尽管英国投入了大笔资金,但并没获得应享有的各项利益。为此,她强烈地坚持自己的主张,并要求将英国负担的费用每年减少 10 亿英镑。这项议案必须得到所有成员国的同意才能生效,因为在 EEC 内重大问题的决定是采取"一致同意"的原则。当撒切尔夫人的议案提出后,各国首脑脸上的微笑立即消失了,他们答应只能削减

2.5亿英镑,并认为这已经是极限了。在谈判中,向对方提出比自己的期望更高的要求,是谈判中的一个重要方法。EEC各国首脑们深信只要将撒切尔夫人提出的要求削减3亿英镑,就可以顺利达成协议。然而,撒切尔夫人是位坚毅固执地女性,素有"铁娘子"之誉。她坚持自己的主张,结果是双方差距太大,出现僵局。而这个结果,撒切尔夫人早在去柏林开会之前就已预料到了。她提出了一个非常高的要求,并坚持这一要求。她有她自己的规则,而且迫使EEC也按她的规则办事。首先,她从逻辑上提出了要求削减款额的理由,把要求削减的这10亿英镑称为是"英国的钱",她一直这么说,使EEC各国的首脑们非常愤怒,尤其是法国、原联邦德国和丹麦的首脑。因为如果预算规则加以改变,前两个国家所受到的损失将最大。就这样,谈判没能继续下去,双方脱离了接触。

实际上,谈判早期出现僵局不一定是坏事。因为,当对方的要求,太强硬或者施加压力时,另一方最好暂时退离。暂时离开,恰恰显示了自己的独立性,显示了自己的坚定立场,毫无妥协余地。如果一方想将生意做成,那他会修正目标,主动地接近对方。值得注意的是,一定要抓住时机。在制造僵局时必须是对方对自己要给他们的那些东西很感兴趣的时候。否则,对方会让这种僵局一直持续下去,迫使自己重新回到谈判桌边,那时的效果将适得其反谈判一旦出现僵局,说服对方改变其期望双方共同的任务,在EEC的争论中,特别是在意见相持不下时,互相使用了威胁手段。撒切尔夫人告诉众议院,原则上依照她所提出的方案执行,并暗示出没有选择余地。同时,也含有警告各国的意见。而且这样做,又可对居于领导地位的法国施加压力。因为当时的法国正在破坏EEC的规约,禁止英国的羊羔进口;并以另一种手段向英国报复。他们在报纸上刊登英国已在EEC各国之间采取低姿态,试图以准成员的身份解决这个问题。这就是说。法国知道用什么方法打击英国。改变对方的期望可能非常困难,但必须设法向对方传递信号,通过各种各样的暗示,和帮助来降低对方的期望,使他们逐渐认识到不可能得到他想得到的东西。如果两个性格刚毅的讨价还价者的目标相距甚远,而且他们仍固执己见,那么双方意愿所产生的撞击将极其猛烈。双方都有可能退出谈判,不再往来。如果他们处于双方不得不继续在一起工作,并必须达成协议,必定发生冲突性讨价还价的情况下,就要施加很大压力和强制力。

撒切尔夫人与EEC的这场谈判中,双方的目标值相差很远撒切尔夫人想得到接近9亿英镑的解决方案,EEC各国则想用3亿英镑左右解决问题。如果要解决这笔交易,一方或双方就必须改变他们的预期想法。首先突破的是德国,他们提出3.5亿英镑的让步、英国拒绝了;后来原联邦德国开始讨论8亿英镑的让步,但只限1年,英国也拒绝了。撒切尔夫人强调的是每年都应减少。当年2月底,柏林会议过去两个多月了,英国同意这不是一场短时间的交易。因此,在4月的预算同意把应摊的款项全部付给EEC。这以后,时间的优势也就为英国占有了。不久,EEC国家必须就给共同体农场主增加补偿支付额的问题上达成协议,并且每个成员都必须同意这点,否则就无法做出决定。这是EEC的议事原则。法国和德国由于政治上的原因都希望增加支付额,因为当年这两国家都要举行总统大选,他们不想使自己的农场主集团党觉得不舒服。撒切尔夫人没有明显地威胁不同意这项农场主问题,她没有把这两个问题拉到一起。但大家都清楚,只有就她的EEC预算支付问题达成协议,英国才有可能在农场主问题上进行合作。这一年5月的EEC外长会议没有达成协议,后来德国也撤回了他们减少8亿英镑只限1年的建议。

撒切尔夫人运用强硬、威胁的谈判手法是成功的。如果没有能力驾驭谈判的人，在谈判中一味顽固地坚持自己的立场是不明智的。应付强硬措施最有效地办法就是灵活，只要灵活有方，措施得当，任何强硬的立场都是可以改变的。

案例五：该拒绝而不拒绝的代价

罗杰·汤普勒的资本总额不足 14 万美元，在长岛开了一家小小的家电公司，经营日本的电视机、收录机。80 年代初，他见放音机好销、大陆从事"三来一补"业务的劲头正旺，于是动起不花本钱的念头。经向江苏某外贸公司征询，他与常州一家无线电厂挂上了钩，于是三方就来件装配贸易进行谈判。

"我有 1 万台立体声放音机原件，每台的价格是 30 美元，每台我可以出 2 美元装配费，要求在两个月内拿到全部成品。"汤普勒首先开盘。

"按我国组装费的平均价格，每台放音机装配费应在 3 美元左右。我们希望在这个水准上达成交易。"厂方代表当即还盘。

"这一笔生意应该是长期合作的良好开端，希望双方不要有太多的计较，是否都做一些让步，以每台 2.4 美元达成协议如何？"外贸公司代表不偏不倚地开出中间价。双方都表示"同意"，在价格上算是意见基本一致了。接着谈判付款方式，三方立刻出现分歧：

"我方在加工价格上首先作了让步，作为对等条件，你们在支付方式上也要有所变通，先付汇后收汇。"汤普勒坚定地提出要求。

"你是说我方先付原件费用，你在装配完毕之后再付整机费，其中的差价就是加工费？"外贸公司代表问。

"是这样的。"汤普勒答。

"按国际惯例，加工方是不能动用外汇的，通常对来件不计价或者计价而不结算，待加工完毕后一并结算。"外贸公司代表拒绝了对方要求。

"我并没有要求你们最终的结果是动用外汇，只是要你们先付后收，在交易完成以后你们不仅没有动用外汇，反而增加了外汇。因此我的要求并不过分，何况我们是第一次合作，对你们能否准时加工完毕、加工质量如何心中都没有底，总不能先让资金停滞在原件上吧？"汤普勒颇似坦诚地说道。

"请放心，我们保证准时交货，保证整机质量可靠。"厂方代表插言道。

"如果真是这样，履行合同就没有任何问题了。既然不存在问题，你们为什么不能在收到原件时付汇，在完成装配后收汇呢？假如你们对我有所担心的话，可以不用托收方式，只以国际贸易最可靠的信用证方式。由你们开信用证收原件，我开回头信用证收整机，贷款由双方的开证银行保障支付，这还能出现什么差错吗？"汤普勒头头是道地说。

"从一般道理上看是不错的，但两份信用证之间有个衔接问题。就是说，在我方信用证的有效期内，您应及时开出回头信用证，使我方付出的外汇不致脱空。"汤普勒好像愤愤不平地嚷道。

"请不要介意，我只是想说明国际间贸易中防止付汇脱空的通常做法，也相信您不会违反这些做法的。"外贸公司代表解释道。

"希望我们按常规做成来件加工生意。"厂方代表认为外贸代表有些过分,于是打圆场。

"您既然会及时开回头信用证取货,完成交易就不至于出现意外,我方因此可以先付后收。按惯例,这笔生意的原件进口和成品出口方都将是我们公司。无线电厂为加工方,您是原件出口和成品进口方。我方将委托银行开出远期信用证,请您委托银行开即期回头信用证给我公司,您若要取出我方远期信用证所载 30 万美元款额,必须在开出 32.4 万美元即期信用证后。请您见谅,这种约束性条款是外贸合同中必不可少的。"外贸公司代表慎重地说道。

"这样做实在太繁琐!"汤普勒颇为不屑地说道。

"补充这一限制性条款只是例行公事,请汤普勒先生别介意。我们双方会合作得很愉快的!"厂方代表赶紧缓和谈判气氛。

合同签毕,我外贸公司一星期后开出有效期 90 天的信用证。汤普勒接到通知之后,立即背靠背地转开信用证给日本厂商,购进 1 万套原件运往常州。他等于用中方的外汇额转手做这笔来件加工生意。常州某无线电厂提前 10 天,保质保量地完成了装配任务。货到长岛销售一空,汤普勒轻松地赚进 20 万美元。他与日方结算完毕,补上 2.4 美元的加工费,才向中方开出回头信用证,了去加工业务。

合同履行顺利,汤普勒二次来华,提出续订 10 万台立体声放音机装配的新合同。我某外贸公司见生意扩大 10 倍很是高兴,某无线电厂更是欣喜异常,但都没有想过其中有什么蹊跷。于是三方立即举行第二次谈判。

外贸公司代表坚持一切不变,按前次合同条款续订。汤普勒强调"首次合同履行得很好,证明双方都有成交的诚意,没必要把前次的限制性条款写进新合同"。外贸公司代表指出:"生意就是生意,合同条款必须完备,写进限制性条款不影响彼此友好往来,与双方相互信任也没有关系。"

本次交易货与款分三批流通:第一批货为 1.4 万台,第二批货为 3.4 万台,第三批货为 4 万台。合同开始履行,第一批货与款的交付颇为顺利,双方准时交接货物、及时开出信用证,结算得一清二楚。谁知正在此时日本立体声放音机的原件大幅降价,每台跌至 20 美元,汤普勒却依然要中方外贸公司按 30 美元一台开远期信用证。我方没有及时了解市场变化,依照合同开了 104 万美元的远期信用证。汤普勒收到后,以 20 美元一台背靠背地向日本厂商开信用证,暗中扣下 34 万美元的原料差价,但由于我方信用证载明的限制条款终于使这笔差价仍然不得动用。汤普勒垂涎这笔巨资,决定要把障碍扫除,于是三次来华谈判。

"你们在信用证上写明附加条款的内容,长岛银行看了就不肯给予资金融通,使我大笔资金压在原件进口上,经营生意非常困难。为了合同的后续执行,我要求取消信用证上的附加条款。"汤普勒欲施偷梁换柱之计,如此这般地说道。

"您提出此项要求,等于修改合同。"外贸公司代表当即指出对方的真意。

"是的,如果不能修改,只能中止合同。对于后面的 8.4 万台装配业务,我将另找对象。"汤普勒语气坚定地说。

"取消限制性条款,有可能使我方的收汇脱空。"外贸公司代表说明拒绝的理由。

"你的担心实际上是不存在的。首先,我的原件握在你们手里,用你们的话说叫'跑得了和尚跑不了庙'。有货物在手,你们还担心什么? 其次,我收到成品就能获得利润,我是绝不会放弃这种唾手可得的好处的。"汤普勒振振有词地说道。

"附有限制性条款是国际加工合同的惯例,也是我国的通常做法。这一点是不允许改变的。"外贸公司代表据理力争。

"我知道这些道理,仅仅是要求一点点灵活性,其实取消限制条款对你方并无妨碍,但我可以从长岛银行获得资金融通,这有利于合同的履行,它的结果是对双方都有好处! 很遗憾,你们不肯谅解我的经营困难。对不起,我们之间的交易只能就此结束,我将通知长岛银行退回你方的信用证。"汤普勒态度十分坚决地发出最后通牒。

眼看谈判即将破裂,常州某无线电厂代表赶紧要求"休谈半天,明天再作最后答复。"送走汤普勒,无线电厂代表与外贸公司代表紧急磋商。外贸公司强调不宜取消限制,而且银行方面也认为风险太大。无线电厂则要求给外商适度的松动,理由是第一笔合同完满履行,第二笔合同的首批业务也顺利兑现,已证明外商有一定的可信度,不应再有过多的顾虑。对此外贸公司代表说不出反对的充分理由,于是在厂方急于获利的促动下,中方一致同意汤普勒修改合同的请求。

此后我方认真履行修改后的合同,准时开出不附限制条款的 104 万美元远期信用证。汤普勒立即从长岛银行取走 34 万美元的原件差额。不久,立体声单放机在国际市场上大幅降价,汤普勒的 3.4 万台卖不出去了。他居心叵测地不再开回头信用证。伪称"在美国运输有困难,请暂缓发货,等第三批 4 万台装配完毕再一起发出"。我方不知其中有弊,依然按时开出 4 万台元件的远期信用证 140 万美元,汤普勒又取走 40 万美元的差价,从日本买进原件后发往中国,携带两批原件差价 84 万美元溜之大吉。

案例分析:国际商务往来活动的惯例是经过对长期实践经验教训的总结而形成的,有其合理性和原则性。若交易的一方要规避惯例交易,其必然是事出有因。若再三提出不按惯例行事,则更是要大打问号,其中必有陷阱。对此,另一方必须谨慎从事,更应坚持按惯例行事,予以拒绝,并且要坚持到底,切不可为对方的花言巧语、苦肉计、最后通牒、眼前利益等所打动、而放弃原则。区区汤普勒的得逞,正是由于对方千方百计排除了国际惯例中"限制条款",而我方没能予以拒绝,虽然谈判成功了,但这种成功不仅没能给己方带来利益,还造成了自己的巨大损失。

案例六:墨菲卖车

约翰·墨菲是一家汽车销售公司的推销员,下面是他向一位对赛车感兴趣的买主奈特先生推销产品的精彩对话。

墨菲:奈特先生,这辆赛车是非常舒适的,(奈特以沉默作答)。

墨菲:(意识到自己的口误)请坐到汽车驾驶员的座位上试一试好吗? (奈特坐进了驾驶室)您坐在里面感到舒适吗?

奈特:舒服极了!

墨菲:您觉得座位调得如何? 您坐在方向盘后面舒服吗?

奈特:行,挺舒服的。不过,驾驶室大小了。

墨菲:还小? 您在开玩笑吧?

奈特:我说的是实话,我感觉在里面坐着有点憋气。

墨菲:但汽车前舱的空间有 2 英尺 1!

奈特:不管怎样,我还是觉得有点憋气。

墨菲:(意识到他的错误,就停止了反驳)当然了,这辆车比不上大型车辆宽敞。但正如您刚才说的那样,坐在里面还是很舒服的。您可能已经注意到这辆车的装潢还是相当不错的,使用的材料都是皮革。还有比皮革更好的材料吗?

奈特:我不懂什么皮革不皮革的。但我觉得皮革夏天太热,冬天又太冷。

墨菲:(墨菲本来可以,也应该在事前了解清楚顾客对各种材料做成的座位外套有什么看法。不过,这仅仅是一个无关大局的细节问题,因此,他决定避开它。)对,那仅仅是个人的爱好问题。其实,我明白您的意思,在炎热的夏天,皮革确实有点热。但在这个国家,夏天从来都不是太热的。应当这样看待这个问题才是,您说呢? 不管怎么说,皮革肯定要比塑料凉快得多。您同意这个看法吗?

奈特:那或许有可能。但有些时候,我要在夏天开车到其他国家去。

墨菲:(墨菲本可以进一步指出,他不可能把车开到赤道去,开车到国外的时间相对来说是短暂的。但他觉得这样谈下去会把问题扯远,并且引起争执)好吧,我们来谈一下其他问题吧。您准备用这辆车来干什么?(墨菲又准备回到汽车的主要用途上,并打算用它来证明这种车的前舱空间还是足够的)

奈特:我准备开车去上班和到我们的乡村别墅去。

墨菲:路程远吗?

奈特:不特别远。

墨菲:家里人口多吗?

奈特:我们有两个小孩,都在念书。

墨菲:那么说,您是想要一辆省油的汽车了,是不是?(墨菲为了绕开汽车大小的问题,又换了一个新话题。不过,他远远没有脱离危险区,因为他又转到汽油价格这个人人关心的问题上)您知道汽油的现价吗?

奈特:价格还可以吧。但关于节油的种种说法都是靠不住的,事实上,每一辆车所耗费的汽油量总要比说明书上规定的多得多。

墨菲:当然了,耗油量的大小取决于您怎么使用您的汽车。

奈特:(非常生气)你这话是什么意思?

墨菲:车开快了就需要经常更换挡位,这样耗油量就要大一些。

奈特:在很多情况下,宣传说明书上所说的都是不可靠的,不是事实。说明书上说,行驶 20—30 英里才耗费一加仑汽油。我们就按照说明书购买了一辆汽车。结果呢? 还没有行驶 15 英里就耗费了 1 加仑的汽油,"宣传归宣传,事实归事实。"

墨菲:(控制住自己)好吧,我们可以在试车的时候检查一下这辆车的耗油情况。奈特先生,您可以亲自开车,好吗?

奈特:好的。(他们发动了汽车)

墨菲:您的夫人也会开车吗?(他准备把这辆车便于操作这一点作为推销要点)

奈特:她准备去听驾驶课。

墨菲:(接过新话题)我们有自己的驾驶学校。如果您需要的话,我可以帮助您夫人联系上课的事。

奈特:不用了。

墨菲:(刚准备有所表示,但及时地控制住了自己)不管怎么说吧,对您夫人来说,开小车要比大车容易。您说呢?

奈特:我想是的。(奈特又想出了一条反对的理由)像这样一辆小车怎么这样贵呢?

墨菲:(从奈特的这一想法,他意识到车的大小问题并不很重要。于是,他决定避开讨论车的大小问题。如果反驳奈特的这一看法,并且指出汽车的价格不高的话,那么就有可能发生争论。所以,他决定不直接地讨论价格问题)奈特先生,您开车是很有经验的,对吧?

奈特:我想是的。

墨菲:那么,依您看,车的哪一方面最重要?(通过承认对方有经验,造就一种融洽的气氛。并且以提问的方式把话题转向一些更重要的问题上)

奈特:唔??,当然是车开起来稳不稳、车速和车的质量最重要了。还有转售价格问题。

墨菲:(谨慎地纠正对方的看法)当然也要节省,是吗?

奈特:那是当然的。

墨菲:所以,应该是稳、速度和节省。奈特先生,就速度而言,您认为哪一方面是最重要的,是最高速度指数还是变速器?

奈特:当然是变速器更重要了。不管怎么说,人们一般不使用最高速度。

墨菲:(现在他终于了解到顾客对什么东西感兴趣了)您说得太对了,

这些才是最重要的。在决定一辆车的价值的时候,他的作用是很重要的。关于这一点,我与您的看法是一致的。

就这样,墨菲从以上三个方面解释了这辆车的价值,并且间接地反驳了奈特认为车的售价太高的看法。在经过三次业务洽谈之后,他终于成功地推销了这辆汽车。

案例分析:在本案例中,墨菲多次通过向对方表示理解,使谈判有个好的氛围,并成功的利用说服技巧引导话题远离分歧点,最终成功把车销售出去。

案例七:避实击虚

围魏救赵这一计策之所以为后人景仰和反复效仿,在于它活用了军事上避实击虚的原理,以攻击对方的弱点,来维护己方的利益。避实击虚这一迂回手法在谈判中也颇为常见。

曾有一家南非公司,制造和装配农业机具,它一直被它的销售商所控制着,经营艰难,濒临破产。这两家公司都同属于一个企业集团。销售商在市场上实力雄厚而具有活力。有一支精干的销售队伍,它向农场主们提供优良的服务,其销售量的一半由不属于该集团的工厂生产,另一半则来自现在出了问题的兄弟公司。这家生产性的公司本来就是为了单单支持销售商的需求而建立的。销售商要什么,它就生产什么。销售商决定生产的数量,并且大大压低价格,强迫公司努力提供额外的服务。这些产品再也不可能卖到别的地方,因为产品的设计仅仅符合销售商所服务的那个市场范围内的需要。

管理这家公司的欧洲工程师曾经企图为他的产品找到别的市场,但他的努力是徒劳的。他的公司赔了很多钱,而且赔得越来越多。面对如此情形,销售商气壮如牛:"你们这些产品的全部业务都是从我们这儿得到的,我们理应受到特殊待遇。如果没有我,你们早就关门大吉了。你们有责任供应我们所需要的东西。你们应该自己提高工作效率,努力获取你们最大限度的利润。"而工程师则处于一种无可奈何的虚弱地位。每个人都知道他的企业完全无利可图,多年以来他一直被销售商控制着。如果他企图施加压力,那么销售商就要多提一些苛求,或者更多地抱怨他的产品,或者拒收更多的成品。总之,他是输定了。显然,听任此种情形发展下去,对整个集团的发展是不利的,必须采取一定的措施予以解决。集团的董事长从外面请来一个顾问,要求他负责解决这个问题。

这位顾问通过询问,了解双方的情况。他对工程师为了满足销售商的需要所维持的费用做了计算,发现惊人之高。从销售商那里,他发现工程师的产品虽然在销售数量上只占总数的一半,但却占营利的75%。此外,他还发现,工程师的产品正是那些使得销售商如此轻易地占领这一市场而击败其竞争者的产品。事实上,他觉得销售商的效率归根结底并不算高。如果没有工程师的话,他也许早就垮台了。这一情况对于争端的解决具有决定性的意义。顾问很平静地提出自己的问题,但是销售商的回答离题甚远。只要有可能,他就愿意避开这位顾问。顾问得出的结论是:对于追究这一问题的原因,销售商的态度是不坦率的。现在,这场谈判已接近尾声了,虽然正式的辩论还没有进行。他询问了双方的头头,他们是否愿意考虑某种解决方案。工程师愿意,销售商却按兵不动。于是顾问亮出了自己的王牌。4周以后,董事会做出决定,在6周以内关闭这家生产性公司。董事长征求工程师对这一决定的意见,工程师沮丧地同意了。但他对销售商却什么话也没说,只是简单地通知他董事会的决定。

接下来整整5天之内销售商感到走投无路。他完全清楚工程师的产品对他的业务是何等地重要。他不可能再从别的地方弄到这些产品,董事长以外出度假的借口避开了他,而顾问又到处找不到。销售商被迫去找工程师求援。3周以后,一份新的计划送达董事长的案头。工程师将按照与销售商一致同意的原则,使产品的范围更加合理,一些产品的价格有明显的增加,开发新产品的费用由两家共同负担。董事会也撤回了它要求关闭该生产性公司的决定。这一决定先前曾令许多人大惑不解,在这场旷日持久的谈判中,顾问的聪明之处在于,他避开了销售商盛气凌人的锋芒,而抓住了他最致命的要害—他离不开工程师的产品,以此为突破口,并使用了虚晃一枪的招数—暂时关闭工程师的公司,逼迫销售商对工程师采取合作的态度。避实击虚的做法使顾问帮助工程师摆脱了谈判的不利地位,获得了有利的交易条件。

案例八:日航利用限制性因素贱买麦道机

日本航空公司决定从美国麦道公司引进10架新型麦道客机,指定常务董事任领队,财务经理为主谈,技术部经理为助谈,组成谈判小组去美国洽谈购买事宜。

日航代表飞抵美国稍事休息,麦道公司立即来电,约定次日在公司会议室开谈。第二天,三位日本绅士仿佛还未消除旅途的疲劳,行动迟缓地走进会议室,只见麦道公司的一群谈判代表已经端坐一边。谈判开始,日航代表慢吞吞地吸着咖啡,好像还在缓解时差的不适。精明狡猾而又讲求实效的麦道方主谈,把客人的疲惫视为可乘之机,在开门见山地重申双方购销意向之后迅速把谈判转入主题。

从早上9点到11点,三架放映机相继打开,字幕、图表、数据、电脑图案、辅助资料和航行画面,应有尽有,欲使对方置身于迪斯尼乐园的神奇之中,使之不由自主地相信麦道飞机性能及定价都是无可挑剔的。孰料日航三位谈判代表自始至终默默地坐着,一语不发。

麦道的领队大惑不解地问:"你们难道不明白? 你们不明白什么?"

日航领队笑了笑,回答:"这一切"

麦道主谈急切地追问:"'这一切'是什么意思? 请具体说从什么时候开始'不明白'的?"

日航助谈歉意地说:"对不起,从拉上窗帘的那一刻开始。"日方主谈随之咧咧嘴,用连连点头来赞许同伴的说法。

"笨蛋!"麦道领队差一点脱口骂出声来,泄气地倚在门边,松了松领带后气馁地呻吟道:"那么,你们希望我们再做些什么呢?"日航领队歉意地笑笑说:"你们可以重放一次吗?"别无选择,只得照办。但麦道公司谈判代表重复那两个半小时的介绍时,已经失去了最初的热忱。是日本人开了美国人的玩笑吗? 不是,他们只是不想在谈判开始阶段就表明自己的理解力。谈判风格素来以具体、干脆、明确而著称的美国人,哪里会想到日本人有这一招呢? 更不知道自己谈判伊始已输了一盘。至此,日方成功利用第一次沟通障碍限制对方进攻,打乱了麦道公司的阵脚。

谈判进入交锋阶段,老谋深算的日航代表忽然显得听觉不灵,反应迟钝,显得甚至无法明了麦道方在说些什么,让麦道公司代表十分恼火,觉得是在跟愚笨的人谈判,早已准备好的论点、论据和推理根本没用,选择的说服策略也无用武之地。连日来,麦道方已被搅得烦躁不安,只想尽快结束这种与笨人打交道的灾难,于是直截了当地把球踢向对方:"我们飞机性能是最佳的,报价也是合情合理的,你们有什么异议吗?"

此时,日航主谈似乎由于紧张,忽然出现语言障碍。他结结巴巴地说:"第……第……第……""请慢慢说。"麦道主谈虽然嘴上是这样劝着,心中却不由得又恨又痒。"第……第……第……""是第一点吗?"麦道主谈忍不住问。日航主谈点头说是。"好吧,第一点是什么?"麦道主谈急切地问。"价……价……价……""是价钱吗?"麦道主谈问。日航主谈又点了点头。"好,这一点可以商量。第二点是什么?"麦道主谈焦急地问。"性……性……性……""你是说性能吗? 只要日航方面提出书面改进要求,我们一定满足。"麦道主谈脱口而出。

至此,日航一方说了什么呢? 什么也没有说。麦道一方做了什么呢? 在帮助日方跟自己交锋。他们先是帮日方把想说而没有说出来的话解释清楚,接着问出对方后面的话,就不假思索地匆忙做出许诺,结果,日航制造第二次沟通障碍,有效地限制了麦道在价格磋商阶段的进攻,使麦道把谈判的主动权拱手交给了对方。

麦道轻率地许诺让步,日航就想得寸进尺地捞好处。这是一项价值数亿美元的大宗贸易,还价应按国际惯例取适当幅度,日航的主谈却故意装作全然不知,一开口就要求削价对半。麦道主谈听了不禁大吃一惊,看看对方是认真的,不像是开玩笑,就想既然已经许诺让价,为表示诚意就爽快地让吧,于是便说:"我们可以削价5％。"双方差距甚大,都竭力为自己的报价陈说大堆理由,第一轮交锋在激烈的争论中结束。这是日方制造的第二次僵局。经过短暂的沉默,日方第二次报价:削减10％,麦道方还价是5％,于是又唇枪舌剑辩驳,尽管口干舌燥,可谁也没有说服谁。麦道公司的主谈此刻对成交已不抱太大希望,开始失去耐心,提出:"我们双方在价格上距离很大,有必要为成交寻找新的方法。你们如果同意,两天后双方再谈一次。"

日航谈判代表这时不得不慎重地权衡得失,价钱还可以争取再低一点,但不能削得太多,否则将触怒美国人,那不仅丧失主动权,而且连到手的5％让价也捞不到,倘若空着两手回日本怎么向公司交代呢? 他们决定适可而止。

重新开始谈判,日航一下子降了2％,还价8％;麦道公司增加1％,只同意削价7％,谈判又形成僵局,经过长时间的沉默。麦道公司的主谈决意终止交易,开始收拾文件。恰在这时,口吃了几天的日航主谈突然消除了语言障碍,十分流利地说道:"你们对新型飞机的介绍和推销使我们难以抵抗,如果同意降价8％,我们现在就起草购销11架飞机的合同。"(这增加的一架几乎是削价得来的)说完他笑吟吟地起身,把手伸给麦道公司的主谈。"同意!"麦道的谈判代表们也笑了,起身和三位日本绅士握手:"祝贺你们,用最低的价钱买到了世界上最先进的飞机。"的确,日航代表把麦道飞机压至前所未有的低价位。

案例分析:在这场谈判中,日航利用两次沟通障碍成功的限制了麦道的进攻,日航赢得谈判主动权,并迫使麦道轻易让步。首先,在谈判的开始阶段,面对咄咄逼人的谈判对手,日方以沉默相对,可谓此时无声胜有声,让对手摸不清他们的态度。这样日航谈判代表已先胜一筹。其次,日航主谈在摸底阶段的三次恰到好处的"口吃",故技重施,再一次利用沟通障碍限制了对方的攻势,令谈判对手在焦急、无奈中又带几分怜悯,不知不觉中将谈判的主动权交给了日航代表。日航主谈三次口吃的巧妙之处还在于打乱了对方的谈判节奏,使对方心理受到干扰,阵脚大乱。最后日航主谈在关键时刻,及时消除"语言障碍",在最有利于己方的价位上一锤定音,及时让步,打破第三次由于双方利益差距形成的僵局。

案例九:大学生创业谈判

四名大学生为开一家精品时尚外贸店,与前店主进行了一场谈判,看似并不复杂的谈判过程,其实充满了技巧和智慧,可以说这是一则很实用的商务谈判案例,以下是这份商务谈判案例的分析。

在阳光城商业中心闪耀着一家名叫DEMON的精品时尚外贸店。他出生于2007年6月1日,合伙人有某校市场专业的Sofia,阿梅以及统计系的李棵和胖子。他们亲切地称DEMON为"自家的儿子",他诞生前的孕育过程虽然短暂但是相当富有戏剧性。

盘店,指从前店主处接手店铺进行租用的行话,店铺转让的下家是必须向原店主交盘店费的(店铺之前的装修成本等),租金另算。值得注意的是,如果前任店家的租用期到了,无人向其租用,只能退出,新店主向房东直接租门面只准备房租即可。

DEMON店的前任店主秦鹏等人正面临房租到期的状况,铺面急于出手。买家于07

年 5 月中旬向卖家提出盘店意向，双方谈判在即。

谈判开始：

2007 年 5 月 18 日，双方在现 DEMON 店铺中开始谈判。

一开始，卖家具体介绍了店内的基本状况和装修情况，包括面积、水电、墙面、地板、货架、付款台以及其他重金属装饰品，装修成本逼近 2 万。卖家以行业熟手的姿态，为开价说明了事实根据，算是恰到好处的拉开了谈判序幕。买家并为被卖家高屋建瓴的气势所影响，而是提出质疑："店面装修的确是有特色和个性，但是我们无从考证装修的成本，更何况目前的装修风格不一定会利用到将来我们店的营业中（事实是差不多没变风格）。所以请介绍一下该店铺的其他方面。"

卖家看出了买家虽然是初来乍到，但并不是冲动情感型的租铺者，于是开口询问我们对于开店的想法。买家谈判者李棵实事求是地说："我们都是跳街舞的，开店也主要是搞街舞用品和轮滑用品之类的时尚产品。"卖家对这一关键信息立即做出反应"你们跳街舞的最重要的就是服饰，这店以前就是做服饰的，你们接手以后可以直接做。并且不是每个人都喜欢那种夸张风格，你们还是应该卖一些比较大众的外贸服装，现在店里的货你们就可以直接拿去卖。"买家明白，这是卖家打算把店铺卖给我们的同时，再让买家把货盘下来又是一项成本支出。卖家继续："我在广东和成都等地都有货源，开店以后，可以帮你们拿货，渠道短保证最低价。"

此时，买家就其他方面发表意见："不过这里位置太偏了，在整条街的尾巴上，而且是个拐角怎么会有客流？"秦鹏解释说"后面的金巴黎，即头号要都 3 期工程 10 月份就完工。到时玛利影院、德克士等会入驻进来，这里将会成为商业中心，不用担心客流。"

"不，在做生意时我们要把一切考虑清楚，如果有那么长一段时间的萎靡期，我们为什么不选择一个开店就能赢利的地理位置呢？"买家摆明态度，双方在认定铺面价值上陷入僵局。卖家坚持说买家疑虑过多，该铺面是个黄金口岸。买家有待做更多的考察。

"那这个店子，你打算卖多少钱？"买家成员试探性的询问。

卖家拿出早就拟好的价单说"渠道＋现货＋铺子 5500；现货＋铺子 4500；铺子 3500"了解了价格之后，买家表示要再做商量。

买家要求卖家重报价一次并对价格所含内容进行解释。卖家回应："如果付渠道费，那我将最低成本给你们供货；如果付了货款店里一切物品都是你们的；如果只是铺款，就只给你们空铺。"买家立即做出反应"首先，我们不能保证你供的货是否符合我们的要求；其次，我们无法确定你拿货的价格水平；第三。我们不认为铺子的价值值 3500 元那么多，并且马上就是 6 月份，有些学校已经放假了。到 7、8 月份暑假根本就没有利润，我们认为你的价格太高了。"

卖家反问到"你们认为多少钱合适？"买家不紧不慢地说"目前最多拿出 2000，并且我们十分想要你的渠道……"

卖家淡然一笑说"到哪里 2 千也找不到一个像样的铺子。"买家不依不饶"如果那么贵的价钱，我们可以找其他地理位置更好的铺子。"

这一招很奏效，顿时把卖家将住了。卖家自知铺租即将到期转而以恳切的态度征询："你们最多能给多少钱？2000 块真的太低了。"

买家看出卖家的软肋，毫不退让。卖家无奈只能说答应 2000 块给我们空铺。

买家见形势不对,立即阻挠,表示要求留下货品,最好再把渠道给我们。卖家濒临崩溃的边缘,说"如果加货品和渠道,最低3500。"买家答应并表示,目前还是只有2000元,1500元于1个月后支付。

双方签定协议,谈判告终。

案例分析:

首先,我们来分析下这场谈判是在怎样的背景下进行的:

卖家:DEMON店的前任店主秦鹏等人正面临房租到期的状况,铺面急于出手;

买家:在众多选择中可以择优选择;

限制条件:如果前任店家的租用期到了,无人向其租用,只能退出,新店主向房东直接租门面只准备房租即可。

从整个谈判的大背景下我们就可以看出双方所处的优劣位置,那么接下来重要的就是双方如何从对话中获得对方的真实情况,以便决策。

谈判开始时,由于卖家开门见山式专业的讲解,给对方压力,似乎可以挽回自己的一些优势,而买家很有耐心,并为被卖家高屋建瓴的气势所影响,而是提出质疑,这样本来就处于劣势的卖家的优势一下子消散很多。转而卖家开始改变策略,开始询问对方开店的想法,试图从中收集情报。得知对方的开店想法后,卖家马上抛出一连串的信息,来向买家说明自己的优势,但是过多的信息似乎在对买家透露出我很急于出手的信息,这样无形中将自己的真实信息透露给了对方。

接着双方进入相互试探:此时,买家决定不再听卖家的"商品"推销,开始转换策略,把问题解决在铺面上。其实这只是买家的推脱之词,只是为后面的价格协商做铺垫,以便自己处于有利的地位。而此时卖家也明白这层意思,所以用有力的根据反驳了买家。

陷入僵局:双方各说个话,无法达成共识。所以买家首先为了打破僵局,开始引入新一轮的博弈:价格。此时我们应该注意,是买家首先询问卖家价格,买家处于有利的地位,而卖家的反应是马上抛出自己已经计划好的价格,却没有预留给自己足够的空间以便对方压价。于是初次谈判就结束了,但是买家意识到真正的较量还在后面,盘店金额的谈判才是根本性的。

深入博弈:买家要求卖家重报价一次并对价格所含内容进行解释。买家再一次的抓住主动权,卖家在被买家牵着鼻子走。然后就是价格的妥协,当卖家询问买家能给出的价格时,买家不紧不慢的报出了一个与卖家提出价格相差甚多的价格,而且顺带了一个附加条件。这时买家已经收集足够多对方的信息,只是在不断的探视对方的价格底线,而自己只是从中做出判断和选择最优的价格。卖家继续挣扎,却被买家早已洞悉,并指出对方的软肋,逼迫卖家做出价格让步。卖家努力去试探,希望可以提高价格,而买家以静制动,毫不退让。在此时,卖家做出了非常不明智的决定,那就是完全向买家提出的条件进行妥协,而不懂得让步时一定要求对方回报。充分向买家昭示着自己的弱点,更加处于被动的局面。买家乘胜追击,最终大获全胜,而且还获得分期付款的好处。

案例十：索尼公司成功应对美国市场拒绝

日本索尼公司的彩色电视机，以其清晰的画面、高尚的品质，赢得了全世界广大顾客的信任，如今已经是誉满全球的特级名牌了。但是，在 20 世纪 70 年代中期，当它最初出现在美国商店货架上的时候，只是一种备受歧视、遭人冷落的"杂牌货"。

为了让索尼彩电登上美国的大雅之堂，索尼公司的国外部部长曾亲临芝加哥市努力地开展促销活动。他曾经多次在美国最有影响的大型传媒上连续刊登广告试图以廉价打动美国人的心。每刊登一次广告，他就削一次价，结果，广告费用去一大笔，商品就是销不动。而一再削价，使商品形象变得丑陋、低贱，愈加无人问津。

卯木肇担任索尼公司新任国外部部长，他选定芝加哥最大的电器零售商店马歇尔公司为推销主攻对象，希望它能成为当地销售索尼彩电的"带头牛"。第二天上班时，他兴冲冲地来到马歇尔公司，求见总经理。名片经传达人递进去，好半天才退回来，回答是"总经理不在"。接下来，卯木肇又连续吃了二次闭门羹。

第四次去撞门，总经理终于同意接见了，卯木肇高高兴兴地走进他的办公室。"我们不卖索尼的产品。"没等卯木肇开口，总经理就这样一声当头棒喝。

卯木肇被这声大喝弄得迷迷糊糊，还没来得及回过神，总经理又噼里啪啦地大发议论："你们的产品屡次降价拍卖，像一只瘪气的足球，踢来踢去没人要。"

卯木肇表示一定要接受总经理的批评，不再搞削价销售，立即着手改善商品形象。

回到公司驻地后，卯木肇立即采取措施，从寄卖行取回全部索尼彩电，取消削价销售，并在当地报纸上重新刊登广告，重塑商品美好形象。卯木肇带着刊登新广告的报纸，满怀信心地再次去见马歇尔公司的总经理。不成想总经理又以"索尼公司没有做好售后服务"为借口再次拒销。卯木肇微笑着接受了总经理的又一次批评，回驻地后立即设置"索尼彩电特约维修服务部"，专门负责产品的售后服务和维修工作。随后又刊登大幅广告，公布"索尼彩电特约维修服务部"的地址和电话号码，并作出郑重承诺：保证顾客随叫随到。

但是，马歇尔公司的总经理在第三次见面时继续刁难，再次提出索尼彩电在当地形象不佳，不受消费者欢迎而拒绝销售。不过，卯木肇已感到这位总经理拒绝的由头越来越少了，离成交已经不远了。

此后，卯木肇立即召集全体工作人员开会，规定从第二天起，每人每天拨五次电话，向马歇尔公司询问购买索尼彩电事宜。接连不断的询购电话搞得马歇尔公司的职员晕头转向，以为是"订购"或"催货"，误将索尼彩电列入"待交货名单"。

马歇尔公司总经理终于召见了卯木肇。一见面总经理就对卯木肇吼道："你搞什么名堂，制造舆论，干扰我公司的正常工作，太不像话了！我问你，电话是不是你安排人打的？"

卯木肇等总经理发泄一通，火气稍消一点后，镇定自若地开始与他交谈。他回避了总经理的提问，而是把话题岔开，大谈索尼彩电的优点，是日本国内最畅销的产品。然后，他态度十分诚恳，语气十分坚定地对总经理说："我三番五次忍辱负重求见您，一方面是尽职尽责，为了本公司的利益；另一方面，也考虑了贵公司的利益。日本国内最畅销的彩电，放到马歇尔公司的柜台上,同样会成为畅销商品,一定会成为贵公司的摇钱树!"

总经理听了这番话后说道:"你们索尼公司产品的利润少,比其他彩电的折扣率少2%,除非你们立即增加折扣率,否则,我公司不经销。"

卯木肇此刻并未迫不及待地答应总经理增加折扣的要求,而是巧妙地算了另一笔账。他对总经理说道:"折扣率高2%的商品,摆在柜台上卖不出,贵公司获利不会增多;索尼彩电的折扣率虽然少点,如果商品卖得很快,资金周转快,贵公司不是会获得更大的利益吗?"

卯木肇态度诚恳,入情入理的发言终于打动了这位总经理的心,同意代销两台,试试看,但条件十分苛刻:索尼彩电上柜后,如果一个星期之内卖不出,请搬回去。

卯木肇满口应承,连连道谢。回到驻地后,立即选派两名相貌英俊、口齿伶俐的年轻推销员送两台彩电去马歇尔公司的家用电器柜台。并告诉他们:这两台彩电,是百万美金订货的开始,一定不能掉以轻心。要他们把货送到后,留在柜台上,与公司的店员并肩推销。并要求他们与店员搞好关系,休息时轮流请店员到附近咖啡馆喝咖啡。如果一周之内,这两台彩电卖不出去,他俩就不要再返回公司了。

当天下午4点钟,两位年轻人跑步回来,喜滋滋地报告两台彩电已经卖出,马歇尔公司又订了两台。卯木肇大喜。至此,索尼彩电终于挤进了芝加哥市"带头牛"商店,打开了局面。此后,在圣诞节前后的一个月里,竟卖出索尼彩电700余台。

畅销的索尼彩电,使马歇尔公司大获其利。总经理亲自登门拜访卯木肇先生,并当即签订合同,决定索尼彩电为该公司下一个年度的主销产品。双方联袂在芝加哥市各大报刊刊登巨幅广告进一步塑造商品形象,提高商品的知名度,从此索尼彩电成功打入美国市场。

案例十一:商务谈判方案范文参考

会议时间:2006年12月15日

会议地点:××国际会议中心2号会议

主方:××有限公司客方:××科技有限公司

总经理:×××(组长)

销售总监:×××财务总监:×××

财务部经理:×××市场总监:×××

公关部经理:×××法律总监:×××

法律顾问:×××技术总监:×××

谈判具体方案

一、谈判双方公司背景

1. 甲方公司分析

××电子有限公司成立于1997年底。本公司主要从事系统集成方案设计与实施、网络综合布线、工程建设、软件发开、技术培训、设备维修等。公司拥有设备齐全的办公条件及优越的工作环境,办公面积达近400平方米。现有员工56人,管理层由富有经验的IT精英与专业管理人才组成,技术骨干队伍毕业于国内各名牌院校,80％的员工具有大专、本科以上学历。公司下设市场部、商务部、系统集成部、监控事业部、技术服务部、工程部、财务部、行政办公室业务经营、管理部,拥有一批计算机专业、通信专业技术人员,已形成一支素质优良的队伍。公司自成立以来一直运用高技术及良好的本地服务给各计算机的同仁及各行业直接用户提供全面的解决方案及完善的技术支持。公司给业界各用户提供全面的触摸系统解决方案、软件的编程及触摸技术支持已取得了良好的口碑,使公司在广西的触摸市场占有率达到85％以上。

公司系统集成部是一支技术全面、服务优良的专业队伍,具备雄厚的实力和丰富的经验,能根据您对信息网络管理项目的要求,提供完整的系统设计、应用开发、项目实施和IT维护等。多年来,公司致力于企事业单位计算机信息系统和与之配套的网络建设,拥有丰富的系统设计与软件开发经验,Microsoft,Novell,Unix,IBDN,AT&T认证工程师和一支技术精湛的专业设计及施工队伍,集计算机系统集成、产品开发、技术服务为一体,从各证券公司、大中型企业内部网络到智能大厦的建设,从系统软件集成到客户应用软件的开发,从局域网方案到Internet/Intranet方案.为用户提供各种网络通讯、大型数据库、应用软件开发及计算机附属工程等全方位的计算机系统设计、整体解决方案和咨询服务。

作为优秀系统集成商,公司通过实行严格科学的一体化管理措施,结合面向对象的系统工程方法和先进的组件技术,从而缩短工作周期,加强系统运行的可靠性、可扩充性和可重用性。从而提供最优秀的计算机系统整体解决方案。

在经营过程中我们一直坚持"以用户为中心,以质量取效益"。为在公司中将这一精神全面贯彻,不断强化全体员工以用户为中心,满足用户需求并超越用户的期望的意识,以更严谨的作风、更负责任的态度、更专业的技能、更规范的操作流程和可追溯的工作记录、更周到细致的服务来实施每一项工作。

公司注重以"以人为本"的企业文化建设,结合员工与公司的利益、命运共同体,落实各种保险及劳保福利措施,实现员工与公司的同步成长,充分发挥员工的聪明才智和潜能,注重员工的工作满意度和成就感,是公司长远的战略措施。公司定期开展各种业务培训和丰富多彩的业余活动,体制灵活又充满着朝气和活力,吸引了大量高水平的专业人才。

回顾过去,九年的风风雨雨让我们成就几许,大家倍感欣慰。展望未来,我们更是充满信心,力千格公司将以更多的优秀产品、更完善的市场服务贡献于社会,回报广西各界用户,为实科技兴国,产业报国的事业目标而不断努力前进。选择力千格,您将获得更多足以信赖的电子产品。

总部客服电话:

数码店客服电话:

传真:

E-mail:

总部地址:

数码店地址:

2.己方公司分析

××电子科技有限公司,成立于2003年3月,是一家以研发和生产高品质的MP3系列随身听为主的高新企业,是目前国内屈指可数的有自主研发能力的MP3企业之一。经过一年多的高速发展,魅族 MP3 正在为越来越多的消费者了解、接受、认可和喜爱,产品已远销日本、瑞典、中国香港等国家和地区。在 2004 年度《微型计算机》MP3 产品评选中,魅族 E2 获得 MP3 播放器三个编辑推荐奖之一,也是获奖的唯一国产专业 MP3。

自成立以来,魅族一直以"专心、专注、专业"作为企业信念,致力于引领 MP3 数码产品"新一代"技术。公司拥有强大的研发队伍及先进的技术设备,以高起点的技术及产品定位、准确的市场定位、强劲的创新力,持续保持着高速的成长与发展态势。我们总是以更快的速度做更好的产品,争取更大的资源投入到产品技术的研究,用更好的产品和服务回报用户。

在技术竞争日益激烈的今天,魅族不断加大对研发技术的投入和研发体系的建立。为了产品品质,百分之一的提高我们也愿意付出百分之百的努力。特别在产品原材料的使用上,我们一直坚持用最好的原料。从我们使用 KDS 的晶振、GE 的塑料等国际一流元件,可以反映我们争做国际一流产品的信心和决心。

面向新世纪,魅族将自身的使命概括为四重,即重品质:产品品质就是企业的生命;重服务:以人为本的服务理念是企业的基础;重人才:以人才发展战略为中心才能使企业可持续发展;重技术:只有技术上的不断创新才能为企业发展提供无穷的动力。

在过去的 2004 年,魅族人不因自己已经取得的成绩而骄傲,因为我们的成功,是广大消费者和各界朋友全力支持与信赖的结果,为此,我们表示衷心的感谢! 新年伊始,展望未来,在即将到来的 2005 年,魅族人将以更优质的产品与服务、更专注的态度回报消费者,用心做好产品,努力完善服务,力争将民族工业进一步发扬光大!

总部客服电话:

数码店客服电话:

传真:

E-mail:

总部地址:

数码店地址:

二、谈判的主题及内容

1.经销 MP3、MP4 两种数码电子产品,不用型号的价格、数量,主要是价格的折扣情况;

2.货物的结算时间及方式;

3.定金的支付,违约的赔偿问题。

4.促销措施及奖励。

三、谈判目标

1.以对我公司最有利的条件代理经销 MP3、MP4 两种数码电子产品:价格合理,所经销的 MP3、MP4 两种数码电子产品型号符合消费者使用需求。

2.奖励办法及促销活动方案

(1)E3 和 X3 型号的 MP3(不论内存)月销售量达 200～300 台的,超出部分每台返 3% 的现金。达 300～350 台的,超出部分每台返 5% 的现金。月销售量超过 400 台的,超出部分除每台返 8% 的现金。

(2)MiniPlayer 月销售量达 150～250 台的,超出部分每台返 5% 的现金,月销售量达

250 以上的,超出部分每台返 8% 的现金。

(3)月销售量持续三个月达 200 台以上的,除被评为魅族 4S 形象店之一,还将受到本公司的额外奖励:现金 5000 元。

3.厂家支持

(1)旺季:1～3 月,7～9 月,9 折优惠,送耳机(充电套装＋精美水杯＋时尚 T 恤)

(2)国庆,元旦,春节 88 折,送耳机＋充电套装/(精美水杯＋时尚 T 恤)

(3)淡季:送充电套装＋精美水杯＋时尚 T 恤

(4)各种型号的 E3,X3 及 MiniPlayer 送原装耳机及线控

四、谈判形式分析

1.我方优势分析

(1)全国 75 家有名代理经销商排名第 37 名,2004 年度广西南宁信誉联保金牌单位前 11 名,广西守合同重信用企业,信誉好,实力强,公司产品对消费者具有很大吸引力,消费者需求市场大。

(2)作为代理经销商,自由选择权大。我公司作为多家数码电子产品代理经销商,代理经销谁的产品,选择权在我们手中。

2.我方劣势分析

我方作为数码电子产品代理经销商,在南宁市场中,有多家实力雄厚的公司与我公司进行竞争,比较有名实力雄厚的数码电子产品代理经销商就有南宁敬佳科技有限公司、南宁敬佳科技有限公司等。

3.我方人员分析

×××:洞察力强,看问题比较冷静,擅长沟通谈判艺术,本次谈判的主要对手和关键人物。

×××:注重细节,性格开朗,我公司的核心人物之一,具备较强的销售经验。

×××:办事认真负责,有较强的逻辑分析能力,具备较高的管理财务素质。

×××:心思细腻,熟悉国内外相关法律程序,有利于双方合同的规范签署

×××:综合能力强,性格外向,处事冷静,公关能力强。

4.客方优势分析

(1)××电子科技有限公司,成立于 2003 年 3 月,是一家以研发和生产高品质的 MP3 系列随身听为主的高新企业,是目前国内屈指可数的有自主研发能力的 MP3 企业之一。经过一年多的高速发展,魅族 MP3 正在为越来越多的消费者了解、接受、认可和喜爱,产品已远销日本、瑞典、中国香港等国家和地区。在 2004 年度《微型计算机》MP3 产品评选中,魅族 E2 获得 MP3 播放器三个编辑推荐奖之一,也是获奖的唯一国产专业 MP3。产品多次获得各类专业媒体的高度评价及相关奖项,"魅族"这一品牌也被《人民日报》评为"中国消费者十大满意品牌"!

(2)在国内率先采用 SIGMATEL3520、飞利浦 PNX0102 顶级解码芯片,以及 KDS 的晶振、TDK 高精度阻容件、AVX 钽电容、GE 的塑料等国际一流元件作为产品原材料。

(3)公司拥有强大的研发队伍及先进的技术设备,以高起点的技术及产品定位、准确的市场定位、强劲的创新力,持续保持着高速的成长与发展态势。

5.客方劣势分析

(1)国内外 MP3、MP4 品牌竞争激烈。纽曼、苹果、蓝魔、海尔、飞利浦等知名国内品牌都在与之竞争。中国作为一个拥有13亿人口的大国,最终消费者和潜在的消费者具有强大的吸引力,国内外知名名牌纷纷依托自己产品的优势抢住中国市场,有望在中国市场占有自己的一席之位。

(2)作为国内知名企业,产品的售后服务体系与其他国外知名企业差距大,有待加强,产品维修一般都要到特许或指定维修点。

6.客方人员分析

×××:统筹全局能力强,思维严密,亲和力强,头脑灵活,是一位合格的将才。

×××:熟悉 MP3 行业,市场经验丰富,看问题善于抓住本质。

×××:性格友好,在气氛紧张的时候缓解紧张局面,遇事冷静。

×××:办事果断干练,言辞犀利,雷厉风行,典型的女强人风格,遇事不冷静。

×××:了解同类产品竞争对手现状,可以为总经理提供适当的建议,合格的副手,谈判成功的关键人物之一。

五、相关产品的资料收集

1.公司介绍

(1)北京市纽曼电子公司成立于1993年,是一家专门从事计算机网络系统、科学仪器和通信产品的开发、研制、生产及通信工程组网的高科技企业。并于 2002 年 7 月通过了 ISO9001:2000 国际质量管理体系认证。公司自行开发、研制及生产的主要产品有:高、低速寻呼发射机、发射机有线和无线监控系统、寻呼编码卡、寻呼软件、GSM 移动通信直放站、CDMA 移动通信直放站及微波扩频通信系统等系列产品。所生产的系列寻呼发射机 97 年获国家无委和全军无委的产品型号核准认证,GSM 移动通信直放机 2000 年已通过国家无委检测,获得入网核准证书;CDMA 直放站于 2002 年 5 月通过国家无委检测,获得信息产业部的入网核准证,同时通过信息产业部的进网检测,并获得进网证书。

(2)RAmosTech 创建于 2001 年 6 月,是一家由优秀半导体专业人才发起的风险企业。RAmosTech 拥有大量的优秀人力资源和雄厚技术力量,在此基础上正积极抢占及引领新型半导体及新兴的消费数码市场。

· 公司于 2002 年 5 月成功开发 CompactFlashCard(PhotoSafe)。

· 同年 9 月成功开发 USBFlashDrive(RunDisk)。

· 2003 年 5 月,在韩国成功开发第一款 Mp3 产品(Potaz)。

2004 年,RAmos 全面进军消费数码电子行业,并开始打造 RAmos(蓝魔)专业的品牌形象,通过对中国市场的全面拓展与升级,开始了稳定而又快速的发展,对国内战略性的市场规划和勤奋拓展也让 RAmos(蓝魔)品牌在各大专业媒体的关注度持续提升,部分产品的销售量更是占据市场领先地位,成为中国数码播放器市场的一匹黑马。

2.上述公司相关公司产品介绍

(1)纽曼 MP4 播放器＞＞音影王 M668

纽曼 M66820G 市场价:1999 元优惠价:1950 元。

【功能介绍】

显示屏:3.6 英寸 TFT 真彩大屏幕显示,分辨率高,图像清晰,色彩鲜艳,播放影片流畅,不错过任何精彩画面。

视频播放:最大分辨率达 720×576,高清晰字幕显示,支持视频输出及书签记忆功能,直接从书签处播放,更节省时间;2800mAh 大容量电池,支持影视播放长达 4.5 小时,音频播放达 9 小时以上。

音乐随身听:支持 MP3,WMA 数码播放及 MP3 歌词同步显示;支持 M3U 播放列表档案管理;USB 高速 USB2.0 传输,更适合大尺寸视频传输。

传输速度:多任务操作功能:可以在图片浏览及文本阅读的过程中同时欣赏美妙的音乐;支持遥控器操作,使您在操作上更感方便。

支持固件升级:本产品将继续开发提供新的功能,相关信息请关注网上发布。

照片浏览功能:支持文件格式为 JPEG 的图片浏览,最大可达 800 万像素,并且支持幻灯浏览功能。

录音笔:内置高品质 MIC 实现高清晰录音,通过内置扬声器可随时回放;并且支持任意音源转录(LINE-IN 功能)。

视频输出:通过随机配赠的 AV 线,可连接到电视上欣赏。

文本阅读:支持 TXT 文本直接阅读,同时具有书签记忆功能。

移动硬盘:20-60G 的硬盘存储空间、USB2.0 的高速数据传输速率;支持 CF 扩展卡(不包括 CFII 接口的微硬盘)。

支持操作系统:Windows2000 及 WindowsXP 无需驱动,可从电脑上下载和储存电影、音乐和文件。重量 258g(含电池)显示屏:3.6″TFT 真彩液晶显示屏

(2)纽曼 MP3 播放器>>纽曼之音 M560

纽曼 560M 市场价:299 元优惠价:235 元。

【功能介绍】

彩色屏幕:1.5 英寸六万五千色真彩液晶屏,魅力独具。

音乐播放:支持 MP3、WMA 等格式音乐播放;提供双耳机接口,可以和好友一同欣赏音乐。

视频播放:支持 MTV、AMV 视频播放,画质清晰流畅。精美外观:时尚前卫的外型、舒适的手感。

音响效果:独特的双喇叭设计,可实现外放。

歌词同步:歌名、歌手及歌词同步显示;让您随时随地的体验卡拉 OK。

数码复读:A-B 数码复读功能,同时具有跟读、对比功能。

数码录音:内置高清晰麦克风,长时录音和优质录音供你选择。

图片浏览:支持 JPEG 图片浏览。

文本阅读:超长文字记录功能,可以将文章拷至机内,随时阅读。

多种音效:自然、摇滚、流行、古典、柔和、爵士、重低音。

定时关机:可以设定睡眠模式和省电模式,使用起来倍感方便。

异度空间:叮将本机磁盘分区加密,从此可以"把秘密藏起来"。

固件升级:支持在线升级/更新固件,实现本机的功能扩展。

内置锂电:支持长时间播放。外形尺寸:76mm×42mm×18mm。

颜色:蓝色/银灰音乐格式:MP3、WMA、MTV、AMV。

显示屏:1.5 英寸 6 万 5 千色真彩液晶屏(128×128 点阵)。

内存:128M\256M\512M\1G(具体以产品实物为准)。

支持语言:中、英、法等多国语言电池:720mAh 锂离子电池。

播放时间:连续播放 MP3 约 8 小时。

(3)蓝魔 RM925I512M 市场价:399 元优惠价:360 元

RM925 市场价:359 元优惠价:299 元。

系统:支持无驱,支持文件夹,文件夹播放,文件夹浏览。

显示系统显示屏:65000 色 1.8 英寸彩色液晶屏幕,160×120 像素。

标签显示:ID3V1.0,ID3V2.0 标签语言:十七国语言。

菜单语言:中文简繁体、英文、法文、德文、意大利文、荷兰文、葡萄牙文、西班牙文等 17 国语言可切换的操作界面。

菜单系统:图形菜单,电子书,开机动画。

音频格式:支持 MP1、MP2、MP3、WMA、WAV、WMV 等音乐文件格式。

内置音效:正常、摇滚、流行、古典、自然、重低音等七种 EQ 模式。

录音编码:通过麦克风录音并保存 WAV 和 ACT 格式语音文档。

录音时间:连续录音达 30 小时/128MFlash。

录音方式:语音录音,线路输入录音 FM 功能频率接收:76MHz~108MHz。

预置电台:FM 调频立体收音(76~108MHz)手动/自动搜台。

其他功能:自动搜台、自动预置电台、FM 录音、文本阅读、时间功能等。

升级:固件升级接口通讯接口:全速 USB2.0(读 1000Kb/s 写 750Kb/s)。

输入输出:3.5mm 耳机输出,线路输入。

规格电源:3.7V 可充电锂离子电池播放时间:播放 10 小时。

体积:66(L)×38(W)×13(H)mm 重量:约 40g。

操作系统:WINDOWS98(必须安装程序)/ME/2000/XPMacOS9.2.2 或更高版本 OSX10.1.4 或更高版本。

视频播放:视频格式独创 MTV 电影功能,支持 AMV 视频格式文件。

图片浏览:图片格式 JPEG、BMP、GIF 图片浏览功能。

3.对方公司产品介绍

(1)魅族 E3(512MB)参考价格:399 元

商家报价:390 元我方代理价:380 元。

外观颜色:银色,钛色,黑色,粉色,蓝色。

外形设计:全金属机身、蓝色眩光导航键外形尺寸:62 * 28.3 * 13.3mm。

产品重量:28(不含电池)g 显示屏屏幕面板:单蓝色 OLED 屏。

屏幕分辨率:128 * 64 像素音频性能设计类型:收录放。

音乐格式:WMA/MP3/WAV 录音性能;高保真数字录音。

FM 性能:高清晰 FM 收音功能,支持校园广播/76MHz~108MHz 录制功能。

频率范围:20Hz 至 20kHz 信噪比:>90dB 失真度:<0.05%。

耳机性能:耳机最大输出(L)12mW+(R)12mW(32Ohm)。

电池功耗电池类型:AAA 电池播放时间:最长播放时间 15 小时。

输出功率：(L)12mW＋(R)12mW(32Ohm)。

系统及接口方式：USB2.0 存储性能存储介质：闪存式。

芯片类型：采用顶级音频解码芯片 Philips PNX0102。

其他性能：加入大容量 16Mbit 的 SRAM 高速静态存储器提升整体性能内置时钟、支持定时开关机。

(2)魅族 X3(512MB)

参考价格：350 元商家报价：360 我方代理价：340 元。

外观颜色：黑色,银色,钛色外形尺寸：62×28.2×17.4mm。

产品重量：27.9(不包括电池)g 显示屏屏幕面板：OLED 蓝屏。

音频性能设计类型：收录放音乐格式：WMA/MP3/WAV。

音效模式：2006-6-26 日固件升级,已加入 lifevibes 音效。

播放模式：多种均衡器模式选择。

录音性能：有独立快捷键控制高保真录音,连续录音可达 6 小时。

FM 性能：频率范围在 76MHz～108MHz,支持自动搜索频道和频道管理功能,可预存电台 50 个,实时电台节目录制,校园广播功能。

视频性能支持语言：简体中文、繁体中文、英文、韩文以及日文。

文本阅读电子书功能：支持同步歌词显示,支持电子文本阅读。

电池功耗电池类型：AAA 电池播放时间 12。

系统及接口方式：USB2.0 存储性能存储介质：闪存式。

(3)MiniPlayerMP4

产品报价：¥899 我方代理最低价：870 元。

颜色：白、黑存储容量：1GB。

音乐格式：WMA(VBR)MP3(VBR)。

传输接口：高速 USB2.0 读取速度约 8MB/秒,写入速度约 5MB/秒。

视频播放：Xvid 图片浏览：BMP,JPG,GIF1024x1024。

产品重量：55 克外形尺寸：79×48.2×10mm。

随机配件：电池内置 3.7V700mAH 锂电池,通过 USB 口充电,一次充满电(≤2.5 小时)最长可连续播放 20 小时音乐或 6 小时视频。

其他特点：屏幕 TFTLCD2.4 QVGA320×240(RGB),100 级亮度调节。

六、谈判的方法及策略

1.谈判方法：把横向谈判和原则性谈判相结合。在谈判过程中,在确定谈判所设计的主要问题后,把拟谈判的议题全部横向展开,多项议题同时讨论。在立场上可以软硬兼施。

2.谈判策略。

(1)突出优势。对对方立场、观点都有初步的认知后,再将自己在此次谈判事项中所占有的优、劣势及对方的优、劣势,进行严密周详的列举,尤其要将己方优势,不管大小新旧,应全盘列出,以作为谈判人员的谈判筹码。而己方劣势,当然也要注意,以免仓促迎敌,被对方攻得体无完肤。

(2)模拟演习。就是将各种可能发生的状况,预先模拟,以免实际遭遇时人慌马乱,难以主控战局。在了解优、劣后,就要假想各种可能发生的状况,预作策划行动方案。小至谈判座位的摆放都要详加模拟。

(3)底线界清。通常,谈判时,双方都带攻击性,磨刀霍霍,跃跃欲试。双方只想到可以"获得多少",却常常忽略要"付出多少",忽略了谈判过程中己方要让步多少,方可皆大欢喜。所以,在谈判前,务必要把己方的底线界清:可让什么? 要让多少? 如何让? 何时让? 为何要让? 先行理清,心中有数。否则,若对方咄咄逼人,己方束手无策任由对方宰割,那就失去了谈判的本意。

(4)了解对手。孙子兵法的"知己知彼,百战不殆"众所皆知。谈判前,了解对方的可能策略及谈判对手的个性特质,对谈判的圆满完成将有莫大助益。如果谈判对手喜欢打球,不妨在会谈前寒暄,着意提及,将对方的戒备敌意先行缓和,若有时间,更可邀约一起运动,以培养宽松的谈判气氛。须知在这时球场就是另一张谈判桌,有助谈判达成。

(5)随机应变。战场状况,瞬息万变,谈判桌上需随机应变。虽说诸葛亮神机妙算,但人算不如天算,总有考虑欠周、失算之处。谈判时,出现对手突有神来一笔,超出己方假设状况,己方人员一定要会随机应变,见招拆招。实在无法招架,手忙脚乱时,先施缓兵之计,再图谋对策,以免当机立"断"——断了自己的后路。

(6)埋下契机。双方若不能达成相当程度的圆满结果,谈判面临破裂之际,也无需逞一时口舌之快,伤了双方和气。双方若是撕破脸,以后要达成再谈判的境界,虽非不可能,但也要颇费周章,好事多磨了。买卖不成仁义在,双方好聚好散,好为下回谈判圆满,埋下契机。

七、谈判的风险及效果预测

谈判风险:

1.对方可能会在谈判中凭其优势地位不肯在价格上让步,我方必须发挥自身优势和经销商的身份迫使其做出让步。

2.谈判中对手可能会对我方采取各种手段和策略,让我方陷入困境,对此我方必须保持头脑清醒,发挥好耐心的优势,冷静而灵活地调整谈判策略。

谈判效果预测:双方以合理的条件取得谈判的成功,实现双赢,双方能够友好的结束谈判,获得成功,实现长期友好合作。

八:谈判预算费用

1.车费:200

2.住宿费:1000

3.饮食费:1000

4.电话费:200

5.旅游礼品费用:1000

合计:3400

九、谈判议程

1.双方进场

2.介绍本次会议安排与与会人员

3.正式进入谈判

(1)介绍本次谈判的商品型号,数量等情况。

(2)递交并讨论代理销售协议。

（3）协商一致货物的结算时间及方式。

（4）协商一致定金的支付,违约的赔偿办法及法律责任。

4. 达成协议

5. 签订协议

6. 预付定金

7. 握手祝贺谈判成功,拍照留念

8. 设宴招待,谈判圆满成

案例十二:别开生面的较量

某年 11 月,国内 A 厂负责人到国外 S 公司考察,与 S 公司谈定引进 3 台卷簧机,一台双面磨床,总价值 260 万美元的意向,同时约定 S 公司派代表到北京与 A 厂签订正式协议。A 厂长回国后,经专家论证,260 万的价格偏高,但第一轮谈判价格已经确定,很难变动,只能通过第二轮谈判加以挽回。

12 月 16 日,S 公司的董事长 K 和其助手来到北京,与 A 厂长进行第二轮的谈判。在此之前,A 厂长对 S 公司和 K 董事长的情况和特点进行了详细的调查。谈判一开始,经验丰富、老练精明的 K 立即表示:"谢谢主人对我们的欢迎,我们这次来贵厂,完全是带着诚意而来,我们信守以前谈定的意向,希望马上签订协议,我们已经买好明天下午的飞机票,要赶回去过圣诞节。"K 董事长气势逼人,一开始就施加压力,希望速战速决。

A 厂长不慌不忙地笑着说:"K 先生,离圣诞节还有一个星期呢,何必急着回去呢!作为主人,我们很愿意陪同客人到处看看,北京有许多世界著名的风景。另外,我想我们应该将协议仔细、认真的磋商一下,如果匆忙签字,将来出现纠纷就不好了。"

K 先生碰了个软钉子,意识到马上签字是不可能的了。A 厂长慢慢地翻阅着协议草稿,笑容满面地说:"K 先生,在协议中有一点小问题,我想向您请教一下。在我方向贵公司购买的机械设备中,没有说明是否包括一些附属设备?""不,不包括任何附属设备。"

A 厂长立刻严肃地说:"K 先生,这恐怕就不太合理了。我们购买设备是使用的,不是放着看的,比如用户购买了一台电视机,怎么会不包括必要的天线、连接导线、遥控器呢?这恐怕不符合商业习惯吧。"K 先生一愣,自觉刚才的回答欠妥当:"好吧! 那就写上。"他想反正没多少钱,不要因小失大,只要能签订协议,这点损失无所谓。

A 厂长接着说道:"我方购买的贵公司的 3 台卷簧机,怎么没有包括必要的配套电子操控平台呢?"1 台电子操控平台价值 3 万美元,3 台就总价值 9 万美元,K 董事长一听就急了,"不,不,如果是这样,我们是无法接受的。"推磨似的谈判开始了,直到中午,K 先生让步了,他希望能下午签署协议。

丰盛的午饭后,A 厂长亮出了自己的底牌:"我希望 K 先生能够谅解,按照目前的协议条件,我还是无法签字。我们所购买的这些设备,现在只能生产一般的弹簧,我们希望也能生产高级专用弹簧,这需要贵公司提供有关技术资料;同时我们还希望贵公司能够派专人来帮助我们安装、调试设备。作为合作诚意的象征,我们将再向你方多订购一台双面磨床。"

K董事长一听,非常生气地说道:"我听说中国人是礼仪之邦,可没想到你们如此没有合作诚意,看来我们无法签订协议了。"K先生欲起身离去。

A厂长也义正词严地说道:"不是我们没有合作诚意,坦率地告诉你,贵国另一家Y公司正在与我们接洽。他们所提供的价格比你们优惠许多。但我们中国人非常重视与朋友的友谊,希望能够与你方做成这笔生意。当然,不必勉强,实在不行,那就另当别论了。"K先生听后,沉默了一会,说道:"好吧,我们再谈谈。"

谈判一直持续到晚上6点,仍未达成协议,关键是在提供生产高级专用弹簧的技术问题上,K董事长无论如何也不肯让步。晚8点,在客人下榻的饭店继续谈判,一直到次日凌晨2点,谈判仍在僵局中。A厂长起身告辞:"今天就谈到这里吧!明天我还有很重要的工作,你们也需要休息了。"说完便告退了。

次日早晨,又开始谈判,可一上午仍无结果。A厂长遗憾地对K董事长说道:"非常遗憾,我们没能达成一致意见。希望以后有机会再合作!下午我们派专车送你们去机场。"午饭时,K先生和他的助手只是低头吃饭,没有任何表示。

午饭后,行李已经搬上停在饭店门口的汽车上了。A厂长与客人握手告别,送上轿车,微笑着对客人挥手:"再见,一路顺风!"

轿车引擎发动了,突然K先生对A厂长说:"厂长先生,你如能上车陪我们,还可以再谈谈!"A厂长无动于衷地说:"你们不是下午的飞机吗?恐怕时间不够了"。"如果途中谈不好,我们可以把飞机改期为明天。""如果先生真想谈,我可以派人帮你们改期,请你们下车谈。"

K先生下车了,不到1个小时,K先生让步了,双方在协议上按A厂长的要求签字了。

案例分析:A厂长利用对方急于成交的心理,同时又掌握了对手自己设定的结束谈判期限——要回去过圣诞节,通过一些说服技巧,使对手作出了更大的让步,这也是利用期限策略促成签约的一个实例。

案例十三:一次有风险的谈判

A国某进出品公司与B国某技术公司就某项技术交易以及相关设备的交易达成协议,签了合同,但在B国的审批过程中遇到了阻力,使合同不能履行。于是A国公司与A国有关政府官员以及技术人员组成谈判组赴B国进行交涉与谈判。

A国谈判组长为政府高级官员,组员有公司领导、商务主谈、技术主谈、译员等8人。

B国谈判组长为政府高级官员,组员有工艺技术主管、外交部官员、商务主谈、技术主谈、译员等9人。

谈判地点在B国外交部大楼的会议室。双方人员坐定之后,就合同审批问题进行谈判。B国代表对延迟审批的理由做了解释,大意是政府是支持的,但需要与盟国成员商量,因为该项交易有违同盟国之间某些规定。通过第一轮谈判,双方知道了使合同生效的重要性,及影响生效的客观原因。该怎么解决面临的问题呢?双方又进入第二轮的谈判。

围绕如何解决上述矛盾的问题,双方进行了认真严肃的谈判。B国提出了三个方案:方案一,B国外交部将派使者与盟国协商,争取能获得支持,但需要时间且不能保证结果。方案二,请A国变通合同方案,B国保证目标仍不变。方案三,请A国考虑降低技术等级,避免第三方的限制。对此,A国代表认为:方案一是B国政府的事,A国公司并未与第三方签约。B国需与谁商量,我们不反对,但合同生效时间应有保证,否则对A国公司损失太大。方案二虽没有降低合同涵盖的技术水平,但变成了"拼凑"的技术工艺生产级,这将会存在技术可靠性、稳定性和设备水平屈从第三方要求的问题,这是以A国的利益去满足B国政府对其盟国的承诺,明显不公平,也算B国单方违约。在第二轮的谈判过程中,双方基本点十分对立。

第三轮谈判时,双方就放弃方案三达成了一致,即不能降低合同技术和设备的水平。于是方案一和方案二就成为讨论的焦点。

方案一,A国谈判代表同意B国政府与盟国协商,但必须有时限。B国代表认为时限不能明确,因为协商结果没把握。对方案一,双方观点陷入对峙之中。为了减少不愉快,双方把议题又转入方案二。

方案二,A国代表认为,不降低技术和设备水平为前提,拼凑这条生产线也有问题:谁去拼线? 谁去采购设备? 技术许可证怎么办? 等等问题,未知数太多。B国代表提出,可由他们负责拼线。双方配合,采取一定措施,有可能获取技术许可证,设备许可证大部分没问题,尤其是B国生产的设备。不过,少数几种设备由第三方生产,其中有盟国的产品,该部分的许可证需要时间。A国代表认为B国负责拼线,双方配合,获取许可证没问题,但少数第三方生产的设备不能没把握。因为,当其工作、土建、绝大部分设备、人员均到位后,仅因几台设备使技术不能贯通全线,生产不能进行,造成的损失更大,该方案也存在极大风险。B国必须承诺全部问题解决的时间表。B国代表无法回答,显得十分尴尬。怎么办呢? B国代表建议大会暂时休会,请A国谈判组长与其政府代表单独交换意见。

大会休息,A国谈判组长带着翻译与B国组长离开会议室,到办公楼的一个走廊尽头的沙发处,三人坐下促膝而谈。

B国代表讲:"贵方的意见,我明白,我想了解一下贵方最终的立场。"A国代表讲:"原合同内容对我方很重要,必须全面履约。唯一可以通融的是,允许贵国政府走应有的程序,但结论应是肯定的。"

B国代表面有难色。A国代表问:"贵国政府到底能不能保证获得盟国许可?"B国代表讲:"外交部已派人与有关盟国协商,暂无结果。在没完成该程序前,我们不会批准合同生效。"A国代表:"若我理解没错的话,贵方近期不可能获得盟国的赞同。"答:"是的。""那贵国政府可否独自行使政府的权力批准呢?"答:"不能。这么做会引起外交事件。""这么说,双方所签合同近期不会批准?""我会尽力而为。""我方认为这么做不符合贵国政府的一贯政策,也有损两国之间的合作。""我方注意到贵方说法,我会将此看法向我国政府转达。"

双方直截了当地交换了"底牌",均知谈判不会有结果。结束时,B国谈判组长提出:"刚才所言,建议双方均不对外讲,权当没说,忘掉它。"A国谈判组长:"可以,我希望贵国政府能坚持自主原则,尽快批准合同。"

回到会议室,双方组长让专家继续交换一阵技术性意见后,即宣布散会。会后,A国谈判组成员问组长:"谈了什么,谈得怎样?"组长回答:"准备探讨别的可能。"再往下问,组长只说:"他们同意再努力。"

案例分析:谈判中不仅有人员风险,还有非人员风险。在本案例中 A 与 B 的谈判,含有较多的政治因素,尽管前期双方就多项谈判议题达成一致,但正是其中的政治因素使本次谈判注定没有结果,可见在谈判中提高预见和防范政治性风险的能力是开展国际商务合作的重要问题,必须予以高度重视。

案例十四:美国瓦那公司与日本夏山株式会社的经济合同纠纷

瓦那食品公司是美国《幸福》月刊推选出的世界 500 个大型企业之一。该公司负责海外事务的董事马莱在对日本市场进行了缜密调查以后,为寻求合作对象开始与日本大型食品企业进行接触。日本五大食品企业之一的夏山株式会社对瓦那进行长期合作表现出极大的兴趣。马莱与当时负责海外事务的董事、后成为夏山株式会社社长的山下二郎具体进行详细协议是 1982 年的事。其后两企业之间交换了协议备忘录,双方签署了一个为期 12 年的开设垄断代销店的合同。

这样,瓦那食品公司将在日本生产瓦那公司产品的许可证转给夏山株式会社。此合同 1982 年 9 年初签订,同年 11 月,初级产品由瓦那发送至夏山株式会社。1984 年 1 月,夏山株式会社开始在日本国内生产和销售瓦那产品塑料盒装的奶酪甜食点心。与此同时,夏山株式会社继续进口瓦那生产的奶酪甜点心(瓦那产品为铅罐装,夏山将此进口产品和获得许可证生产的产品在同一渠道向喜好外国产品的日本顾客销售)。

1984 年终,夏山株式会社在日本国内生产的奶酪甜点心销售额远不能达到合同签订时所期待的水平。这样,根据许可证合同专利权使用条款,夏山必须向瓦那支付有关国内生产瓦那奶酪甜点食的最小值专利使用费(即销售额的专利使用费已经收讫。但根据"最小值专利使用费"条款,夏山至今未向瓦那公司寄缴它所要求的专利使用费余款)。

但是,夏山株式会社根据许可证合同条款所应支付的最低专利使用费一事的"正当性"表示了异议。他们认为,夏山方面在生产瓦那的奶酪甜点心方面损失较大,瓦那方面在收取二重利益(在日本国内生产的专利使用费以及出口收益)。

夏山方面回信马莱,表示对马莱要求支付最小值专利使用费一事的"正当性"提出抗议。于是双方谈判开始。夏山方面特别主张,只有将塑料盒装全部换成金属罐装,这才能真正说国内生产已经开始了。他们强调,既然 1984 年度在日本销售额的五分之四属进口产品,就很难说已开始国内生产,因此最小值专利使用费支付条款根本就无法适用。夏山株式会社认为自己是受骗了。

很显然,罐装进口品影响了盒装国产品的销路。夏山一些干部甚至猜疑瓦那公司是以最小值专利使用费为借口,试图从夏山株式会社勒索二重利益。社长山下二郎认为,马莱是在诓骗夏山,勒索资金的罪魁祸首,对马莱也就特别恼火。在后来的一段时期,山下将谈判事宜交给了部下。他离开日本期间,其部下在会见瓦那负责人时却同意全额支付最小值专利使用费的余款。气急败坏的山下在与律师商量以后,给瓦那公司会长马斯塔滋写了一封英文信,信中申明了夏山株式会社的立场(大意为夏山其他职员未经任何讨论就同意付款,他对此一无所知),同时要求对方考虑退还夏山年轻职员三周前寄出的最小专利使用费款项。信中还谈及了其他一些对瓦那公司的要求。这就使瓦那在谈判过程中对夏山株式会社越来越警惕,对它的真实意图越来越存有疑虑。

山下寄出的书信令马斯塔滋及其成员困惑不解。山下显然对瓦那公司负责海外事务的马莱董事存有不信任感,进而要求与马斯塔滋会长本人谈判。这对青睐于马莱的马斯塔滋来说实为一件憾事。事后给山下回信的仍是马莱。开头他先说明这是秉承马斯塔滋会长的旨意寄发的,但不幸的是,这封信全是马莱的格调。该信写得又长又细,形式主义色彩很浓,山下不由更为恼火。此后,瓦那方面再也没有接到夏山方面的任何回复。

在这段时间里,马莱给夏山销售负责人岸写了一封信。在信中,他提出为了重新定义许可证合同上的暧昧条款,重新计算专利费的建议,同时又要求再次开始那拖而不决的协议,以讨论如何在日本销售已经在其他国家取得成功的瓦那食品公司的新产品。1985年8月,在东京举行了会议。瓦那方面的谈判小组由马莱和三名成员组成,夏山方面出席的是山下、岸和其他四名成员。

马莱为成功地举行此次会议做了许多细致的准备,同时又带了三名成员来东京,花费不少钱。但会议结局简直是灾难性的。不管欧美方面提出什么建议,山下一律加以阻止、责难和拒绝。在会议初始阶段,山下批评了瓦那方面的有关专利使用费一事的要求,他满脸涨得通红,愤愤不平地说:"你们简直像一帮装模作样、戴着善良假面具的吸血鬼、守财奴。"

马莱及其同事开始以这不过是种稍带幽默的俏皮话,他们只不过有气无力地笑了笑。在长达三个小时会议上,山下不时怒气冲冲地重复一句:"你们瓦那一帮子人想糊弄、欺骗、诈取我们夏山株式会。"

这下瓦那方面感到再也不能不以为然。事后马莱指出:"这是一种野蛮、非理性的语言,在历次商业谈判中我从没听过这种语言,也没想到在日本会听到这种措词。因此对山下的措词我们感到莫大震惊和困惑,一时无言以对。那时的关系简直濒临破灭的境地。"

这时尽管瓦那方面捉摸不清山下发火的原因,但确已感到两社关系岌岌可危。他们曾侧面向夏山的年轻职员打听过使事态恶化到如此地步的原因,结果一无所获。丧失了信心的瓦那在两个方案之间摇摆:一个是为促进相互理解,寻求打破僵局的良策,寻找一位中间人;另一个是痛苦地明告对方解除两社关系。

"吸血鬼似的守财奴"会议过去三个月了,瓦那方面仍未找到从僵局中解脱的良策。他们既无明确战略,又无从弄清产生误解的原因。过了两周,他们在没有一张王牌的情形下与夏山进行谈判。这时唯一的希望就是山下给马斯塔滋的信。从信的格调上可明显察觉夏山希望与瓦那保持关系。尽管如此,在这个阶段,它还是无助于解开存在于两社间的疙瘩。

这时,瓦那公司派人来到设在日本的国际谈判研究所商量对策。他们向欧美谈判顾问请教了有关下一轮谈判的问题。

在对有关此事的所有书信进行研究,并用电话详细询问马莱以后,国际谈判研究所的顾问提出了如下建议——首先是咨询顾问对日本人态度的解释:

1.山下的态度是一种有意识的计谋,这样他可以掌握主动权,即可以先发制人。

2. 山下个人或许对马莱存在敌意,这就使得纠纷的火焰越燃越烈。

3. 对第二个观点可作如下解释:

马莱的书信既长又啰唆,形式主义色彩浓重,含有教训口气,书信本身并不难理解,但其方式在日本人看来最基本的一点就是极具攻击性。

马莱在解决问题时(比起面谈或电话来)偏重于借助书信。这给日本人一种冷淡的形式主义的印象。

山下认为自己的职务以及社会地位远高于马莱,因此对马莱的书信一概不予回复。他认为小看马莱也无不当之处。

其次对瓦那食品公司提出的建议:

1. 彻底改变交流方式。不再依赖于书信来往,以后碰到难题要与对方面对面座谈。在以后的谈判中要增加精通事务的专职翻译(不能再像以前那样依靠夏山会讲英文的职员)。

2. 在与夏山进入正式谈判前,有必要充分调整一下瓦那在日本发展事业的必要性和最终目标,并就目前夏山能否与瓦那建立事业发展关系极其必要性等事项做出客观判断。

3. 如你们认为"已经不可能了",即准备放弃两者关系的话,还不如以此为要挟,在良好的私人交往基础上建立起更有效的关系。

4. 为使日方恢复到正常状态,应承诺进行永久性投资。

5. 国际谈判研究所的咨询顾问特别强调在与夏山进行下一轮谈判时,首先应按顺序对以前的谈判背景和状态做出有计划的充分的说明。

有关当今国际形势以及日美关系对国际通商关系的影响。

叙述事件原委、瓦那的目标以及自己所理解的夏山的目标,说明在现阶段哪些目标已经达到,如何看待存在的问题,同时坦率承认自己感到弄错的地方及对夏山方面误解的地方。

坦率表明可取得统一意见和仍存在分歧的问题,特别是就销售、说明义务、专利使用费、两社关系以及有关瓦那在日发展的全盘经营方式等提出建议。这些工作与签订合同时临时性的解释相比,是今后建立和维持与夏山关系的一个新的良策。

咨询顾问补充说:"要考虑到这次谈判或许是瓦那方面全盘表明自己立场的最后一次机会。如果匆忙进入细节讨论,那么将来合作的可能性不可避免地会丧失殆尽,或者丢其一半。"

马莱及其三名同事抵达东京,但对与夏山的下一轮谈判尚属心中无数。第二天,他们会同国际谈判研究所的咨询顾问和翻译,讨论了谈判采取的方式,还进行了必要的排练。这时双方定于12月4日重新进行谈判。

在谈判前的碰头会上,咨询顾问就像一位舞台监督,自由指挥着谈判小组的编排以及每个人所应采取的态度。咨询顾问强调了以下几点:

1. 在谈判开始前,瓦那方面首先要决定所希望的议事日程和讨论顺序,并派一位与夏山方面关系最好的人员将此方案送去,以期得到对方同意(在征得对方同意的议事日程中特别要就长时间拖而不决的"新产品销售"一事尽最大努力)。

2. 开场白必须通俗易懂,富有公理。

3. 开始时,将各要点印制在卡片簿上,按上面所写的内容进行。首席谈判(马莱)指出各要点并加以说明,随后翻译将之译出。另外还要留一点提问的时间(咨询顾问认为比起互通信息解释疑惑来,瓦那方面增加时间说明情况效果更大)。切忌过分夸张和即兴陈词!必须切守要点!

4.美方成员各司其职,一人作首席谈判的助手,记录一切发言(特别是自己成员的发言),将此整理后递呈首席谈判参考,这样,首席谈判可以将全部精力倾注于谈判;其余二人观察在首席谈判提出新建议后对方成员的反应。在提到必须谨慎注意日本人言外反应时,顾问举例谈到了日方表现出"有兴趣"、"赞成"、"绝对反对"等意思时的反应动作。

5.全体成员必须努力使对方感到整个小组在默默地支持着首席谈判所列的要点。在首席谈判提出要点时,其他成员应先看一下首席谈判,接着再观察日方反应,然后再点点头,以示首席谈判所言极是。

12月3日下午瓦那驻日本的工作人员为使有关事项获得对方同意,会见了日方有关人员。结果在所有项目上他几乎都得到了对方的同意,只是"新产品销售"一事遇到了困难。日方解释他们的老板绝对反对在这次讨论中议及此事。这样,瓦那方面只得被迫后退了一步。

第二天谈判按期进行。在互道空洞无实的客套话之后,马莱要求准许总结一下到目前为止的双方关系。二十分钟以后,夏山方面对马莱提出的要求表示出极大的兴趣,并流露出赞许、亲切的神情。特别是当马莱检讨自己作为首席谈判言行有误时,日方的上述表现更为突出。马莱在开场白接近尾声时,提出希望能讨论有关新产品的销售问题。这时夏山方面表示接受这本不愿接受的事实。当马莱还想继续发言时,山下打断了他的话,用近乎谢罪的语调开始说明他为何不愿讨论这一议题的原因。他谈到夏山内部存在问题,财政的制约以及优先顺序等,他解释说,将优先考虑夏山和瓦那之间业已开展的合作。具有讽刺意义的是,山下的说明向马莱提供了他本想通过"新产品销售"的讨论来获得的所有情报。

双方的坦率和诚实使两者之间的个人感情发生了惊人的变化。马莱两眼生辉,他使山下放下了高傲的架子。山下的部下也露出了笑容。欧美人理解事物一般需要一定时间,但他们很快便感觉到了这一点。瓦那公司一位董事事后谈及此事时感慨地说,谈判终于成功了,终于打破了偏见和越积越深的误解形成的僵局。

当然,夏山和瓦那之间后来的合作并非毫无龃龉、畅通无阻。但是,通过这次谈判,他们之间恢复了对彼此的尊敬,他们明确表明自己的观点,并互为对方所接受,他们之间能够相互尊敬重各自立场的相异之处。夏山在反复研究瓦那有关新产品的设想后,决定生产这种最有希望的新产品。

案例分析:夏山与瓦那公司的谈判由于对合同条款的理解产生分歧,未及时得到解决,使双方发生误解,使谈判陷入僵局。

合同的条款尽管都是经过双方仔细推敲的,但在执行过程仍然可能出现这样或那样的问题,这就要求一是在合同订立前要充分协商,明确每一条款的含义,二是一旦出现问题双方应能用最合适的方式解决。

案例十五：上海炒货协会与家乐福的对抗

商务谈判总是围绕着利益竞争与合作展开的，满足谈判双方的利益需求就是商务谈判的根本核心。当商务谈判进行过程中出现一方的利益底线被突破，而另一方仍然紧逼不让的情况时，谈判就会马上崩溃，因为利益底线被突破的一方已经没有继续妥协的可能了，这一方的妥协已经达到了极限。

1. 家乐福与上海炒货协会的矛盾缘起

作为全球第二大零售商，家乐福在全球范围进行不断扩张，尤其在中国，家乐福的扩张步伐已远远超过了排名第一的沃尔玛。在 2004 年 2 月 11 日中国商务部发布的最新连锁零售企业排行榜上，1995 年进入中国、单店年销售额达 3.2 亿多元的家乐福（中国）以年 134 亿元的销售额、41 家门店数量位居第五，在单纯外资的零售企业中排名第一。

可是就在这无限风光的同时，家乐福也不得不尴尬地面对后院起火的局面，全球各大市场，包括中国、韩国等地都出现了供应商与家乐福短兵相接的一幕。从 1963 年法国的第一家家乐福大型超市开业以来，"向上游供应商要利益"，一直是家乐福的一个杀手锏，不但收取相当高的"进场费"等各种名目的服务费用，还千方百计压低供货商的产品进价。也正是因此，家乐福与供应商的关系似乎一直显得很紧张。在韩国，由于家乐福向供应商乱收费，三年间遭到韩国公平贸易委员会先后三次罚款，共计 100 万美元；而在中国，2003 年 6 月的上海炒货协会与家乐福之间的纠纷又一次把人们的目光吸引到了家乐福与供应商的关系上。面对供应商的愤愤不平，家乐福高层毫不避讳地承认：家乐福与供应商的谈判就是要"把对方逼到墙角，再给他一点甜头"，因为"假如没有谈判，没有逼到墙角，我们就不能进步"。

在几次与家乐福谈判破裂后，上海炒货行业协会决定："我们再也不能沉默了！我们已经决定，从 2003 年 6 月 14 日起，上海炒货行业麾下的 11 家会员单位集体向家乐福大卖场停止供货。"

其实这场纠纷的起因就是家乐福向供货商收取高额附加费，上海炒货行业协会谈判领导小组负责人陈恩国向记者罗列了家乐福各项不合理的收费——法国节日店庆费：每年 10 万元；中国节庆费：每年 30 万元；新店开张费：1 万元～2 万元；老店翻新费：1 万元～2 万元；DM 海报费：每年 2340 元，全国 34 家门店就是 7.956 万元，一般每家门店每年要印 10 次海报，就是 79 万元；端头费：每家门店 2000 元，34 家门店就是 6.8 万元；新品费：每家门店进一个新商品要 1000 元，34 家门店就是 3.4 万元；人员管理费：每人每月 2000 元；堆头费：每家门店 3 万元～10 万元；出厂价让利：销售额的 8%；服务费：占销售额的 1.5%～2%；咨询费：约占 2%；排面管理费：2.5%；送货不及时扣款：每天 3%；补损费：产品保管不善，无条件扣款；无条件退货：占销售额的 3%～5%；税差：占 5%～6%；补差价：在任何地方只要发现一家商店炒货价格低于家乐福，就要给予家乐福相当数额的罚金。

事实上，炒货行业是一个附加值很低的行业，家乐福向供货商收取如此多的附加费，其造成的后果是，给家乐福供货的炒货企业没有一家是赢利的。上海炒货行业协会会长算了这样一笔账，一斤瓜子如果有 1 元钱利润，则农民应该得到 1 角钱，供应商应该拿到 1 角，家乐福可以拿到 8 角钱。但现状是，家乐福要拿到 1.2 元，家乐福的这种做法显然只顾着自身利益的极大实现，最终把炒货供应商逼得无路可走。

2. 不能相互妥协导致谈判破裂

从 2003 年 4 月份开始，上海炒货行业协会就主动要求和家乐福针对入场费用等问题进行谈判，并且毅然决定，如果谈判依然不能解决问题，那么行业协会属下的炒货生产企业就会一起撤出家乐福。

2003 年 4 月 22 日，上海炒货行业协会开始向家乐福发出谈判邀请函，家乐福未作任何答复。

2003 年 5 月 1 日，上海炒货行业协会继续邀请家乐福就高额入场费等问题进行谈判。上海炒货行业协会在邀请函中共列出 4 方面 11 个问题，家乐福对于这次邀请仍然没有及时进行回复。

2003 年 5 月 6 日，家乐福（中国）商品部对上海炒货行业协会的邀请函回复如下："请贵协会传真一份英文件。"

2003 年 5 月 7 日，上海炒货行业协会迅速将前面的两份邀请函翻译成英文传真给家乐福。

2003 年 5 月 8 日，家乐福又要求上海炒货行业协会改发中文函。

2003 年 5 月 9 日，上海炒货行业协会再一次传真中文邀请函。几天之后，家乐福传来了一份英文函，但是这没有对是否接受上海炒货行业协会谈判做出任何答复。

2003 年 5 月 16 日，上海炒货行业协会再次发出一份措辞较激烈的信函，要求就相关问题进行谈判。这次家乐福很快就做出了回复，同意在总部进行谈判商议附加费事宜，但随后家乐福又发传真更改会议地点及参与谈判的主要负责人，仅同意上海炒货行业协会与其下属的华东区总经理谈判，地点则由总部改到武宁路的家乐福店。

2003 年 5 月 22 日，上海炒货行业协会与家乐福之间开始第一次谈判。上海炒货行业协会秘书长陈恩国代表整个行业协会向家乐福提出新一年的费用应在原有的基础上降低 50%，还有不得借故单方面对会员企业供应商擅自扣款，以及老店翻新不得收取费用等 11 条动议。代表家乐福出面的是华东区商品部经理史蒂文。谈判双方会晤的时间十分短暂，没有得出任何结果。

2003 年 5 月 29 日，上海炒货行业协会再次发出邀请函给家乐福，请求答复所有问题。

2003 年 6 月 14 日，下午 3 点谈判开始，经过 3 个多小时剑拔弩张的谈判之后，最终双方以谈判破裂而结束。之后，上海炒货行业协会属下的品牌炒货企业马上停止了向家乐福供货。

不能相互妥协，最终导致谈判破裂。但在这场炒货商叫板大卖场的争执中究竟谁输谁赢呢？

据有关知情人士反映，炒货行业的供货商对家乐福征收高额附加费早已经怨声载道，但他们全都敢怒而不敢言。炒货行业同其他行业的供应商一样，过去一直都不得不逆来顺受，纵然有满腹的苦水也只有吞到自己肚子里，从来不敢对家乐福的不断索取提出异议。他们这样委屈自己一方面是为了维持市场占有率和企业的生存；另一方面，家乐福的全球采购系统可以使这些企业进入国际市场，起到为企业"扬名"的作用。正如一位不知名的供货商所说:"家乐福就像是一个世界杯,我们如果能进去,就等于打入了世界杯的球场。但如果连这个门槛都进不去的话,你就永远进不了主流渠道,更不可能做一个世界性的品牌。"

于是,包括炒货行业在内的所有供应商都对家乐福的所作所为持以沉默的忍耐态度,他们一忍再忍。然而到了2003年,上海的炒货协会终于忍无可忍了,首先决定站出来和家乐福"理论一番"。上海的炒货协会之所以首先站出来和家乐福公开叫板,其原因就是家乐福的高额附加费以及种种苛刻条件已经突破了他们的利益底线。上海一家著名的品牌炒货企业曾透露,他们一年在家乐福的销售额高达1200万元,但由于家乐福高额的收费,致使该企业每年因此亏损100多万元。无奈,该企业只能通过裁员以降低成本,然而,即便企业每年减员100人也无法补上亏损。为了免于走上绝路,以上海炒货协会为首的多家知名品牌的炒货供应商们从2003年4月份起正式开始了和家乐福的谈判。

其实有关业内人士早就对家乐福在处理和供应商的关系问题上表示担忧了,他们认为,家乐福的这种做法只会使它在发展中国家或商业不太发达的地区更容易成功,因为在商业不发达的国家,供应商的实力不是很大,组织化程度不高,家乐福与上游供应商谈判的余地就较大。而事实也在证明,在商业体制健全的国家,完善的商业监管制度会让家乐福屡屡碰壁。20世纪60年代末,家乐福先后被迫从英国、比利时和瑞士撤出;而在1988年才进军美国的它却又不得不在1993年关闭了在美国仅有的两家大卖场,完全退出美国零售业市场的竞争。正因为我国不如美欧等国的商业发达,商业监管制度也不如发达国家那么完善,所以很多时候,供应商们只能打掉牙往肚子里咽,但是当利益底线被一再突破,甚至已经到了赔本经营的时候,这些供应商也只能选择得罪这个"洋财神"了。

中国连锁经营协会副秘书长裴亮曾说,"进场费"问题是全世界工商共同关心的话题,国外也有这样的争论。"进场费"在超市、大卖场等现代零售渠道的利润构成中占有相当比重,这在某种程度上也反映了市场客观的供求状况。从这个角度来看,如果零售商一味地追求"进场费",而非消费者的满足程度,让"进场费"缴得多、缴得高的进场,那么,最终它也终将被市场淘汰。

事实上,连家乐福也不得不承认这是其进入中国以来遭遇的最大一次危机——紧随"炒货联盟"与家乐福叫板之后,造纸业"半途杀出",使家乐福再度被推到了风口浪尖。而后,炒货风波"跨"出上海,南京家乐福也遭"讨伐"。而对于争执中的另一方来说,前景也不是十分乐观,与家乐福的关系搞僵,致使品牌炒货企业将由此承担的损失高达百万元以上。如果这些企业就此一蹶不振,损失最大的可能就是这条产业链上的千百万农民兄弟。这种残酷的多米诺骨牌效应恐怕谁也不愿意看到,但是,一旦销售商和供应商之间不能相互妥协、关系彻底破裂,那人们只能面对这种共输的局面。

看来无论对于生产厂家还是对于超市卖场来说,硬碰硬的针尖对麦芒只能换来两败俱伤,甚至还会将损失波及其他方面,唯有彼此让步,共同为对方创造一定的利润空间,才可能实现供销双方的合作双赢。

附:谈判能力的测验

下面介绍的是美国谈判专家嘉洛斯设计的一份谈判人员能力测验题,可供谈判者用来进行自我测试,以便明确自己的谈判水平,并为自己今后的能力锻炼提示努力重点,以使自己更上一层楼。

1.你通常是否先准备好,再进行商谈?

①每次　②时常　③有时　④不常　⑤都没有

2.你面对直接的冲突有何感觉?

①非常不舒服

②相当不舒服

③虽然不喜欢,但还是面对着它

④有点喜欢这种挑战

⑤非常欢迎这种机会

3.你是否相信商谈时对方告诉你的话?

①不,我非常怀疑

②普通程度的怀疑

③有时候不相信

④大概相信

⑤几乎永远相信

4.被人喜欢对你来说重要与否?

①非常重要　②相当重要　③普通　④不大重要　⑤一点都不在乎

5.商谈时你是否常作乐观的打算?

①几乎每次都关心最乐观的一面

②相当地关心

③普通程度地关心

④不太关心

⑤根本不关心

6.你对商谈的看法怎么样?

①高度的竞争

②大部分的竞争,小部分互相合作

③大部分互相合作,小部分竞争

④高度的合作

⑤一半竞争,一半合作

7.你赞成哪一种交易呢?

①对双方都有利的交易

②对自己较有利的交易

③对对方较有利的交易

④对你非常有利,对对方不利的交易

⑤各人为自己打算

8.你是否喜欢和商人交易?(家具、汽车、家庭用具的商人)

①非常喜欢   ②喜欢   ③不喜欢也不讨厌   ④相当不喜欢   ⑤憎恨

9.如果交易对对方很不利,你是否会让对方再和你商谈一个较好一点的

交易?

①很愿意   ②有时候愿意   ③不愿意   ④几乎从没有过   ⑤那是对方的问题

10.你是否有威胁别人的倾向?

①常常如此   ②相当如此   ③偶尔如此   ④不常   ⑤几乎没有

11.你是否能适当表达自己的观点?

①经常如此   ②超过一般水准   ③一般水准   ④低于一般水准   ⑤相当差

12.你是一个很好的倾听者吗?

①非常好   ②比一般人好   ③普通程度   ④低于一般水准   ⑤很差

13.面对语意含糊不清的词句,其中还夹着许多赞成和反对的争论时,你有何感觉?

①非常不舒服,希望事情不是这个样子

②相当不舒服

③不喜欢,但是还可以接受

④一点也不会被骚扰,很容易就习惯了

⑤喜欢如此,事情本来就该如此

14.有人在陈述和你不同的观念时,你能够倾听吗?

①把头掉转开

②听一点点,很难听进去

③听一点点,但不太在意

④合理地倾听

⑤很注意地听

15.在商谈开始以前,你和公司里的人如何彻底讨论商议的目标和事情的优先程序?

①适当的次数,讨论得很好

②常常很辛苦地讨论,讨论得很好

③时常且辛苦地讨论

④不常讨论,讨论得不太好

⑤没有什么讨论,只是在商谈时执行上级的要求

16.假如一般公司都照着定价加5%,你的老板却要加10%,你的感觉如何呢?

①根本不喜欢,会设法避免这种情况发生

②不喜欢,但还是会不情愿地去做

③勉强去做

④尽力做好,而且不怕尝试

⑤喜欢这个考验,而且期待这种考验

17.你喜不喜欢在商谈中使用专家?

①非常喜欢 ②相当喜欢 ③偶尔为之 ④假如情况需要的话 ⑤非常不喜欢

18.你是不是一个很好的商议小组领导者?

①非常好 ②相当好 ③公平的领导者 ④不太好 ⑤很糟糕的领导者

19.置身于压力下,你的思路是否仍很清楚?

①是的,非常好 ②比大部分人都好 ③一般程度 ④在一般程度之下 ⑤根本不行

20.你的商业判断能力如何?

①非常好 ②很好 ③和大部分主管一样好 ④不太好 ⑤我想我不行

21.你对于自己的评价如何?

①高度的自我尊重

②适当的自我尊重

③很复杂的感觉,搞不清楚

④不太好

⑤没什么感觉

22.你是否能获得别人的尊敬?

①很容易 ②大部分如此 ③偶尔 ④不常 ⑤很少

23.你认为自己是不是一个谨守策略的人?

①非常是

②相当是

③合理地运用

④时常会忘记运用策略

⑤我似乎是先说再思考

24.你是否能广泛地听取各方面的意见?

①是的,非常能

②大部分如此

③普通程度

④相当不听取别人的意见

⑤观念相当固执

25.正直对你来说重不重要?

①非常重要 ②相当重要 ③重要 ④不重要 ⑤非常不重要

26.你认为别人的正直重不重要?

①非常重要 ②相当重要 ③重要 ④有点不重要 ⑤非常不重要

27.当你手中握有权力时,会如何使用呢?

①尽量运用一切的手段发挥

②适当地运用,没有罪恶感

③我会为了正义而运用

④我不喜欢使用

⑤我很自然地接受对方作为我的对手

28.你对于"行为语言"的敏感程度如何?

①高度敏感

②相当敏感

③大约普通程度

④比大部分人的敏感性低

⑤不敏感

29.你对于别人动机和愿望的敏感程度如何?

①高度敏感

②相当敏感

③大约普通程度

④比大部分人的敏感性低

⑤不敏感

30.对于以个人身份和对方结交,你有怎样的感觉?

①我会避免如此

②不太妥当

③不好也不坏

④我会被吸引而接近对方

⑤我喜欢超出自己的立场去接近他们

31.你洞察商议真正问题的能力如何?

①我通常会知道

②大多时间我都能够了解

③我能够猜得相当正确

④对方常常会令我惊奇

⑤我发现很难知道真正的问题所在

32.在商议中,你想要定下哪一种目标呢?

①很难达成的目标

②相当准的目标

③不太难,也不太容易的目标

④相当合适的目标

⑤不太难,比较容易达成的目标

33.你是不是一个有耐心的商谈者?

①几乎永远如此

②比一般人有耐心

③普通程度

④一般程度以下

⑤我会完成交易,为什么要浪费时间呢

34.商议时你对于自己目标的执着程度如何?

①非常执着　②相当执着　③有点执着　④不太执着　⑤相当有弹性

35.在商谈中,你是否很坚持?

①非常坚持　②相当坚持　③适度地坚持　④不太坚持　⑤根本不坚持

36.你对于对方私人问题的敏感程度如何?（非商业性的问题,例如:工作的安全性、工作的负担、假期、和老板相处的情形等）

①非常敏感　②相当敏感　③一般程度　④不太敏感　⑤根本不敏感

37.对方的满足对你有什么影响?

①非常在乎,我尽量不使他受到损失

②有点在乎

③中立态度,但我希望他不会被伤害

④有点关心

⑤各人都要为自己打算

38.你是否想要强调你的权力限制?

①是的,非常想

②通常做得比我喜欢的还要多些

③适度的限制

④我不会详述

⑤大部分时间我会如此想

39.你是否想了解对方的权力限制?

①非常想

②相当想

③我会衡量一下

④这很难做,因为我并不是他

⑤我让事情在会谈时顺其自然地进行

40.当你买东西时,对于说出一个很低价钱,感觉如何?

①太可怕了

②不太好,但是有时我会如此做

③偶尔才会做一次

④我常常如此尝试,而且不在乎如此做

⑤我使它成为正常的习惯,而且感觉非常舒服

41.通常你如何让步?

①非常地缓慢

②相当地缓慢

③和对方的速度相同

④我多让点步,试着使交易快点完成

⑤我不在乎付出更多,只要完成交易就行

42.对于接受影响你事业的风险,感觉如何?

①比大部分人更能接受大风险

②比大部分人更能接受相当大的风险

③比大部分人接受较小的风险

④偶尔冒一点风险

⑤很少冒险

43.对于接受财务风险的态度如何?

①比大部分人更能接受大风险

②比大部分人更能接受相当大的风险

③比大部分人接受较小的风险

④偶尔冒一点风险

⑤很少冒险

44.面对那些地位比你高的人,感觉如何?

①非常舒服　②相当舒服　③复杂的感觉　④不舒服　⑤相当不舒服

45.你要购买车子或房屋的时候,准备的情形如何?

①很彻底　②相当好　③普通程度　④不太好　⑤没有准备

46.对方告诉你的话,你调查到什么程度?

①调查得很彻底

②调查大部分的话

③调查某些话

④知道应该调查,但做得不够

⑤没有调查

47.你对于解决问题是否有意见?

①非常有　②相当有　③有时候会有　④不太多　⑤几乎没有

48.你是否有足够的魅力?人们是否尊敬你而且遵从你的领导?

①非常有　②相当有　③普通程度　④不太有　⑤一点儿没有

49.和他人比较你是不是一个有经验的商谈者?

①很有经验

②比一般人有经验

③普通程度

④经验比一般人少

⑤没有丝毫经验

50.对于你所属小组的领导人感觉如何?

①舒服而且自然

②相当舒服

③很复杂的感觉

④存有某种自我意识

⑤相当焦虑不安

51.没有压力时,你的思考能力如何?(和同事相较之下)

①非常好　②比大部分人好　③普通程度　④比大部分人差　⑤不太行

52.兴奋时,你是否会激动?

①很镇静

②原则上很镇静,但是会被对方激怒

③和大部分人相同

④性情有点急躁

⑤有时我会激动起来

53.在社交场合中人们是否喜欢你？

①非常喜欢　②相当喜欢　③普通程度　④不大喜欢　⑤相当不喜欢

54.你工作的安全性如何？

①非常安全　②相当安全　③一般程度　④不安全　⑤相当不安全

55.假如听过对方4次很详尽的解释,你还是必须说4次"我不了解",你的感觉如何?

①太可怕了,我不会那么做的

②相当困窘

③会觉得很不好意思

④感觉不会太坏,还是会去做

⑤不会有任何犹豫

56.商议时对于处理困难的问题,你的成绩如何?

①非常好　②超过一般程度　③一般程度　④一般程度以下　⑤很糟糕

57.你是否会问探索性的问题?

①擅长此道　②相当不错　③一般程度　④不太好　⑤不擅此道

58.生意上的秘密,你是不是守口如瓶呢?

①非常保密

②相当保密

③一般程度

④常常说得比应该说的还多

⑤说得实在太多了

59.对于自己这一行的知识,你的信心如何?(和同事相比较之下)

①比大部分人都有信心　②相当有信心　③一般程度　④有点缺乏信心　⑤坦白说,
没有信心

60.你是建筑大厦的买主,由于太太的要求而更改设计图,现在承包商为了这个原因要收取更高的价格。而你又因为他能把这项工程做好,而非常地需要他。对于这个新的加价,你会有什么感觉呢?

①马上跳起来大叫

②非常不喜欢

③准备好好地和他商议,但并不急着做

④虽然不喜欢,但还是会照做的

⑤和他对抗

61.你是否会将内心的感受流露出来呢?

①非常容易　②比大部分人多　③普通程度　④不太经常　⑤几乎没有

根据下面的评分表,谈判者可以知道自己的得分属于哪一级:第一级:+376~+724;第二级:+28~+375;第三级:-320~+27;第四级:-668~-321。半年以后再做一次,看看有没有提高。

得分\选项 题号	①	②	③	④	⑤	得分\选项 题号	①	②	③	④	⑤
1	+20	+15	+5	−10	−20	32	+10	+15	+5	0	−10
2	−10	−5	+10	+10	−5	33	+15	+10	+5	−5	−15
3	+10	+8	+4	−4	−10	34	+12	+12	+3	−5	−15
4	−14	−8	0	+14	+10	35	+10	+12	+4	−3	−10
5	−10	+10	+10	−5	−10	36	+16	+12	0	−3	−15
6	−15	+15	+10	−15	+5	37	+12	+6	0	−2	−10
7	0	+10	−10	+5	−5	38	−10	−8	+5	+8	+12
8	+3	+6	+6	−3	−5	39	+15	+10	+5	−5	−10
9	+6	+6	0	−5	−10	40	−10	−5	+5	+15	+15
10	−15	−10	0	+5	+10	41	+15	+10	−3	−10	−15
11	+8	+4	0	−4	−6	42	+5	+10	0	−3	−10
12	+15	+10	0	−10	−15	43	+5	+10	−5	+5	−8
13	−10	−5	+5	+10	+10	44	+10	+8	+3	−3	−10
14	−10	−5	+5	+10	+15	45	+15	+10	+3	−5	−15
15	+8	−10	+20	+15	−20	46	+10	+10	+3	−5	−12
16	−10	+5	+10	+13	+10	47	+12	+10	0	0	−15
17	+12	+10	+4	−4	−12	48	+10	+8	+3	0	−3
18	+12	+10	+5	−5	−10	49	+5	+5	+5	−1	−3
19	+10	+5	+3	0	−5	50	+8	+10	0	0	−12
20	+20	+15	+5	−10	−20	51	+15	+6	+4	0	−3
21	+15	+10	0	−5	−15	52	+10	+8	+5	−3	−10
22	+12	+8	+3	−5	−8	53	+10	+10	+3	−2	−6
23	+6	+4	0	−2	−4	54	+12	−3	+2	−5	−12
24	+10	+3	+5	−5	−10	55	−8	+8	+3	+8	+12
25	+15	+10	+5	0	−10	56	+10	+8	+8	−3	−10
26	+15	+10	+10	0	−10	57	+10	+10	+4	0	−5
27	+5	+15	0	−5	0	58	+10	+8	0	−8	−15
28	+2	+1	+5	−1	−2	59	+12	+10	0	−5	−10
29	+15	+10	0	−10	−15	60	+15	−6	−10	−15	0
30	−15	−10	−2	−10	−15	61	−8	−3	+2	+5	+8
31	+10	+5	+5	−3	−10						

参考书目

1. 郭秀君.商务谈判.北京:北京大学出版社,2011.

2. 金正昆.谈判礼仪.北京:北京大学出版社,2004.

3. 陈建明.商务谈判实用教程.北京:北京大学出版社,2009.

4. 李爽,于湛波.商务谈判.北京:清华大学出版社,2011.

5. 郭红生.商务谈判.北京:中国人民大学出版社,2011.

6. 龚荒.谈判与推销技巧.北京:中国矿业大学出版社,2005.

7. 涂永式,李青.国际市场营销.广州:广东高等教育出版社,2005.

8. 李嘉珊,刘俊伟.国际礼仪范式.北京:高等教育出版社,2012.

9. 刘园.国际商务谈判.北京:对外经济贸易大学出版社,2002。

10. 杰弗里.国际谈判.北京:经济科学出版社,2002

11. 杰里米·康福特.成功谈判.牛津:牛津大学出版社,2001。

12. 罗伊·J.列维奇.桑德斯.巴里.国际商务谈判.北京:中国人民大学出版社,2006.

13. 刘园.国际商务谈判.北京:中国对外经济与贸易大学出版社,2006年版。

14. 杰费里·埃德蒙·柯里.国际商务谈判的策划与运作.北京:经济科学出版社,2002.

15. 汤秀莲.国际商务谈判.天津:南开大学出版社,2003.

16. 黄卫平,董丽丽.国际商务谈判.北京:机械工业出版社,2007.

17. 余慕鸿,章汝雯.商务英语谈判.北京:外语教学与研究出版社,2005.

18. 宫捷.现代商务谈判.青岛:青岛出版社,2004.

19. 白远.国际商务谈判理论案例分析与实践.北京:中国人民大学出版社,2002.

20. 刘园.国际商务谈判.北京:中国商务出版社,2006.

21. 刘园,贾玉良.国际商务谈判——理论、实务、案例.北京:中国商务出版社,2006.

22. 庞岳红.商务谈判.北京:清华大学出版社,2011.

23. 齐玉兴,何静.商务谈判.北京:经济科学出版社,2010.

24. 杜宇.商务谈判.哈尔滨:哈尔滨工业大学出版社,2011.

25. 樊建廷,干勤等.商务谈判.大连:东北财经大学出版社,2011.

26. 刘园.国际商务谈判.北京:首都经济贸易大学出版社,2011.

27. Richard R. Gesteland, "Cross-Cultural Business Behavior: Marketing, Negotiating, Sourcing and Managing Across Cultures", Copenhagen Business School Press printed in Denmark,3th Edition,2002.

28. Bill Scott. The Skills of Negotiating. England:Gower Publishing Company Limitied,1981.

29. Marsh. Contract Negotiation Handbook. England:Gower Publishing Company Limited,1984.

30. Roger Fisher, William Ury. Getting To YES. London: Penguin Books Limited, 1991.

31. Bruce Russett, Harvey Starr, etc. World Politics: The Menu for Choice. New York: Wadsworth Publishing Company, 1989.

32. Negotiation. HarvardBusinessSchool Case Selections, Business Fundamentals Series. Boston: Harvard Business School Publishing Corporation, 2001.

33. Kitty O. Locker. Business and Administrative Communication. New York: McGraw-Hill Companies, 2000.